市立川崎高等学校附属中学校

〈収録内容〉

JN079006

便利な DL コンテンツは右の QR コードから

解答用紙

過去年度

問題は
紙面に掲載

⇒

※データのダウンロードは 2025 年 3 月末日まで。

※データへのアクセスには、右記のパスワードの入力が必要となります。 ⇒ 063630

本書の特長

実戦力がつく入試過去問題集

- ▶ 問題 …………… 実際の入試問題を見やすく再編集。
- ▶ 解答用紙 …… 実戦対応仕様で収録。
- ▶ 解答解説 …… 解答例は全問掲載。詳しくわかりやすい解説には、難易度の目安がわかる「基本・重要・やや難」の分類マークつき（下記参照）。各科末尾には合格へと導く「ワンポイントアドバイス」を配置。

入試に役立つ分類マーク

基本 確実な得点源！
受験生の 90%以上が正解できるような基礎的、かつ平易な問題。
何度もくり返して学習し、ケアレスミスも防げるようにしておこう。

重要 受験生なら何としても正解したい！
入試では典型的な問題で、長年にわたり、多くの学校でよく出題される問題。
各単元の内容理解を深めるのにも役立てよう。

やや難 これが解ければ合格に近づく！
受験生にとっては、かなり手ごたえのある問題。
合格者の正解率が低い場合もあるので、あきらめずにじっくりと取り組んでみよう。

合格への対策、実力錬成のための内容が充実

- ▶ 各科目の出題傾向の分析、最新年度の出題状況の確認で、入試対策を強化！
- ▶ その他、学校紹介、過去問の効果的な使い方など、学習意欲を高める要素が満載！

解答用紙ダウンロード 解答用紙はプリントアウトしてご利用いただけます。弊社ＨＰの商品詳細ページよりダウンロードしてください。トビラのＱＲコードからアクセス可。

UD FONT 見やすく読みまちがえにくいユニバーサルデザインフォントを採用しています。

●●● 公立中高一貫校の入学者選抜 ●●●

ここでは，全国の公立中高一貫校で実施されている入学者選抜の内容について，その概要を紹介いたします。

公立中高一貫校の入学者選抜の試験には，適性検査や作文の問題が出題されます。

多くの学校では，「適性検査Ⅰ」として教科横断型の総合的な問題が，「適性検査Ⅱ」として作文が出題されます。しかし，その他にも「適性検査」と「作文」に分かれている場合など，さまざまな形式が存在します。

出題形式が異なっていても，ほとんどの場合，教科横断的な総合問題(ここでは，これを「適性検査」と呼びます)と，作文の両方が出題されています。

それぞれに45分ほどの時間をかけていますが，そのほかに，適性検査がもう45分ある場合や，リスニング問題やグループ活動などが行われる場合もあります。

例として，東京都立小石川中等教育学校を挙げてみます。

① 文章の内容を的確に読み取ったり，自分の考えを論理的かつ適切に表現したりする力をみる。

② 資料から情報を読み取り，課題に対して思考・判断する力，論理的に考察・処理する力，的確に表現する力などをみる。

③ 身近な事象を通して，分析力や思考力，判断力などを生かして，課題を総合的に解決できる力をみる。

この例からも「国語」や「算数」といった教科ごとの出題ではなく，「適性検査」は，私立中学の入試問題とは大きく異なることがわかります。

東京都立小石川中等教育学校の募集要項には「適性検査により思考力や判断力，表現力等，小学校での教育で身に付けた総合的な力をみる。」と書かれています。

教科知識だけではない総合的な力をはかるための検査をするということです。

実際に行われている検査では，会話文が多く登場します。このことからもわかるように，身近な生活の場面で起こるような設定で問題が出されます。

これらの課題を，これまで学んできたさまざまな教科の力を，知識としてだけではなく活用して，自分で考え，文章で表現することが求められます。

実際の生活で，考えて，問題を解決していくことができるかどうかを学校側は知りたいということです。

問題にはグラフや図，新聞なども多く用いられているので，情報を的確につかむ力も必要となります。

算数や国語・理科・社会の学力を問うことを中心にした問題もありますが，出題の形式が教科のテストとはかなり違っています。一問のなかに社会と算数の問題が混在しているような場合もあります。

少数ではありますが，家庭科や図画工作・音楽の知識が必要な問題も出題されることがあります。

作文は，文章を読んで自分の考えを述べるものが多く出題されています。
文章の長さや種類もさまざまです。筆者の意見が述べられた意見文がもっとも多く採用されていますが，物語文，詩などもあります。作文を書く力だけでなく，文章の内容を読み取る力も必要です。
調査結果などの資料から自分の意見をまとめるものもあります。
問題がいくつかに分かれているものも多く，最終の１問は400字程度，それ以外は短文でまとめるものが主流です。
ただし，こちらも，さまざまに工夫された出題形式がとられています。

それぞれの検査の結果は合否にどのように反映するのでしょうか。
東京都立小石川中等教育学校の場合は，適性検査Ⅰ・Ⅱ・Ⅲと報告書(調査書)で判定されます。
報告書は，400点満点のものを200点満点に換算します。
適性検査は，それぞれが100点満点の合計300点満点を，600点満点に換算します。
それらを合計した800点満点の総合成績を比べます。

このように，形式がさまざまな公立中高一貫校の試験ですが，文部科学省の方針に基づいて行われるため，方向性として求められている力は共通しています。
これまでに出題された各学校の問題を解いて傾向をつかみ，自分に足りない力を補う学習を進めるとよいでしょう。
また，環境問題や国際感覚のような出題されやすい話題も存在するので，多くの過去問を解くことで基礎的な知識を蓄えておくこともできるでしょう。
適性検査に特有の出題方法や解答方法に慣れておくことも重要です。
また，各学校間で異なる形式で出題される適性検査ですが，それぞれの学校では，例年，同じような形式がとられることがほとんどです。
目指す学校の過去問に取り組んで，形式をつかんでおくことも重要です。
時間をはかって，過去問を解いてみて，それぞれの問題にどのくらいの時間をかけることができるか，シミュレーションをしておきましょう。
検査項目や時間に大きな変更のある場合は，事前に発表がありますので，各自治体の教育委員会が発表する情報にも注意しましょう。

川崎市立 川崎《かわさき》高等学校附属 中学校

https://www.kaw-s.ed.jp/jh-school/

〒210-0806　川崎市川崎区中島 3-3-1
☎ 044-246-7861
交通　JR 京浜東北線・東海道線・南武線川崎駅、京浜急行線京急川崎駅　バス
京浜急行線大師線港町駅　徒歩 12 分

[カリキュラム] ◇二学期制◇

・**45分×7時限授業**に加えて、始業前に希望者を対象とした**朝読書**と**e-ラーニング**を、放課後に全員を対象としたe-ラーニングを行う。e-ラーニングとは情報端末（PC）を使った自学自習プログラムのこと。

・確かな学力を養うべく、中学では中学の学習内容に取り組むので、先取り学習は原則的に行われない。

・総合的な学習の時間**「LEADタイム」**では農業体験や職場体験などを行う。

[部活動]

令和４年度には**書道部**が全国書画展覧会で特選賞や金賞を受賞した。

★設置部

バスケットボール（男女）、バドミントン、サッカー、ソフトテニス（男女）、陸上競技、バレーボール（女）、美術、放送、書道、吹奏楽、茶道

[行　事]

・**ICTセミナー**ではパソコン学習の基礎を学ぶ。

・**体育祭**は８色のグループに分かれて中高合同で行う。

・**English Challenge**はスピーチ・歌・演劇などをすべて英語で行う行事。

・**農業フィールドワーク**で大豆を育て、それを味噌に加工している。

・**フィールドデイ**では様々な施設を見学する。

4月　新入生歓迎会、ICTセミナー、自然教室（1年・八ヶ岳少年自然の家）
5月　体育祭
7月　English Camp（１年）、農業フィールドワークⅠ（１年）、職業体験学習（２年）
10月　農業フィールドワークⅡ（１年）、神無祭（文化祭）、合唱コンクール
12月　English Challenge
1月　味噌づくり（１年）
2月　English Camp（２年）
3月　送別会、フィールドデイ、LEAD学習発表会

[進　路]

入学者選抜を受けることなく、市立川崎高校へ進学することができる。同校には普通科・生活科学科・福祉科が設置されているが、中高一貫生は**普通科**へ進むことになる。

★卒業生の主な進学先（市立川崎高校）

東京大、東北大、名古屋大、東京医科歯科大、東京工業大、一橋大、横浜国立大、筑波大、東京外国語大、東京学芸大、埼玉大、東京都立大、横浜市立大（医）、早稲田大、慶應義塾大、上智大、東京理科大

[トピックス]

・母体校である市立川崎高校は明治44年に川崎町立女子技芸補習学校としてスタート。平成23年に創立100周年を迎えた県下指折りの**伝統校**である。男女共学となったのは、昭和20年代のこと。また、平成６年には長い歴史を持つ家庭科を**生活科学科**に改編、同９年には**福祉科**を開設するなど、新たな時代の流れにのった改革を、次々と押し進めている。**26年度**には**附属中学校**を開校し、**中高一貫教育校**となった。

・平成26年９月より**新校舎**での生活がスタートした。中学３年生以降は**教科教室型**という、生徒が各教科の部屋に移動して授業を受けるスタイルとなっている。電子黒板機能付プロジェクターや無線LANが設置された教室など、**ICT環境**の備わった最新の設備の中で夢の実現に向けて学習に取り組むことができる。

・平成27年７月末に、**人工芝グラウンド**が完成した。

・志願資格は保護者と共に川崎市内に住所を有すること。学区は川崎市全域。なお、他の公立の中等教育学校・併設型中高一貫教育校との併願は認められない。合否に関しては、適性検査の結果および調査書による総合的選考を行う。

入試！インフォメーション

※本欄の内容は令和６年度入試のものです。

受検状況

募集定員	志願者数	受験者数	合格者数	倍　率
120	493	473	120	3.94

※男女別定員は設けていない。

川崎市立川崎高等学校附属中学校

出題傾向の分析と合格への対策

●出題傾向と内容

川崎市立川崎高附属中では，適性検査Ⅰと適性検査Ⅱの2種の検査が実施された。いずれの検査も実施時間は45分である。2024年度より，適性検査Ⅰは270点満点，適性検査Ⅱは180点満点である。

2023年度までは，適性検査Ⅰは，大問2題からなる。問題1は，作文を含む国語・社会分野からの出題である。複数の文章や資料が提示され，それに関する言語事項・内容把握の問題と，文章の内容をふまえて自分の意見を300字以上400字以内で述べる作文問題が出題された。問題2は，会話文と，グラフや表などの資料を見て答える問題が出題される。

適性検査Ⅱは，社会・算数・理科の各分野からの出題である。グラフ，表，地図，図版を用いた問題が多く設定されており，それぞれの資料を読み取る力が必要になる。それに加えて問題設定も細かいので，確かな読解力を持って問題の主旨を読み取り解答する力が必要になる。また，理由などを，言葉で説明・記述するものがあるので，ねじれのない文で意見や解答を書く記述力も一つの要素として試されている。また，川崎市に関する問題も出題されているので，歴史や地形をはじめ，川崎市のことについても日頃から情報を集めておくとよい。

なお，2024年度より適性検査Ⅰと適性検査Ⅱの内容が入れ替わったが，問われていることは同じである。

● 2025 年度の予想と対策

検査構成は，適性検査Ⅰと適性検査Ⅱの2検査で実施される傾向が続くと思われる。

適性検査Ⅰでは，来年度以降も，多くの問題が地図やグラフなどの資料や，文章読解などと組み合わせて出題されることが予想される。資料の的確な読み取りに加えて，地図の読み取り，各種グラフの特徴などは，基礎的な教科内容と合わせて押さえておきたい内容である。それぞれの大問は，社会・算数・理科の融合型ではあるが，上記のようにグラフや表などを組み合わせた問題の出題が予想されるので対策しておこう。また，計算問題はそれらの資料や問題設定にからめて出題されることが予想されるので，基礎的な計算知識は押さえておきたい。理科については単体で大問として出題される場合や，社会・算数との融合型で出題される場合も想定しておくべきである。

適性検査Ⅱは，字数と構成は過去の出題傾向を参考にして対処してもよいが，傾向が変わる可能性も考えて，複数資料型(文章＋文章，文章＋資料)・テーマ型などの出題も想定しておくとよい。

学習のポイント

特筆して難しい問題は出題されていないので，基本的な教科知識を確認するとともに，表やグラフの読み取りに必要なポイントも確認しておきたい。また，記述式の問題が多いので，理由や意見を分かりやすく表現できるような記述力も養っておきたい。

2024年度

★★★★★★★★★★★★★★★★★★★★★★★★

入　試　問　題

2024年度

川崎市立川崎高等学校附属中学校入試問題

【適性検査Ⅰ】（45分）　＜満点：270点＞

【注意】 字数の指定のある問題は，指定された条件を守り，最初のマスから書き始め，文字や数字は1マスに1字ずつ書きましょう。句読点［。，］やかっこなども1字に数えます。

問題１ たろうさんとはなこさん，けいこ先生が川崎市内の街中を散歩しながら話をしています。次の会話文を読んで，あとの⑴～⑼の各問いに答えましょう。

はなこさん：街中を歩いていると，〔**資料１**〕のポスターをよく見かけますね。
たろうさん：このポスターは，私たちの暮らす川崎に川崎宿《かわさきしゅく》という宿場町《しゅくばまち》がつくられてから，昨年の2023年がちょうど400周年にあたることから作成されたものですね。
はなこさん：宿場町というのは何ですか。
けいこ先生：宿場町というのは，徒歩や馬が主な交通手段であった江戸時代において，街道《かいどう》(主要な道路）沿いに①宿泊施設《しゅくはくしせつ》などを中心につくられた町のことです。川崎宿は，江戸の日本橋から京都の三条大橋を結ぶ当時最も栄えた街道の一つである東海道に沿ってつくられました。ちなみに京都から大阪までの道のりを含めて東海道と呼ぶ場合もあります。
たろうさん：このポスターに使われている絵は何ですか。
けいこ先生：江戸時代に活躍《かつやく》した②歌川広重《うたがわひろしげ》という人物が描《えが》いた『東海道五拾三次《とうかいどうごじゅうさんつぎ》』という絵の中の一枚です。川崎宿の絵には，人や馬が玉川（現在の多摩川《たまがわ》）を渡《わた》るための渡し船が手前にえがかれています。また右奥《おく》には富士山がえがかれています。

〔資料１〕東海道川崎宿に関するポスター

（東海道川崎宿起立400年ポスターより引用）

⑴　下線部①について，〔資料２〕は江戸から京都までの東海道の宿場における総家数，本陣《ほんじん》（身分の高い貴族や大名，幕府の役人などの宿泊施設）の数，旅籠《はたご》（庶民《しょみん》の宿泊施設）の数をあらわしたものです。〔資料２〕から読み取れることとしてふさわしいものを，次のア～オの中からすべて選び，記号で答えましょう。

ア　現在の神奈川県に位置する宿場における本陣の数を合計すると，22である。

イ　53の宿場のうち，本陣の数が３つ以上の宿場の割合は20％以上である。

ウ　本陣に比べて旅籠の割合が最も多いのは，宮（熱田）である。

エ　由比における，総家数に対する旅籠の数の割合は，20％である。

オ　総家数に対する本陣の数の割合が最も高いのは，坂下である。

〔資料２〕東海道（江戸～京都）における53の宿場の比較《ひかく》

次数《つぎすう》	宿場名	総家数	本陣の数	旅籠の数
江戸　日本橋				
1	品川（しながわ）	1561	1	93
2	川崎（かわさき）	541	2	72
3	神奈川（かながわ）	1341	2	58
4	保土ヶ谷（ほどがや）	558	1	67
5	戸塚（とつか）	613	2	75
6	藤沢（ふじさわ）	919	1	45
7	平塚（ひらつか）	443	1	54
8	大磯（おおいそ）	676	3	66
9	小田原（おだわら）	1542	4	95
10	箱根（はこね）	197	6	36
11	三島（みしま）	1025	2	74
12	沼津（ぬまづ）	1234	3	55
13	原（はら）	398	1	25
14	吉原（よしわら）	653	2	60
15	蒲原（かんばら）	509	1	42
16	由比（ゆい）	160	1	32
17	興津（おきつ）	316	2	34
18	江尻（えじり）	1340	2	50
19	府中（ふちゅう）	3673	2	43
20	丸子（まりこ）	211	1	24
21	岡部（おかべ）	487	2	27
22	藤枝（ふじえだ）	1061	2	37
23	島田（しまだ）	1461	3	48
24	金谷（かなや）	1004	3	51
25	日坂（にっさか）	168	1	33
26	掛川（かけがわ）	960	2	30
27	袋井（ふくろい）	195	3	50
次数	宿場名	総家数	本陣の数	旅籠の数
28	見附（みつけ）	1029	2	56
29	浜松（はままつ）	1622	6	94
30	舞坂（まいさか）	541	2	28
31	新居（あらい）	797	3	26
32	白須賀（しらすか）	613	1	27
33	二川（ふたがわ）	328	1	38
34	吉田（よしだ）	1293	2	65
35	御油（ごゆ）	316	2	62
36	赤坂（あかさか）	349	3	62
37	藤川（ふじかわ）	302	1	36
38	岡崎（おかざき）	1565	3	112
39	池鯉鮒（ちりゅう）	292	1	35
40	鳴海（なるみ）	847	1	68
41	宮（熱田）（みや・あつた）	2924	2	248
42	桑名（くわな）	2544	2	120
43	四日市（よっかいち）	1811	2	98
44	石薬師（いしやくし）	241	3	15
45	庄野（しょうの）	211	1	15
46	亀山（かめやま）	567	1	21
47	関（せき）	632	2	42
48	坂下（さかした）	153	3	48
49	土山（つちやま）	351	2	44
50	水口（みなくち）	692	1	41
51	石部（いしべ）	458	2	32
52	草津（くさつ）	586	2	72
53	大津（おおつ）	3650	2	71
京都　三条大橋				

注）次数とは、江戸から数えたときの宿場町の順番を表しています。

（東海道かわさき宿交流館展示資料　東海道五十三次より作成）

⑵　下線部②に関して，〔資料１〕で使用されている川崎宿の絵にえがかれた方角としてふさわしい

ものを，〔資料３〕〔資料４〕を参考にして，下の〔資料５〕中のア～エの中から１つ選び，記号で答えましょう。ただし，〔資料５〕中の●は当時の品川側の船着き場を表しています。

〔資料３〕ポスターに使われた絵の題材

（東海道五拾三次川崎より引用）

〔資料４〕伊豆半島周辺

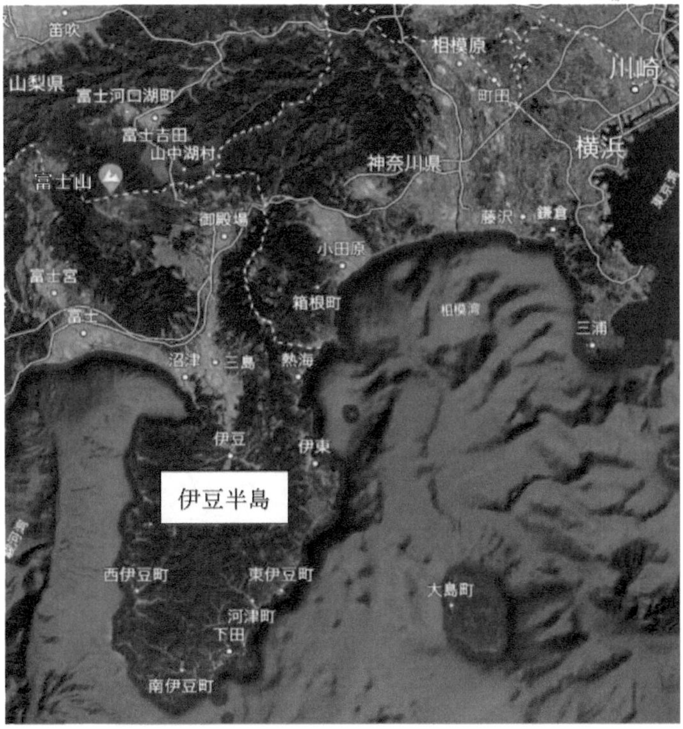

（Google Earth より引用）

〔資料５〕川崎駅周辺

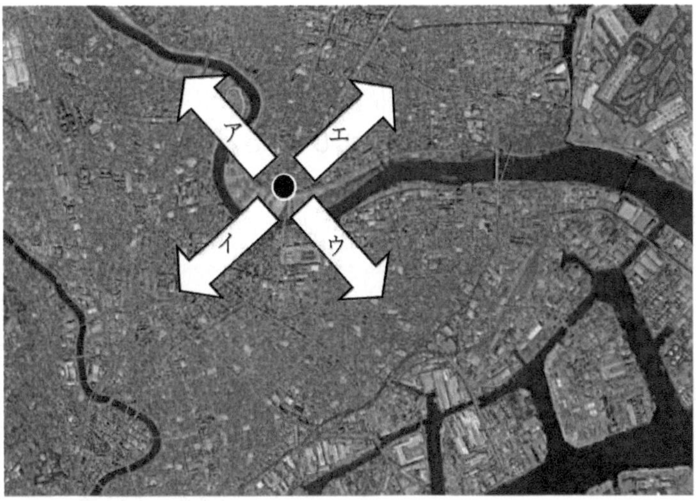

（Google Earth より引用）

はなこさん：ところで，江戸時代の頃《ころ》に現在の川崎市の場所には，東海道の他にも街道はあったのですか。

けいこ先生：はい。③〔資料６〕のように，東西に細長い現在の川崎市を横断・縦断するように街道が整備されていました。古くから人々の信仰《しんこう》を集めていた，川崎大師平間寺《へいけんじ》に続く道としての大師道《だいしみち》もその一つです。

たろうさん：川崎大師は私も行ったことがあります。初詣《はつもうで》の参拝者数《さんぱいしゃすう》の多さでも全国的に有名ですね。

けいこ先生：江戸時代に，商業が活発になる中で，多くの商品が運ばれる道として，これらの街道が発展し，道沿いの村々でも多くの商品が生み出され，地域が発展していきました。

はなこさん：現在の川崎市の発展には，「道」も大きく関係しているのですね。

〔資料６〕現在の川崎市内を通る、鉄道と昔からの６街道

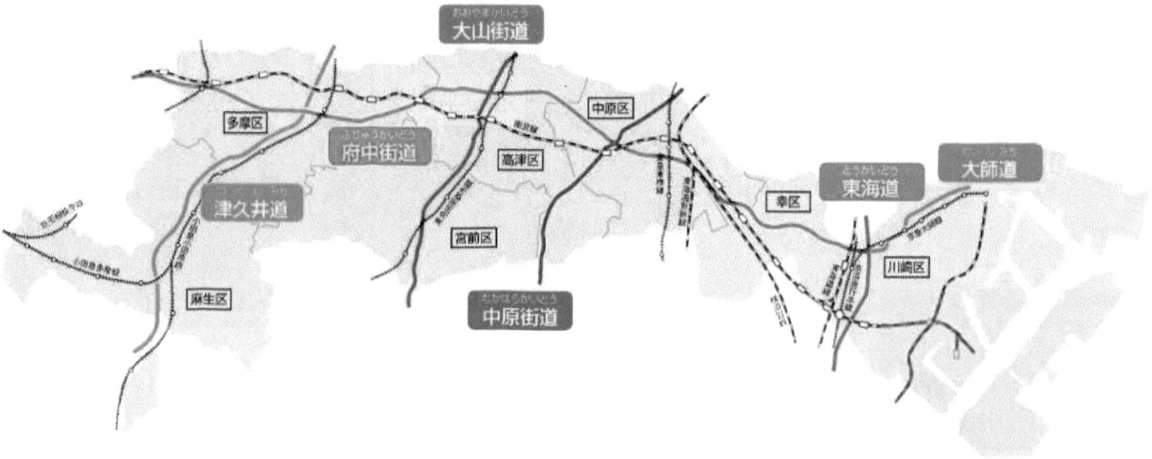

（川崎市ホームページ「昔からの６街道」より引用）

⑶　下線部③に関して，〔資料６〕から読み取れることとしてふさわしいものを，下のア～エの中から１つ選び，記号で答えましょう。

ア　大師道・府中街道は現在の川崎市を東西に結ぶ道であり，これら２つの道で，現在の川崎市内７つの区すべてを通っている。

イ　川崎市内の７つの区のうち，通過している鉄道の路線数が最も少ないのは幸区である。

ウ　川崎市内では，津久井道と大山街道，大師道・府中街道，東海道におおむね沿った形でそれぞれ鉄道路線が建設されている。

エ　川崎市内を通る江戸時代の主な６つの街道のうち，川崎市内における長さが最も長いのは津久井道である。

⑷　〔資料６〕の「大山街道」について，この街道は江戸時代には大山阿夫利神社《おおやまあふりじんじゃ》（神奈川県伊勢原《いせはら》市）に「大山詣《まい》り」に向かう道として名付けられました。この大山阿夫利神社は今から約80年前

に，一時的に多くの川崎市内の子どもたちが集まり，集団で生活する場になっていましたが，その理由を〔資料７〕を参考にして書きましょう。

〔資料７〕大山阿夫利神社の境内にある銅像

（大山阿夫利神社　輝《かがや》け杉の子像）

はなこさん：川崎市は，令和６年７月１日に市制100周年をむかえるそうです。100年前の川崎の町並《まちな》みの様子は，どのようなものだったのでしょうか。
たろうさん：〔資料８〕は，1917年頃の川崎町の地図です。
けいこ先生：〔資料８〕の六郷《ろくごう》橋周辺に広がる町が川崎宿です。六郷橋は1600年に架《か》けられましたが，1688年の多摩川の洪水で流失してしまいました。1883年に３代目となる橋が架けられました。川崎大師への参拝者のために橋が作られたそうです。
はなこさん：〔資料９〕の現在の地図と比べると，沿岸部の土地の形の様子が大きく変わっていて，人工的な形になっていますね。
たろうさん：そうですね。ここは，［ (あ) ］だからです。

（〔資料８〕，〔資料９〕は次のページにあります。）

〔資料８〕　1917 年頃の川崎町(5 万分の 1 地形図)

『地図で読み解く　日本の地域変貌《ぼう》』(2008 年　海青社) より作成

〔資料９〕　現在の川崎駅周辺の地図

(Google マップより引用)

⑸　会話文中の あ にあてはまる言葉を 5 文字以内で書きましょう。

はなこさん：現在の川崎市の沿岸部は，主に工場や貿易の拠点《きょてん》として活用されています。
たろうさん：〔資料10〕と〔資料11〕は，川崎港における輸入品目と輸出品目の内訳を示しています。
けいこ先生：川崎港における輸出入品目の内訳からどのようなことが分かりますか。
はなこさん：川崎港では，主に［　A　］を輸入して，［　B　］を輸出しています。
けいこ先生：川崎港だけではなくて，日本のほかの港でもこのような傾向《けいこう》があります。

〔資料 10〕　川崎港における主要輸入品目の内訳（金額）

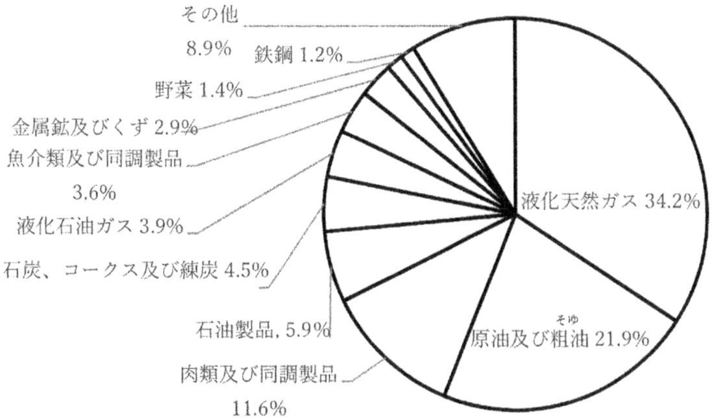

川崎港貿易概況《がいきょう》（2022 年分）より作成

〔資料 11〕　川崎港における主要輸出品目の内訳（金額）

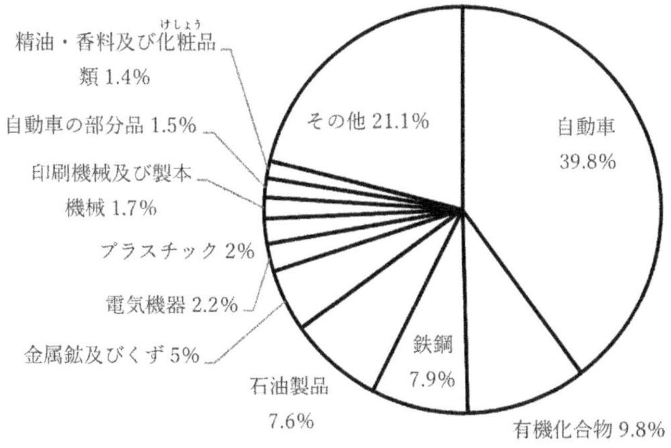

川崎港貿易概況（2022 年分）より作成

(6)　会話文中の［A］と［B］に当てはまる語句として正しいものを，次のア～カから１つ選び，記号で答えましょう。

ア　A：資源　B：製品　　　エ　A：食料　B：資源
イ　A：資源　B：食料　　　オ　A：製品　B：食料
ウ　A：食料　B：製品　　　カ　A：製品　B：資源

(7) 〔**資料12**〕は，川崎港における貿易額の推移《すいい》を示しています。この資料を説明したものとしてあてはまらないものを，下のア～エから１つ選び，記号で答えましょう。

ア　2013年から2022年にかけて，輸入額は輸出額を上回っている。

イ　2022年分の輸入額は，2021年分の輸入額の約57.7%増加している。

ウ　2020年分の輸出額は，最も低い額であった。

エ　2016年分の輸入額は，2014年分の輸入額の半分以下である。

〔資料 12〕川崎港における貿易額の推移

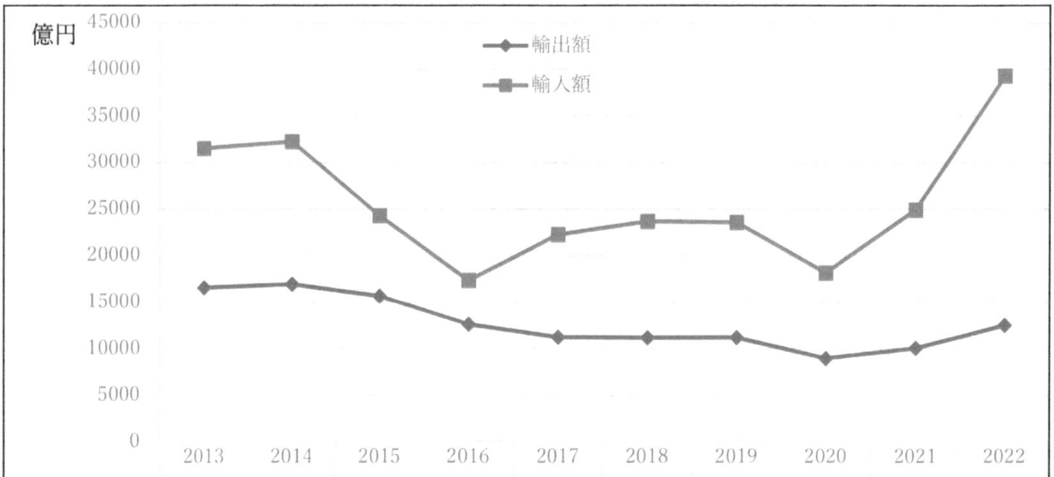

	2013	2014	2015	2016	2017	2018	2019	2020	2021	2022
輸出額	16547	16936	15652	12597	11198	11144	11167	8941	10034	12500
輸入額	31521	32235	24275	17334	22248	23652	23571	18125	24897	39272

川崎港貿易概況（2022 年分）より作成

はなこさん：川崎市は長い歴史を持つ都市だということがわかりました。

たろうさん：では，川崎の今はどのようになっているのでしょうか。

けいこ先生：２人は４月から進学して中学生になりますね。川崎市の中学校について，どのくらい知っていますか。

はなこさん：〔**資料13**〕のような④調査結果を見たことがあります。

たろうさん：川崎市は平成29年に人口150万人をこえ，全国でも10番以内に入る都市です。

けいこ先生：〔**資料14**〕の区別の住宅数の推移《すいい》から何かわかることはありますか。

はなこさん：［　(い)　］。麻生《あさお》区や宮前区は川崎市内だと新しい区なのですね。

たろうさん：新しいといえば，市内で一番新しい公立中学校である川崎高等学校附属中学校も10周年を迎えましたね。

けいこ先生：10年間の中で変化したことといえば，修学旅行の行き先が大阪から長崎に変更されたことなどが挙げられますね。

はなこさん：附属中の修学旅行は新幹線ではなく飛行機を利用していますよね。

（〔**資料13**〕は次のページに，〔**資料14**〕は10ページにあります。）

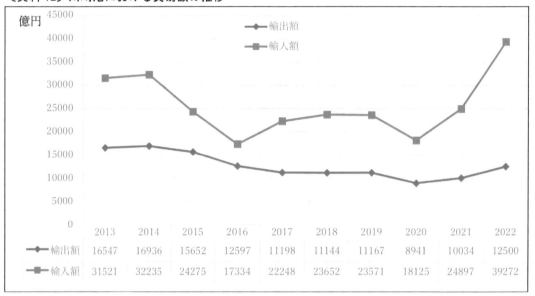

〔資料 13〕川崎市の中学校に通う人数の推移に関する調査

中学校の概況　　（単位：校、学級、人）（各年度5月1日）

年　度	学　校　数			学　級　数			生　徒　数		
	総数	公立	私立	総数	公立	私立	総数	公立	私立
平成29年度	58	52	6	1,081	976	105	33,145	29,265	3,880
30年度	58	52	6	1,080	974	106	32,907	28,965	3,942
令和元年度	58	52	6	1,080	974	106	33,162	29,202	3,960
2年度	58	52	6	1,093	987	106	33,666	29,691	3,975
3年度	58	52	6	1,098	991	107	33,981	29,975	4,006
令和3年度区の内訳									
川崎区	11	11	-	167	167	-	4,891	4,891	-
幸　区	5	5	-	101	101	-	2,978	2,978	-
中原区	10	8	2	179	154	25	5,304	4,627	677
高津区	6	5	1	141	123	18	4,678	3,907	771
宮前区	8	8	-	191	191	-	6,035	6,035	-
多摩区	9	7	2	162	129	33	5,085	3,758	1,327
麻生区	9	8	1	157	126	31	5,010	3,779	1,231

（学校基本調査）

（令和４年度　川崎市統計データブックより引用）

⑻　下線部④について，〔資料13〕は川崎市の中学校の学級数と生徒数の推移をあらわしたものです。〔資料13〕から読み取れることとしてふさわしいものを，次のア～オの中からすべて選び，記号で答えましょう。

ア　平成29年度から学級数の変化はあるが，学校数は変わらない

イ　令和３年度の川崎区の生徒総数は4000人をこえており，７つの区の中で２番目に多い

ウ　川崎市内の私立中学校の生徒数は，どの年度も4000人に満たない

エ　令和３年度の幸区の生徒総数は，多摩区・麻生区の私立中学校に通う生徒総数より多い

オ　平成29年度から５年間，生徒総数は増加し続けている

⑼　〔資料14〕は川崎市の区別の住宅数の推移をあらわしたものです。会話文中 (い) にあてはまる内容を，〔資料14〕を参考に，次のア～オの中から１つ選び，記号で答えましょう。なお，この調査は昭和48年から始まり，麻生区，宮前区は昭和58年から開始しました。※例えば昭和48年多摩区の「52（千戸《こ》）」は，「52000戸（５万２千戸）」を示しています。

一戸は，一つの世帯が独立して家庭生活を送ることができるように建築されているものをあらわします。

ア　昭和48年と昭和58年を比べると，区の数は増えましたが住宅数の合計は減っています

イ　平成30年に住宅数が一番多い区は中原区で，一番少ない区は幸区です

ウ　昭和58年に７つの区がそろってから，平成30年まで全ての区で住宅数は増加し続けています

エ　平成30年の川崎市内には70万戸をこえる住宅があります

オ　平成15年から平成30年の間で，住宅数が最も増加した区は川崎区です

〔資料 14〕川崎市の区別住宅情報の推移に関するグラフ

区別住宅数の推移

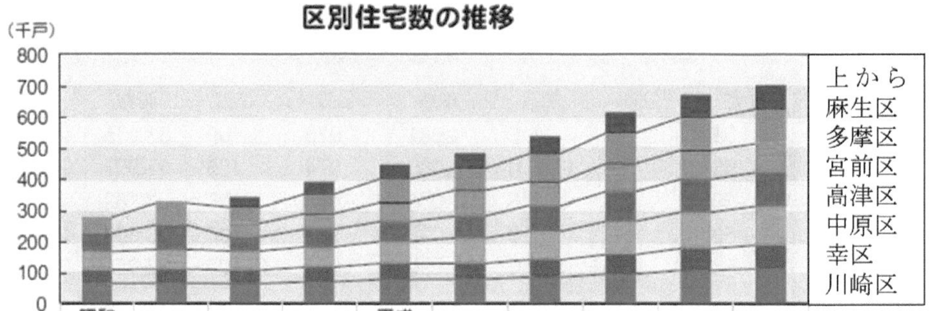

	昭和48年	53年	58年	63年	平成5年	10年	15年	20年	25年	30年
■麻生区			31	39	45	49	56	67	74	75
■多摩区	52 ※	70	52	60	74	70	90	98	106	110
■宮前区			43	51	60	82	77	90	93	95
■高津区	59	80	46	57	64	70	82	95	104	109
■中原区	60	63	62	66	72	83	93	107	117	125
■幸　区	44	45	43	48	51	50	56	63	72	78
■川崎区	62	64	63	67	76	77	84	94	105	110

（住宅・土地統計調査）

（令和４年度　川崎市統計データブックより作成）

問題２　たろうさんとはなこさんは，８月19日～８月21日に開催されたサマーキャンプ八ヶ岳《やつがたけ》コースに参加しました。次の会話文を読んで，あとの⑴～⑻の各問いに答えましょう。

たろうさん：楽しみにしていたサマーキャンプがいよいよ始まりますね。

はなこさん：私は夏の八ヶ岳周辺に行くのは初めてです。わくわくします。

たろうさん：さて，他の参加者や担当の先生たちが待っています。バスに乗りましょう。川崎市からはおよそ２～３時間くらいかかりますよ。

――― たろうさんとはなこさんたちはバスで八ヶ岳周辺を目指す。―――

はなこさん：バスの中から見える風景が少しずつ変わってきましたね。自然が増えてきました。

たろうさん：外の風景はすてきですが，それより太陽の光がまぶしいですね。太陽の位置が変わってきました。カーテンを閉めましょう。

はなこさん：太陽の動きは，［　　(あ)　　］にしずむように見えます。現在11時ごろですから，バスのカーテンは，［(い)］を閉めると車内にかげができてまぶしくないはずです。

たろうさん：なるほど。私たちの席に近い窓は［(い)］ですので，このカーテンを閉めます。

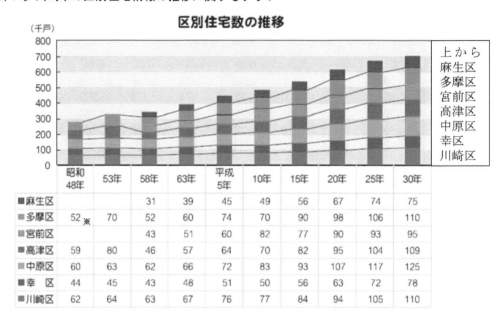

はなこさん：まぶしくなくなりましたね。まだとう着まで少し時間がかかりそうですので，少しおしゃべりしましょう。

――― たろうさんとはなこさんたちは八ヶ岳周辺にとう着する。―――

ひろし先生：みなさんとう着しました。ここは，標高およそ1000mの高原に位置しています。ここからは有名な八ヶ岳が見えます。八ヶ岳などから流れる水によって川ができるため，自然豊かで，様々な動植物が生活しています。 昼食は，お弁当を用意しています。ここから歩いてすぐの川〔資料１〕の近くで食べましょう。

〔資料１〕

（清里観光振興会《しんこうかい》ウェブサイトより引用）

たろうさん：川の流れはいやされますね。ひんやりして，夏の暑さがやわらぎます。しかし，この川は川崎市内で見られる多摩川《たまがわ》とはようすがちがいますね。

はなこさん：この川〔資料１〕のように (う)

ひろし先生：はなこさん，その通りです。流れる場所によって，川と川原の石の様子には，ちがいが表れてきます。

⑴ (あ) と (い) にあてはまる言葉として，もっともふさわしいものを次のア～カの中から１つ選び，記号で答えましょう。

	(あ)にあてはまる言葉	(い)にあてはまる言葉
ア	東から出て南を通り西	北側
イ	東から出て南を通り西	南側
ウ	東から出て南を通り西	西側
エ	西から出て南を通り東	北側
オ	西から出て南を通り東	南側
カ	西から出て南を通り東	西側

⑵ (う) にあてはまる言葉として，もっともふさわしいものを次のア～カの中から１つ選び，記号で答えましょう。

ア　土地のかたむきが小さい場所では，水の流れが遅く，川はばが広くなっています。
　　このような川の川原には，丸みのある小さな石が多く見られます。

イ　土地のかたむきが小さい場所では，水の流れが速く，川はばがせまくなっています。
　　このような川の川原には，丸みのある大きな石が多く見られます。

ウ　土地のかたむきが小さい場所では，水の流れが速く，川はばがせまくなっています。

このような川の川原には，角ばった大きな石が多く見られます。

エ　土地のかたむきが大きい場所では，水の流れが遅く，川はばが広くなっています。
このような川の川原には，角ばった小さな石が多く見られます。

オ　土地のかたむきが大きい場所では，水の流れが速く，川はばがせまくなっています。
このような川の川原には，丸みのある大きな石が多く見られます。

カ　土地のかたむきが大きい場所では，水の流れが速く，川はばがせまくなっています。
このような川の川原には，角ばった大きな石が多く見られます。

ひろし先生：みなさん，昼食を食べ終えたところで，今から近くにある地層を観察しましょう。

たろうさん：地層を観察できるのは楽しみですね。もしかすると恐竜《きょうりゅう》の化石が発見できるかもしれませんね。

はなこさん：地層は，水のはたらきによって運ぱんされてきた，れき，砂，どろなどが，海や湖の底で，層になってたい積してできるので，その中に恐竜の化石が埋もれている可能性はありますね。

ひろし先生：地層が観察できる場所に到着しました。向こうのがけに見られるのが地層で，火山灰の層を含んでいます。ちなみに残念ですが，この地層から恐竜の化石は発見されていません。

たろうさん：さすがに標高およそ1000mの高原で，恐竜の化石は見られないですよね。

はなこさん：そんなこともないと思いますよ。ヒマラヤ山脈の山頂付近の高さ約8000mに，かつて海の底でできた地層が，しま模様になってはっきり見えます。また，高さ4000mのあたりで，海に生息していたアンモナイトの化石が見つかっています。

たろうさん：でも，なぜ海の底でできた地層がヒマラヤ山脈で見られるのですか。

はなこさん：長い年月の間に，[　(え)　]からです。

ひろし先生：大地は変わり続けることが地層を観察して明らかになっていきますね。
さて，みなさん，今夜はキャンプをします。夕食のカレーライスを作り，テントを張ってねとまりをします。キャンプ場に移動しましょう。

――――　たろうさんとはなこさんたちはキャンプ場にとう着する。　――――

たろうさん：こんな大自然の中で１日過ごせるなんて最高ですね。

はなこさん：まずは，少し休けいしましょう。温かい紅茶でも飲みましょうか。

たろうさん：いいですね。なべがあるので水をくんできますね。

はなこさん：私は火をおこしますね。

たろうさん：水をくんできました。このキャンプ場の水は山から引いてきているようで，すき通っていて，そしてすごく冷たいです。おいしそうです。

はなこさん：火がおこせました。金あみの上になべを乗せてください。

たろうさん：まきの火が強いからか，すぐぶくぶくしてきましたね。標高が高いと水が炭酸水になってしまうのでしょうか。この泡はなんですか。

はなこさん：この泡の正体は[　(お)　]で，このようなすがたを[　(か)　]といいます。なべから出ている白い湯気は[　(き)　]です。湯気は，小さい水のつぶです。

たろうさん：物質は温度によってすがたが変化するのですよね。水は冷やしたらどうなりますか。

はなこさん：①飲料水が入ったペットボトルの入れ物をこおらせるとペットボトルがこわれることがありますよ。

たろうさん：なるほど，おもしろいですね。

はなこさん：紅茶ができあがりました。いただきましょう。

⑶　(え) にあてはまる言葉を14字以上26字以内で書きましょう。

⑷　(お) と (か) と (き) にあてはまる言葉として，もっともふさわしいものを次のア～カの中から１つ選び，記号で答えましょう。

	(お)にあてはまる言葉	(か)にあてはまる言葉	(き)にあてはまる言葉
ア	水蒸気	液体	気体
イ	水蒸気	気体	気体
ウ	水蒸気	気体	液体
エ	二酸化炭素	液体	気体
オ	二酸化炭素	液体	液体
カ	二酸化炭素	気体	液体

⑸　下線部①のようになる理由を「体積」という言葉を入れて20字以内で書きましょう。

たろうさん：21時になりました。外も真っ暗になって，星が先程《さきほど》よりもきれいにかがやいています。この位置から南の方向を見ると，夏の大三角が見えたのですが，どこでしょうか。

はなこさん：先程観察したのは，19時でした。星も太陽と同じで動いて見えるのですよ。

たろうさん：19～21時の２時間だとどれくらい動いて見えるのですか。

はなこさん：どのくらいと言われると，私も分かりません。

ひろし先生：私が説明しましょう。まず，夏と冬では，南の空に見える星は変わってしまいますが，日ごとの観察では，１日経てば星はほぼ同じ位置に見えます。例えば，19時に観察した夏の大三角は，次の日の19時には同じ方角の位置に見えるのです。

たろうさん：ということは，東の空から見え始めた星は，南の空を通り，西の空に沈んだあと，見えなくなってしまうけど，その後も動いてまた東の空から出てくるのですか。

ひろし先生：すばらしい考えです。星は１日に１回転しているように見えるのですよ。

はなこさん：ということは，星が１周360°を，１日24時間で１回転するのであれば，計算式は (く) で，これを計算すると (け) °になります。
つまり，19～21時の２時間だと夏の大三角は，(こ) °動いて見えます。

ひろし先生：その通りです。北の空を見ると，北極星付近を中心として星が反時計回りに１日１周しているように見えます。北の空もはなこさんが計算していたように時間ごとに動いて見えるのです。
たろうさん：星の見え方に規則性があったのは知りませんでした。それともう１つ気になることがあります。夕方ごろまで見えていた三日月が見えなくなってしまいました。
はなこさん：それは太陽と月と地球の位置が関係していると思います。
たろうさん：どういうことでしょうか。
はなこさん：そもそも太陽の周りを地球が回っていて，地球の周りを月が回っているので，地球から見ると太陽と月は動いているように見えます。②月はおよそ30日で地球の周りを１周します。また，地球自体は反時計回りに１日１回転しています。
たろうさん：なるほど，③三日月に見えるときの太陽と月と地球の位置が分かれば，なぜ三日月が見えなくなってしまったか分かりそうですね。
はなこさん：そうですね。天体の見かけの動きについては，言葉だけで理解するのには限界があります。図で表したり，実験してみたりするのもよいでしょう。
ひろし先生：みなさんの探究心には感心します。しかし，もうすぐ消灯の時間です。明日も早いので，テントに入ってねる準備をしましょう。

⑹　(く) と (け) と (こ) にあてはまる数や記号を書きましょう。
⑺　下線部②について，次に満月になるのは，何月何日でしょうか。ただし，月は30日ちょうどで地球を１周するものとします。
⑻　下線部③について，月の位置を図で表しましょう。ただし，天体の実際の大きさについては無視してよいものとします。

問題３　たろうさん，はなこさん，じろうさんの３人が，川崎市100周年記念事業ロゴについて話をしています。次の会話文を読んで，あとの⑴～⑺の各問いに答えましょう。

たろうさん：今年，川崎市は100周年をむかえるそうです。
はなこさん：そんなときに川崎で過ごしていられるなんて，何だかうれしいですね。
たろうさん：そうですね。その100周年のことについて調べていたら，100周年記念事業のロゴを見つけました。そこには，
「Colors, Future!　Actions」
（カラーズ，フューチャー！　アクションズ）とかいてありました。

100周年記念事業ロゴ

COLORS, FUTURE! ACTIONS
KAWASAKI 100th

はなこさん：Colors は「色」，Future は「未来」，Actions は「行動」という意味ですね。
たろうさん：「Colors, Future!　いろいろって，未来。」という川崎市のブランドメッセージがあるのは知っていますか。
はなこさん：はい。「多様性を認め合い，つながり合うことで，新しい魅力《みりょく》や価値を生み出すことができるまちを目指していく」という意味が込められているそうです。それに「行動」が加わったのですね。
たろうさん：そうです。「みんなが主役となって，力をかけ合わせながら多彩《たさい》な Action を生み

出していきます。」と書いてありました。

はなこさん：それにしても，とても魅力あるデザインですね。シンプルなのがすてきです。例えば，「U」であれば，まっすぐな部分と曲線の部分でできていて，曲線部分は「図１」のように文字全体の下から３分の１の部分になっています。また，曲線部分は，ちょうど半円になっていることもわかります。

［図１］

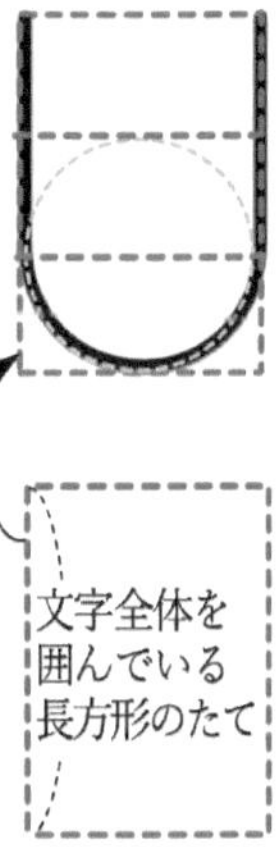

じろうさん：面白いことを考えていますね。それならば「U」の文字に使われている［図１］の太線の長さが求められそうです。「U」の文字全体を囲んでいるこの長方形のたての長さがわかるだけで，「U」に使われている太線の長さがわかります。この長方形のたての長さが６㎝のとき，円周率を3.14とすれば，「U」の文字に使われている［図１］の太線の長さは［(あ)］㎝になります。

たろうさん：この「U」の拡大図や縮図でもすぐに線の長さを求められるように，ことばの式に表しておくのもよいと思います。「U」の文字全体を囲んでいる長方形のたての長さを a として式にすると，

［(い)］

になります。

(1) ［(あ)］にあてはまる数を書きしょう。

(2) ［(い)］にあてはまることばの式を書きましょう。

はなこさん：シンプルなデザインだからこそできることですね。じろうさん，他の文字はどうですか。

じろうさん：では［図２］の「F」と［図３］の「R」についても見てみましょう。

［図２］

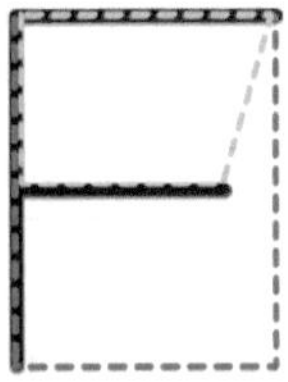

［図３］

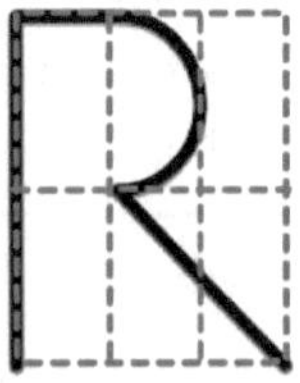

どちらも，文字全体を囲んでいる長方形と，それを分割するまっすぐな点線があります。横の点線はどちらも文字全体を囲んでいる長方形のたてを２等分しています。「R」のたての点線は，文字全体を囲んでいる長方形の横を３等分していて，横の点線とたての点線が交わっている位置で曲線部分と右下の斜《なな》めの直線部

分が交わっています。また，「R」の曲線部分は半円です。

たろうさん：今度は私が問題を考えます。「F」の文字に使われている［図２］の太線の長さを求めるためにわかっているのは，文字全体を囲んでいる長方形のたてが６cm，横が４cm，上部にある台形の面積が11.25cm²だということです。はなこさんできそうですか。

はなこさん：わかりました。「F」の文字に使われている太線の長さは (う) cmです。では「R」の文字に使われている［図３］の太線の長さを求めるために必要な情報は何でしょうか。「R」の文字全体を囲んでいる長方形のたての長さ，横の長さがわかればできそうですね。

じろうさん：そうでしょうか。右下の斜めの線の長さが出せないのではないですか。

はなこさん：「R」の文字全体を囲んでいる長方形のたてが８cm，横が６cmだったとして考えてみます。底辺が (え) cm，高さが (お) cmで，もうひとつの辺が「R」の右下の斜めの線であるような (か) を４つ組み合わせると正方形ができます。その正方形の面積は (き) cm²です。面積が (き) cm²の正方形の１辺の長さが「R」の右下の斜めの線の長さになるといえます。

じろうさん：そうですね。さて，その長さを求めることはできますか。

はなこさん：その長さは…，あれ，求められないです。

じろうさん：中学校ではこれが求められるように新しい数を習うみたいですよ。でも今は知らないから求められません。あとは中学生になってからのお楽しみですね。

⑶ (う) にあてはまる数を書きましょう。

⑷ (え) と (お) と (き) にあてはまる数を，(か) にあてはまる図形の名前をそれぞれ書きましょう。

たろうさん：では，今度は，「R」の文字全体を囲んでいる長方形のたての長さがわかっているときに，［図４］のしゃ線部分の面積を求めてみましょう。「R」の文字全体を囲んでいる長方形のたての長さは８cmとして考えてみてください。

［図４］

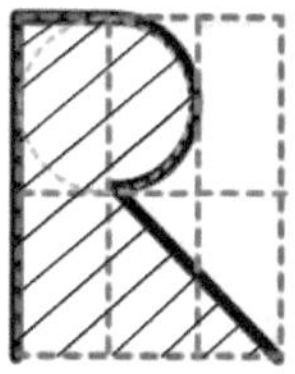

じろうさん：円周率は3.14だとして計算すると，(く) cm²ですね。

たろうさん：正解です。

⑸ (く) にあてはまる数を書きましょう。

はなこさん：ところで，川崎市は今年の市制記念日2024年７月１日に市制100年という節目をむかえるそうですが，川崎高等学校附属中学校は，今年度10年目で，10周年記念式典を12月に行ったそうです。式典は終わってしまったのですが，私なりに学校10周年のロゴを川崎市の100周年記念事業のロゴのデザインに合わせて作ってみました。

たろうさん：デザインに合わせてとは，どういうことですか。

はなこさん：川崎市のロゴは，文字のデザインがシンプルなだけでなく，配列もよく考えられているように思えるのです。[図５]は文字の位置が各行でそろっているかわかるようにたて線を加えたものですが，各行の１文字目「C」「F」「A」のように文字の左端《ひだりはし》の位置が３行ともそろうところは１文字日以外にはありません。各行の２文字目「O」「U」「C」も，左端はほとんど同じ位置のように見えますが，よく見るとほんの少しずれています。３文字目の「L」「T」「T」は，「T」の真ん中のたて線と「L」の左端のたて線がそろっていますが，3つの文字の左端はずれています。私の個人的な感想ですが，たてに並んだ３つの文字の左端が１文字目以外にはそろうことがないようにすることで❶，多様性を表現しているように見えます。

それでいて，２，３行目の「T」のたて線，２，３行目の「U」と「I」では「U」の左側のまっすぐな線と「I」のたて線などのように，部分的にたて線や文字の位置がそろえられていて❷，ひとつの目標に向かうことを表現しているように見えます。他に，

１行目の [(け)]

２行目の [(こ)]

３行目の [(さ)]

も同じようにそろっていますね。

[図５]

(6) [(け)]，[(こ)]，[(さ)] にあてはまる文を，下のア～クから選んで答えましょう。

ア 「E」の左端のたて線の位置　　イ 「N」の左端のたて線の位置

ウ 「O」の曲線部分の左端の位置　　エ 「R」の左端のたて線の位置

オ 「R」の曲線部分の右端の位置　　カ 「O」の曲線部分の右端の位置

キ 「N」の右端のたて線の位置　　ク 「E」の横線の右端の位置

たろうさん：その２つのこと（❶と❷）を考えてロゴを作ったのですね。
はなこさん：はい。見てください。

［図６］

じろうさん：よくできていますね。少しアドバイスしてもいいですか。
「ＦＵＺＯＫＵ」の文字の間隔《かんかく》を少しせまくすることで，そのぶん「10ｔｈ」の位置を少しだけ左にずらしてみてはどうでしょうか。［図７］のように。

［図７］

たろうさん：❶と❷を考えると，「10th」の位置が変わったことで［図６］と比べて［図７］の方が［　(し)　］と［　(す)　］はそろわないようにできます。また，［　(せ)　］と［　(そ)　］はそろえることができます。
はなこさん：本当ですね。この方がすっきりしました。ありがとうございます。

(7)　［(し)］，［(す)］，［(せ)］，［(そ)］にあてはまる文を，下のア～クから選んで答えましょう。

ア　１行目の「Ａ」の左端　　　　イ　１行目の「Ｗ」の右端
ウ　１行目の「Ｋ」の左端のたて線　　エ　１行目の「Ｓ」の左端
オ　２行目の「Ｏ」の左端　　　　カ　２行目の「Ｋ」の左端のたて線
キ　２行目の「１」の左端　　　　ク　２行目の「ｔ」のたて線

問題２（※適性検査Ⅱ） ４月の中学校入学後に行われた学級会で，けいこ先生が話した内容を読み，問題に答えましょう。

> さあ，みなさん。川崎高等学校附属中学校１年４組40人での生活がスタートしました。これからの中学校生活がより充実《じゅうじつ》するように，みなさんには知っておいてほしいことがあります。それは，この中学校の「生徒会年間テーマ」です。このテーマに全校生徒が少しでも近づくために，学校の様々な仕事を分担します。その仕事のひとつが，委員会です。今日は，このクラスの委員会メンバーを決めていきましょう。今年度は，７つの委員会でこの学校を運営します。
>
> 小学校では全員が委員会に所属しますが，中学校では委員会に所属するのは14名です。また，それぞれ定員が決まっていますので，必ずしも希望する委員会に入れるとは限りません。委員会の定員数や，生徒会年間テーマに込《こ》められた意味を確認して，あなたが希望する委員会に立候補してください。

生徒会年間テーマ
「360°」

【込められた意味】
「全校生徒360人が360度様々な方向に個性を発揮できる学校にしよう」という思いが込められています。

【取り組んでいきたいこと】
・みんなの個性をいかせる温かな雰囲気《ふんいき》を大切にする
・おたがいに協力し合う
・目立たないことでもがんばる

<table>
<tr><th>委員会名</th><th>定員</th><th>仕事内容</th></tr>
<tr><td>学年委員</td><td rowspan="7">各クラス２名</td><td>クラスの代表。学級会などで司会進行を行う。</td></tr>
<tr><td>新聞委員</td><td>クラス新聞作りをクラスで分担し、発行する。</td></tr>
<tr><td>図書委員</td><td>本の貸し出しや、図書室の本の整理、管理を行う。</td></tr>
<tr><td>文化委員</td><td>お昼の校内放送や、学校行事での写真撮影《さつえい》を行う。</td></tr>
<tr><td>風紀委員</td><td>朝のあいさつ運動や、生活の決まりを守るように呼びかける。</td></tr>
<tr><td>管理防災委員</td><td>清掃《せいそう》チェックや、清掃用具の管理をする。避難《ひなん》経路図を確認する。</td></tr>
<tr><td>保健委員</td><td>加湿器《かしつき》の管理や水質検査、健康保持を呼びかける。</td></tr>
</table>

問題
あなたはどうしても委員会に所属したかったのですが，残念ながら入ることができませんでした。この状況《じょうきょう》の中で，あなたは学校やクラスのために，どのように行動しますか。あなたのよさを明確にし，【取り組んでいきたいこと】をふまえて，あなたのよさを生かした具体的な行動を書きましょう。また，このような自分の希望がかなわない経験を乗りこえることで，あなたは自分自身がどのように成長すると思いますか。あなたの考えを書きましょう。

［注意事項］

○　解答用紙にたて書きで書きましょう。

○　解答用紙に300字以上400字以内で書きましょう。

○　原稿《げんこう》用紙の正しい用法で書きましょう。また漢字を適切に使いましょう。

○　はじめに題名などは書かず，１行目，１マス空けたところから書きましょう。自分の名前は，氏名らんに書きましょう。

○　３段落以上の構成で書きましょう。

○　句読点〔。，〕やかっこなども１字に数え，１マスに１字ずつ書きましょう。また，段落を変えたときの残りのマス目も字数として数えます。

気持ちが高まっている。また、[あ]と[う]は、梅の花にふれたことにより、人を信じることの大切さを感じている。

3．[う]は、梅の花にふれたことにより、他者を思いやる気持ちが高まっている。また、[あ]と[い]は、梅の花にふれたことにより、自分の考えを伝えていくことの大切さを感じている。

4．[あ]は、梅の花にふれたことにより、前向きな気持ちへと変化している。また、[い]と[う]は、梅の花にふれたことにより、世の中にある不思議な出来事に対しておそれを感じている。

5．[い]は、梅の花にふれたことにより、周囲への感謝の気持ちがめばえはじめている。また、[あ]と[う]は、梅の花にふれたことにより、消極的なところを直したいという気持ちに変化している。

6．[う]は、梅の花にふれたことにより、他者の思いを感じ、自分の感情が大きく動かされている。また、[あ]と[い]は、梅の花にふれたことにより、前向きな気持ちへと変化している。

「うぐひ《(い)》すの聲《こえ》に起行雀《おきゆくすずめ》かな」(うぐいすの鳴く声を聞いて、すずめが鳴き始めたことだな)があります。この句と同じ季節の様子を書いた句を次の1から4の中から一つ選び、番号で答えましょう。

1．朝顔につるべとられてもらい水
2．思ふ《(う)》人の側《そば》へ割込《わりこ》む炬燵哉《こたつかな》
3．チューリップ喜びだけを持っている
4．鈴虫《すずむし》の音をくらべむ《(ん)》と目をつむる

三つの文章を読んだ後のたろうさん、はなこさん、じろうさんの会話

たろうさん　同じ俳句を読んで書かれた文章ですが、読み手によって俳句のとらえ方がちがっていておもしろいですね。

はなこさん　私も同じことを思いました。この句はひろし先生から教えてもらったように「寒梅が一輪咲いている。それを見ていると梅一輪ほどのあたたかさを感じられる」ということはわかるけれども、これがいつのことなのか、どこでのことなのか、そこにはどのような思いがあるのかなどは読み手にまかされています。だから同じ俳句を読んで書いた文章であっても、これほどのちがいがあるのでしょう。

じろうさん　文章[あ]、[い]、[う]では、いずれも①俳句にある「梅の花」を例える表現を使っていました。それぞれの例えからどのようなあたたかさであるのかが伝わってきてよいと思いました。

はなこさん　私もそこに着目しました。「梅の花一輪ほどのほんの少しのあたたかさ」のそれぞれの例え方がとても効果的です。

たろうさん　この句は字余りだと気づきました。②□・□・□という俳句のきまりを守っていないけれども、同じ言葉を重ねるなどの工夫があってよいと感じました。

じろうさん　字余りだからこそ「梅一輪」というはじめのところが際立《きわだ》つのではないかと私は感じました。それから、③「梅の花」にふれたことで人物に起こったことがそれぞれの文章から伝わってきました。

はなこさん　たしかに伝わってきますね。三つの文章を読んで思ったのですが、このような文章を書くということは俳句を深く読むということにもつながるのではないでしょうか。私も俳句を深く読み味わうために、このような文章を今度書いてみたいと思いました。

(8)　――線①「俳句にある『梅の花』を例える表現」とあります。文章[あ]、[い]、[う]で「梅の花」を例えている表現をそれぞれぬき出して書きましょう。

(9)　――線②について、「□・□・□」には、俳句の音数を表す数字が入ります。□にあてはまる数字をそれぞれ書きましょう。

(10)　――線③について、「梅の花」にふれたことで人物に起こったこととして、伝わってくる内容の組み合わせとして、最もふさわしいものを次の1から6の中から一つ選び、番号で答えましょう。

1．[あ]は、梅の花にふれたことにより、自分から行動を起こしてみようという気持ちへと変化している。また、[い]と[う]は、梅の花にふれたことにより、不安な気持ちがおちついてきている。
2．[い]は、梅の花にふれたことにより、だれかの役に立ちたいという

すさぶ風にも負けず、一輪の梅の花が力強く咲いていた。そこだけ命のぬくもりを感じさせるかのように。

　なみだがほほをつたう。

　もうこの世にはいない祖父の思いにふれたような気がした。私に見せたかったんだね。父や母にも。みんなに（　イ　）になってほしいって。

「お父さん、お母さん、早く来て」

　私は大きな声で父と母を呼んだ。

　窓の外からは冬の午後の日差しが部屋に差しこんでいた。

【いずれも適性検査のために作成した文章】

＊1　梅一輪一輪ほどのあたたかさ……江戸時代の俳人、服部嵐雪《はっとりらんせつ》の句

＊2　寒梅……冬の終わりの寒い時期に咲く梅のこと。

＊3　つのり（つのる）……ここでは感情や思いが強くなる意。

＊4　べに色（紅色）……あざやかな赤い色のこと。

＊5　ぼんぼり……断面が六角で上がやや開いた形のわく組みに紙をはって覆《おお》いとした小型のあんどん（照明具の一種）のこと。（図）

図

＊6　居間……住宅内にある部屋の一つ。家族がふだん集まる部屋のこと。

＊7　手塩にかけて（手塩にかける）……ここでは世話をして大切に育てるの意。

(1)　文章あの内容から考えて（ア）にあてはまる言葉としてふさわしい言葉をひらがな三字で書きましょう。

(2)　文章あの内容をふまえて、（あ）にあてはまる「私」の考えを「学校」という言葉を入れて十五字以内で書きましょう。

(3)　文章あにおいて、「私」は「白」「ピンク」の色にそれぞれどのようなことを感じていたのでしょうか。本文から五字以内でぬき出して書きましょう。

(4)　文章いにおいて、（a）（b）（c）（d）（e）には様子を例える言葉が入ります。組み合わせとして最もふさわしいものを次の1から4の中から一つ選び、番号で答えましょう。

1. a. いらいら　b. ざんざん　c. せかせか
　d. どんどん　e. やけるような
2. a. いらいら　b. どんどん　c. とぼとぼ
　d. うっすらと　e. ほのかな
3. a. むかむか　b. しとしと　c. すたすた
　d. ほんのりと　e. たしかな
4. a. どきどき　b. どんどん　c. とぼとぼ
　d. はらはら　e. かすかな

(5)　文章うの（イ）にあてはまる言葉を、文章うの本文からぬき出して書きましょう。

(6)　文章あ、い、うにある（A）に共通してあてはまる言葉として最もふさわしいものを次の1から4の中から一つ選び、番号で答えましょう。

1. また　2. すると
3. そして　4. しかし

(7)　俳句「梅一輪一輪ほどのあたたかさ」と同じ作者が作った句として

い

今日はいやなことばかりだった。朝、登校途中《とちゅう》に転んだ。体育の授業ではシュートが一本も決まらなかった。昨夜、頑張《がんば》ってやった宿題を家に置き忘れてしまい、授業中に発言できなかった。（ａ）がつのり[*3]、友達とちょっとしたことで口げんかしてしまい気まずくなってしまった。おまけに帰り道には雪まで降ってきた。

雪は（ｂ）降ってきて、あまりの寒さに身ぶるいをした。かじかむ手に息をはきかけながら（ｃ）歩くうちに、なみだで目の前がぼやけてきた。

いつも通りぬける公園の木々にも（ｄ）雪が積もり始めていた。そんな白一色の世界の中に、かすかな色味が見えたような気がした。はっとして目をこすって近づいてみると、それはべに色[*4]の梅の花だった。ほかにも咲いていないか探してみたけれども、雪の中咲いていたのはたったの一輪だけ。雪を少しのせたその姿は、妹のひなまつりでかざられる小さな赤いぼんぼり[*5]のようにも見え、思わず手をかざした。

雪は相変わらず降り続けている。（Ａ）かざしたてのひらに（ｅ）あたたかさが伝わってくるような気がして、自然と笑みがこぼれた。

早く家に帰って友達に電話しよう。「さっきはごめん。（ａ）をぶつけて」って。

小さな赤いぼんぼりに見守られながら、私は雪降る公園を後にした。

う

祖父が亡《な》くなり一ヶ月がたった。

はだをつきさすような冷たい風が吹《ふ》く日、両親に連れられて祖父の家の片付けをしに行った。祖父は静かな山のふもとで一人暮らしをしていた。こうした寒い季節に祖父の家を訪れるのは初めてであった。

きちんと整理整とんされた室内。居間[*6]には、祖父が手塩[*7]にかけて育てた鉢《はち》植えの花や、五月人形の横で笑う幼《おさな》いころの父、母に抱《だ》かれた赤ちゃんのころの私、夏休みに祖父のもとへ遊びにきたときに家族みんなですいかにかぶりついているときの写真などがところせましとかざってあった。一つ一つ手に取って見ているうちに、目頭《めがしら》が熱くなった。

その中に見覚えのない写真が一枚かざってあった。首をかしげながら写真を手に取る。なんの花だろう……梅の花かしら。

それは木の枝にぽつんと一つだけ咲く赤い梅の花の写真だった。花の写真は他にもあったけれども、他と比べてずいぶんと地味な写真だった。梅の花……おじいちゃん……祖父のやさしい笑顔とともに、ゆっくりと思い出がよみがえってくる。

「おじいちゃんの一番お気に入りの花は寒梅というんだ。冬は花も草もかれて暗い木々の枝ばかり。そんな季節に咲くのが寒梅なんだ。おじいちゃんは寒さに負けず一生懸命《いっしょうけんめい》咲いている寒梅を見るとうれしくなる。美しい花はたくさんあるけれども、おじいちゃんは寒梅が一番いいなあ。特に寒い中、勇気を出して一番はじめに咲いた寒梅を見ると幸せになれるような気がするんだよ」

庭の手入れをよくしていた祖父。梅の木も庭にあって、夏休みに遊びに来たときにはよくのびすぎた枝を切っていたっけ。

少しくもった窓ガラスごしに庭を見る。庭には夏休みに遊びに来たような色はない。（Ａ）そんな色のない庭から突然《とつぜん》赤い色が目に飛びこんできた。

それは——かざってあった写真と同じ赤い梅の花だった。冷たく吹き

【適性検査Ⅱ】（四五分）〈満点：一八〇点〉

【注意】　字数の指定のある問題は、指定された条件を守り、最初のマスから書き始め、文字や数字は一マスに一字ずつ書きましょう。句読点［。、］やかっこなども一字に数えます。ただし、問題2は、その問題の［注意事項《じこう》］の指示にしたがいましょう。

問題1　たろうさん、はなこさん、じろうさんは俳句《はいく》＊1「梅一輪《うめいちりん》一輪ほどのあたたかさ」＊2（寒梅《かんばい》が一輪咲いている。それを見ていると梅一輪ほどのあたたかさを感じられる）を読み、その内容を生かして書かれた短い文章を三つ読みました。次のあ、い、うの文章と、それらを読んだ後のたろうさんとはなこさんとじろうさんの会話文を読んで(1)～(10)の各問いに答えましょう。

あ

　私がこの街に引っ越してきて一週間がたつ。新しい学校には慣れず、すでに人間関係が出来上がっているクラスではなかなか友達を作ることができない。

「行きたくないな……」

　学校に向かう足取りが（　ア　）なる。この街の冬はとても寒く、雪も積もるほどに降る。昔の私なら、朝起きたときに雪が積もっていたら、飛び上がるほど喜んでいたにちがいない。雪が積もった道を友達と歩きながら、「きれいだね」「冷たいね」と笑い合っていたことを思い出す。でも今はちがう。雪の日に一人でいると余計にさびしい気持ちになる。雪は真っ白できれいだけど、その白さが私しかいないように感じさせて、もっともっとさびしくなる。まるで真っ白で静かな世界で、たった一人で歩いているような気持ちになるのだ。そんなふうに考えていると、学校へ行きたくない気持ちが増していき、ついに足が動かなくなってしまった。

「どうせどこへ行ったって、私は、一人なのに［（あ）］。冷たい！」

　急にほほに冷たさを感じた。雪が、当たったようだった。顔を上げると、雪が積もった梅の木が目に入った。ほほにあたった雪はこの木に積もっていたものらしい。黒い枝も白くなるほど積もっていたが、真っ白な中にポツンと小さなピンク色が見えた。じっと見ると、梅の木に、梅の花が一輪だけ咲《さ》いていた。春はまだ先なのにと思ったが、冬に咲く梅もあると以前、聞いたことを思い出した。

「…あなたも一人なの?」

　一輪だけ咲く花に、そう問いかけた。（　A　）不思議と、私はその花にさびしさを感じていなかった。咲いているのは一輪だけだが、そのやわらかいピンク色、かわいらしい形はさびしさを感じさせるものではなかった。あんなに寒かったのに、私はそのピンクの花を見た瞬間《しゅんかん》、少しあたたかさを感じた。寒さの中にパッと明かりがともったように感じた。

「一人じゃないよ」と花が私に言ってくれたように感じた。たった一輪だけれど、その小さな花が明かりになって、私の心をあたためてくれたのだ。さっきまで感じていたさびしさが少し無くなったような気がする。

「今日、だれかに話しかけてみようかな」

　私は顔を上げ、学校への道を歩き出した。

MEMO

大切なことはメモしておこうネ！

2024 年 度

解 答 と 解 説

＜適性検査Ⅰ解答例＞

問題1
(1) ア・イ・ウ・エ
(2) イ
(3) ウ
(4) 戦争のひ害をさけるため
(5) うめ立て地
(6) ア
(7) エ
(8) ア・エ
(9) エ

問題2
(1) イ
(2) カ
(3) 大きな力が加わって，大地が押し上げられた
(4) ウ
(5) 水は氷になると体積が増えるから
(6) （く） 360÷24
（け） 15
（こ） 30
(7) 8月31日
(8)

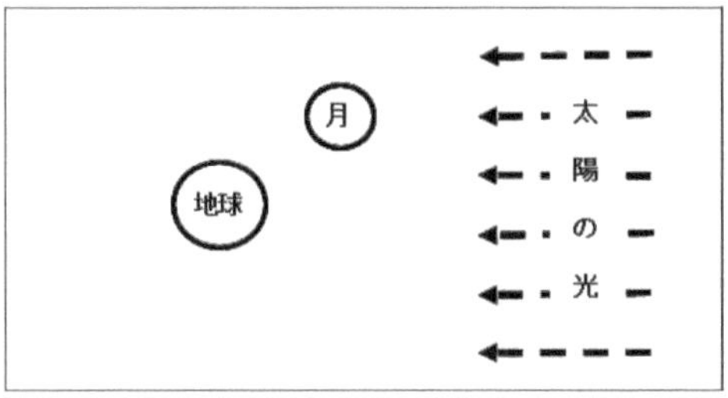

問題3
(1) 14.28
(2) $a\times\frac{4}{3}+a\times\frac{2}{3}\times3.14\div2$
(3) 13.5
(4) （え） 4
（お） 4
（か） 直角二等辺三角形
（き） 32
(5) 30.28

(6)　(け)　エ
　　(こ)　オ
　　(さ)　イ
(7)　(し)　ア
　　(す)　キ
　　(せ)　ウ
　　(そ)　ク

○配点○

問題1　(1)　15点　(2)～(7)・(9)　各9点×7　(8)　12点
問題2　(1)～(5)・(7)　各10点×6　(6)・(8)　各15点×2
問題3　(1)・(2)・(4)(か)・(6)　各10点×4　(3)・(5)　各15点×2
(4)(え)(お)・(4)(き)・(7)(し)(す)・(7)(せ)(そ)　各5点×4　計270点

＜適性検査Ⅰ解説＞

重要 **問題1**　**(社会・算数：資料の読み取り，割合《わりあい》)**

(1)〔資料2〕を見て，ア～オの内容が読み取れるかどうか考える。

アについて，まず現在の神奈川県に位置する宿場《しゅくば》は，次数《つぎすう》の2～10までがあてはまる。本陣《ほんじん》の数を合わせると，2+2+1+2+1+1+3+4+6=22となるので，アは適切である。

イについて，本陣の数が3つ以上の宿場は全部で13ある。53の宿場のうち，それらの割合《わりあい》を求めると，13÷53=0.245…より24.5…(％)なので，イは適切である。

ウについて，本陣と比べた旅籠《はたご》の割合は，旅籠の数÷本陣の数で求められる。本陣に比べて旅籠の割合が最も多いのは，宮《みや》(熱田《あつた》)の，248÷2=124なので，ウは適切である。

エについて，由比《ゆい》における総家数に対する旅籠の数の割合は，32÷160=0.20より20(％)なので，エは適切である。

オについて，坂下《さかした》の総家数に対する本陣の数の割合は，$\frac{3}{153}=\frac{6}{306}$だが，箱根《はこね》の総家数に対する本陣の数の割合は$\frac{6}{197}$で，分母を比べると箱根の割合の方が大きいので，オは適切ではない。

よって，〔資料2〕から読み取れることとしてふさわしいものはア，イ，ウ，エである。ふさわしいものをすべて選ぶということを忘《わす》れないようにする。

(2)　会話文の下線部②のあとにある，右奥《みぎおく》に富士山がえがかれているという情報を手がかりに考える。〔資料4〕と〔資料5〕から，川崎から見て富士山は西側に位置しているので，富士山が右側に見えるような方向は，イの方角がふさわしいとわかる。

(3)〔資料6〕を見て，ア～エの内容が読み取れるかどうか考える。

アについて，大師道《だいしみち》も府中街道《ふちゅうかいどう》も，宮前《みやまえ》区や麻生《あさお》区を通っていないので，アは適切ではない。

イについて，通過している鉄道の路線数は，幸《さいわい》区は3路線ある。最も少ないのは1路線の宮前区なので，イは適切ではない。

ウについて，川崎市内の鉄道は，それぞれ街道におおむね沿って建設されていることがわかるので，ウは適切である。

エについて，６つの街道のうち，川崎市内における長さが最も長いのは府中街道なので，エは適切ではない。

よって，答えはウである。

⑷　今から約80年前は，1940年代である。〔**資料７**〕の様子や，問題中の一時的に子供たちが集団で生活していたという内容から，これは集団《しゅうだん》疎開《そかい》のことを意味しているとわかる。集団疎開とは，第二次世界大戦の時に，空しゅうなど戦争のひ害をさけるために，子どもたちが集団で山《やま》奥《おく》や神社などにひなんして生活していたことである。

⑸　〔**資料９**〕の現在の川崎市の沿岸部《えんがんぶ》が，〔**資料８**〕の1917年頃《ごろ》では海だった場所にまで広がり，海岸線の形が人工的な直線の多い形になっているのは，人工的にうめ立てられたうめ立て地だからである。

⑹　〔**資料10**〕より，川崎港では液化天然ガスや原油及《およ》び粗油《そゆ》，石炭や液化石油ガスなど，主に資源を輸入していることがわかる。また，〔**資料11**〕より，川崎港では自動車や石油製品など，主に製品を輸出していることがわかる。よって，答えはアである。

⑺　〔**資料12**〕を見て，ア～エの内容が読み取れるかどうか考える。

アについて，常に輸入額のグラフが輸出額のグラフの上にあるので，アは適切である。

イについて，39272÷24897＝1.5773…より157.73…(％)となる。よって，2022年分の輸入額は2021年分の輸入額より約57.7％増えているとわかるので，イは適切である。

ウについて，2020年分の輸出額は8941億円であり，2013年から2022年の間で唯一10000億円を下回っているので，ウは適切である。

エについて，2016年分の輸入額は17334億円であり，2014年分の輸入額の半分である，32235÷2＝16117.5(億円)を上回っているので，エは適切ではない。よって，答えはエである。

⑻　〔**資料13**〕を見て，ア～オの内容が読み取れるかどうか考える。

アについて，学級数は変化しているが，学校数は58で変化していないため，アは適切である。

イについて，令和３年度の川崎区の生徒総数は4000人をこえているが，７つの区の中では宮前区，中原《なかはら》区，多摩《たま》区，麻生区に次ぐ５番目の多さであるため，イは適切ではない。

ウについて，令和３年度の川崎市内の私立中学校の生徒数は4006人であるため，ウは適切ではない。

エについて，令和３年度の多摩区・麻生区の私立中学校に通う生徒総数は，1327＋1231＝2558(人)で，幸《さいわい》区の生徒総数2978人のほうが多いので，エは適切である。

オについて，平成29年度から平成30年度にかけて生徒総数は減少しているため，オは適切ではない。

よって，答えはアとエである。ふさわしいものをすべて選ぶということを忘れないようにする。

⑼　〔**資料14**〕を見て，ア～オの内容が読み取れるかどうか考える。

アについて，グラフの推移《すいい》を見ると住宅数の合計は増加していることがわかるので，アは適切ではない。

イについて，平成30年に住宅数が一番少ない区は麻生区なので，イは適切ではない。

ウについて，平成５年から平成10年にかけての多摩区と幸区，平成10年から平成15年にかけての宮前区で住宅数が減少しているので，ウは適切ではない。

エについて，平成30年の川崎市内の住宅数は，75＋110＋95＋109＋125＋78＋110＝702(千戸《こ》)あるので，エは適切である。

オについて，平成15年から平成30年の間で，住宅数が最も増加した区は，125－93=32(千戸)増加した中原区なので，オは適切ではない。
よって，答えはエである。

問題2　(理科：天体，川のはたらき，地層《ちそう》，状態変化，月の満ち欠け)

基本
(1)　太陽は東から出て南を通り西にしずむように見える。太陽はお昼ごろに南を通るので，南側のカーテンを閉《し》めると車内にかげができる。よって，答えはイである。

(2)　〔資料１〕のように，土地のかたむきが大きい上流では，水の流れが速く，川はばがせまくなっている。このような川の川原には，角ばった大きな石が多くみられる。よって，答えはカである。反対に，土地のかたむきが小さい下流では，水の流れが遅く，川はばが広くなり，丸みのある小さな石が多くみられる。

(3)　海の底でできた地層が山脈で見られるのは，地層のある大地が押し上げられたからだと考えられる。大地が押し上げられるには，地しんやふん火など，何らかの大きな力が加わる必要がある。

(4)　火をおこして金あみの上になべを乗せたとき，ぶくぶくしたのは水がふっとうしたことを意味している。このときに出ている泡《あわ》は水蒸気《すいじょうき》であり，これは気体である。また，湯気は，「小さい水のつぶ」と書いてある通り，液体である。気体である水蒸気が，空気で冷やされて液体になったときに，白い湯気として見えるのである。よって，答えはウである。

(5)　水を冷やすと氷になり，水は氷になると体積が増える。飲料水が入ったペットボトルの入れ物をこおらせるとペットボトルがこわれてしまうのは，飲料水がこおったことで体積が増え，ペットボトルはそれによる内側からふくらむ力にたえきれなくなってしまうからである。

(6)　会話文から，たろうさんたちは２時間で星がどれくらい動いて見えるかについて考えていることがわかる。(く)と(け)では，星が１時間でどれくらい動いて見えるかを求めている。360÷24＝15(°)より，星は１時間で15°動いて見える。したがって，２時間だと，15×2＝30(°)動いて見える。

(7)　問題文から，たろうさんが夕方に三日月を見たのが８月19日だとわかる。月は，新月から３日後に三日月に，15日後に満月になり，またその15日後に新月になる。つまり，たろうさんが三日月を見た日から，15－3＝12(日後)に満月になるとわかる。よって，次に満月になるのは８月19日から12日後の８月31日である。

(8)　月の満ち欠けを考えると，三日月は月の右側が見えているので，月は地球から見て右側に太陽の光が当たっているとわかる。よって，三日月に見えるときの月の位置は，地球から見て右側の一部に光が当たる位置なので，解答の図の位置が適当である。

問題3　(算数：平面図形，ことばの式，資料の読み取り)

(1)　［図１］の直線部分の長さは，文字全体を囲んでいる長方形のたての長さを6cmとすると，長方形のたての長さの３分の１を４つあわせた分の長さであるから，(6÷3)×4＝8(cm)である。曲線部分の長さは，半径6÷3＝2(cm)の円の円周の半分になっているので，2×2×3.14÷2＝6.28(cm)である。よって，合計すると，8＋6.28＝14.28(cm)である。

(2)　まず，(1)で使った式をひとつにまとめると，(6÷3)×4＋(6÷3)×2×3.14÷2＝14.28(cm)と表せる。この式の６をaに置きかえると，(a÷3)×4＋(a÷3)×2×3.14÷2と書ける。さらにこの式を，分数を使って÷3を$\times\frac{1}{3}$とおきかえ，まとめると，$a\times\frac{4}{3}+a\times\frac{2}{3}\times3.14\div2$となる。

(3) ［図２］の上部にある台形の面積を使って，［図２］の中央にある横の太線の長さを求める。台形のたての長さ(高さ)が$6\div2=3$(cm)より，面積は11.25cm^{2}なので，求める長さを□として面積を表す式は，$(\square+4)\times3\div2=11.25$となり，$\square+4$は，$11.25\times2\div3=7.5$(cm)とわかる。よって，中央の太線の長さは，$7.5-4=3.5$(cm)となるので，「Ｆ」に使われている太線の長さは，$4+6+3.5=13.5$(cm)である。

(4) はなこさんは，右の図の斜線《しゃせん》部分の三角形に注目している。

この三角形の底辺は，$6\div2\times3=4$(cm)であり，高さは，$8\div2=4$(cm)である。この三角形は，底辺と高さの長さが同じであり，かつ直角があるので，直角二等辺三角形である。この三角形を４つ組み合わせたときにできる正方形の面積は，$4\times4\div2\times4=32$(cm^2)である。

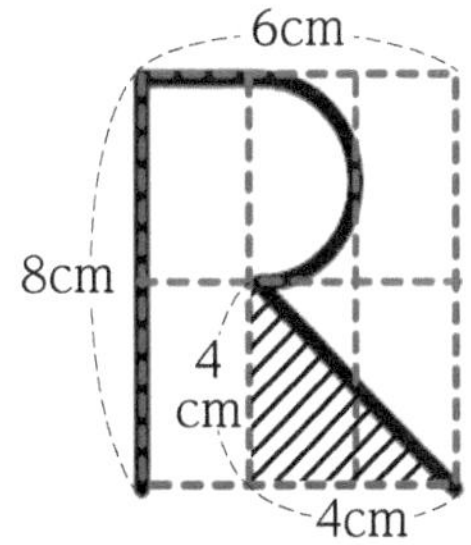

(5) ［図４］において，長方形のたての長さを８cmとすると，「Ｒ」の曲線部分にある半円の直径が４cm，半径が２cmとわかる。このとき，半径の２cmは，長方形の横の長さを３等分した長さと等しいので，長方形の横の長さは$2\times3=6$(cm)だとわかる。

半円の面積は$2\times2\times3.14\div2=6.28$(cm^2)，(4)で注目した三角形の面積は$4\times4\div2=8$(cm^2)，残りの長方形の面積は$2\times8=16$(cm^2)である。これらを合わせると，$6.28+8+16=30.28$(cm^2)と求められる。

(6) ［図５］を見ながら，１行目，２行目，３行目のすべてがそろっている部分を探《さが》す。

ア～クの内容を手がかりに考えると，「O」，「R」はそれぞれ２文字ずつあるため，まずは１文字ずつの「E」，「N」を考える。

「E」の左端は１行目とは「R」の曲線の右端でそろっているが，３行目とは何もそろっていないのであてはまらない。同じように考えると，ア，キ，クはちがうので，残りの選たくしにある「N」，「O」，「R」について見ていくと，ロゴの右の方で「N」，「R」がたてにならんでいるのを見つけることができる。

１行目は「R」の左端《ひだりはし》のたて線，２行目は「R」の曲線部分の右端，３行目は「N」の左端のたて線がそろっている。

(7) ❶と❷の内容をふまえて，［図６］と［図７］を見比べて考える。❶はたてに並んだ３つの文字の左端が１文字目以外にはそろわないようにすることである。［図６］では，１行目の３番目の「A」の左端と，２行目の「１」の左端がそろっているが，［図７］ではそこがずれている。そして，❷は部分的にたて線や文字の位置をそろえることである。［図６］では部分的にそろっている部分が「A」と「１」しかないが，［図７］では，１行目の２番目の「K」の左端のたて線と，２行目の「ｔ」のたて線がそろっている。

★ワンポイントアドバイス★

社会では資料の読み取りに関する問題が多いので，必要な情報を読み取る練習をしっかりしよう。理科や算数の問題では，単純《たんじゅん》な知識を問われる問題よりも，自分で応用して考えるような問題が多い。基礎《きそ》はもちろんのこと，応用もできるように演習に取り組もう。

＜適性検査Ⅱ解答例＞

問題1　(1)　おもく

(2)　学校へ行かなくてはいけないのか

(3)　白　さびしさ
ピンク　あたたかさ

(4)　2

(5)　幸せ

(6)　4

(7)　3

(8)　あ　明かり
い　赤いぼんぼり
う　命のぬくもり

(9)　5・7・5

(10)　6

問題2

私は，委員会の人が仕事をしやすいふん囲気をつくっていきたいと思います。

委員会の仕事は，それぞれの分野でクラスの人たちを引っ張ることです。この仕事をスムーズに行うためには，クラスの人の協力が必要です。例えば，学年委員の指示が通りやすいように話を聞く姿勢になったり，風紀委員の朝のあいさつに応えたりすることで，委員会の人たちが仕事をしやすいようにしていきたいと思います。私は，すぐに人と仲良くなることができるので，このよさを生かして委員会の人も委員会でない人もみんなが協力し合えるふん囲気をつくりたいです。

また，こうした希望がかなわない経験をすることで，私は視野を広げることができると思います。委員会の人たちに引っ張ってもらう経験をすることで，今後自分が人を引っ張る立場になったときも，引っ張られる側の気持ちを理解して取り組むことができるようになると思います。

○配点○

問題1　(1)・(4)～(7)　各6点×5　　(2)・(10)　各10点×2　　(3)・(8)　各7点×5　　(9)　5点

問題2　90点　　計180点

＜適性検査Ⅱ解説＞

基本　問題1　（国語：長文読解，俳句《はいく》）

(1)　(ア)の前の内容から，「私」は新しい学校に慣れず，友達を作ることができなくて，学校に行きたくないと思っていることがわかる。足がおもい，足取りがおもいという慣用句は，「気がすすまないこと」を意味する。よって，(ア)に入る言葉は「おもく」である。

(2)　文章あは，学校に行きたくないと思っていた「私《わたし》」が一輪だけ咲《さ》いた梅から元気をもらって前向きに登校する，という話である。(あ)は，梅を見つける前の発言なので，まだ学校には行きたくないと思っており，そのことをなげく内容であればよい。

(3)　「…あなたも一人なの？」の次の段落《だんらく》に注目する。そこでは，「その花にさびしさを感じていなかった」，「そのやわらかいピンク色，かわいらしい形はさびしさを感じさせるものではなかった」とある。「行きたくないな…」の次の段落では，白い雪にさびしさを感じていることから，「私」は「白」に「さびしさ」を感じているとわかる。

一方，「…あなたも一人なの？」の次の段落に，「私はそのピンクの花を見た瞬間《しゅんかん》，少しあたたかさを感じた」とある。このことから，「私」は「ピンク」に「あたたかさ」を感じているとわかる。私が「白」と「ピンク」に感じたことを対比させて考えるとよい。

(4)　(a)の前に，「今日はいやなことばかりだった」とあるため，(a)には不快な気持ちを表す言葉が入る。(b)には，雪が降《ふ》る様子を表す言葉が入る。(c)には，「私」が歩く様子を表す言葉が入る。「私」は，「今日はいやなことばかりだった」ため，元気よく軽快に歩いているとは考えにくい。(d)には雪が積もった様子を表す言葉が入る。(e)にはあたたかみが伝わる様子を表す言葉が入る。これら全てを満たす選たくしは，２である。

(5)　(イ)の前後を見ると，祖父が「私に見せたかった」，「父や母にも」，「(イ)になってほしい」と思っていると「私」が感じたことがわかる。そのとき「私」が見ていたものは，一輪の梅の花である。文章中の祖父の発言から，祖父が「寒梅を見ると幸せになれるような気がする」と「私」に伝え，庭を手入れしていたことがわかる。これらのことから，祖父はみんなにも梅を見て「幸せ」になってほしいと思っていたと考えられる。

(6)　文章あの(A)の前後を見ると，「一輪だけ」咲いた花を見たとき，「不思議と」さびしさを感じなかった，とある。「一輪だけ」，「不思議と」という表現から想像できるように，ふつうならさびしさを感じる場面で，そう感じなかったことがわかる。よって，(A)の反対の内容をつなぐ言葉になっているといえる。

文章いの(A)の前後を見ると，雪が降り続けている時に，かざしたてのひらにあたたかさが伝わってくるような気がした，とある。文章いではその前に，雪が降ってきて寒いという内容もあることから，本来なら寒さを感じる場面で，逆にあたたかさを感じたという，(A)の前後で反対の内容になっていることがわかる。

文章うの(A)の前後を見ると，庭には色がないと思ったあとに，色のない庭に突然《とつぜん》赤い色が見えた，とある。色がないと思った後に，すぐ色が見えたという逆の内容が書かれており，(A)の前後で反対の内容になっていることがわかる。

これらのことから，(A)には反対の内容をつなげる「しかし」が最もふさわしいとわかる。

(7)　「うぐいす」は春の季語である。１の「朝顔」は夏，２の「炬燵《こたつ》」は冬，３の「チューリップ」は春，４の「鈴虫《すずむし》」は秋の季語である。よって，同じ春の様子を書いた句は３である。

(8)　文章あでは，「一人じゃないよ」に続く８段落目を見ると，「その小さな花が明かりになって」とある。その小さな花とは梅の花を指しているので，梅の花を「明かり」に例えていることがわかる。文章いでは，３段落目を見ると，「小さな赤いぼんぼりのようにも見え」とある。これは，雪を少しのせた梅の花の姿を「赤いぼんぼり」に例えている。文章うでは，10段落目を見ると，「そこだけ命のぬくもりを感じさせるかのように」とある。「そこ」とは一輪の梅の花のことを指しているので，梅の花を「命のぬくもり」に例えていることがわかる。

(9)　俳句は５・７・５の音数でつくるきまりがある。このきまりから外れて，音数が多いものを字余り，少ないものを字足らずという。

(10)　１は，後半の「不安な気持ちがおちついてきている」という内容が適切ではない。２は，前半の「だれかの役に立ちたいという気持ちが高まっている」という内容も，後半のうに関して「人を信じることの大切さを感じている」という内容も適切ではない。３は，前半の「他者を思いやる気持ちが高まっている」という内容が適切ではない。４は，後半の「不思議な出来事に対しておそれを感じている」という内容が適切ではない。5は，前半の「感謝の気持ちがめばえはじめている」という内容も，後半のうに関して「消極的なところを直したい」という内容も適切ではない。6は，前半と後半どちらの内容も適切であるため，最もふさわしい答えといえる。

問題2 （国語：作文）

作文で自分の考えを答える問題である。書かなければいけない内容は，①委員会に入ることができなかった立場から，学校やクラスのためにどのような行動をしたいか，②自分のよさとは何か，③自分のよさを生かし，【取り組んでいきたいこと】をふまえて具体的に何をするか，④自分の希望がかなわない経験から自分がどのように成長するか，の４点である。３段落以上の構成にする必要があるので，この４つの内容をうまく３つ以上に分けて書けるとよい。

★ワンポイントアドバイス★

長文読解の問題では，複数の文章を読んで答える問題が出題されている。空らんの前後をよく読んで適切な答えを考えるようにしよう。作文の問題では，聞かれている内容をおさえ，条件と問題にあった解答ができているか確認しよう。

2023年度

★★★★★★★★★★★★★★★★★★★★★★★★

入　試　問　題

2023年度

川崎市立川崎高等学校附属中学校入試問題

【適性検査Ⅰ】（30ページから始まります。）

【適性検査Ⅱ】（45分）　＜満点：200点＞

問題１　たろうさんとはなこさんがけいこ先生と教室で話をしています。次の会話文を読んで，あとの(1)～(7)の各問いに答えましょう。

たろうさん：昨日テレビで日本の高齢化《こうれいか》社会について特集をやっていました。

はなこさん：高齢化社会ってよく耳にしますが，高齢者とは何歳《さい》以上の方《かた》を指すのですか。

けいこ先生：現在は65歳以上の方を高齢者と呼んでいますよ。ちょうど川崎市の将来の人口について興味深いグラフ〔**資料１**〕を見つけたので，一緒に見てみましょう。

たろうさん：この前の授業では日本の総人口の推移《すいい》を学習したばかりだったので，てっきり川崎市も国と同じ年から人口が減っているものと思っていました。

はなこさん：そうですね。しかし，川崎市も人口が一番多くなる日が近づいていますね。そこから徐々《じょじょ》に減っていく予想がされていますよ。

けいこ先生：二人ともとてもよい所に目をつけましたね。前回の授業で学習したことを踏《ふ》まえて，このグラフを分析《ぶんせき》していますね。それでは，グラフを詳《くわ》しく見てください。

たろうさん：2050年には65歳以上の高齢者人口は約47.5万人となって，総人口の約30％になるという予想になっています。

はなこさん：これからは高齢者の方《かた》が住み慣れた地域で安心して暮らせるような取り組みをしていくことも必要なのですね。

〔資料１〕川崎市の将来推計《すいけい》人口

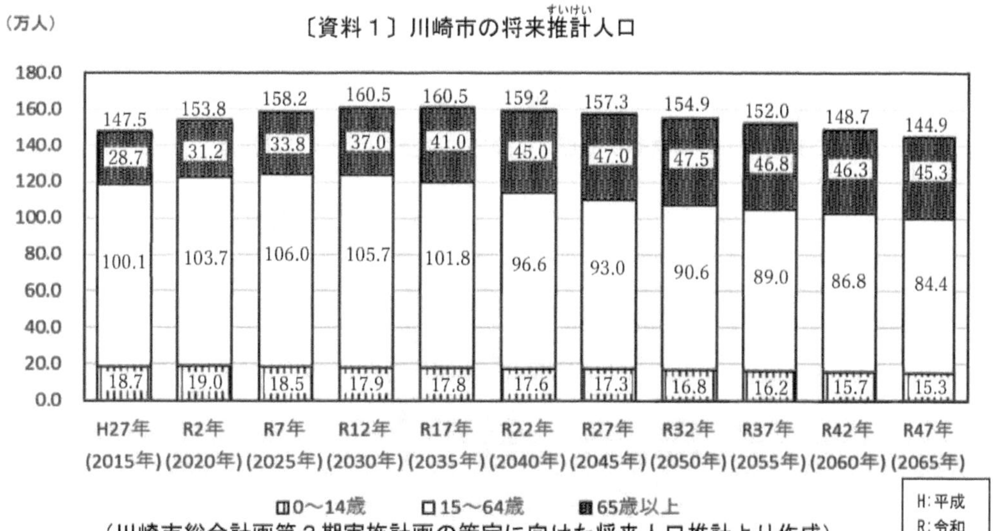

（川崎市総合計画第３期実施計画の策定に向けた将来人口推計より作成）

H：平成
R：令和

※各世代の人口は四捨五入しているため合計が合わない場合があります。

(1) 〔資料１〕について平成27年（2015年）から令和32年（2050年）までの推計《すいけい》人口の変化として正しい順番になるように次のア～オの記号を並べかえて答えましょう。

ア　総人口が一番多くなる。

イ　15歳から64歳までの人口が初めて100万人を下回る。

ウ　15歳から64歳までの人口が初めて60パーセントを下回る。

エ　65歳以上の割合が初めて20パーセントを上回る。

オ　０歳から64歳までの人口が一番多くなる。

たろうさん：高齢者の方が住みやすいまちとはどういうものか，考えるのは少し難しいです。

はなこさん：一緒《いっしょ》に自分の祖父母と住んでいたら色々と話を聞けるのですが，遠い所にいるのでなかなか話す機会《きかい》もないのです。

けいこ先生：川崎市には「いこいの家」が各区にあり，市内に住む60歳以上の方が無料で利用できる施設《しせつ》があります。中にはみなさんがよく利用するこども文化センターと同じ敷地内にある施設もあります。

はなこさん：そうなのですね。知りませんでした。

けいこ先生：下のグラフ〔資料２〕を見てください。これは川崎市が高齢者の方に行った調査の一部で，「事業やサービスについて知っていますか（利用していますか）」という質問に対する結果です。この結果では，多くの高齢者の方がいこいの家について「知っているまたは利用している（したことがある）」と答えていて，認知度《にんちど》は他のどの項目に比べても高いですね。

はなこさん：どのようなことを行っているのですか。

けいこ先生：各地区で様々な取組をしていますよ。例えば，マッサージ健康教室を開いたり，いこいの家まつりを開催《かいさい》したり，日本舞踊《ぶよう》など趣味《しゅみ》を活《い》かした発表会も行っているそうです。

たろうさん：このようなさまざまなイベントを高齢者の方に提供しているのですね。家族以外の人との交流もでき，新しいことにも挑戦《ちょうせん》できるのは素晴らしいことだと思います。このような場所は文字通り「いこい」の場所になっているようです。

〔資料２〕川崎市の事業やサービスについての認知度および利用度

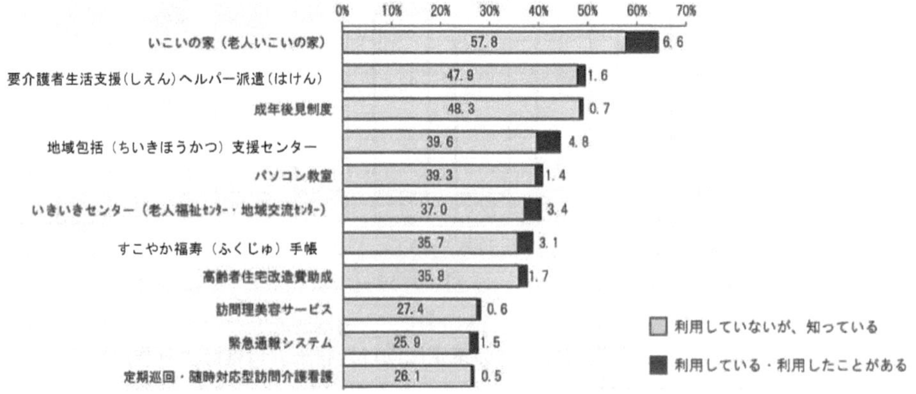

（令和元年度川崎市高齢者実態調査第２章一般高齢者より作成）

けいこ先生：そうですね。もっと多くの方に知ってもらい，実際に利用する人が多くなれば人の輪が広がり，高齢者の方にとって住みやすい町になるのではないかと思います。実際に利用している人は〔**資料2**〕を見ると少ないように思います。

はなこさん：どうしたら利用者が増えるのでしょうか。たろうさんはどう思いますか。

たろうさん：私は高齢者の方だけでなく，すべての人がこのいこいの家を利用できるようにしたらいいと思います。そうすれば，［　(あ)　］。

(2)　いこいの家について3人の会話の内容と〔**資料2**〕にあっているものを次のア～エの中から**すべて**選び，記号で答えましょう。

ア　地区によってはいこいの家とこども文化センターが同じ敷地内にある。

イ　いこいの家を利用している高齢者の割合は5割を超えている。

ウ　川崎市内に住む高齢者の方はいこいの家のイベントに参加し，交流をすることができる。

エ　いこいの家を利用する高齢者の方は使用料を支払う必要がある。

(3)　たろうさんの意見をもとに考えて，［(あ)］に入るものとして**あてはまらないもの**を次のア～エの中から1つ選び，記号で答えましょう。

ア　家族みんなで活動に参加でき，人の輪がもっと広がっていくと思います。

イ　子どもたちが自分の祖父母にいこいの家について紹介できると思います。

ウ　いこいの家で，高齢者の方のみが日本舞踊を楽しむことができると思います。

エ　様々な世代の人と交流でき，お互いに相手のことを知ることができると思います。

けいこ先生：川崎市が高齢者の方に行っているアンケートではこのようなものもあります。この表〔**資料3**〕を見てください。これは「日常生活上どのような情報がほしいですか」というアンケート結果です。

はなこさん：表を見てみると多くの高齢者の方は「健康づくりの情報」に興味関心があるようです。そして，2番目には「趣味・サークルの情報」がきています。

けいこ先生：そうですね。健康や趣味などの情報を発信してほしいと思っている高齢者の方が多くいますね。年代別にも詳《くわ》しいデータがでています。

たろうさん：細かく見てみるとそれぞれの年代で求めている情報は異なっているのですね。65歳から69歳までの方の結果では「ボランティアなどの活動情報」の割合が高いのが特徴的《とくちょうてき》です。

けいこ先生：たろうさん，よく気がつきましたね。仕事を退職され，少し時間にも余裕が生まれ，これから社会貢献《こうけん》をしていこうと思う方にとって欲しい情報なのかもしれません。川崎市では高齢者の方にもボランティア活動に参加してほしいと考え，「川崎プロボノ部」を募集しています。この部は地域団体の困っていることをチームで解決するボランティアグループのことで，そのボランティアの人がこれまで仕事で培《つちか》った経験や技術を活かすことのできるものです。

はなこさん：ボランティアをしてみたいという高齢者の方にとって興味深いものですね。

けいこ先生：ボランティアの活動以外に他の情報についても川崎市は発信しています。高齢者の方を対象にした健康と福祉のイベントの「ねんりんピック」が2022年は神奈川県で開催《かいさい》されました。川崎では，軟式《なんしき》野球やダンススポーツなどが行われたそうです。

たろうさん：このイベントは高齢者の方にとって新しいスポーツや仲間との出会いになるのではないかと思います。

はなこさん：高齢者の方向けの情報を発信する雑誌のようなものがあれば，欲しい情報を手に入れることができ，生活に活かしていけると思います。私たちで作ってみませんか。

たろうさん：そうですね。ぜひ考えてみましょう。

―― たろうさんとはなこさんは，①ある年代の高齢者の方のことを考えながら雑誌作りの相談をしています。 ――

たろうさん：〔**資料３**〕の項目にある「ボランティアなどの活動情報」として「川崎プロボノ部」の記事を入れたいです。

はなこさん：「スポーツ，レクリエーションの情報」として「ねんりんピックかながわ」の記事も入れましょう。

たろうさん：やはり，「健康作りの情報」として「健康アドバイス」を入れたいです。

はなこさん：「学校，町内会などの身近な地域の取組の情報」として，「近くの中学校の行事」も知らせたいです。

たろうさん：では，②この４つの記事について，〔**資料３**〕を見ながらこの年代が知りたい情報の順番に並べてみましょう。

―― たろうさんとはなこさんは，完成した雑誌をけいこ先生に見せています。 ――

けいこ先生：素敵な雑誌ができましたね。ところで，〔**資料３**〕を見て，他に気づいたことはありましたか。

はなこさん：私はあまり割合が変化していない項目を見つけました。それは［　(い)　］です。65歳から89歳までの年代を見てみて1.2%しか差がありません。

けいこ先生：はなこさんの気づきも素晴らしいですね。
ひとくちに高齢者の方と言っても年代別に見ると違いがあり，傾向《けいこう》が異なっているのが分かりますね。これから高齢者ということを考える時にはどの年代なのか，明確にしていく必要があるかもしれません。

〔資料３〕日常生活上で知りたい情報についてのアンケート結果

単位：%

項目		回答者数（人）	健康づくりの情報	趣味・サークルの情報	教養講座など自己啓発の情報	スポーツ、レクリエーションの情報	仲間づくりの情報	地域活動している人の情報	ボランティアなどの活動情報	学校、町内会など身近な地域の取組の情報	就業、起業の情報	その他	特にほしい情報はない
全体		15,903	31.8	27.1	18.7	16.5	9.7	7.7	7.6	5.9	4.9	1.6	33.5
性別	男性	7,536	29.6	26.5	17.9	18.3	9.7	8.5	7.2	6.4	6.6	1.6	36.1
	女性	8,367	33.7	27.6	19.3	14.9	9.7	7.0	7.9	5.5	3.3	1.7	31.1
年齢	65～69歳	4,374	33.0	32.7	23.5	22.1	9.6	9.0	10.9	5.9	9.2	1.3	29.8
	70～74歳	4,422	30.1	28.4	20.6	18.2	9.3	8.0	8.1	6.0	5.3	2.0	33.1
	75～79歳	3,774	31.7	25.3	16.0	14.3	10.7	7.3	6.3	5.4	2.6	1.7	34.6
	80～84歳	2,226	35.2	21.5	13.5	10.3	10.1	6.2	4.2	6.6	1.3	1.6	34.6
	85～89歳	900	28.0	17.4	11.9	7.5	8.0	6.8	4.1	5.5	1.0	1.8	42.2
	90歳以上	207	21.1	12.6	8.5	8.0	5.8	4.9	2.0	9.1	0.3	-	49.5

（令和元年度川崎市高齢者実態調査第２章一般高齢者より引用）

*啓発《けいはつ》・・新しい知識や気づきを与えて、人を教え導くこと

(4)　下線部①と②について，たろうさんとはなこさんが考えていた年代としてあてはまるものを，次のア～エの中から１つ選び，記号で答えましょう。

【雑誌の記事の順番】

順番	記事
1	健康アドバイス
2	ねんりんピックかながわ
3	近くの中学校の行事
4	川崎プロボノ部

ア　65歳～69歳
イ　70歳～74歳
ウ　75歳～79歳
エ　80歳～84歳

(5)　(い)　にあてはまるものを次のア～エの中から１つ選び，記号で答えましょう。
ア　仲間づくりの情報
イ　学校，町内会など身近な地域の取組の情報
ウ　健康づくりの情報
エ　地域活動している人の情報

けいこ先生：二人は電車やバスなどの公共交通機関を利用しますよね。最寄り駅から目的の場所までは歩いてすぐの場合と，そうではない場合がありますよね。
たろうさん：僕の家は，一番近いバス停まで歩いて10分ですが，そこまでに坂を２つ越えます。僕は大丈夫ですが，僕の祖母は，バス停まで行くのが大変そうです。
はなこさん：私のところはバス停までは近いけれど，１時間に２本しかバスが来ないので，不便を感じていると私の祖父は言っていました。
けいこ先生：その悩みを解決するために市は電話予約や携帯《けいたい》電話のアプリケーションを用いて，乗りたい場所から降りたい場所を自由に選択するという新しいサービスを始める実証実験をしています。次のページのポスター〔**資料４**〕を見てください。
たろうさん：とても興味深い実証実験です。この取組が実施されたら高齢者の方にとって外出する機会が増え，会話を楽しんだり，仲間とともに趣味に打ち込んだりする時間か増えると思います。
はなこさん：そうですね。どのように利用するのでしょう。
たろうさん：ポスターの中に③利用方法が書いてありますね。

〔資料4〕新しい“乗合い”実証実験ポスター

（川崎市ホームページより引用）

けいこ先生：この乗合いの実験の背景には２つの社会問題があるのです。１つは高齢者の方の移動手段の確保です。高齢者の方の中には車の免許を返納《へんのう》する人もいます。その中で買い物や病院受診など移動手段が必要になっているのです。もう１つは交通機関の取り巻く環境の変化です。１つ，資料を紹介します。この表〔**資料５**〕を見てください。

はなこさん：市内のタクシーの輸送人員と輸送収入の移り変わりがわかりますね。タクシー事業者のかかえている問題が見えてきます。

けいこ先生：この問題を解消するために今，乗合いの事業が注目されています。

たろうさん：新しい試みである乗合いの導入で地元の企業《きぎょう》（会社）が活性化すれば，高齢者の方にも地域企業にも④両方によい点があると思います。

〔資料５〕　川崎市内のタクシー事業者における輸送実績

	輸送人員（千人）	輸送収入（万円）
平成２８年度	１４３２２	１７６９９
平成２９年度	１４４１０	１７２６７
平成３０年度	１３６８１	１６６８９
令和元年度	１２７１９	１６１０４
令和２年度	８２６６	１１１０７

（川崎市統計書　タクシー運輸状況に基づき作成）

(6)　下線部③について正しいものを次のア～エの中から１つ選び，記号で答えましょう。

ア　毎日，電話連絡で事前予約をすることができる。

イ　携帯電話を利用して予約することはできない。

ウ　行きと帰りの予約を同時にすることはできない。

エ　運行時間内であれば，利用の直前に予約できる。

(7)　下線部④について内容に合うように次の［(う)］，［(え)］に入る言葉を，それぞれ10字以内で書きましょう。

新しい乗合いは高齢者の方にとって［　　(う)　　］というよい点があり，地域企業にとっても利用者が増えることで［　　(え)　　］というよい点があると思います。

問題２　たろうさんとはなこさんが，町内で行うイベントのチラシを各学校に送り配付してもらおうと思い，話をしています。次の会話文を読んで，あとの(1)～(9)の各問いに答えましょう。

たろうさん：町内で実施《じっし》予定の夏祭りのチラシが出来上がったようですよ。このチラシを，近くの２つの小学校に送って配ってもらうことになったから，送るのを手伝ってくれますか。

はなこさん：もちろんです。夏祭りは地域の人が仲良く協力できる交流の場になるし協力しますよ。

たろうさん：今，送るときに何枚の束を作って送るのがよいか考えています。

はなこさん：各小学校の人数を聞いて，その枚数だけ送ればよいのではないのですか。

たろうさん：それはそうなのですが。各小学校の先生は送られてきたチラシを各クラスに必要な分の枚数の束に分けて，それを各クラスに渡して配ってもらうわけです。

はなこさん：そうか，その先生たちの作業が少しでも少なくてすむようにするためには，何枚の束を作って送るのがよいかを考えたいのですね。

たろうさん：そういうことです。

はなこさん：それでは，各小学校に調査して，すべてのクラスの人数を確認してみましょうよ。

たろうさん：それだと調査するのに時間かかかってしまいますし，細かく枚数を数えてその枚数の束を二人で用意するのはミスが出やすいと思います。

はなこさん：数える私たちのミスも減らしつつ，でも，今この場でその作業をしたいのですね。

たろうさん：はい。クラス数だけは分かっていますので，今から枚数を数えて束を作ります。

はなこさん：こういうのはどうですか。どの学校も，クラスの人数は最大で40人だそうなので，40枚の束をクラスの数だけ作って送りましょう。全部で何クラスありますか。

たろうさん：さいわい小学校が18クラス，たま小学校が23クラスで合計41クラスです。

はなこさん：ということは，必要な枚数は，

40 × 18 ＋ 40 × 23 ＝ [(あ)] ＝ 40 × 41

ですから，これを計算すると，1640枚ですね。

たろうさん：ちょっと待ってください。クラスによっては33人ぐらいの場合もあり，そうすると1640枚のうち多くが無駄《むだ》になってしまいます。

はなこさん：なるほど。束を作る私たちのミスは減らせると思ったのですが，クラスの数以外にも分かる情報はないのでしょうか。

たろうさん：他には，全校児童の人数が分かります。さいわい小は643人，たま小は810人です。

はなこさん：その数値も使いましょう。こういうのはどうですか。

643 － 30×18 ＝ 643 － 540 ＝ 103

810 － 30×23 ＝ 810 － 690 ＝ 120

だから，さいわい小には30の束を18束と103枚の束を１束

たま小には30の束を23束と120枚の束を１束送ればいいですね。

たろうさん：そうですね。そうすることにしましょう。そうすれば無駄になる枚数はなくなるし，小学校の先生は [(い)] ですね。

(1) [(あ)] には分配のきまりを使ったことが分かる式が入ります。あてはまる式を書きましょう。

(2) [(い)] には，送ったチラシの束を小学校の先生がどのように使って配付するかを説明する内容が入ります。あてはまる説明を文章で書きましょう。

── たろうさんとはなこさんが夏祭りのチラシを各小学校に送った翌週，２人で束の作り方について話をしています。 ──

たろうさん：２つの小学校にチラシを送ったら，配りやすい束にしてくれて助かったと，先生

から連絡《れんらく》があったそうですよ。

はなこさん：よかったですね。

たろうさん：そのとき，各クラスの人数がどれぐらいなのかを聞いてもらいました。そうしたら，［表１］と［表２］の人数だと分かりました。

［表１］　さいわい小

	１組	２組	３組
１年	35	34	34
２年	37	37	37
３年	38	37	37
４年	32	34	34
５年	36	35	36
６年	37	37	36

［表２］　たま小

	１組	２組	３組	４組
１年	36	36	35	35
２年	35	35	34	35
３年	33	34	33	33
４年	37	38	38	37
５年	36	36	36	36
６年	34	34	34	

はなこさん：また同じような機会があったら使えますね。この前チラシを送ってから考えていたのですが，各クラスの人数が分かれば35枚の束をクラス数だけ作って，これを基準として，それより増やす必要がある枚数の束を作る，ということもできるなと思いました。例えば，さいわい小の３年生に配る場合は，

１組は３枚，２組は２枚，３組も２枚，35枚より多く必要なので

35枚の束を３束作り，それと３＋２＋２＝７（枚）の束も一緒に送る

という方法です。

たろうさん：なるほど。でも，さいわい小学校の

（う）

はなこさん：たしかにそうですね。

たろうさん：それと，35枚ではない方の束を何枚にするか，計算するのが少し大変です。

はなこさん：それならこのように工夫してみたらどうですか。さいわい小の３，４年生に送るなら，

35人以上のクラスと35人より少ないクラスとを分けて考えて

35人以上のクラスの人数は38，37，37

35人より少ないクラスの人数は32，34，34　　だから

（38－35）＋（37－35）＋（37－35）＝３＋２＋２＝７　が増やしたい枚数

（35－32）＋（35－34）＋（35－34）＝３＋１＋１＝５　が減らしたい枚数

という計算結果を使って，35枚の束以外に７－５＝２(枚)を送ればよいといえます。

たろうさん：一つのアイデアですね。ただ，３，４年生ならできますが，４，５年生に送る場合を考えると，この方法だとできない計算が出てきますね。

はなこさん：そうですね。その計算は中学で勉強するとできるようになるそうです。そうなる状況《じょうきょう》というのは，つまり，チラシを人数よりも多く送って余らせてしまう状況であることだけはいえますね。差がゼロより小さくなる場合についての学習が必要です。

たろうさん：なるほど。

(3) (う) にあてはまる説明を次のア～エの中から1つ選び，記号で答えましょう。

ア　1年生に送る場合，35人より多いクラスがないし35×3（枚）配ると余ってしまいます。

イ　2年生に送る場合，35×3＋(2＋2＋2)＝35×3＋6（枚）配ると6枚余ってしまいます。

ウ　5年生に送る場合，35枚3束の他に2枚を付け加えて配ると2枚余ってしまいます。

エ　6年生に送る場合，35人より多いクラスしかなく35×3（枚）配ると余ってしまいます。

はなこさん：35枚を基準にした場合に困っているのですね。では，このような考えはどうですか。 (え) を見つけてその枚数を基準にして，その束をクラスの数だけ作り，それより増やしたい枚数を計算してその必要な枚数の束も一緒に送ればよいと考えてみてはどうですか。

たろうさん：そうなると，例えばたま小の2，3年生に送る場合であれば，
(え) は，33人で，2，3年生は全部で8クラスあるので33枚の束を8束作る必要がありますね。
その枚数よりさらにあと何枚増やさなくてはいけないかというと，

$$(35-33)+(35-33)+(34-33)+(35-33)$$
$$+(33-33)+(34-33)+(33-33)+(33-33)$$
$$=2+2+1+2+0+1+0+0=8$$

と計算することで，8枚増やす必要があることが分かりますね。

はなこさん：はい。33枚の束を8束と，あと8枚を送ればよいということになります。

たろうさん：この方法と，先週送ったときの考え方を比べてみます。先週の考え方を式で表すと
たま小は　30×23＋120（枚）
今，はなこさんが考えた方法で，必要な枚数を式で表すと，
たま小は　33×23＋51（枚）　です。

はなこさん：最後の「たす」のあとが「51」だと，よくそんなにすぐに分かりましたね。
3＋3＋2＋ …　と計算するのを，この短時間でできるのはすごいです。

たろうさん：いや，実は，その計算はしないで，このように考えました。
33×23＝ (お) ＝30×23＋3×23＝30×23＋69
ですから，120－69を計算して51だとすぐに分かりました。

はなこさん：そうですね。分配のきまりは便利です。

たろうさん：さいわい小についても，先週送った枚数を，今はなこさんが考えた方法で表すと
(か) ＋67（枚）　と表すことができます。

はなこさん：「67」は，103 － (き) × (く) を計算して求められます。

(4) (え) にあてはまる文章を書きましょう。

(5) (お) にあてはまる式を書きましょう。

(6) (か) にあてはまる式，(き) と (く) にあてはまる数を書きましょう。

―― さらに翌日，たろうさんとはなこさんは，チラシの紙の大きさについて話をしています。――

たろうさん：きのうの帰り道に，夏祭りのチラシでもっと大きいものを地域の掲《けい》示《じ》板《ばん》で見ました。

はなこさん：そういえば，２種類のサイズがあると聞きました。

たろうさん：そこで，先週送ったチラシと大きさを比べてみたら，２枚分の大きさでした。

はなこさん：私たちが持っているチラシのサイズはノートを閉じたときと同じＢ５のサイズだったから，たろうさんが見つけた大きいチラシはノートを開いたＢ４サイズですね。

たろうさん：Ｂ５サイズとＢ４サイズでは，面積が２倍なだけではなくて，それぞれの紙は，縦の長さと横の長さの比がどちらも等しいと聞いたことがあります。すごいですね。

はなこさん：そうでしょうか。面積が２倍だったらだいたいそうなるのではないかと思います。

たろうさん：そんなことはないです。縦が３㎝，横が５㎝の長方形を考えてみましょう。【図１】のように２枚並べると，縦は６㎝，横は５㎝になります。このとき，それぞれの長方形の長い方の辺と短い方の辺の比である $\boxed{\text{(け)}}$ は等しくないですね。

【図１】

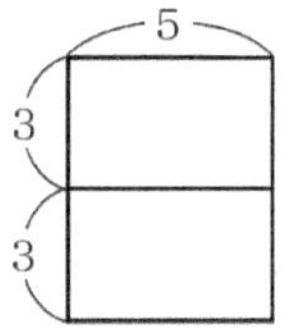

はなこさん：そうですね。

たろうさん：面積が２倍になるからといって，いつでも縦の長さと横の長さの比が等しくなるとは限らないですよ。

【図２】

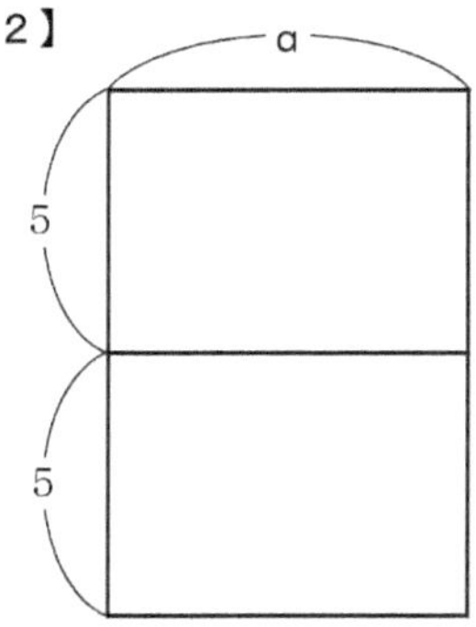

はなこさん：こうなると縦と横の比がどうなっていればよいのか，知りたくなります。

たろうさん：以前先生に聞いたら，中学生にならないと習わない新しい値を使わないと表すことができないそうです。でも，【図２】のように長い辺の長さが a ㎝，短い辺の長さが５㎝の紙で縦と横の長さの比が等しい場合，

$$a:5=10:a$$

という比の式で表すことはできます。

はなこさん：この式を変形したら，私たちでも何か分かってくるかもしれませんね。こういうのはどうでしょうか。まず，「$a:5=10:a$」という式は，それぞれを同じ値でわって

$$\frac{a}{5}:1=\boxed{\text{(こ)}}:\frac{a}{\boxed{\text{(さ)}}}$$

と変形することができます。この式において，

１は $\frac{a}{\boxed{\text{(さ)}}}$ 倍すれば $\frac{a}{\boxed{\text{(さ)}}}$ になることが分かるので，

$\frac{a}{5}$ も $\frac{a}{\boxed{\text{(さ)}}}$ 倍すれば $\boxed{\text{(こ)}}$ になることが分かります。したがって，

$$\frac{a}{5}\times\frac{a}{\boxed{\text{(さ)}}}=\boxed{\text{(こ)}}\qquad \text{つまり，}\frac{a\times a}{5\times\boxed{\text{(さ)}}}=\boxed{\text{(こ)}}$$

　　　　　　　　となって，a × a ＝50になります。ここまでは分かるのですが，このようになる a の値を私たちは知らないですね。

たろうさん：でも，そこまで分かれば，7 × 7 ＝49なので，a はおよそ 7 ㎝だと分かります。a：5 の a を 7 とすると 7：5 になるので，7：5 の比の値を小数で表すと (し) ですから，長い辺が短い辺の (し) 倍になっていればよいのですね。

はなこさん：実際にＢ５の紙の縦と横の長さの比を実際に測って確かめてみましょう。

たろうさん：縦は18.2㎝，横は25.7㎝ぐらいです。

はなこさん：計算してみますね。小数がずっと続いてしまいますが，四捨五入して上から 4 けたのがい数で表してみると，(す) になります。

たろうさん：この値を中学生になるとどのように表すのか楽しみですね。

(7) (け) には，2 つの比が入ります。あてはまるものを次のア～エの中から 1 つ選び，記号で答えましょう。

ア　5：3 と 10：3　　イ　5：3 と 5：6

ウ　5：3 と 6：5　　エ　5：3 と 6：10

(8) (こ)，(さ)，(し) にあてはまる数を書きましょう。

(9) す にあてはまる数を書きましょう。

問題３　SDGs（エスディージーズ）と環境問題について，たろうさんとはなこさんとひろし先生が教室で話をしています。次の会話文を読んで，あとの(1)～(7)の各問いに答えましょう。

たろうさん：この前，総合的な学習の時間で学んだSDGsには，2030年までに達成すべき17の目標がありました。この中でどの目標に注目しましたか。

はなこさん：私は〔**資料１**〕にある「11住み続けられるまちづくりを」ですね。多摩川が流れる自然豊かな，この川崎の地を守っていきたいですね。また私は，生物が好きなので，生物もすみ続けられるまちづくりが理想だと思います。

たろうさん：私もそんな川崎が好きです。しかし近年，川崎は駅や都市の開発が進み，緑が少なくなっているようにも感じます。私は「15陸の豊かさも守ろう」に注目しました。

〔資料１〕

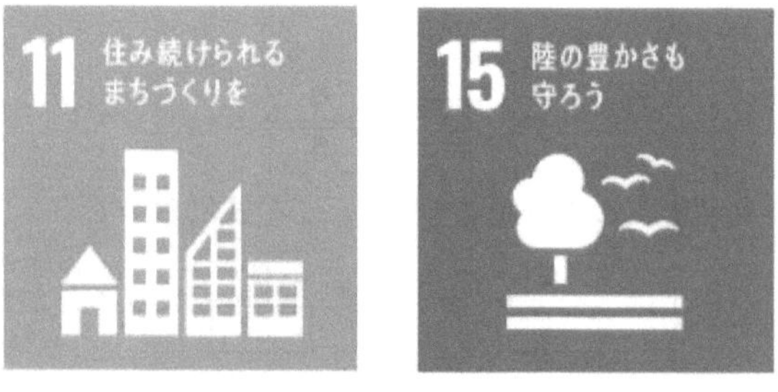

（外務省ウェブサイトより引用）

はなこさん：注目した 2 つの目標の実現を目指して，何か私たちにできることはないでしょうか。

たろうさん：それでは，一緒《いっしょ》に『陸の豊かさを守り，人も生物もすみ続けられるまちづくりをするにはどうしたらよいか』という課題について探究していきましょう。
はなこさん：いいですね。わくわくします。しかし私は，都市開発を進めて，より快適な暮らしを目指しながら，陸の豊かさも守るための良いアイディアが浮かびません。
たろうさん：これはどうでしょうか。陸の豊かさを守るという意味の中には，都市開発によって自然や緑を減らしてしまった分をビルの屋上でもいいですし，どこか違《ちが》う場所に増やせば守ることになると思います。
はなこさん：では，もし8000m^2の土地に対して面積の40％の建物と60％の自然や緑があったとします。その土地を再開発して，もとの土地に対して80％の面積にビルが建ったとき，どうすれば最初と同じ面積の自然や緑を維持《いじ》することができたといえますか。
たろうさん：屋上に3500m^2と地上に［(あ)］m^2の自然や緑を再整備すれば良いと考えます。
はなこさん：なるほど。たろうさんの考えであれば，できるかもしれません。しかし，それは可能なのでしょうか。先生に聞いてみましょう。

(1) ［(あ)］にあてはまる数を書きましょう。

――― たろうさんとはなこさんはひろし先生にたずねる。 ―――
ひろし先生：なるほど。その探究的な取り組みは素晴《すば》らしいですね。実際に２人で検証してみてはどうですか。実はこの前，学校の屋上にビオトープが設置されましたよ。検証に使えるかもしれません。
たろうさん：ビオトープとはどういうものですか。
ひろし先生：ビオトープとは，〔資料２〕のように，自然や生物たちが関わり合いながら生活している環境を身近に感じられる空間のことをいいます。屋上に行ってみましょう。

〔資料２〕

（水研クリエイト株式会社ウェブサイトより引用）

はなこさん：すごいですね。自然の中にいるみたいです。陸の豊かさも守りながら，人も生物もすみ続けられるまちづくりのヒントがありそうです。

たろうさん：ビオトープを観察し，調査することで，課題を解決していきましょう。

ひろし先生：屋上は普段《ふだん》から開放しています。ぜひ調査に使用してみてください。

――― たろうさんとはなこさんはビオトープを観察する。 ―――

たろうさん：まず何から調査していきましょうか。チョウとトンボが飛んでいますね。トンボは，池にたまごを産みつけています。池をのぞくと，メダカやヤゴもいました。生き物たちが暮らす様子が見えますね。

はなこさん：ヤゴはトンボの幼虫でしたよね。さなぎのときの名前は何でしたか。

たろうさん：①<u>トンボは，さなぎになる時期はありませんよ。</u>

はなこさん：そうでしたか，さなぎの時期があるのは，チョウでした。しかし，トンボもチョウもこん虫ですよね。同じこん虫でも，育ち方が違うのですね。あ，クモがいました。たくさんこん虫がいますね。

たろうさん：こん虫のからだは［　(い)　］からできていて［　(う)　］にあしが［　(え)　］本あります。はなこさん，クモをよく観察してください。

はなこさん：クモは，あしが８本ありますね。クモはこん虫のなかまではないということですね。生物の種類やからだの特徴《とくちょう》って面白《おもしろ》いですね。ビオトープには，たくさんの植物もありますね。植物も観察してみましょう。

たろうさん：屋上の入り口付近に，ヒマワリがあったような気がします。観察してみましょう。

(2)　下線部①で，トンボのなかまとして，もっともあてはまるものを次のア～オの中から１つ選び，記号で答えましょう。

ア　カブトムシ　　アリ　　セミ　　ハチ　　バッタ

イ　アリ　　セミ　　ハチ　　バッタ

ウ　アリ　　ハチ　　バッタ

エ　ハチ　　バッタ

オ　セミ　　バッタ

(3)　［(い)］，［(う)］，［(え)］にあてはまる言葉や数を書きましょう。

――― たろうさんとはなこさんはヒマワリを観察する。 ―――

はなこさん：あれ。残念です。ヒマワリは枯《か》れてしまっていますね。

たろうさん：枯れてしまいましたが，花に種ができていますよ。

はなこさん：本当ですね。１つの花にこんなに種があることを知りませんでした。

たろうさん：この種を植えれば，またヒマワリが育ちますよ。
この種類のヒマワリは，１カ所に２～３粒《つぶ》程度植えるのが基本です。

はなこさん：例えば，ヒマワリの種を１カ所に２粒ずつ200粒植えるとしたら，どれくらいの面積が必要ですか。

たろうさん：種を植えるときに20㎝の間隔《かんかく》を開けて植えなければなりません。大きくなったときに，となり同士の葉が重なって育ちが良くならない可能性があるからです。もちろん，花だんの端からも20㎝離す必要があります。

はなこさん：正方形の花だんに，〔**資料 3**〕のように規則正しく植える場合，最低でも (お) m^2必要ですね。

〔資料3〕

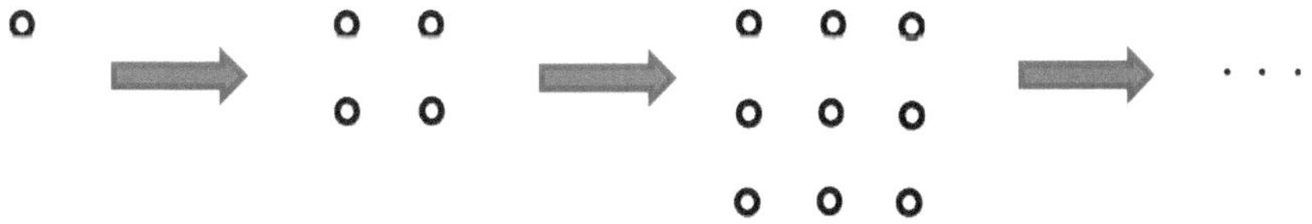

たろうさん：その通りです。植え方や植える場所の広さを考えることが大切です。

はなこさん：なるほど。しかし，どうやってヒマワリを発芽させればよいですか。

たろうさん：種を土に植えれば自然と発芽すると思いますが，自信はないです。ひろし先生に聞いてみましょう。

(4) (お) にあてはまる数を，四捨五入して上から2けたのがい数で書きましょう。

――― たろうさんとはなこさんはひろし先生に再度たずねる。 ―――

ひろし先生：ヒマワリの種を発芽させたいのですね。発芽させるには条件が必要ですよ。どんな条件が必要だと思いますか。

たろうさん：植物には水を与《あた》えないといけないので水分が必要だと思います。あと，暖かい季節に植物が増えるので，適当な温度になるための熱が必要ではないでしょうか。

はなこさん：また，植物も生きていると考えれば，空気も必要だと考えます。あとは，植物は明るいところで育つものが多いので，光も必要だと考えます。

ひろし先生：良い予想ですね。では，どうやって確かめることができますか。

はなこさん：条件をしぼって考える必要がありそうですね。変える条件と変えない条件をそれぞれ決めて実験していくことで確かめられると思います。

たろうさん：例えば，水分が発芽させるのに必要な条件だと確かめるためには，変える条件を水として，それ以外を変えない条件として実験すれば，水分が必要かどうか分かりますよね。仮に水をあたえていない方が発芽しなければ，水分が必要だといえます。

はなこさん：なるほど。では，光が発芽させるのに必要な条件だと確かめるためには，変える条件を (か) として，それ以外を変えない条件とすれば，光が必要かどうか分かりますね。ビオトープで実験できそうです。

たろうさん：はなこさんのその条件だと同時に光と (き) の2つの条件を変えることになりどちらの条件が関係しているかが分からなくなってしまいます。それに屋外ですと，湿度《しつど》なども変化するので条件の変化があります。

はなこさん：確かにそうですね。では，違う方法を考えましょう。

(5) (か) と (き) にあてはまる言葉を書きましょう。

たろうさんとはなこさんは発芽させる条件を見出すための方法を探り，実験の準備をする。

たろうさん：では，この方法で確かめましょう。あとは発芽するまでに時間がかかります。

はなこさん：種を発芽させる方法が分かれば，ヒマワリだけでなく，色々な植物を増やしてくことができます。陸の豊かさを保つことにつながりますね。

たろうさん：はなこさん，見てください。この花もビオトープに咲いていたので，もってきました。何の花か分かりますか〔**資料４**〕。

〔**資料４**〕

（熊本大学薬学部ウェブサイトより引用）

はなこさん：それは，ヘチマの花です。ヘチマは２種類の花があった気がします。

ひろし先生：その通りです。ヘチマの花には，めばなとおばながあります。おばなのおしべの先に花粉がありますので，けんび鏡で観察してみましょう。おしべの花粉をセロハンテープでとり，スライドガラスに軽くはります。けんび鏡〔**資料５**〕のステージにのせて，接眼レンズからのぞいて観察してみてください。

〔**資料５**〕

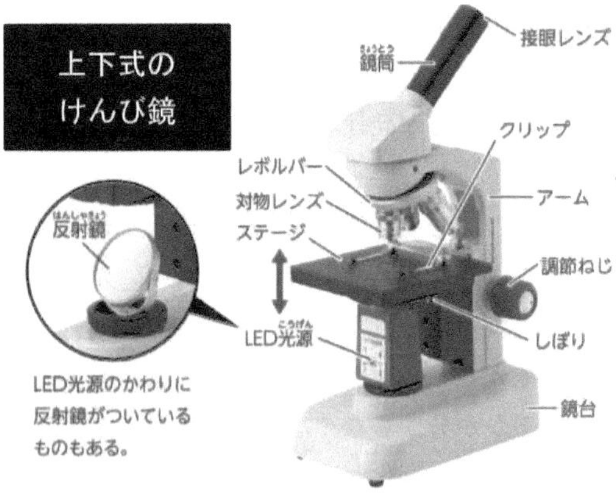

（未来へひろがるサイエンス１資料より作成）

〔**資料６**〕

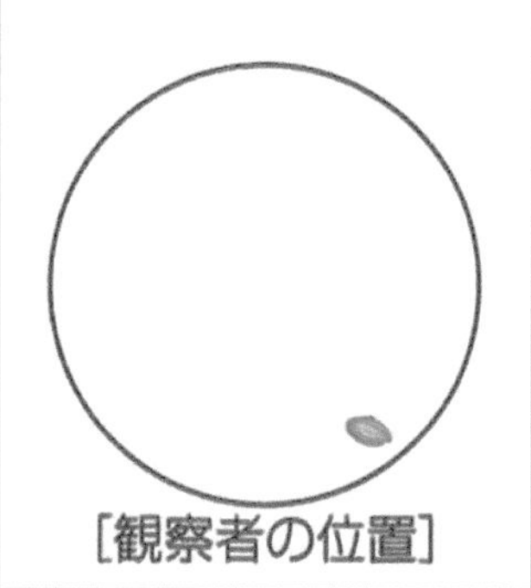

たろうさん：あれ，あまりよく見えませんね〔**資料６**〕。②<u>もう少し中央に，そして拡大しましょう</u>。よく見えます。

はなこさん：わたしにも見せてください。すごいですね。これがヘチマの花粉なのですね。
ひろし先生：屋上にあるアサガオなども同様に花粉を見ることができます。この小さな花粉がめしべの先につくことを受粉といいます。

(6)　下線部②で，プレパラートをどの方向に動かし，けんび鏡をどのように操作したらよいでしょうか。プレパラートをどの方向に動かすかを，次の図のア～クの中から１つ，けんび鏡の操作を，次の表のケ～シの中から１つそれぞれ選び，記号で答えましょう。

図

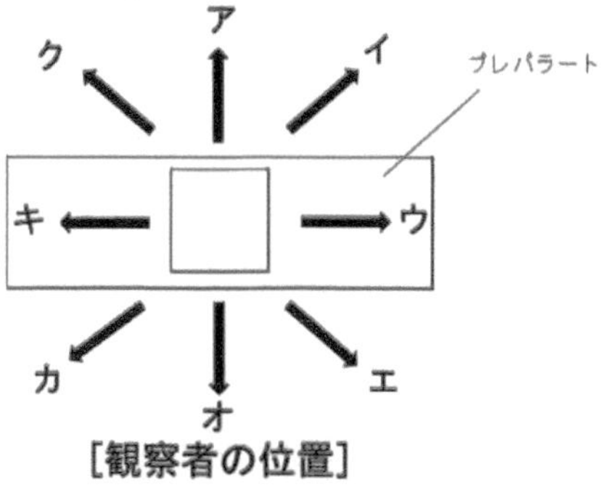

表

ケ	明るい場所に移動する
コ	レボルバーを回す
サ	反射鏡の角度を調節する
シ	調節ねじを回す

――― たろうさんとはなこさんはひろし先生に再度たずねる。 ―――

たろうさん：しかし，おばなからどうやってめばなまで花粉を届けるのでしょうか。
ひろし先生：ヘチマの場合，人工的に受粉させる方法もありますが，ほとんどがこん虫の力を借りています。例えばハチがおばなのミツを集めにきたときに，花粉がハチのからだにつきます。そのハチがめばなを訪《おとず》れ，花粉のついたからだがめしべの先につくことで受粉します。
たろうさん：なるほど。ビオトープの生物たちは，互いに関わり合って生活しているのですね。人も生物も住み続けられるまちづくりのヒントが見つかった気がします。単に，自然や緑を再整備すればよいということではないかもしれません。生物どうしの関わりに目を向けてもう一度ビオトープを調査しましょう。

――― たろうさんとはなこさんはビオトープに戻る。 ―――

はなこさん：あれは，何の鳥ですか〔**資料８**〕。

〔資料８〕

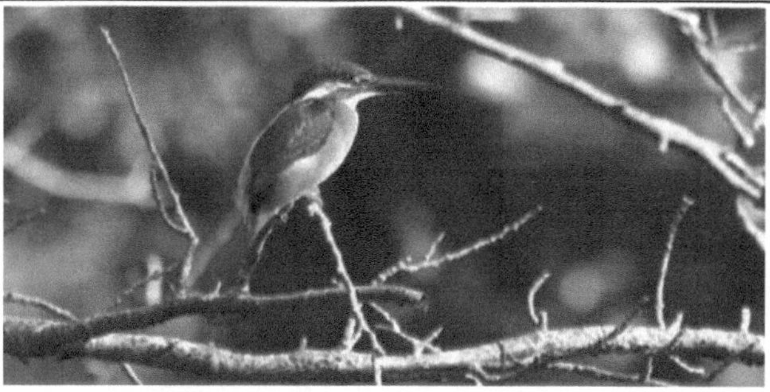

(日本野鳥の会ウェブサイトより引用)

たろうさん：あれは，カワセミですね。普段は川や池に生息して水辺で魚を狩《か》りしていて写真家にも人気の野鳥です。
はなこさん：ビオトープの魚たちを狙《ねら》っているのですか。大丈夫でしょうか。
たろうさん：もしかしたら食べられてしまうかもしれませんが，しかたないことです。カワセミが魚を食べることに限らず，生物どうしは，[(く)]からです。
はなこさん：なるほど。残念な気持ちもありますが，自然とはそういうものなのですね。ビオトープは，私たちが考える自然や緑の豊かさも守りながら，人も生物もすみ続けられるまちづくりをするための大切な空間なのかもしれません。
たろうさん：私たちの最初の考えや予想は，間違っていたわけではないと思います。しかし，調査を進めることで，新しい発見がありました。
はなこさん：そうですね。これからもこのビオトープを見守り続けていきましょう。

(7) [(く)] にあてはまる言葉を書きましょう。

問題２ （※適性検査Ⅰ） たろうさんとはなこさんがけいこ先生と教室で話しています。次の会話文を読んで，あとの⑴～⑺の各問いに答えましょう。

けいこ先生：今日の社会科の授業では川崎市の財政について学んでいきましょう。
はなこさん：私たち市民は，普段《ふだん》いろいろな場面で，税金を納めたり，税金によって生活が豊かになったりしていますね。川崎市の財政にはどんな特色があるのでしょうか。
たろうさん：川崎市と同じくらいの人口の市と比べてみると何かわかるかもしれませんね。
けいこ先生：そうですね。ここに川崎市と人口が近い神戸《こうべ》市と福岡市の資料があるので，比べてみましょう。〔資料１〕を見てください。

〔資料１〕　令和３年度における川崎市・神戸市・福岡市の歳入と歳出

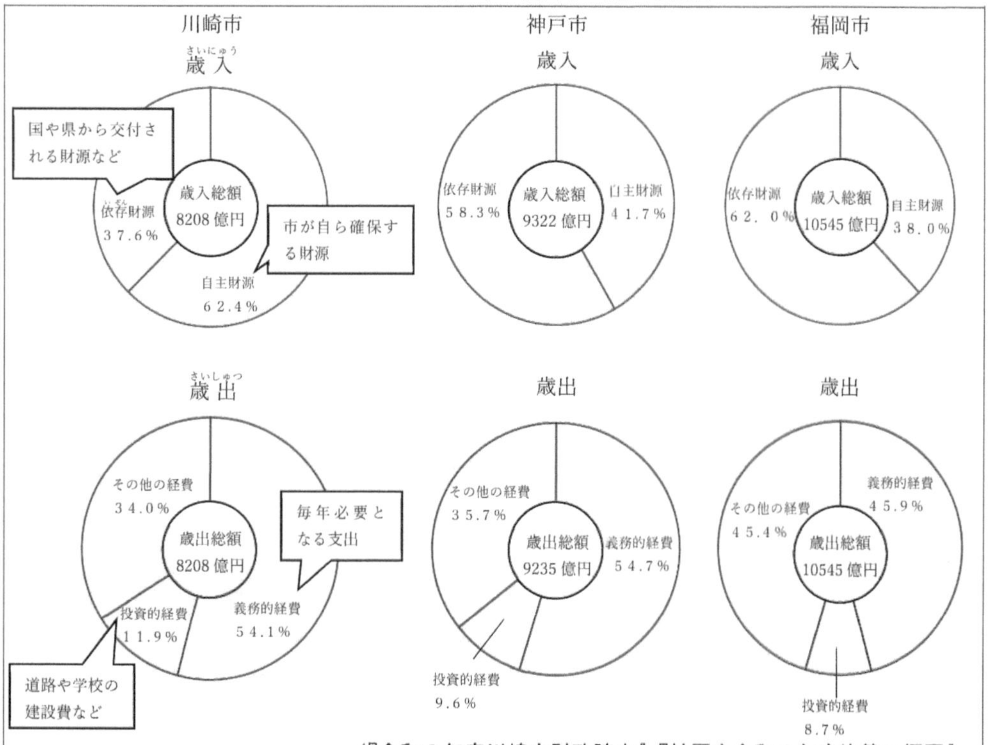

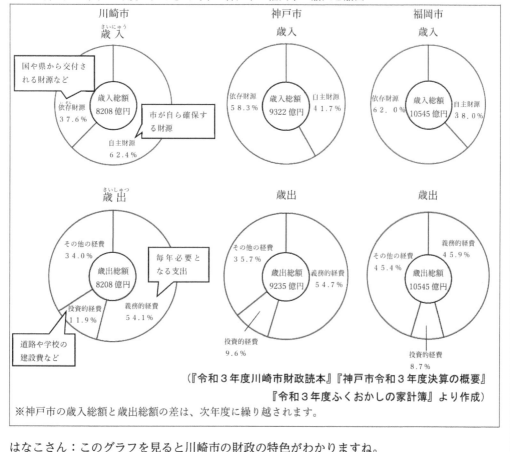

（『令和３年度川崎市財政読本』『神戸市令和３年度決算の概要』
『令和３年度ふくおかしの家計簿』より作成）
※神戸市の歳入総額と歳出総額の差は、次年度に繰り越されます。

はなこさん：このグラフを見ると川崎市の財政の特色がわかりますね。

⑴ 〔資料１〕をもとに川崎市の財政についての説明として適切なものを，次のア～エの中から１つ選び，記号で答えましょう。
ア　川崎市は，３市の中で，自主財源の金額が最も高く，義務的経費の金額は最も低い。
イ　川崎市は，３市の中で，自主財源の金額が最も高く，義務的経費の金額も最も高い。
ウ　川崎市は，３市の中で，自主財源の金額が最も低く，義務的経費の金額は最も高い。
エ　川崎市は，３市の中で，自主財源の金額が最も低く，義務的経費の金額も最も低い。

はなこさん：それぞれの市は，歳入《さいにゅう》を増やすためにどんな努力をしているのでしょうか。
たろうさん：観光客を呼び込むことに力を入れているというニュースを見たことがあります。
はなこさん：どうして観光客が増えると市の歳入が増えるのですか。
たろうさん：その施設《しせつ》の入園料が入るからではないですか。
けいこ先生：そうですね。その他にも観光客が市バスなどの公共交通機関を使ったり，お店で買い物をしたりすることで間接的に歳入が増えるそうです。
はなこさん：そうなのですね。では川崎市内の観光施設を訪れる人は増えているのでしょうか。
けいこ先生：調べてみましょう。〔**資料２**〕は川崎市内の６か所の観光客の推移《すいい》を表したグラフです。
はなこさん：①このグラフからいろいろなことがわかりますね。

〔資料２〕　川崎市内の観光施設への年間観光客数の推移（単位：人）

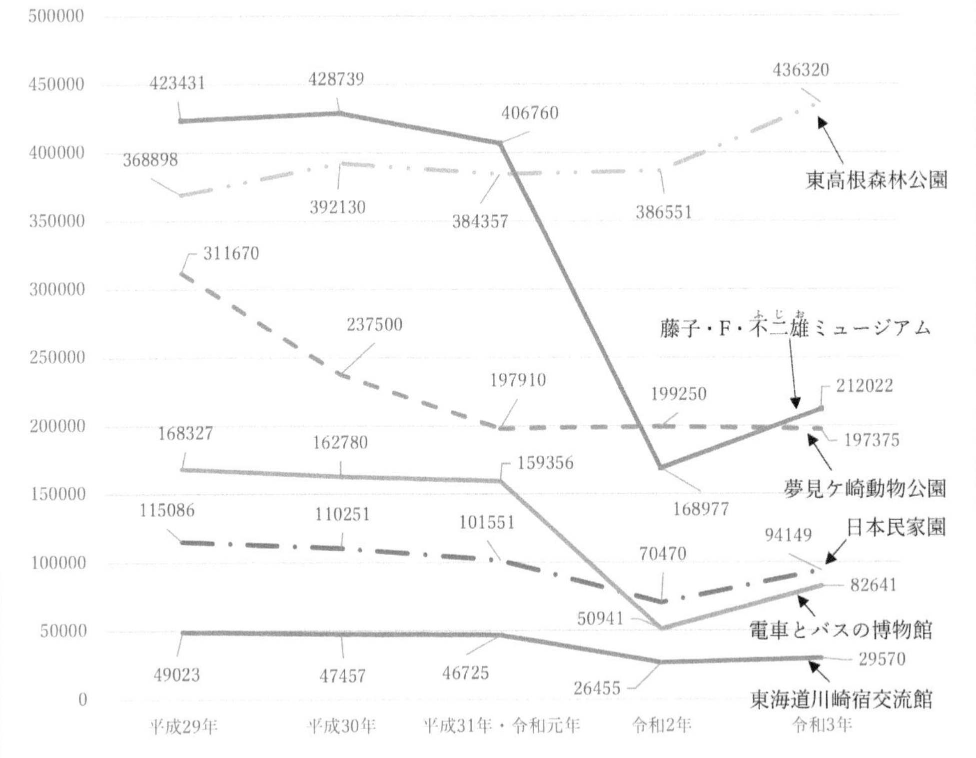

（川崎市　主要観光施設入込《いりこみ》観光客数の推移（過去１０年間）より作成）

たろうさん：そうですね。ところで②その他にも歳入を増やす方法はあるのでしょうか。

(2) 下線部①について，〔**資料２**〕で示された６か所の観光施設における観光客の推移についての説明として適切なものを，次のア～オの中から<u>すべて</u>選び，記号で答えましょう。

ア　平成31年・令和元年から令和２年にかけて，すべての観光施設で観光客数が減少している。

イ　平成31年・令和元年から令和２年にかけて，観光客数が最も大きく減少した観光施設は，藤子・Ｆ・不二雄ミュージアムである。

ウ　平成29年から平成31年・令和元年にかけて，観光客数が最も大きく減少した観光施設は，夢見ヶ崎動物公園である。

エ　平成29年と令和３年を比較したときに，観光客数が増加している観光施設がある。

オ　平成29年から令和３年にかけて，夢見ヶ崎動物公園の観光客数は減少し続けている。

(3) 下線部②について，市の歳入が増えることに<u>直接つながらないもの</u>を，次のア～エの中から１つ選び，記号で答えましょう。

ア　市民が出すゴミの量を減らす。

イ　市内に企業《きぎょう》（会社）を招き，企業数を増やす。

ウ　国や県からの補助金《ほじょきん》が増える。

エ　市内に住む労働者が増える。

たろうさん：ここまで歳入について考えてきたけれど，川崎市の歳出はどうなっているのでしょうか。

けいこ先生：〔**資料３**〕のグラフを見てください。令和４年度川崎市がどんなことにお金を使おうとしているのかが分かります。

〔資料３〕　令和４年度川崎市の歳出

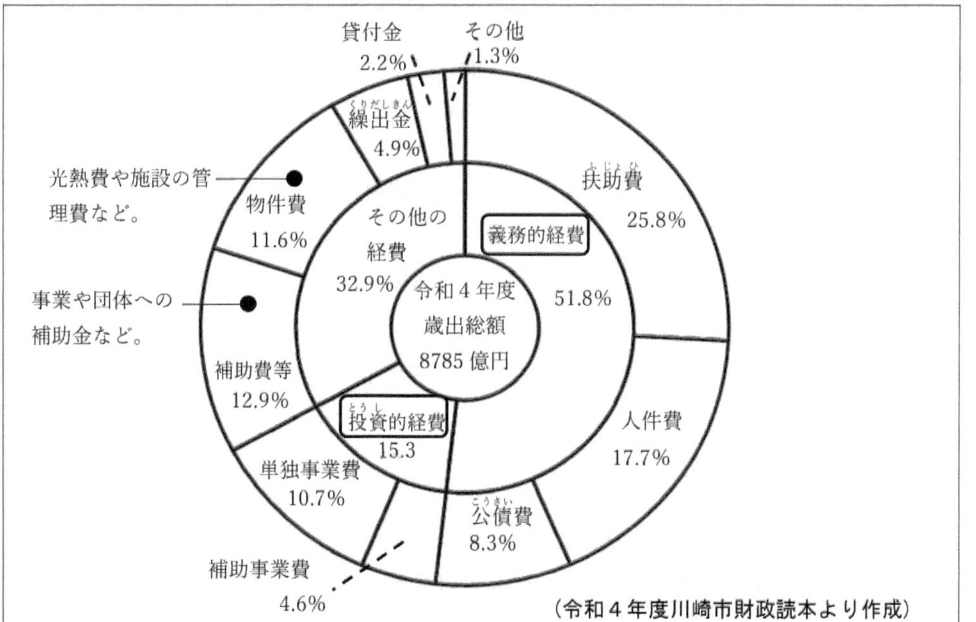

（令和４年度川崎市財政読本より作成）

はなこさん：いろいろな使い道があることがわかるけれど，どんなことにどれぐらい使っているのか，ちょっとイメージがわきにくいですね。

けいこ先生：川崎市が出している財政読本では，市の歳出を家庭の家計簿《かけいぼ》に置き換《か》えて紹介しています。単純に比較はできない部分もありますが，下の〔**資料４**〕を見てください。

〔資料４〕　令和４年度川崎市の歳出を家計簿(収入月額と支出月額)に置き換えた表

【収入月額】

お父さんとお母さんの給料	416700円
役所からの助成金・奨学金《しょうがくきん》	197400円
各種ローンの借入金(借金)	72800円
収入計	686900円

【支出月額】

食費	121800円
光熱費・被服費《ひふくひ》	79800円
車の購入・自宅の増改築《ぞうかいちく》・修繕費《しゅうぜんひ》	110900円
ローンの返済	56700円
子どもへの仕送り・おこづかい	140400円
医療費《いりょうひ》など	177300円
支出計	686900円

＊年収が500万円として算出

（令和４年度川崎市財政読本より作成）

たろうさん：「食費」や「光熱費」「医療費」など，なじみのある言葉がありますね。家計簿のようになっているので，これならイメージがわいてきます。

はなこさん：この家計簿は〔**資料３**〕の市の歳出をどういうルールで置き換えたものなのですか。

けいこ先生：いい質問ですね。このように置き換えています。

○家計簿の「食費」は，歳出の「人件費」にあたる。
○家計簿の「光熱費・被服費」は，歳出の「物件費」にあたる。
○家計簿の「車の購入・自宅の増改築・修繕費」は，歳出の「単独事業費」にあたる。
○家計簿の「ローンの返済」は，歳出の「公債費」にあたる。
○家計簿の「子どもへの仕送り・おこづかい」は，歳出の「補助費」にあたる。
○家計簿の「医療費など」は，歳出の「扶助費」にあたる。

たろうさん：なるほど，こういうルールで置き換えたのですね。

はなこさん：そうするとこの家計簿の支出月額の中で，義務的経費にあたる部分の合計金額は，［(あ)］円になりますね。

(4)　［(あ)］にあてはまる数を書きましょう。

たろうさん：家計簿で川崎市の歳出についてのイメージはできたけれど，私たちの身近なところでは，実際にはどんなことにどれぐらいの予算が使われているのでしょうか。

けいこ先生：市役所で配布している次のページの〔**資料５**〕を見てください。

〔資料５〕 市民生活に身近な市の仕事

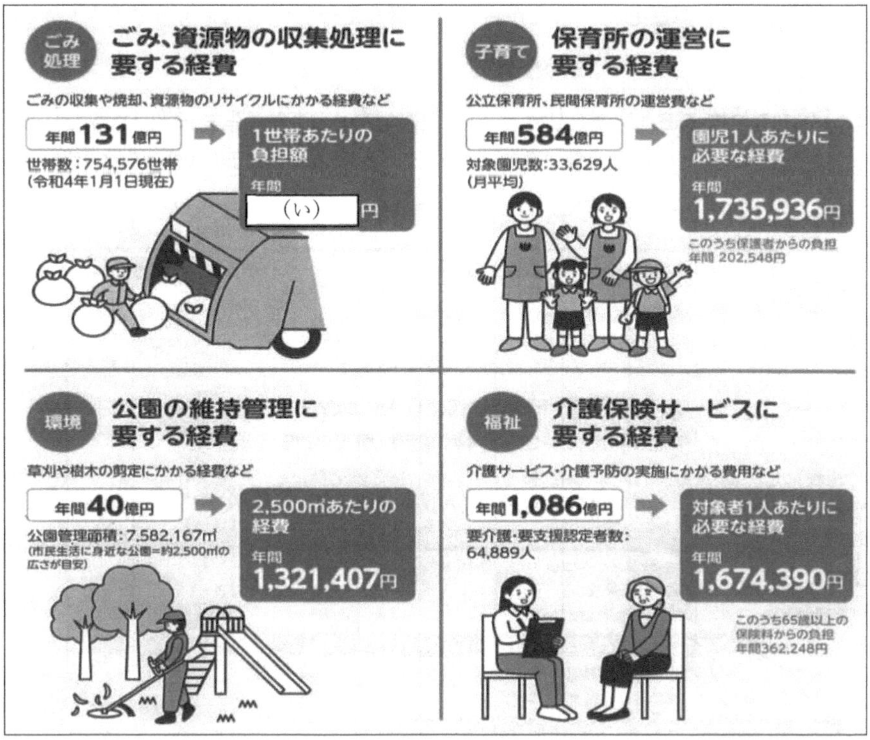

（令和４年度川崎市財政読本より引用）

はなこさん：なるほど，ここまでで市の歳出の現状について，よく分かりました。

(5) 〔資料５〕の (い) にあてはまる数字として最も近いものを，次のア～エの中から１つ選び，記号で答えましょう。

ア　13300円　　イ　15300円　　ウ　17300円　　エ　19300円

はなこさん：ところで，川崎市の人口は年々増えているし，ここ数年で社会の様子が大きく変化しています。それにともなって歳出はどのように変化しているのでしょうか。

たろうさん：川崎市の歳出のうち，私たちのくらしに関わるものがどのように変化しているのか，分かりやすく示した次のページの〔資料６〕と〔資料７〕を見つけました。

けいこ先生：〔資料６〕と〔資料７〕を比較すると，令和２年度と比べて令和４年度は， (う) ということが分かりますね。

はなこさん：なるほど。そのときの社会の様子を見て，特に必要だと思われるものに予算をかけているのですね。でも歳出のうち，社会の様子に合わせて使える予算はどれぐらいなのかな。

けいこ先生：それは21ページの〔資料３〕にもあった，③扶助費（市民生活を社会全体で支える経費），人件費，公債費の３つからなる義務的経費によって決まります。歳出に対する義務的経費の割合によって，その他の自由に使える予算が決まるのですね。

たろうさん：どのように使われているのかが分かると，私たちの税金がとても大切だということが分かりました。これからも市の財政について関心をもって生活したいと思います。

〔資料６〕令和２年度 市民１人あたりの
予算５１万７０００円の使いみち

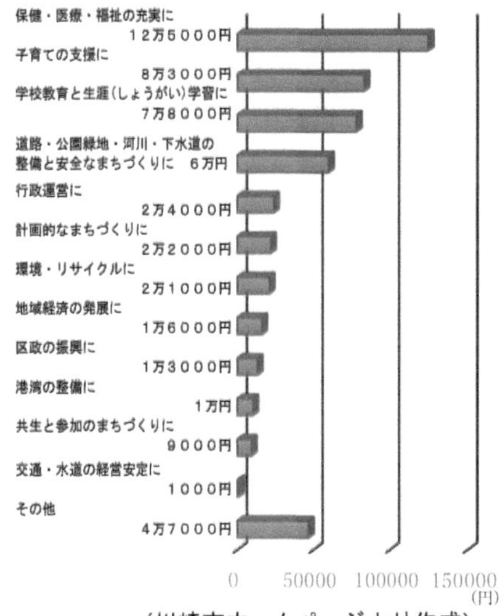

（川崎市ホームページより作成）

〔資料７〕　令和４年度 市民１人あたりの
予算５７万１０００円の使いみち

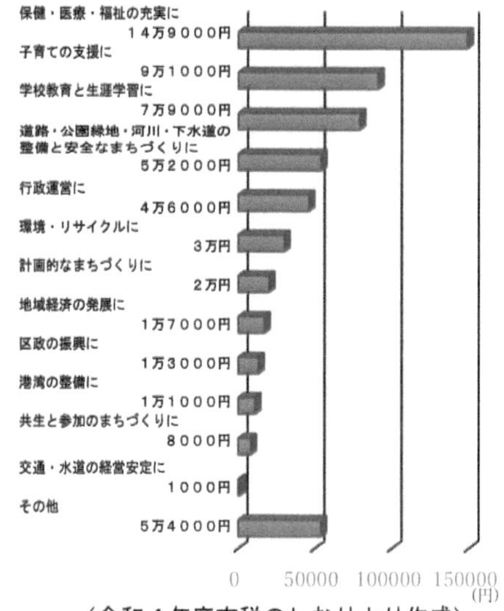

（令和４年度市税のしおりより作成）

(6) (う) にあてはまる内容としてふさわしいものを，次のア～エの中から１つ選び，記号で答えましょう。

ア 「その他」以外の12項目のうち，４分の３以上の項目で予算が増額されている

イ 「その他」以外の項目のうち，１万円以下の予算の項目数は変化していない

ウ 「行政運営」への予算が最も多く増額されている

エ 「保健・医療・福祉の充実」と「子育て支援《しえん》」への予算の合計の，全体に占める割合が増加している

(7) 下線部③について，次のページの〔**資料８**〕と〔**資料９**〕から読み取れることとしてあてはまらないものを，次のア～エの中から１つ選び，記号で答えましょう。

ア 令和２年度においては，児童福祉費《じどうふくしひ》と生活保護費で扶助費全体の４分の３以上を占めている。

イ 児童福祉費は，平成25年度から年々増加している。

ウ 扶助費全体の金額は，平成25年度と令和４年度を比較すると1.5倍以上に増加している。

エ 児童福祉費の扶助費全体に占める割合は平成25年度から令和４年度までの間，すべての年度で２分の１以下である。

〔資料８〕　扶助費の内訳（令和２年度）

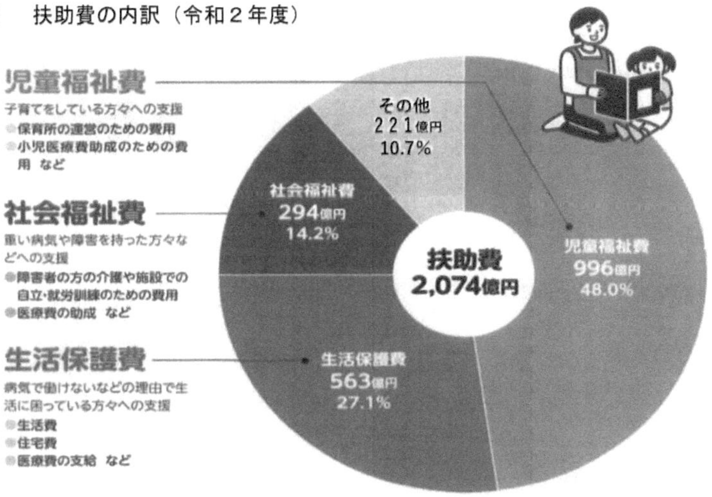

（令和４年度川崎市財政読本より作成）

〔資料９〕　扶助費の推移

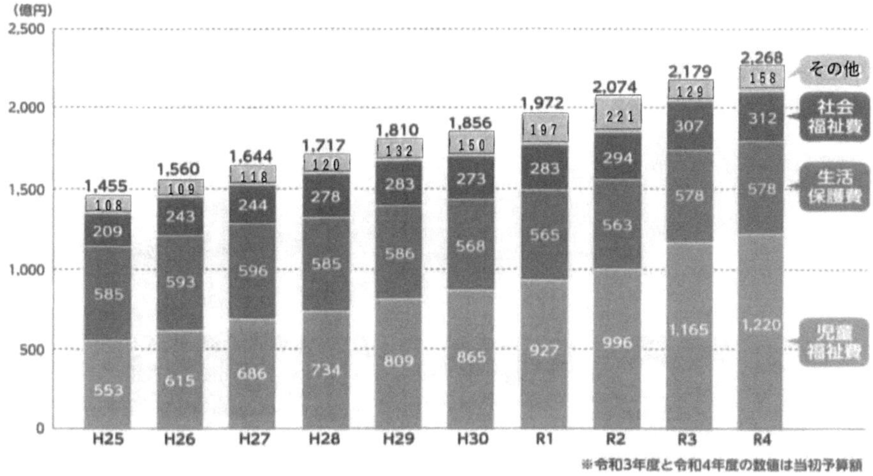

（令和４年度川崎市財政読本より作成）

く時は、後ろの［注意事項《じこう》］に合うように考えや意見を書いてください。

［注意事項］

○ **解答用紙2**に三百字以上四百字以内で書きましょう。

○ 原稿《げんこう》用紙の正しい用法で書きましょう。また漢字を適切に使いましょう。

○ はじめに題名などは書かず、一行目、一マス下げたところから書きましょう。自分の名前は、氏名らんに書きましょう。

○ 三段落以上の構成で書きましょう。

○ 句読点［。、］やかっこなども一字に数え、一マスに一字ずつ書きましょう。また、段落を変えたときの残りのマス目も字数として数えます。

(3) 文章[あ]——線①について、同じく語呂合わせの例としてふさわしいものを次の1から4の中からすべて選び、番号で答えましょう。

1. 「だるまさんがころんだ」でよく知られるだるまは、何度転んでも起き上がる、福を呼ぶ存在である。

2. お祝い事の時に魚のタイを食べることが多いのは、「めでたい」の「たい」とかけているからである。

3. 大切な試合の前に「トンカツ」を食べるのは、「試合に勝つ」という意味をもっているためである。

4. 魚の「ブリ」は、成長にともなって名前が変わることから「出世魚」と呼ばれ、出世を願って食べられることもある。

(4) 文章[い]に合う内容として正しいものを次の1から4の中から一つ選び、番号で答えましょう。

1. 日本で食品用として扱われている大豆のほとんどは、日本で作られ、日本で消費されている。

2. 世界と比べてみると、大豆の消費量は日本が最も多く、これが大豆の加工食品が多い理由である。

3. 日本の一人一日あたりの大豆消費カロリーは平均九十六キロカロリーで、これは大豆消費量一位の国より多い。

4. 日本が大豆を食品用として利用するのは、日本の大豆生産量全体の八割である。

(5) 文章[う]——線②「人間が作りだした想像上のもの」について、人間はどのようなことを鬼という形にしたのですか。[あ]、[う]それぞれの文章から十九字で探し、最初の五字をぬき出して書きましょう。

(6) たろうさんは、節分について文章[あ]、[い]、[う]の内容とは異なる話題で次の作文を書きました。この作文に関しての問いに答えましょう。

今日、私の家では豆まきが行われます。幼い弟や妹もとても楽しみにしています。そして、私にはもう一つ楽しみなことがあります。それは、川崎大師の豆まきに参加することです。

みなさんの家では、豆をまくときに何と言いますか。「鬼は外、福は内」ではないでしょうか。私の家でもそうです。しかし、川崎大師の豆まきでは、「川崎大師の中には、鬼はいない」という考え方から、「[A]」としか言わないそうです。

豆まきのかけ声についてもう少し調べてみると、奈良県吉野町《よしのちょう》の、あるお寺では、全国から追い払われた鬼をむかえ入れて、その行いを改めさせるために「鬼も[B]」と言うそうです。

当たり前のように使っていたかけ声が、当たり前でないことを知り、異なるからこそのよさもわかりました。今晩、どんな気持ちを込めて何と言いながら豆をまこうか、考えてみてはいかがでしょうか。

(6)-1 作文の空らん[A]、[B]に当てはまる言葉を、[A]は三字で、[B]は一字で、たろうさんの作文の中からぬき出して書きましょう。

(6)-2 たろうさんがこの作文で最も伝えたいことは何ですか。「当たり前」と「よさ」という言葉を使い、解答用紙の言葉に合うように、二十字以上三十字以内で書きましょう。

(7) あなたは、文章[あ]、[い]、[う]のどの文章に興味をもちましたか。どれか一つを選び、初めて知ったことや特に強く興味をもったこと、そして、なぜそのことに興味をもったかについて書きましょう。また、その文章を読んでさらに知りたくなったことを書きましょう。作文を書や方角など、あらゆるものが干支《えと》で表されていた。【図】を見ると、北東の方角は、ウシとトラの方角だと示されている。

　ここでピンとくる人もいるかもしれない。黄色と黒のしましまのパンツはトラのもようであり、頭から生えている角はウシのものだと考えたら、「鬼」の見た目と方角を示す動物が一致している。つまり、鬼は、人間の力で簡単に対処できない自然の恐怖《きょうふ》を知らせるために、②人間が作りだした想像上のものなのだ。「鬼門」の方角を示す動物に目をつけ、今の鬼の姿を作りだした人に会ってみたいものである。

【図】

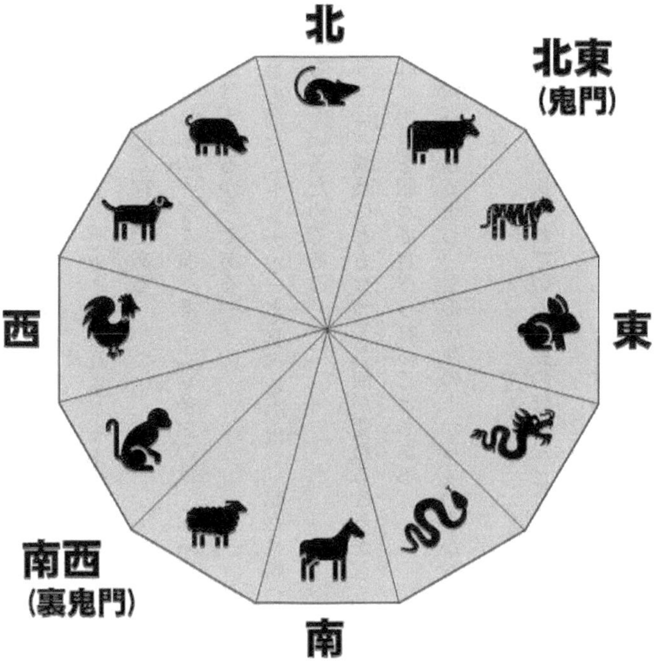

　さて、桃太郎に話をもどす。同じく【図】を見てみると、鬼門の方角、つまりウシとトラの方角とほぼ反対の位置に、サル、トリ（キジ）、イヌが並んでいる。これは単なる偶然なのだろうか。もう少し調べてみる必要がありそうだ。

　今日、私は、我が子のために鬼のお面を買って帰る。私と同じく、鬼役になる保護者も多くいるだろう。もしよければ、家の中で北東はどこかを探してみてほしい。そして、北東の部屋から鬼として登場してみてほしい。「なんでお父さん、お母さんはあの部屋から鬼のお面をかぶって登場するのだろう」と我が子が興味をもって聞いてきたら、そこから少し会話が広がるはずだ。

【いずれも適性検査のために作成した文章】

(1)　文章あ、い、うは、それぞれだれに向けて書いた文章ですか。本文からそれぞれ五字以上十字以内でぬき出して書きましょう。

(2)　文章あ、い、うは、すべて節分をきっかけにして話題を広げていますが、文章の話題はすべて異なります。それぞれどのような話題を中心に書かれた文章ですか。次の1から8の中から正しいものを一つ選び、番号で答えましょう。

1.	あ語呂合わせの面白さ	い大豆と節分	う桃太郎の絵本
2.	あ語呂合わせの面白さ	い大豆と節分	う鬼の正体
3.	あ語呂合わせの面白さ	い大豆の消費	う桃太郎の絵本
4.	あ語呂合わせの面白さ	い大豆の消費	う鬼の正体
5.	あ豆まきの意味	い大豆の消費	う桃太郎の絵本
6.	あ豆まきの意味	い大豆の消費	う鬼の正体
7.	あ豆まきの意味	い大豆と節分	う桃太郎の絵本
8.	あ豆まきの意味	い大豆と節分	う鬼の正体

授業でも学習しました。農林水産省によると、平成二十九年の大豆の食料自給率はわずか七％です。大豆は食品用と油の原料となる油糧《ゆりょう》用に分けられ、食品用に限ると自給率は二十五％となります。

世界に目を向けてみると、大豆の生産量一位はアメリカ、二位はブラジル、三位はアルゼンチンとなっており、この三カ国で全生産量の八十％を占《し》めています。消費量は中国、アメリカ、アルゼンチンと続き、日本は十位です。

一方で、日本のように食べるために大豆を使用している国はごくわずかであり、世界では大豆のほとんどが油の原料として使用されています。世界一の大豆生産国であるアメリカに住む人が一人あたり年間でどれくらい大豆を食べるかというと、四十グラムです。日本はというと、なんと年間八キログラム以上です。消費量一位の中国が約四キログラムなので、日本がどれだけ大豆を食べているかがわかります。また、日本の一人一日あたりの大豆消費カロリーは平均九十六キロカロリーとなっており、他の国と比べて、最も高い数値となっています。

日本は、大豆の生産量や自給率は他国と比べてはるかに低いですが、大豆を食べる量はとても多いです。このように考えると、大豆を食べるのは日本独特の文化だと言えます。肉を食べる文化があまり無かった日本にとって、大豆はたんぱく質をとるために必要な食材だったことは確かです。大豆を、味噌、しょうゆ、納豆、豆腐《とうふ》、きなこなど、様々な形に加工をして、日本の家庭料理に無くてはならないものにした先人たちの知恵《ちえ》には本当に驚《おどろ》かされます。

先人たちの知恵のおかげで生まれた大豆の加工食品が、今日も食卓に並ぶでしょう。小学校で習ったことだけでも、少し調べたら話題はこのように広がります。興味をもつきっかけは、あちこちにたくさんかくれています。今回は大豆の知識から話を広げましたが、小学五年生の今だからこそ、たくさんのことに興味をもって、たくさんのことを学んでほしいです。

う

この間、自分の子どもと一緒《いっしょ》に「桃太郎《ももたろう》」の絵本を読んだ。桃から生まれた桃太郎が、「サル」「キジ」「イヌ」のおともを連れて鬼退治に行く、あの桃太郎だ。鬼の姿は、モジャモジャ頭に角をはやし、顔色は赤や青で、こんぼうを持ち、黄色と黒のしましまパンツをはいた姿だった。絵本を閉じた時、子どもが聞いてきた。「鬼って、なんであんな姿なの。」たしかに、そもそも鬼という生き物は実際に存在しないのに、なぜあのような姿を私たちはイメージするのだろうか。疑問である。偶然《ぐうぜん》にも、今日は二月三日、節分である。子育て中の保護者のみなさん、鬼の正体を一緒に勉強しようではないか。

先ほども述べたように、鬼は実際には存在しない。そして、「鬼」という存在は日本独自のものであるようだ。かつて、天変地異《てんぺんちい》や病気の流行など、私たちの力ではどうしようもできない、安全や命をおびやかすものの原因は、「鬼が悪さをしているから」とされていた。そしてその「目に見えない、私たちの力ではかなわない悪い者」は、「鬼門《きもん》」と呼ばれる方角から入ってくるとされていた。この「鬼門」の方角は北東である。

ここまで読んでも、鬼の見た目とは結びつかないだろう。の【図】を見てほしい。現在、方角は「東西南北」で表されているが、昔は、時刻

【適性検査Ⅰ】（四五分）〈満点：二〇〇点〉

【注意】字数の指定のある問題は、指定された条件を守り、問題1は たて書きで、問題2は横書きで書きましょう。最初のマスから書き始め、文字や数字は一マスに一字ずつ書き、句読点［。、］やかっこなども一字に数え、一マスに一字ずつ書きます。ただし、問題1の(7)は、その問題の［注意事項《じこう》］の指示にしたがいましょう。

問題1 次のあ、い、うの文章を読んで、あとの(1)～(7)の各問いに答えましょう。

あ

今日は節分である。節分の恒例《こうれい》行事として最も有名なのは「大豆をまいて鬼《おに》を退治する」だろう。庭に「鬼は外」「福は内」と言って大豆をまいたり、鬼のお面をかぶった家族などの身近な人に大豆を当てたりした経験がある人は多いのではないだろうか。この中学校の受検生も、家に帰った後久しぶりに家族との団らんを楽しみながら、豆まきをするかもしれない。では、なぜ大豆をまくのか。身近な行事であるにもかかわらず、わからないことは多い。

そもそも、節分は二月三日と決められているように感じるが、元々は新しい季節が始まる前日のことを示し、二月二日の年もあれば、二月四日の年もある。しかも、春夏秋冬、全ての季節が始まる前日が節分である。つまり、本来は年に四回あるのだ。また、季節が変わる時に起こる数多くの悪いことを、目に見える形にしたものが鬼である。多くの悪いことを防ぐために豆まきが行われた。その中でも「立春」の前日である二月三日は、一年の始まりとして特に大切な日とされた。その風習が、今も残っているのである。

では、なぜ大豆をまくのか。それは、多くの穀物の中でも大豆に精霊《せいれい》が宿るとされていたからである。さらに「豆」は、悪い者（魔《ま》）を滅《めっ》する「魔滅（マメ）」という意味が、また、煎《い》った豆には「魔の目を射る」という意味が込《こ》められた。だから、穀物の精霊が宿っている煎った大豆を投げることは、悪い者を追い払《はら》うための最もよい方法だと考えられたのだ。

「豆」を「魔滅（マメ）」ととらえたり、煎った大豆を「魔の目を射る」ととらえたりすることは、単なる語呂《ごろ》合わせではないかと思うかもしれないが、①日本人はこのような語呂合わせを好み、大切にしてきた。身近な行事でも、由来を調べてみるとその奥深さがとても興味深い。幼い子が行う行事ではなく、日本の伝統行事として、いろいろな知識を蓄《たくわ》えてから豆まきをすると、ただ「鬼退治」をしていた時とは違《ちが》う感情が芽生えてくるようにも思う。

い

二月三日は「大豆の日」です。大豆が味噌《みそ》、しょうゆ、納豆《なっとう》など様々なものに形を変えて食卓《しょくたく》に並んでいることは、国語の授業で学習しました。最近は大豆の豊富な栄養が改めて評価され、ますます私たちの生活になくてはならない存在となっています。多くの人が「大豆の日なんて知らないな。節分は知っているけれど。」と思うかもしれませんが、節分にも深く関わる大豆に目を向けてみましょう。

日本人が消費する大豆のほとんどを輸入に頼っていることは社会科の

2023 年 度

解 答 と 解 説

＜適性検査Ｉ解答例＞

問題1 (1) あ　この中学校の受検生

い　小学五年生

う　子育て中の保護者

(2) 6

(3) 2，3

(4) 3

(5) あ　季節が変わ

う　人間の力で

(6)－1　A　福は内

B　内

(6)－2　(「鬼は外」「福は内」というかけ声が)当たり前ではなく，異なるかけ声があり，それにもよさがある(ということ。)

(7) わたしは，うの文章を読んで，鬼が入ってくる「鬼門」がある北東は干支ではウシとトラで表され，このウシとトラを参考に鬼の姿が作り出されたことを初めて知り，また他に干支に登場する動物も鬼に関係しているかもしれないということに興味を持ちました。

なぜなら，今まで鬼の見た目や由来は，作者がなんとなく考えだしたものだと思っており，干支と結びつくということにおどろいたからです。そこで，他に干支と関係していそうなものがないか自分で考えたとき，鬼のモジャモジャ頭がヒツジと似ているように思いました。

そのため，この文章を読んで，図にのっている「裏鬼門」とは何なのか，そして「裏鬼門」の方角を示すヒツジは鬼と何かつながりがあるのかについて，さらに知りたくなりました。

問題2 (1) ア

(2) イ，ウ，エ

(3) ア

(4) 355800(円)

(5) ウ

(6) エ

(7) エ

○配点○

問題1 (1)・(6)－1　各5点×5　　(2)・(3)・(4)・(5)　各6点×5　　(6)－2　10点

(7) 75点
問題2 (1)・(3)・(4)・(5)・(6)・(7) 各8点×6 (2) 12点 計200点

＜適性検査Ⅰ解説＞

基本 問題1 **（国語：長文読解，作文）**

(1) それぞれの文章がどんな読者にあてた文章であるかを考える。あの文章では，1段落目《だんらくめ》に「この中学校の受検生も」という言葉を用いて問いかけている部分があることから，「受検生」に向けて書かれているとわかる。続いていの文章では，最後の段落に「小学五年生の今だからこそ」と書かれていることから，「小学五年生」に向けて書かれたものであると読み取ることができる。最後にうの文章だが，最初の段落の中で「子育て中の保護者のみなさん，鬼《おに》の正体を一緒に勉強しようではないか」とある。文章の中で一緒に勉強しようと問いかける対象，つまりこの文章を読んでほしいと筆者が考えている読者は「子育て中の保護者」であるとわかる。

(2) あの文章では，豆まきの意味についても，豆という言葉に関する語呂《ごろ》合わせについても書かれている。だが，本文の中心になっているのは，3段落目の頭にある「なぜ大豆をまくのか」であり，その理由の説明がされる過程で語呂合わせの話が登場していることから，文章の主題は「豆まきの意味」であるとわかる。いの文章を読むと，節分に関する説明はほとんどなく，大豆の輸入や消費量，消費方法などについてくわしく書かれている。よって，いの内容は「大豆の消費」だといえる。最後にうの文章では，文章の導入《どうにゅう》や途中《とちゅう》の展開《てんかい》で桃太郎《ももたろう》の話は登場しているが，桃太郎の物語と鬼《おに》の関わりについて詳しく話しているのではなく，桃太郎にも登場しているあの鬼は，なぜあのような姿なのか，という説明として用いられているだけである。また，最初の段落で「鬼の正体を一緒に勉強しようではないか」ともあるため，本文の主題は「鬼の正体」を知ることであるといえる。よって，あが「豆まきの意味」，いが「大豆の消費」，うが「鬼の正体」の組み合わせになっているものを選べばよい。

(3) 「語呂合わせ」という言葉の意味を正しく理解しているかが問われる問題である。語呂合わせとは，ある言葉に同じ音の他の意味の言葉をかけあわせて複数の意味を持たせることで，えんぎをかついだり言葉遊びをしたりする際に用いられるものである。これをふまえて1から4の選たくしを見ると，2の「めでたい」と「タイ」や，3の「トンカツ」と「勝つ」はまさしく語呂合わせの例だといえる。1はだるまの説明をしているだけであり，4はブリがえんぎ物として喜ばれる理由を説明しているだけなので，1や4は不適である。

(4) いの内容理解の問題。本文と選たくしを照らしあわせながら，適切なものを選ぶ。1については，2段落目で日本の大豆の食料自給率について，「食品用に限ると自給率は二十五％」とあるため，国産で食用分をまかなうことができているとはいえず，不適である。また，3段落目をみると大豆の消費量について「中国，アメリカ，アルゼンチンと続き，日本は十位」とあるため，2の選たくしも不適である。また，日本の大豆消費量が多いということはのべられているが，「日本の大豆生産量全体の八割」を食品用で消費しているという説明はどこにもないため，4も不適である。残った3をみると，「日本の一人一日あたりの大豆消費カロリーは平均九十六キロカロリー」であるという説明は本文の4段落目と一致《いっち》し，この値《あたい》が世界で最も高いという記述も正しい。よって，正答は3である。

(5) 文章あやうの内容から，人間はえんぎの悪いものやおそれているものを「鬼」という形にまとめ，それを追いはらうために節分の豆まきをしている，ということがわかる。この「えんぎの悪いものやおそれているもの」について，十九文字で述べている部分を，あとうの文章の中から探せばよい。すると，あは２段落目にある「季節が変わる時に起こる数多くの悪いこと」，うでは４段落目の「人間の力で簡単に対処《たいしょ》できない自然の恐怖《きょうふ》」が，「鬼」にあたるものとして書かれているとわかる。「人間が作りだした想像上のもの」，つまり実際は目に見える形では存《そん》在《ざい》しないもののことを指し示している，と頭の中で読みかえることができるかどうかが解答のポイントである。

(6)－１　たろうさんの作文の内容をよく理解したうえで，適切な言葉をＡ・Ｂの空らんにいれる。「鬼は外，福は内」という基本的なかけ声とは異《こと》なるかけ声について書かれており，１つ目の川崎大師では「中に鬼はいない」と考えられていることがわかる。中にいないということは，追い出す必要がないということになるため，かけ声のうち後半部分の「福は内」だけを言って幸運を呼《よ》び寄せていると考えることができる。続く吉野町《よしのちょう》のお寺では，鬼を受け入れて改めさせるという行動と，「鬼も」，つまり福とともに中に呼び寄せるという言葉の意味合いから「鬼も内」とかけ声をかけているということが予想できる。よって，空らんＡ・Ｂにはそれぞれ，「福は内」，「内」があてはまる。

(6)－２　「当たり前」，「よさ」という言葉を使うことを忘《わす》れないように注意する。たろうさんの作文では，様々なかけ声や，それぞれの意味について説明がされ，最後の段落ではそれらについて「異なるからこそのよさ」もあると語られている。よって，世の中で当たり前だとされている「鬼は外，福は内」以外にも，豆まきには様々なかけ声があり，そのどれもが異なるよさを持っているということについて，指定の字数以内でわかりやすくまとめられればよい。

(7)　あからうの中から自分が選んだ１つの文章について，［注意事項《じこう》］に気をつけながら作文を書く。内容は問題文に指定があるとおり，「初めて知ったことや特に強く興味をもったこと」とその理由，さらに知りたくなったことについてふれる必要がある。欠けている内容がないように，書き終わった後に見直しをすることを意識するとよい。あの文章を選んだ場合は，豆まきに込《こ》められていた意味や「まめ」の語呂合わせがその由来となっていることなどにふれて書けるとよい。いの文章を選んだ場合は，大豆の生産量・消費量・食料自給率などについて知ったことや気づいたことにふれながら，大豆を食べる量やその食べ方に独自の文化がある日本の食文化についてほりさげて書けるとよい。うの文章を選んだ場合は，鬼という存在の正体や由来，それが干支《えと》と関連していたという事実などにふれながら，気づいたことや知りたいことについて自分の考えを書けるとよい。

重要　問題2　（社会：グラフ，資料読み取り，財政）

(1)　グラフの読み取り問題である。まず歳入《さいにゅう》のグラフを見比べ，自主財源《ざいげん》の金額を比べる。項《こう》目《もく》ごとの金額は総額に割合《わりあい》(%)をかければよいので，川崎市の自主財源は，8208×0.624＝約5122(億円)である。続く神戸《こうべ》市は，9322×0.417＝約3887(億円)，福岡《ふくおか》市は，10545×0.38＝約4007(億円)である。よって，川崎《かわさき》市の自主財源金額が最も高いとわかる。続いて歳《さい》出《しゅつ》のグラフを見比べ，義務的経費についても同様に計算をする。川崎市は，8208×0.541＝約4441(億円)，神戸市は，9235×0.547＝約5052(億円)，福岡市は，10545×0.459＝約4840(億円)である。したがって，川崎市の義務的経費の金額が最も低いとわかる。

(2)　グラフの読み取り問題である。正しいものを「すべて」選ぶという点に注意する。アは，東《ひがし》高根《たかね》森林公園と夢見《ゆめみ》ケ崎《がさき》動物公園の観光客数がわずかではあるが増加しているため，不適である。オは夢見ケ崎動物公園のグラフを見ると，令和元年から令和２年にかけてわずかに増加しているため，これは不適である。イとウについては，グラフを見ると明らかに正しいとわかるため，どちらも正答である。エは，東高根森林公園の観光客数が368898人から436320人へと増加しているため，これも正しい。よって，正しいのは，イ・ウ・エの３つである。

(3) 市の歳入を増やす方法として直接つながりが「ない」ものを選ぶ。イの企業《きぎょう》の招待やウの補《ほ》助金《じょきん》はそのまま直接歳入へとつながる。また，市内の労働者が増えることで，彼らからの税収《ぜいしゅう》が増えるため，市の歳入も増加すると考えられる。アのゴミのさく減は，ゴミ処理代《しょりだい》の節約という形で「歳出を減らす」可能性はあるが，歳入を増やすことにはつながらないため不適である。よって，正答はアである。

(4) 〔**資料３**〕と〔**資料４**〕を見比べながら，項目を照らしあわせて情報を整理する。〔**資料３**〕のグラフを見ると，今回の問題で問われている「義務的経費」の内訳《うちわけ》は「扶助費《ふじょひ》・人件費・公債費《こうさいひ》」であるとわかる。これを踏《ふ》まえて〔**資料４**〕を見ると，扶助費は医療費《いりょうひ》などに，人件費は食費に，公債費はローンの返済《へんさい》にあたるとされているため，それら３項目の額を合計すればよい。計算すると，121800（食費）＋56700（ローンの返済）＋177300（医療費など）＝355800（円）となる。

(5) 〔**資料５**〕を見ると，ごみ処理の項目に，年間131億円がかかり，世帯数は754576世帯であると書かれている。１世帯あたりの負担額《ふたんがく》を計算するためには，合計額を世帯数でわればよいので，13100000000÷754576＝約17361（円）となる。よって，この金額に最も近い選たくしであるウの17300円を選べばよい。

(6) グラフの読み取り問題。アについては，増額されている項目の数は７項目であり，12項目のうち４分の３（９項目）未満なので，これは不適である。イについては，１万円以下の項目数は令和２年度には３項目（「港湾《こうわん》の整備に」，「共生と参加のまちづくりに」，「交通・水道の経営安定に」）だったものが，令和４年度には２項目（「共生と参加のまちづくりに」，「交通・水道の経営安定に」）に減少しているので不適。「１万円以下」は１万円をふくむという点に注意が必要である。ウについては，最も多く増額されている項目は「保健・医療・福祉《ふくし》の充実《じゅうじつ》に」の２万4000円増なので，これも不適である。エについては，「保健・医療・福祉の充実に」と「子育て支援《しえん》」の合計額を算出し，それを全体の予算と比べて割合《わりあい》を出し，令和２年度と４年度で比べる必要がある。令和２年度は，12万5000円＋８万3000円＝20万8000円で，この額が全体にしめる割合は，20.8÷51.7＝0.402…より約40％である。令和４年度は，14万9000円＋９万1000円＝24万円で，この額が全体にしめる割合は24÷57.1＝0.420…より約42％である。よって，エが正答である。

(7) 「あてはまらないもの」を選ぶ点に注意する。アについては，令和２年度のグラフを見ると，児童福祉費《じどうふくしひ》，生活保護費が扶助費全体にしめる割合はそれぞれ48.0％，27.1％なので，48.0＋27.1＝75.1（％）となり，これは４分の３以上なので，正しい。イについては，グラフを見てわかるとおり，児童福祉費の額は毎年着実に増加している。よって，正しい。ウについては，平成25年度の1455億円の1.5倍，つまり，1455×1.5＝2182.5（億円）よりも，令和４年の2268億円のほうが高いため，1.5倍以上に増加しているということができ，正しい。エについては，平成25年から令和４年までの「すべての年度で２分の１以下」という部分に対し，令和３・４年の児童福祉費の金額は，全体の２分の１以上をしめているため，不適である。よって，正答はエとなる。

★ワンポイントアドバイス★

資料や図表を正確に読み取り，必要な情報だけを適切に取り出す力が試されている。普段《ふだん》から過去問題をはじめ，資料の多い問題に取り組み，慣れておくとよい。また，長文の問題や作文の問題にもくりかえし取り組み，あせらず問題が解けるようにしておく必要がある。

＜適性検査Ⅱ解答例＞

問題1 (1) エ(→)オ(→)ア(→)イ(→)ウ

(2) ア，ウ

(3) ウ

(4) エ

(5) イ

(6) エ

(7) （う） 便利な交通手段になる

（え） 収入が増加する

問題2 (1) 40×(18＋23)

(2) 各クラス，30人より何人多いか調べて，その枚数だけ，103枚の束や120枚の束から取り，30枚の束に増やしていけばよい

(3) ア

(4) 人数が一番少ないクラス

(5) (30＋3)×23

(6) （か） 32×18

（き） 2

（く） 18

(7) ウ

(8) （こ） 2

（さ） 5

（し） 1.4

(9) 1.412

問題3 (1) （あ） 1300

(2) ① オ

(3) （い） あたま，むね，はら

（う） むね

（え） 6

(4) （お） 4.8

(5) （か） 日光

（き） 熱

(6) ② エ，コ

(7) （く） 「食べる」「食べられる」という関係がある

○配点○

問題1　(1)　15点　(2)・(3)・(4)・(5)・(6)　各6点×5　(7)　完答15点

問題2　(1)・(4)　各4点×2　(2)　7点　(3)・(7)　各6点×2　(5)・(6)・(8)・(9)　各8点×6

問題3　(1)・(2)・(6)　各5点×3　(3)・(7)　各10点×2　(4)・(5)　各15点×2　計200点

＜適性検査Ⅱ解説＞

基本　問題1　(社会：川崎市の高齢化《こうれいか》への取り組み・資料読み取り)

(1) 〔資料1〕を見ながら，アからオの情報がグラフのどの年代にあてはまるかを考える。アは総人口が最も多くなっている年，つまり総人口が160.5万人になっているR12年・R17年があてはまる。イは，15歳《さい》から64歳，つまりグラフの白い部分の人口が初めて100万人を下回り，96.6万人になったR22年があてはまる。ウは，15歳から64歳の割合《わりあい》が60パーセントを下回った年を探《さが》せばよいので，15歳から64歳の人口が，総人口に0.6をかけて求めた値《あたい》よりも少ない年を計算して求める。順に計算をすると，R27年の93万人という値が157.3×0.6＝94.38(万人)よりも少なくなり，この年が条件にあてはまる初めての年であるとわかる。エは，65歳以上，つまりグラフの黒の部分の人口が，総人口に0.2をかけて求めた値よりも多くなった年を計算して求める。すると，R2年の31.2万人という値が，153.8×0.2＝30.76(万人)という値よりも大きくなるため，R2年が条件にあてはまる初めての年だとわかる。オは，0歳から64歳，つまりグラフの白と縦線模様《たてせんもよう》の部分の合計が一番多い年があてはまる。R7年の106.0＋18.5＝124.5(万人)が最も多いため，あてはまる。これらアからオの情報を整理して，あてはまる年の順番に並べると，エ→オ→ア→イ→ウの順番になる。

(2) 「すべて」選ぶという点に注意する。アは，けいこ先生の言葉の中で，川崎《かわさき》市について，いこいの家と同じ敷地内《しきちない》にこども文化センターがあることが話されているため，正しい。イは，〔資料2〕を見ると，「いこいの家」を利用している高齢者は6.6％で，5割をこえてはいないため，不適である。ウは，けいこ先生やたろうさんの言葉の中で，川崎市内のいこいの家でイベントが開かれており，高齢者もそれに参加することができると説明されているので，正しい。エは，けいこ先生の話の中で，「無料で利用できる施設《しせつ》がある」と説明されているので，不適である。よって，正しいのはアとウの2つである。

(3) 「あてはまらないもの」を選ぶ点に注意する。(あ)をふくむたろうさんの発言を見ると，高齢者だけでなくすべての人がいこいの家を使えるようにすることで，どのような効果がもたらされるかについて話していることがわかる。それを踏《ふ》まえて選たくしを見ると，ウ「高齢者の方のみが日本舞踊《ぶよう》を楽しむことができる」という内容は，すべての人がいこいの家を利用できるという点とズレがあり，ふさわしくない内容だといえる。

(4) 〔資料3〕と会話文の内容を踏まえると，「健康アドバイス」は「健康づくりの情報」，「ねんりんピックかながわ」は「スポーツ，レクリエーションの情報」，「川崎プロボノ部」は「ボランティアなどの活動情報」，「近くの中学校の行事」は「学校，町内会など身近な地域《ちいき》の取組の情報」に関係する記事内容であることがわかる。選たくしに示されている4つの年代において，これらの4つの情報への関心度合いがどのような順番で高くなっているのかを，〔資料3〕の表を見ながら考える。すると，65～79歳まではどの年代も，中学校の情報よりもプロボノ部の情報に関心を持っていることがわかり，80歳以上の年代ではその順序が入れ替《か》わっていることがわかる。よって，選たくしの年代のうち，雑誌の記事と同じ順番で関心がある年代は，80～84歳の年代のみであるとわかる。

⑸　選たくしに挙げられている４つの項目《こうもく》のうち，最も割合が変化していない項目を探す。空らん直後の会話文にある「65歳から89歳までの年代を見てみて1.2％しか差がありません」という文に注目し，その特徴《とくちょう》があてはまる項目を探す。「仲間づくりの情報」は，最大値と最小値の間に10.7−8.0＝2.7(％)の差があり，「健康づくりの情報」は，35.2−28.0＝7.2(％)の差がある。「地域活動している人の情報」は，9.0−6.2＝2.8(％)の差があり，「学校，町内会など身近な地域の取組の情報」は，6.6−5.4＝1.2(％)の差であるため，イの選たくしが解答としてふさわしいとわかる。

⑹　〔**資料４**〕のポスターに書いてある利用方法として正しいものを選ぶ。アについては，電話の事前予約を受け付けているのは平日の８時から16時であり，土日は受け付けていないので不適である。イは，電話もしくはスマートフォンのアプリから予約をすることが可能であると書いてあるため，不適である。ウは，ポスター下方に「往復同時予約可」と書いてあるので，不適である。エは，ポスター下方に，「ご利用の直前～２週間先の予定まで予約可能です」とあるため，これが正しいとわかる。

⑺　会話文の中にあるけいこ先生の言葉と，〔**資料５**〕の表に注目する。高齢者が買い物や病院に行くときの移動手段《しゅだん》が必要であるという問題について書かれていることから，(う)の空らんには，乗合いがあることで，高齢者にとって便利な移動手段が増える，ということについて書けばよいと考えられる。また，企業《きぎょう》側の視点に立って考えるためには，〔**資料５**〕の表を参考にするとよい。この表では，毎年輸送人員も輸送収入《しゅうにゅう》も減少している。つまり利用客が減ることで企業の収入が減っていることが示されている。それを踏まえると，新しい乗合いの取り組みで，高齢者をはじめとする利用者の増加が考えられ，収益も増加すればそれが企業側にとってのよい点になるとわかる。よって，(え)には企業側の収益の増加について書けるとよい。

やや難　**問題2**　**（算数：分配のきまり，図形，比）**

⑴　分配のきまりを使うと，A×B＋A×C＝A×(B＋C)という形に式を変形することができる。これを用いると，40という同じ数字にそれぞれかけている18と23をたして，40×(18＋23)という形の式に変形することができる。

⑵　(い)の直前にはなこさんが説明している式が，どのような意味の式なのかを考える。30×18や30×23の18と23はクラスの数であるため，30というのは各クラスに対する枚数《まいすう》だとわかる。つまり，各クラスに対して30枚ずつは絶対に配分することが決まっており，それで足りない分の合計が，全校児童との差分である103や120という値である。

　クラスによって33人のクラスや40人のクラスなど人数がさまざまであるため，最低限各クラスにいる「30人」の分のチラシは各クラスにそのまま配る。それ以上にいる人数の分(例：33人クラスなら３枚，35人クラスなら５枚)のプリントは，各クラスの先生が，学校にまとめて送られている103枚または120枚の束から必要な枚数ずつとっていけば，配りすぎることなく，必要な枚数を必要なだけクラスに用意することができるという方法である。解答を書くときには，この内容が伝わるように言葉をまとめながら書けるとよい。

⑶　空らん以前の会話文や表の情報を整理して考える。35枚の束をクラス数分，それに加えて不足分のチラシを分けて配る場合に起こることとして適切なものを選べばよい。イ～エの選たくしの内容は，余る枚数に関しての内容がすべて不適である。アをみると，さいわい小学校の１年生は２組と３組が34人クラスであるため，35枚ずつ配ると２枚の余りが出てしまい，これが選たくしの内容と合っている。

⑷　会話文の内容を踏まえて空らん(え)に入れる言葉を考える。「(え)を基準にしてそこから増や

す」という内容や，「２，３年生の場合だと(え)は33人で」という内容から，空らん(え)に入るのは，「その学年で最も人数が少ないクラス」という意味合いの言葉であるとわかる。

(5)　元々の「33×23」という式が，(お)の式を経てその後に「30×23＋3×23」と変形されている。つまり式のかけられる数である33を30と３に分けて考えているので，(お)の過程では(30＋3)×23のように，１つの数を２つに分けたことがわかるように式が立てられればよい。

(6)　はなこさんの考えた方法で式を考えると，(か)には，(最も人数が少ないクラスの人数)×(その学校のクラス数)の式が入る。つまり，さいわい小学校の場合は，最も少ない４年１組の32人×全クラス数の18クラスで，32×18という式が立つ。また，32×18＝30×18＋2×18なので，103－2×18＝67(枚)という数字を計算で出すことができる。よって，(き)と(く)にはそれぞれ２と18が入る。

(7)　本文をよく読むと，２つの長方形を比べると書かれており，その２つとは，縦《たて》３cm，横５cmの長方形と，それを２つ組み合わせたもの(**【図１】**)のことである。縦：横の比について話しているので，５：３と６：５がその比であり，選たくしのなかではウがその比にあてはまるとわかる。イも使っている値は同じだが，**【図１】**の比の縦：横が逆になってしまっているため不適である。どの値どうしを比べているのかを意識し，比の順序にも気をつけて考えるとよい。

(8)　(こ)と(さ)をふくむ式は，「a：５＝10：a」の式のそれぞれの値を５でわったものになっているので，「$\frac{a}{5}$：1＝2：$\frac{a}{5}$」となる。つまり(こ)には２が，(さ)には５が入る。また，比の値は「a：b」の場合$a÷b$で求められるので，７：５の比の値は7÷5＝1.4となる。よって，(し)には1.4が入る。

(9)　18.2と25.7の比の値を計算すればいいので，25.7÷18.2＝1.4120…となる。よって，四捨《ししゃ》五入《ごにゅう》して上から４けたのがい数で表すとあるので，1.412となる。

重要　**問題3**　**(社会・理科・算数：環境問題，実験，植物とこん虫，けんび鏡の使い方，食物連さ，面積の計算，植木算)**

(1)　最初の想定は8000m^2の土地に対して60％の自然や緑があるといわれているため，8000×0.6＝4800(m^2)が自然や緑のための土地になると考えられる。再整備後の話では，屋上に3500m^2の緑地を整備するといわれているので，もとの4800m^2を維持《いじ》するためには4800－3500＝1300(m^2)の自然の土地を地上に整備する必要がある。

(2)　トンボは，下線部にもあるように，成長する際にさなぎの過程をもたない，不完全変態と呼《よ》ばれるこん虫である。さなぎの過程を持つものは完全変態と呼ばれ，選たくしにふくまれる虫だとアリやハチの仲間が完全変態である。そのため，アリ・ハチをふくまない選たくしを選ぶと，オがあてはまるといえる。

(3)　こん虫のからだのつくりは「あたま・むね・はら」の３つの部分からなり，足はむねの部分から６本生えている。空らん(い)(う)(え)に合うように必要な言葉や数字をあてはめればよい。

(4)　１か所に２粒《つぶ》ずつ200粒，つまり全部で200÷2＝100(か所)に植える。**〔資料３〕**のように，縦と横の植えるところの数が均等になるように植えることを考えると，10×10＝100より，縦にも横にも10か所ずつ植えていけばよいとわかる。花だんの端《はし》から20cm空け，そこから10か所に，それぞれ20cmの間隔《かんかく》を空けながら植えていき，逆の端も20cm空けることを考えると，20×11＝220cm＝2.2(m)の長さが縦横ともに必要である。つまり面積にすると，2.2×2.2＝4.84(m^2)，四捨五入して上から２けたのがい数で表すと4.8m^2の土地が必要であることがわかる。

(5)　はなこさんは，光が植物の生育に必要であるかどうかを調べるためには，調べたい条件(＝

光)以外を変えないようにする，つまり光の条件のみを変えるようにすればよいと考えている。よって，(か)に入る条件には日の光や日光，太陽光といった意味合いの言葉が入ると考えられる。しかしながら，日光を当てると自然にその部分の温度は上がり，日光が当たらない日かげで育てるとその部分の温度は下がってしまう。そのため，たろうさんは，光以外に変化が生まれてしまう条件として「熱」の部分の心配をしていると考えられる。つまり(き)には熱という言葉が入る。

(6) 下線部では，見たいものを中央に寄せたいということと，拡大《かくだい》したいということが書かれている。けんび鏡で見える像は，上下左右が反対に見えているので，実際に動かしたい方向とは反対にプレパラートを動かす必要がある。そのため，像をクの方向に動かしたいときには，プレパラートはエの方向に動かすのが正しい。また，大きさを拡大したいときにはレボルバーを回して対物レンズの倍率を調節すればよい。ケやサは明るさを，シはピントを合わせるための動きであるためどれも不適である。

(7) 空らん(く)の前にある，たろうさんの「食べられてしまうかもしれませんが，しかたないことです。カワセミが魚を食べることに限らず，生物どうしは」という発言に注目する。カワセミが魚を食べることのように，生き物どうしの間には，他の生き物を食べたり，他の生き物に食べられたりといった関係性がある。これを食物連鎖《れんさ》という。空らん(く)の部分では，この「食べる・食べられる」の関係が生き物全ぱんにあてはまるということについて答えるとよい。

★ワンポイントアドバイス★

社会・算数・理科と幅《はば》広い科目の中から問題が出されている。また，自分の学んだ範囲《はんい》だけから出題されるのではなく，その知識から応用的に考えて答えを導くような問題もふくまれている。普段《ふだん》から学びと身の回りの物事を関連づけて考えるなど，さまざまなことに興味を持ち、学習のヒントを得られるとよい。

MEMO

大切なことはメモしておこうネ！

2022年度

★★★★★★★★★★★★★★★★★★★★★★★★

入　試　問　題

2022年度

川崎市立川崎高等学校附属中学校入試問題

【適性検査Ⅰ】 (25ページから始まります。)

【適性検査Ⅱ】 (45分)　＜満点：200点＞

問題１ たろうさんとはなこさんがけいこ先生と教室で話をしています。次の会話文を読んで，あとの(1)～(6)の各問いに答えましょう。

たろうさん：この間テレビで，ある国の生活について見たのですが，ぼくの生活と全くちがっていて，おどろくことばかりでした。

はなこさん：それはどのような国だったのですか。

たろうさん：砂漠《さばく》の中にある国で，建物がレンガでできていて，窓が小さく作られていました。女性も男性も，すそが長くてゆったりとした服を着ていました。〔**資料１**〕

〔資料１〕

(Photo ACウェブサイトより引用)

〔資料２〕中東の平均月例温度と雨の日数

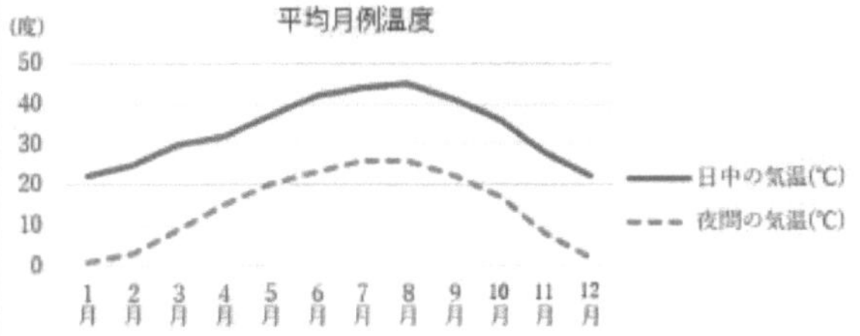

雨の日数

月	1月	2月	3月	4月	5月	6月	7月	8月	9月	10月	11月	12月
日数	0	0	0	0	0	0	0	0	0	0	2	1

(hikersbayウェブサイト資料より作成)

はなこさん：なぜ，すそが長い服装なのでしょう。砂漠だと暑いから，もう少しすずしい服のほうがよさそうなのに。

たろうさん：〔**資料２**〕から①いくつかの理由が考えられます。

けいこ先生：服装はその場所の環境《かんきょう》に合わせたものになっているのが分かりますね。

はなこさん：では，建物がレンガで作られていることにも理由があるのでしょうか。

けいこ先生：砂漠では木の材料が少ないので，土や砂で作れるレンガを使うことが多いのです。

たろうさん：地域の環境によって建物や服装などの文化が異なることがわかりました。やはりその地域の自然環境が一番影響《えいきょう》するのでしょうか。

けいこ先生：そうですね。他にも地域の環境によって異なる文化はありますか。

はなこさん：地域の自然環境によって食文化は異なると思います。
具体的な例として，［　(あ)　］ことが挙げられます。

たろうさん：なるほど。いろいろな文化についてもっと知りたいです。

はなこさん：さっそく，「文化」について，図書室やインターネットで調べてみましょう。

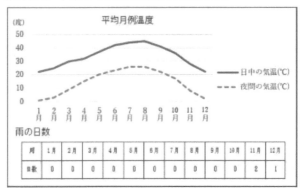

(1) 下線部①について，あてはまらない理由を，次のア～エの中から１つ選び，記号で答えましょう。

ア　日差しから身を守るため　　　　　イ　乾燥《かんそう》から肌を守るため

ウ　昼と夜の気温差に対応するため　　エ　雨から身を守るため

(2) (あ) にあてはまる言葉を書きましょう。

たろうさん：建物について調べていたら，アジアには，このような家が多い地域があることが分かりました。〔**資料３**〕

はなこさん：なぜ地面よりもずいぶん高いところに部屋があるのでしょうか。

たろうさん：その理由はいろいろあるようだけれど，大きな理由はこの表〔**資料４**〕からも分かるように，アジアで起こる回数の多い自然災害である (い) に対応するためだそうです。

〔資料３〕

（Photo AC ウェブサイトより引用）

〔資料４〕災害別にみた災害と被害傾向《ひがいけいこう》(2006 年)

災害の種類	地域	災害数	被災者数	被害額（1,000米ドル）
干《かん》ばつ	アフリカ	6	10,807,000	
	アメリカ	1		
	アジア	2	19,900,000	817,000
	ヨーロッパ	1		225,573
	オセアニア	1		
合計		11	30,707,000	1,042,573
地震《じしん》	アフリカ	2	1,795	
	アメリカ	2	12,519	73,000
	アジア	17	3,788,935	3,171,453
	ヨーロッパ	2	12,567	55,000
合計		23	3,815,816	3,299,453
洪水《こうずい》	アフリカ	58	2,192,127	157,761
	アメリカ	37	818,247	1,938,300
	アジア	98	29,046,546	1,118,832
	ヨーロッパ	27	89,145	161,925
	オセアニア	6	15,224	3,500
合計		226	32,161,289	3,380,318

（アジア防災センター資料より作成）

(3) (い) にあてはまる言葉を書きましょう。

はなこさん：調べてみると，世界の人たちは環境に合わせていろいろと工夫して生活してきて今がある，ということが分かりますね。

たろうさん：このように考えたことはなかったから，新しい発見でした。世界のいろいろなところに目を向けなければいけないと感じました。

けいこ先生：そうですね。

実は，JICA（国際協力機構《きこう》）のウェブサイトには，このようなデータがあります。日本の人たちへの「次の国・地域・人についてどのように感じますか。」という質問に対する回答です。〔**資料５**〕

〔資料５〕

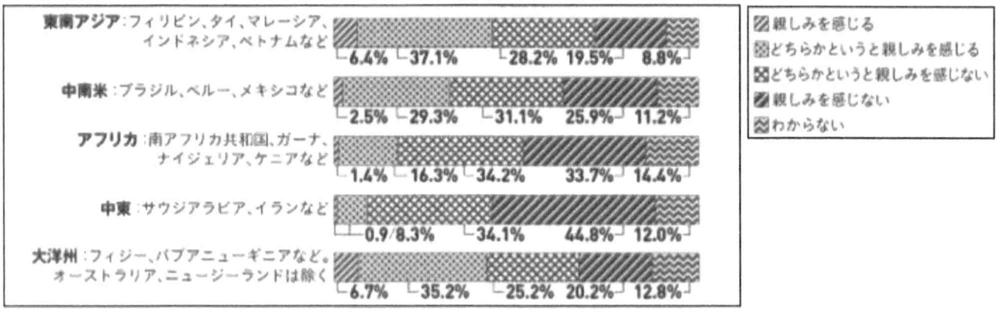

（JICA「日本・途《と》上《じょう》国《くに》相《そう》互《ご》依《い》存《そん》度調査」で実施したWeb調査に基づきJICA調査団作成より引用）

はなこさん：この資料を見ると，［　(う)　］の国々に対して，「親しみを感じる」「どちらかというと親しみを感じる」と答えた人の割合が一番多いですね。なぜでしょうか。

けいこ先生：新しい問いが生まれましたね。なぜ，親しみを感じているのか，それも考える必要がありそうですね。

たろうさん：では，どうして親しみを感じるのか考えていきたいですね。

(4)　［(う)］にあてはまる地域を，次のア～オの中から１つ選び，記号で答えましょう。

ア　東南アジア　　イ　中南米　　ウ　アフリカ　　エ　中東　　オ　大洋州

たろうさん：いろいろな国の文化を知りたくて調べていますが，調べるほど知りたいことが増えてきますね。できれば，実際にいろいろな国の人と交流してみたいです。

けいこ先生：川崎市には，川崎市国際交流センターという場所があります。そこでは，様々な文化をもつ人たちとの交流や協力をすすめています。交流するイベントもあるので行ってみるといいかもしれませんね。

はなこさん：ぜひ行ってみましょう，たろうさん。

—　３人は川崎市国際交流センターへの行き方について考えています　—

たろうさん：学校から川崎市国際交流センターへの一番よい行き方を考えましょう。どのような行き方があるでしょうか。

はなこさん：まず電車とバスという行き方がありますね。別の方法だと，電車で行って最《も》寄《よ》りの駅から徒歩という行き方もありますね。

けいこ先生：お金がかかってよければタクシーでも行けますよ。

たろうさん：結構疲れるかもしれないけど，自転車でも行けそうですね。

はなこさん：今の話を表にすると次のページの〔**資料６**〕になりますね。

けいこ先生：はなこさんはどのような行き方がよいですか。

はなこさん：①私は，いくら時間がかかっても，いくら疲れてもよいので，できるだけ安く行きたいです。たろうさんはどうですか。

〔資料６〕川崎市国際交流センターへの行き方とかかる時間・料金・労力

行き方	時間	料金（子ども・片道）	労力（体力）
電車とバス	30 分	240 円	ほとんど必要なし
電車と徒歩	45 分	150 円	少し必要
タクシー	25 分	3800 円	ほとんど必要なし
自転車	65 分	0 円	かなり必要

たろうさん：②私は，300円以下ならお金がかかってもよいので，できるだけ疲れない方法で行きたいです。

けいこ先生：意見が分かれましたね。どうしましょうか。

はなこさん：はじめはいくら疲れてもよいと思いましたが，国際交流センターに行ってからもたくさん活動するので，別の行き方の方がよいと思いました。

たろうさん：それでは，電車と徒歩で行きましょう。

はなこさん：そうしましょう。国際交流センターへ行くのが楽しみになりました。

⑸　下線部①と下線部②について，はなこさんとたろうさんの考えの組み合わせとしてあてはまるものを，次のア～カの中から１つ選び，記号で答えましょう。

ア　はなこさんは「タクシー」　　たろうさんは「自転車」
イ　はなこさんは「電車とバス」　たろうさんは「電車と徒歩」
ウ　はなこさんは「自転車」　　たろうさんは「電車と徒歩」
エ　はなこさんは「電車と徒歩」　たろうさんは「タクシー」
オ　はなこさんは「自転車」　　たろうさんは「電車とバス」
カ　はなこさんは「電車と徒歩」　たろうさんは「電車とバス」

⑹　川崎市国際交流センターへの行き方について考えた流れとしてあてはまるものを，次のア～オの中から１つ選び，記号で答えましょう。

ア　情報の収集　→　課題決め　→　整理　→　分析《ぶんせき》　→　まとめ
イ　課題決め　→　情報の収集　→　整理　→　分析　→　まとめ
ウ　情報の収集　→　課題決め　→　分析　→　整理　→　まとめ
エ　情報の収集　→　整理　→　分析　→　課題決め　→　まとめ
オ　課題決め　→　情報の収集　→　分析　→　整理　→　まとめ

問題２　たろうさん，はなこさん，じろうさんの三人が折り紙で遊んでいます。次の会話文を読んで，あとの⑴～⑹の各問いに答えましょう。　（【図１】～【図３】は次のページにあります。）

じろうさん：折り紙を何回か折ってから切るときれいな形になります。

たろうさん：どのように作るのか，教えてください。

じろうさん：【図１】のように折ってから，黒い部分を切ると【図２】のようになります。

たろうさん：おもしろそうだね。やってみよう。

はなこさん：見てください。私は【図３】のようになりました。どのように切ったか分かりますか。

じろうさん：それは折り方や折る回数によって異なります。まずどのように折ったか教えてください。
はなこさん：**【図４】**のように折りました。
じろうさん：常に直角二等辺三角形になるように折ったのですね。
はなこさん：そうです。４回折って，直角二等辺三角形を①このように切り取ると**【図３】**のようになりました。
たろうさん：きれいな形ですね。

【図１】

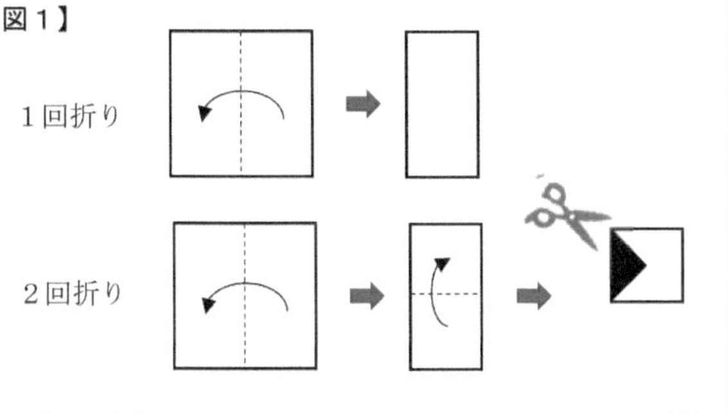

【図２】

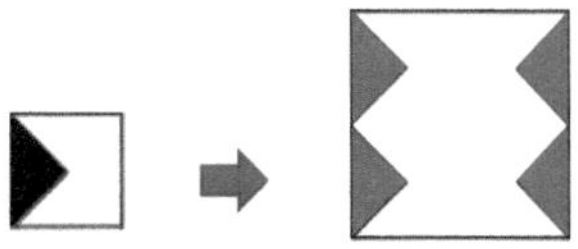

【図３】

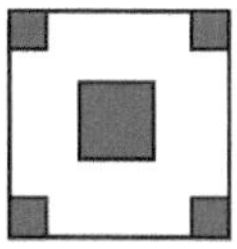

【図４】

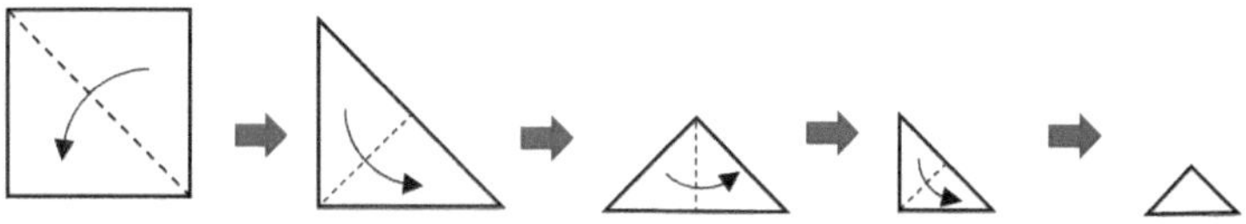

⑴　下線部①について，どのように切り取ったのでしょうか。
解答用紙の直角二等辺三角形に，切り取った部分を黒くぬりつぶしましょう。

たろうさん：私は**【図５】**のように折って，黒い部分を切り取ると②このような形になりました。
はなこさん：この形もきれいですね。

【図５】

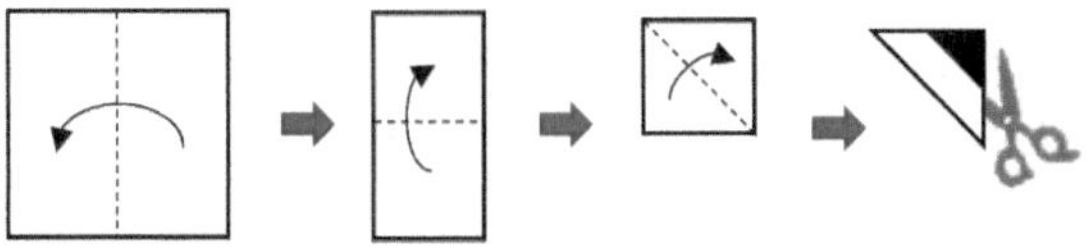

⑵　下線部②について，正しいものを，次のページのア～カから１つ選び，記号で答えましょう。

ア
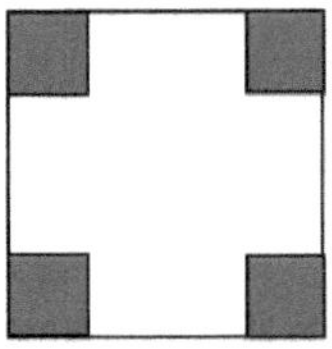

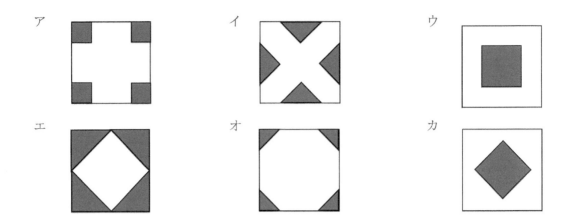

イ

ウ

エ
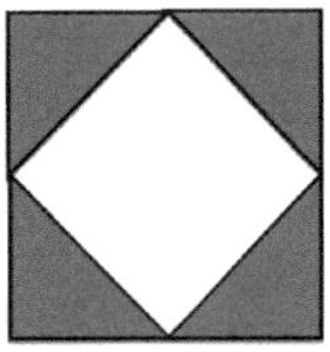

オ
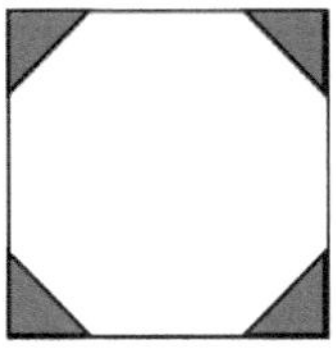

カ
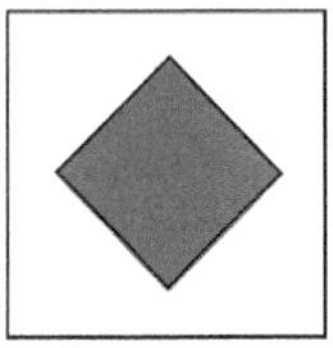

けいこ先生：すてきな図形を作っていますね。切り紙遊びをしているところ悪いのですが，お楽しみ会で**【図６】**のような輪飾《かざ》りを作りたいので，協力してくれませんか。

【図６】

じろうさん：いいですよ。

たろうさん：はい，わかりました。

はなこさん：どれくらいの長さの**【図６】**を作ればよいのですか。

けいこ先生：２ｍの長さの**【図６】**を10本作ってほしいです。

たろうさん：大変そうですね。

じろうさん：正方形の折り紙の一辺は15㎝あります。一枚の折り紙を**【図７】**のように４等分にして，それを切ってつなげよう。

【図７】
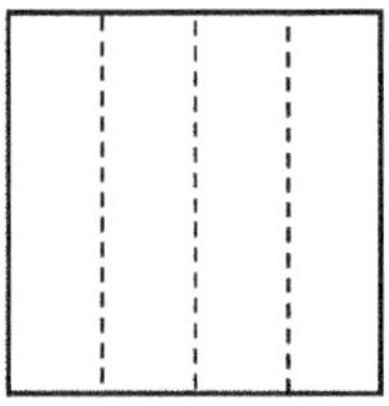

はなこさん：折り紙がむだにならないように，最低で何枚必要になるのかその枚数を計算しておきましょう。

たろうさん：そうだね。輪にするときののりしろはどれくらいの長さで考えますか。

はなこさん：のりしろは１㎝です。

じろうさん：私が計算してみますね。２ｍちょうどにはならないと思うので，２ｍを少しでもこえればよいものと考えて，それを10本つくるために必要な折り紙の枚数を，円周率は3.14として求めてみます。

－計算中－

じろうさん：私の計算だと，およその数ですが，折り紙は［㋐］枚必要になります。

はなこさん：じろうさん，計算してくれてありがとう。

たろうさん：じろうさんの計算では輪と輪が重なる部分を考えなかったけど，誤差はないのかな。

⑶　じろうさんはどのように計算して ㋐ の枚数を求めたか，計算として正しい式を，次のア～カから１つ選び，記号で答えましょう。

ア 15÷3.14＝4.77… 200÷4.77＝41.92… 42÷4＝10.5 11 枚	イ 15÷3.14＝4.77… (200÷4.77)×10＝419.28… 420 枚	ウ 15÷3.14＝4.77… 200÷4.77＝41.92… 42×10÷4＝105 105 枚
エ (15－1)÷3.14＝4.45… 200÷4.45＝44.94… 45÷4＝11.25 12 枚	オ (15－1)÷3.14＝4.45… (200÷4.45)×10＝449.43… 450 枚	カ (15－1)÷3.14＝4.45… 200÷4.45＝44.94… 45×10÷4＝112.5 113 枚

じろうさん：誤差はあると思うけど，どれくらいの誤差の長さになるのかは分からないな。
はなこさん：実際に輪飾りを作ってみて，長さを計測しましょう。
－計測中－
たろうさん：つなげた輪の数と輪飾り全体の長さを【図８】にまとめました。

【図８】

輪の数（個）	10	11	12	13
全体の長さ（cm）	33	36	39	42

じろうさん：30個の輪をつなげたときの全体の長さは93cmですか。
はなこさん：じろうさん，計測せずになぜわかったのですか。
じろうさん：【図８】の表をもとに全体の長さを求めました。
たろうさん：何かきまりがあるのですね。
はなこさん：わかりました。では，40個だと ㋑ cmですね。
じろうさん：そうです。
たろうさん：では，２ｍの長さの輪飾りを10本作るためには，折り紙が何枚必要か計算しましょう。
－計算中－
じろうさん：折り紙の枚数は， ㋒ 枚になりました。

はなこさん：輪と輪が重なる部分を考えると誤差はありましたね。
たろうさん：実際に計測して，求めることも大事ですね。

(4) (い)，(う) にあてはまる数を書きましょう。

たろうさん：じろうさんが計算してくれたおかげで，むだなく終わりましたね。
はなこさん：そうですね。
たろうさん：【図７】の図形は２回折ると折り目が３本できるから４等分されましたが，もし４回折ったら，折り目は15本できて16等分になります。
じろうさん：きれいに折ったらそうなるはずです。
たろうさん：もし８回折ると，折り目は何本できるのかな。
はなこさん：(え) 本です。
じろうさん：でも８回も折れないと思いますよ。
たろうさん：たしかにそうですね。

【図７】

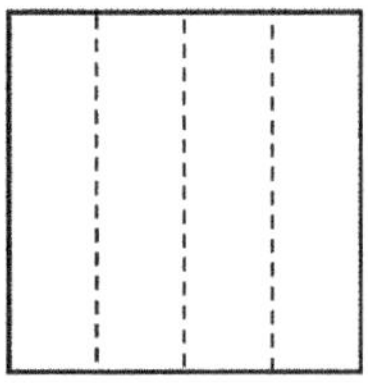

(5) (え) にあてはまる数を書きましょう。

ー数分後ー
たろうさん：はなこさん，見てください。正方形の折り紙を【図９】のように切ると正三角形を作ることができます。

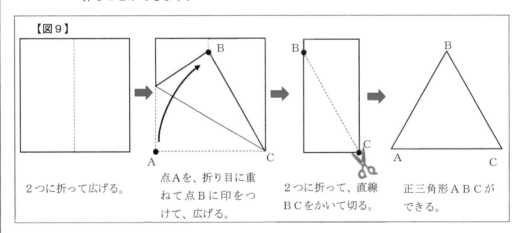

【図９】

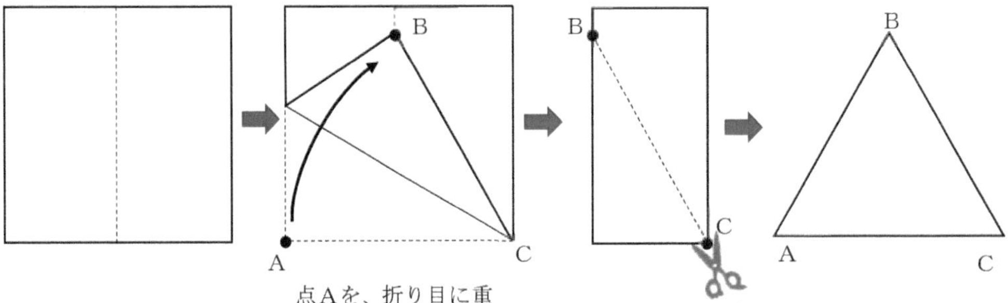

２つに折って広げる。
点Ａを、折り目に重ねて点Ｂに印をつけて、広げる。
２つに折って、直線ＢＣをかいて切る。
正三角形ＡＢＣができる。

はなこさん：そうですね。でもなぜこのように切ると正三角形になるのでしょうか。
じろうさん：点Ａを折り目に重ねて点Ｂの印をつけたので，辺ＡＣと辺ＢＣの長さは等しくなります。次に２つに折って切っているので，広げたときに辺ＢＣと辺ＡＢの長さは等しくなります。よって，辺ＡＣと辺ＢＣと辺ＡＢの長さは等しくなり，３辺の長さがすべて等しくなるから，三角形ＡＢＣは正三角形となります。
はなこさん：そういう理由で正三角形が作れるのですね。

たろうさん：他に正三角形を作る方法はないのかな。
はなこさん：正方形の折り紙を【図10】のように折って，③<u>あと１回折ると，折り紙の内部に正三角形ができます。</u>

【図10】

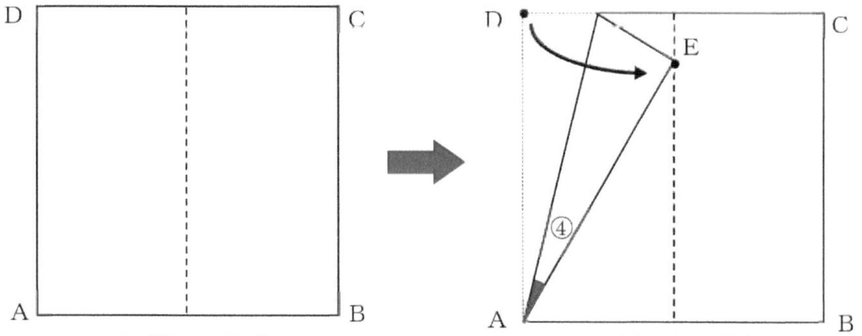

２つに折って広げる。

点Ｄを折り目に重ね、点Ｅの印をつける。

じろうさん：折り紙を切らずに，正三角形を作りましたね。
たろうさん：なぜ正三角形ができたのですか。
じろうさん：

(お)

よって，辺ＡＥと辺ＢＥと辺ＡＢの長さは等しくなり，３辺の長さがすべて等しくなるから三角形ＡＢＥは正三角形となります。
たろうさん：なるほど，それで３つの辺が等しくなるのですね。
ちなみに，点Ｄを折り目に重ねたとき，どのくらいの角度で折り返したのだろうか。
はなこさん：そう言われると，難しいですね。
じろうさん：角④の部分を［(か)］度，折り返せば正三角形はできますよ。

(6)　下線部③について，あと１回折ると，内部に正三角形ができることについて，解答用紙の図にあと１回折ったときの折り目の線を書きましょう。また，［(お)］にあてはまる理由を書き，［(か)］にあてはまる数を書きましょう。

問題３　たろうさんとはなこさんとひろし先生が教室で話をしています。次の会話文を読んで，あとの(1)～(7)の各問いに答えましょう。

たろうさん：今年も暑い日が続いていますが，昨日の夕方に降った大雨の後，涼《すず》しく感じて過ごしやすかったですね。
はなこさん：にわか雨でしたね。ところで，なぜ，雨が降ると涼しく感じるのですか。
たろうさん：厚い雲におおわれて，太陽の熱が届かないからではないですか。

ひろし先生：そうですね。それに加えて，打ち水と同じような仕組みがあるのですよ。
はなこさん：打ち水とはどのようなものですか。
ひろし先生：打ち水は地面に水をまいて，涼しさを得ることができるもので，江戸《えど》時代から日本人の知恵《ちえ》として行われてきました。川崎市では東京都などさまざまな都市と協力し，2021年にはこの写真〔**資料１**〕にあるように，打ち水大作戦というイベントを実施《じっし》していたのです。

〔**資料１**〕

（打ち水大作戦ウェブサイトより引用）

たろうさん：打ち水には夏の暑さを和《やわ》らげるはたらきがあるのですね。
はなこさん：打ち水をしてみて，本当に温度が下がるのか，また，まく場所によって変わるのかどうかを確かめてみたいです。
ひろし先生：では，理科の授業と同じように，まずは，変える条件と変えない条件を考えてみましょう。
はなこさん：変えない条件は，まく水の量と水温，温度を計測する時間帯，計測の高さと時間にします。変える条件は，打ち水をする場所にします。グラウンドの土と，校舎のまわりにあるアスファルト，芝生《しばふ》，砂利《じゃり》の上の温度を比べてみるのはどうでしょうか。私は，地面の種類によってどのように温度が変わるのかどうかを確かめてみたいです。
たろうさん：なるほど。ただ，はなこさんが調べようとしている，地面の種類によって打ち水の効果がどれだけ変わるかどうかを調べるためには，温度や湿度《しつど》，風の影響《えいきょう》があまり変わらないことに加えて，［　(あ)　］が同じ条件の場所で実験を行ったほうがよいのではないでしょうか。
ひろし先生：その通りですね。条件をしっかりと考えて実験を行ってみましょう。はなこさんの予想はどうですか。
はなこさん：私は，校舎のまわりにある芝生の温度が最も低くなると思います。なぜなら，芝生にある草が水をより多く吸収してくれるからだと思います。
たろうさん：水の吸収は関係しているのだろうか。どのような仕組みで温度は下がるのだろう。
ひろし先生：はなこさんの予想やたろうさんの疑問を確かめていきましょう。

(1) ［(あ)］にあてはまる，変えない条件を書きましょう。

（〔**資料２**〕は次のページにあります。）

――――実験後，先生と協力してグラフ〔**資料２**〕にまとめました――――
はなこさん：実験結果を〔**資料２**〕のようにグラフにまとめました。
たろうさん：グラフにすると温度の変化がわかりやすいです。
はなこさん：10時に水をまいてから，10分後に温度を計ったところ，地面の種類に関係なく，すべての場所で温度が下がっていることがわかりました。

たろうさん：芝生とアスファルトを比べるとアスファルトのほうが，より温度変化が大きかったです。

ひろし先生：①それ以外にわかることはありますか。

〔資料２〕

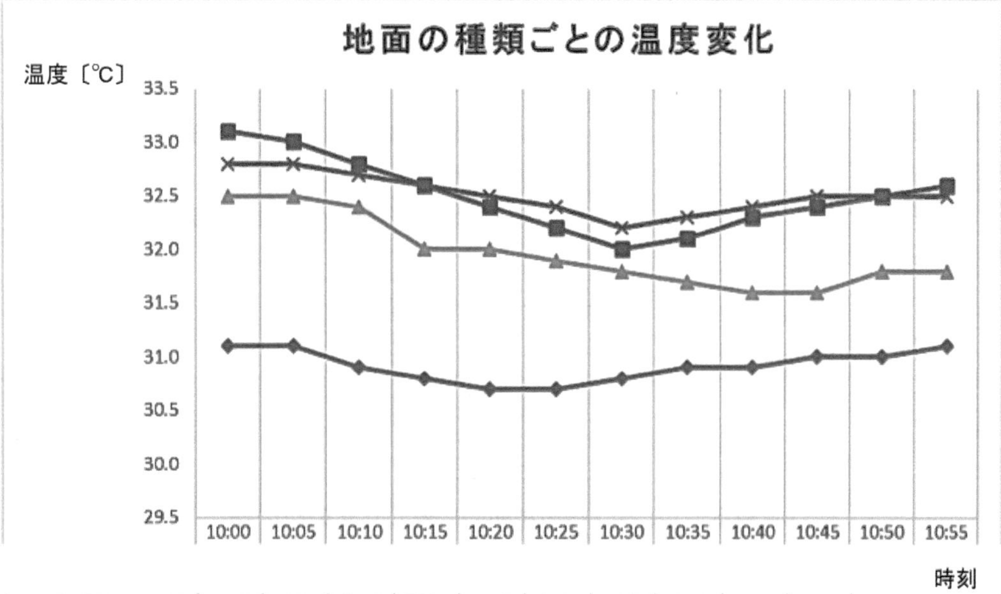

土	31.1	31.1	30.9	30.8	30.7	30.7	30.8	30.9	30.9	31.0	31.0	31.1
アスファルト	33.1	33.0	32.8	32.6	32.4	32.2	32.0	32.1	32.3	32.4	32.5	32.6
芝生	32.5	32.5	32.4	32.0	32.0	31.9	31.8	31.7	31.6	31.6	31.8	31.8
砂利	32.8	32.8	32.7	32.6	32.5	32.4	32.2	32.3	32.4	32.5	32.5	32.5

⑵　下線部①について，〔資料２〕の実験結果からわかることとしてあてはまらないものを，次のア～オの中からすべて選び，記号で答えましょう。

ア　打ち水を行って30分後には，すべての地面の上で最も低い温度を計測した

イ　芝生は砂利に比べて，打ち水をしてからの温度変化が大きかった

ウ　土は他に比べて，温度が最も下がるまでにかかる時間が短かった

エ　芝生はアスファルトに比べて，温度が最も下がるまでにかかる時間が長かった

オ　打ち水をしてから，最も温度が下がったのは土だった

たろうさん：なぜ，打ち水によって温度が下がるのかどうかが疑問として残りました。

ひろし先生：打ち水では，まいた水が蒸発して［　(い)　］になるときに，周囲から熱を奪います。それによって，温度が下がるのです。これを気化熱といって，例えば，お風《ふ》呂《ろ》あがり，濡《ぬ》れたままでいると寒くなるのは，これが影響しているのです。

はなこさん：そもそも，水が蒸発すると，なぜ，熱を奪うのですか。

ひろし先生：水が蒸発して［　(い)　］になると体積が大きくなることを学習しました。この体

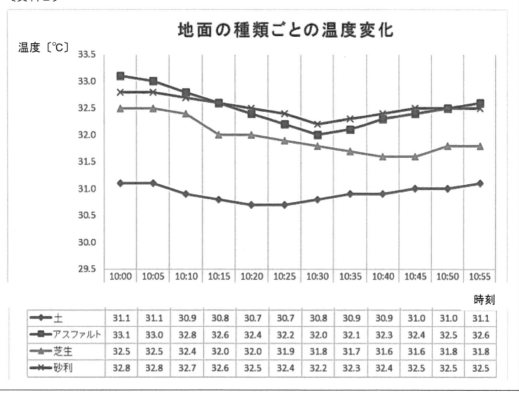

積が大きくなるときに，水の粒子《りゅうし》が動き始めます。このときに，熱が必要となるので，周りから熱を奪うのです。

たろうさん：気化熱の仕組みを，水と［(い)］の違いがわかるように，②粒の絵で表してみました。

ひろし先生：そうだね。粒の数や大きさは変わりませんが，粒の動きが活発になり，体積が大きくなっていることがよくわかる表現になっています。

(3) ［(い)］にあてはまる言葉を書きましょう。

(4) 下線部②について，たろうさんは初めに水の状態を，粒を用いて下の図〔資料３〕のように表しました。次に［(い)］の粒のようすを，下の図〔資料４〕のようにかき始めました。このとき，たろうさんが表した［(い)］の粒のようすを，たろうさんとひろし先生の会話を参考にしながら，解答用紙の図にかきましょう。

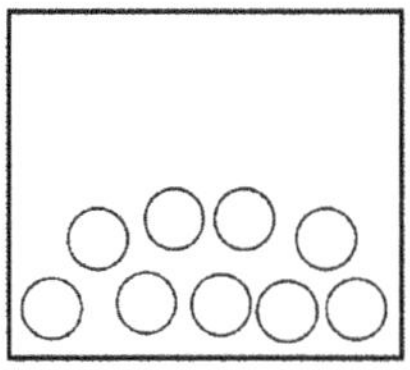

〔資料３〕 たろうさんが初めに表した水の粒の絵

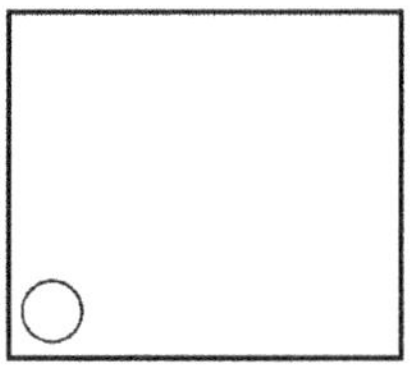

〔資料４〕 たろうさんがかき始めている［(い)］の粒の絵

はなこさん：先生，打ち水の効果は理解できました。しかし，夏の暑さの原因として，地球温暖化の影響で気温が上昇していると聞いています。解決方法はありますか。

ひろし先生：良いところに目をつけてくれました。地球温暖化を防ぐには，二酸化炭素の排出《はいしゅつ》を減らすことが必要です。人間の生活によって二酸化炭素をたくさん出してしまうと気温を上げてしまうのです。解決のヒントは太陽光発電装置です。この装置について２人で調べてみてはどうでしょうか。

――――はなこさんとたろうさんは調べ学習を始めました――――

はなこさん：たろうさんと調べた結果，この装置は光電池だということが分かりました。光電池とは，［(う)］ことができる装置で，このとき，光が熱や風など他のエネルギーに変わることがないそうです。エネルギーとは物体や光や熱などが持つ能力のことを指します。また，電気をつくることを発電といい，太陽の光で発電することを太陽光発電といいます。学校も屋上にこの装置〔**資料５**〕を設置して発電を行っていました。

〔資料５〕　学校の屋上に設置されている太陽光発電装置

⑸ (う) にあてはまる言葉として，もっとも適切なものを次のア～カから１つ選び，記号で答えましょう。

ア　熱を加えると，その熱で直接電気をつくる
イ　熱を加えると風を発生させ，その風で電気をつくる
ウ　熱を加えると光を発生させ，その光で電気をつくる
エ　光を当てると熱を発生させ，その熱で電気をつくる
オ　光を当てると，その光で直接電気をつくる
カ　光を当てると風を発生させ，その風で電気をつくる

たろうさん：この太陽光発電の長所と短所についても報告します。まずは，長所から説明します。最大の長所は，CO_2を排出《はいしゅつ》せずに発電できることです。CO_2とは二酸化炭素のことを指します。地球温暖化の原因であるCO_2は年々増え続けているのが現状です。日本におけるCO_2の排出量を，産業別でみると次のページのようなグラフ〔**資料６**〕になります。このグラフで分かる通り，エネルギー転換《てんかん》部門（主に発電など）が，CO_2排出量の約４割を占《し》めています。これは，主に石油や石炭などを燃やして発電することで，CO_2を排出しているためです。CO_2を排出しない太陽光発電が増えていけば，総排出量を減らしていけると考えられます。

はなこさん：次に各電源におけるCO_2排出量を比べた次のページのグラフ〔**資料７**〕を見てください。各電源とは，電気がどの発電から得られた電気であるかを指しています。グラフを見ると太陽光発電が発電時にCO_2が発生しないことが分かります。しかし，CO_2は，発電しているときだけに出るものではありません。発電の装置を設備・運用するときにもCO_2は排出されます。〔**資料７**〕は，発電燃料燃焼《ねんしょう》（発電するときに排出されるCO_2）と設備・運用（発電時以外で排出されるCO_2）の両方を表して

います。発電燃料燃焼と設備・運用を合わせたCO_2排出量の総数を比べると，太陽光発電は石油を利用した火力発電の約 (え) %にまで排出量を抑《おさ》えることができます。

〔資料６〕　日本における産業別 CO_2 排出量

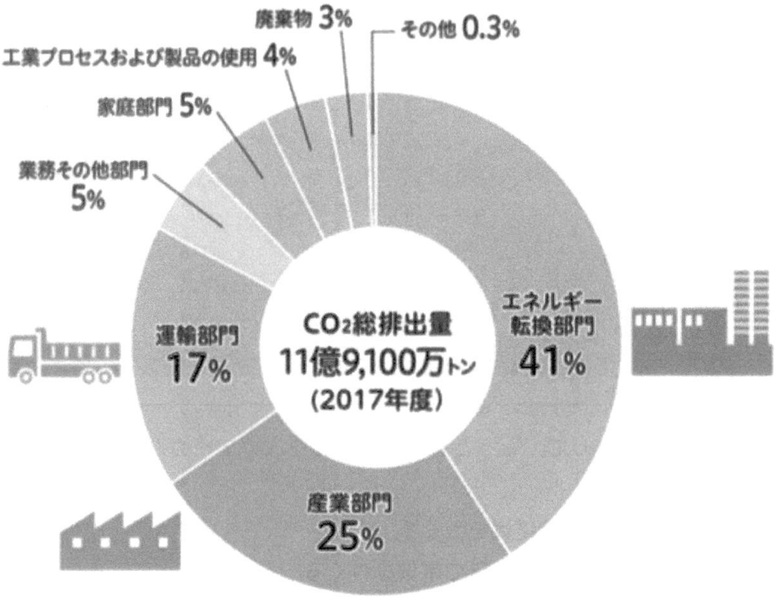

（中国電力ウェブサイトより引用）

〔資料７〕各電源における CO_2 排出量

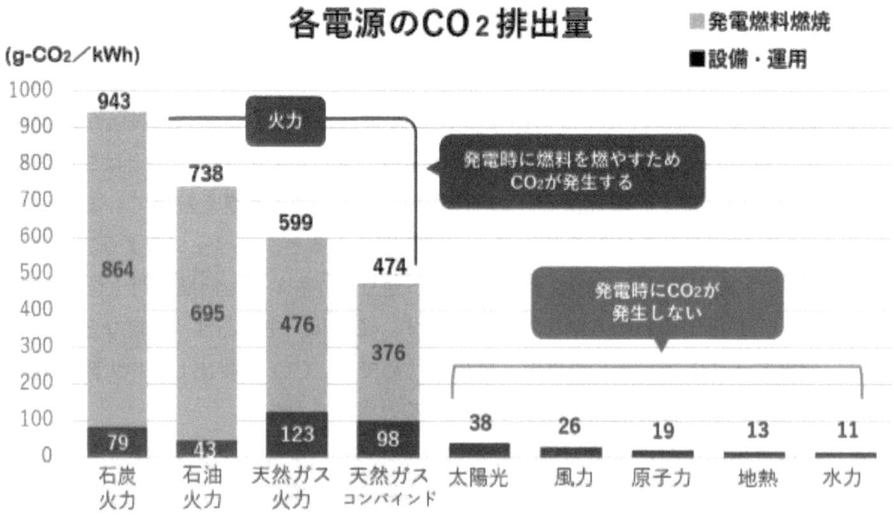

（中国電力ウェブサイトより作成）

⑹ (え) にあてはまる数字を求めましょう。ただし，小数第一位を四捨五入し整数で書きましょう。

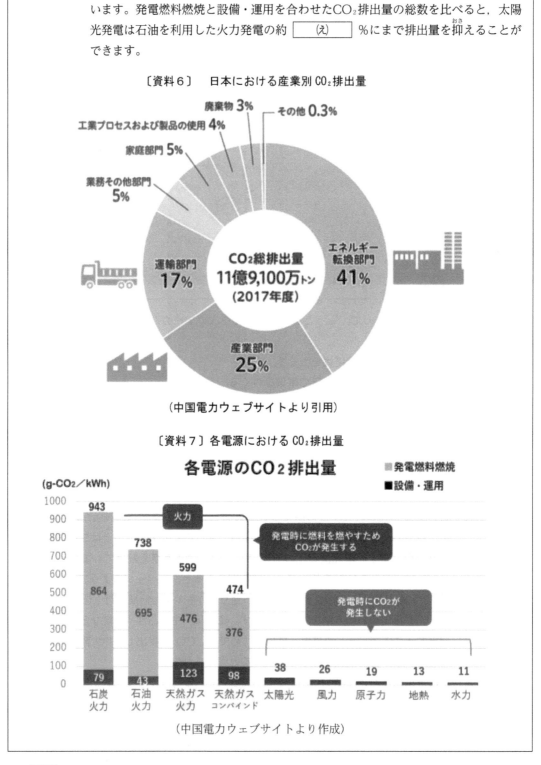

たろうさん：最後に太陽光発電の短所を３つ説明します。まず１つ目です。太陽光は天候によって左右されてしまいます。晴れの日と比べて雨やくもりの日はほとんど発電が行われません。２つ目は１年間の中で発電量が大きく異なってしまうことです。その理由は，［(お)］です。３つ目は，発電場所の確保です。発電量を確保するには，広大な設置場所が必要なようです。家庭で使用する程度であれば，屋根に設置できた分で十分だそうです。また，太陽光発電には改良の余地があり，太陽の光をより効率よく電気に変えられるしくみが研究されているそうです。

ひろし先生：２人とも素晴らしいです。よくここまで詳しく調べることができました。打ち水をきっかけにこれからの地球環境を考える良いきっかけとなりましたね。

(7)　［(お)］にあてはまる言葉として適切な内容を書きましょう。

問題２（※適性検査Ⅰ） たろうさんとはなこさんがけいこ先生と教室で話しています。次の会話文を読んで，あとの⑴～⑻の各問いに答えましょう。

たろうさん：副読本「かわさき」から，〔**資料１**〕の写真を見つけました。

〔資料１〕副読本「かわさき」で見つけた写真

A

B

はなこさん：Aはすっきりしているけど，Bは煙《けむり》がかかっていてはっきり見えないですね。

けいこ先生：川崎市の臨海部の写真ですね。［ (あ) ］が1966年ごろで，［ (い) ］が2021年のものですね。

はなこさん：川崎は昔，公害の町と言われていたのを聞いたことがあります。

たろうさん：そうなんです。でも下の〔**資料２**〕の年表を見てください。

〔資料２〕公害防止に関する主なできごとについて

いつごろ	主なできごと
昭和 30～40 年ごろ	・大師地区住民が市議会に対し請願《せいがん》を行う。 ・市民による「ばい煙《えん》規制法制定運動」がおこる。 ・市内中小企業に公害除去施設の助成《じょせい》を開始する。
昭和 40～50 年ごろ	・石油化学 30 社が共同で、公害問題の解決を図るため「川崎地区コンビナート公害研究会」（現、川崎環境《かんきょう》技術研究所）を結成する。 ・「公害対策基本法」が公布される。 ・「川崎市公害防止条例」が公布される。
昭和 50～60 年ごろ	・公害の差止めと損害賠償《そんがいばいしょう》を求めた裁判がおこる。
昭和 60～平成 10 年ごろ	・「川崎市環境基本条例」が施行《しこう》される。

（川崎市環境局『令和２年度環境事業概要《がいよう》－公害編－』より作成）

たろうさん：この年表を見ると川崎市の公害は，①市と会社と市民がそれぞれ改善に向けて取り組んできたことが分かります。

はなこさん：この年表を見て，具体的に川崎市の公害について，その変化を調べてみたくなりました。調べるにはどんな資料がありますか。

たろうさん：［ (う) ］の資料は変化についての手がかりになります。

⑴ ［ (あ) ］と［ (い) ］にあてはまるものを，〔**資料１**〕のA，Bから選び，それぞれ記号で答えましょう。

⑵ 下線部①について，公害が改善された理由について，市，会社，市民の３つの立場がそれぞれ行っ

たことを１つずつ書きましょう。

⑶ [(う)] にあてはまるものを，次のア～エの中から１つ選び，記号で答えましょう。

ア　川崎市内工場・事業場硫黄《いおう》酸化物排出《はいしゅつ》量の経年推移《けいねんすいい》

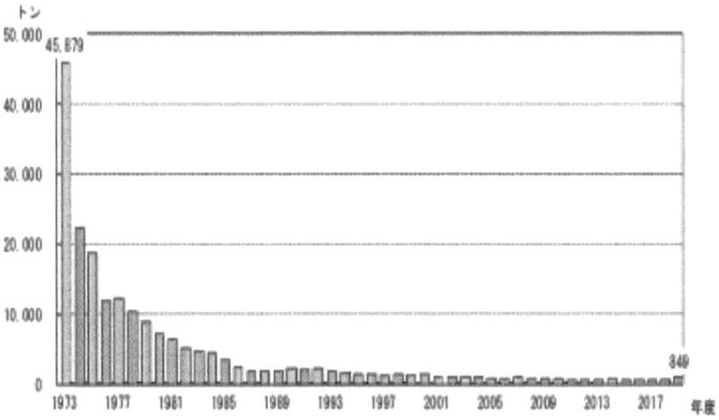

イ　世界の二酸化炭素排出量

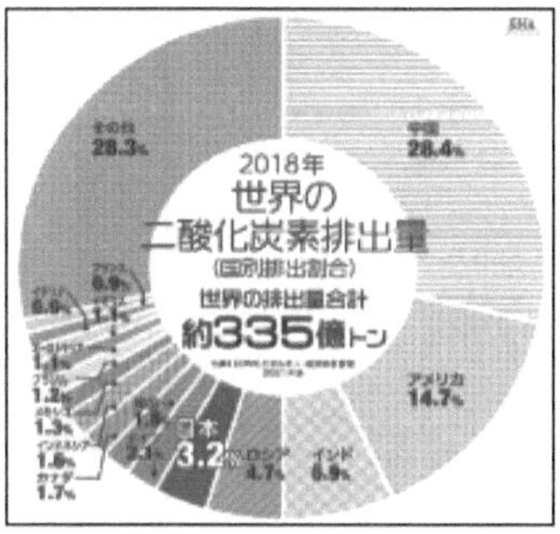

ウ　川崎市内主要道路

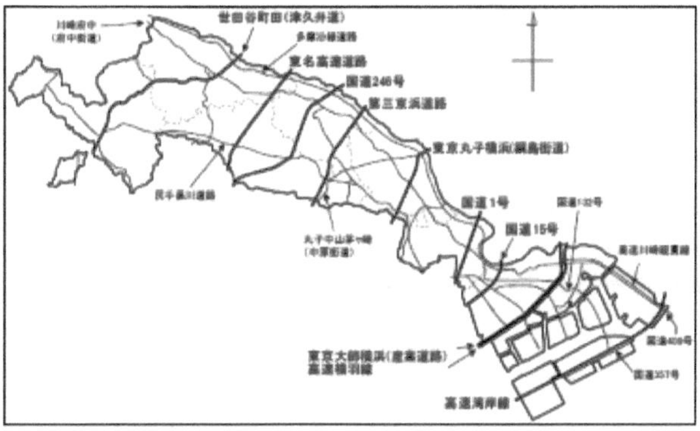

エ　四大公害病

公害病	どこで発生したか
水俣《みなまた》病 (熊本・鹿児島県)	水俣湾周辺で集団的に発生。
新潟水俣病 (新潟県)	阿賀野川《あがのがわ》の下流で発生。
四日市ぜんそく (三重県)	四日市で発生。
イタイイタイ病 (富山県)	神通川《じんずうがわ》の下流で発生したと推定。

けいこ先生：ところで，たろうさんは公害について川崎市と比較するために，先週末お父さんと一緒に県外の町に調べに行ったのよね。

たろうさん：はい，A町に調べに行きました。父の知り合いがA町の工場に勤めていて，A町の公害の歴史についてお話を聞いてきました。

はなこさん：どういう経路で行ったのですか。

たろうさん：②A町のA駅には次のページの〔資料３〕のとおり新横浜駅から名古屋駅まで東海道新幹線で行き，そこから乗り換えて行きました。

はなこさん：そうなんですね。実際に現地に行って調べるって素晴らしいですね。

たろうさん：初めてだったので，A駅を降りた時，その工場にどう行けばいいのか迷ったけれど，③駅前の地図を見たら分かりました。

〔資料３〕Ａ町までの経路

⑷　下線部②について，東海道新幹線に乗って新横浜駅から名古屋駅まで行く時に通る，神奈川県以外の県名を漢字で２つ書きましょう。

⑸　下線部③について，〔資料４〕のＡ駅前の地図を見て，たろうさんが向かった方角と歩いた道のりについてあてはまるものを，次のページのア～カの中から１つ選び，記号で答えましょう。

〔資料４〕Ａ駅前の地図

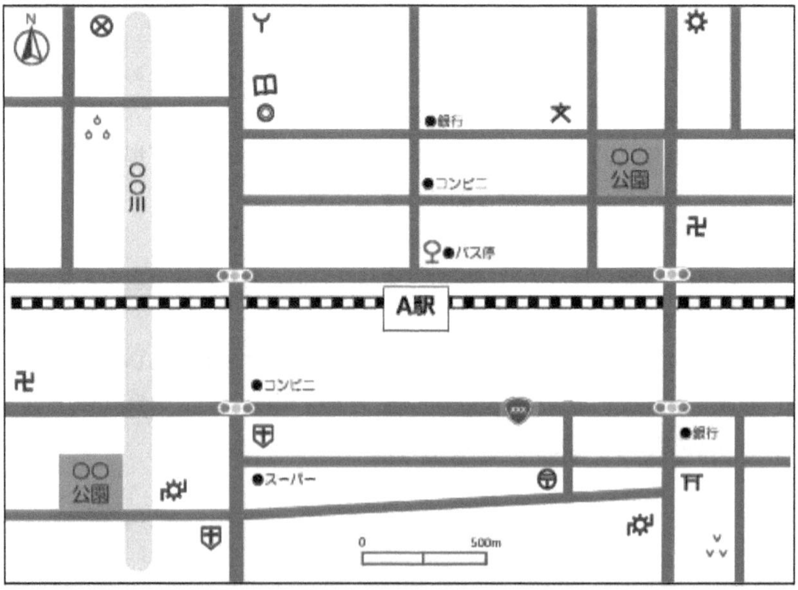

ア　西へ約 1 km 歩き，北へ約 1 km 歩いた。　イ　西へ約 2 km 歩き，北へ約 2 km 歩いた。
ウ　西へ約 1 km 歩き，南へ約 1 km 歩いた。　エ　西へ約 2 km 歩き，南へ約 2 km 歩いた。
オ　東へ約 1 km 歩き，北へ約 1 km 歩いた。　カ　東へ約 2 km 歩き，北へ約 2 km 歩いた。

けいこ先生：工場ではどんなお話が聞けましたか。

たろうさん：まず，A町で産業別に働く人数の移り変わりの割合についてお話を聞きました。まとめたのが，〔資料５〕の表です。

〔資料５〕Ａ町　産業種別労働者数の変動

	1980 年	1990 年	2000 年	2010 年	2020 年
農業・林業	22.7%	14.6%	18.5%	13.2%	2.7%
製　造　業	12.5%	12.0%	11.2%	14.4%	17.0%
医療・福祉	5.0%	9.8%	13.4%	20.1%	23.4%
漁　　　業	10.1%	18.5%	21.2%	8.2%	11.1%
そ　の　他	49.7%	45.1%	35.7%	44.1%	45.8%

はなこさん：この表をグラフに表すと［　(え)　］になりますね。今回は「その他」は除きました。先生どうですか。

けいこ先生：そうですね。合っていますよ。

たろうさん：ありがとうございます。他のことについてもたくさん話を聞いてきました。〔資料６〕がその時にとったメモの一部です。

〔資料６〕たろうさんのメモ

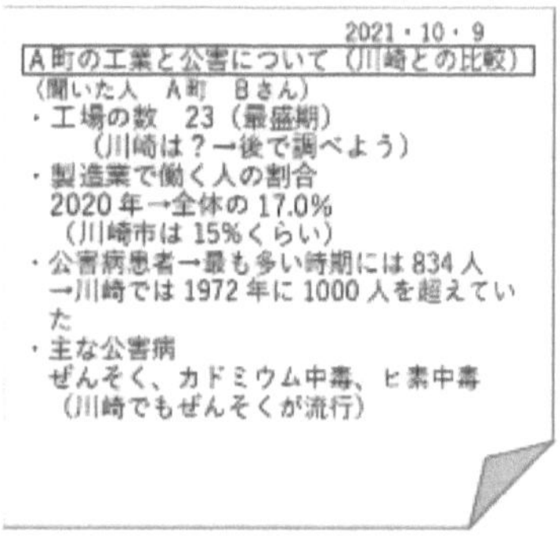
2021・10・9
A町の工業と公害について（川崎との比較）
（聞いた人　A町　Bさん）
・工場の数　23（最盛期）
（川崎は？→後で調べよう）
・製造業で働く人の割合
2020 年→全体の 17.0%
（川崎市は 15%くらい）
・公害病患者→最も多い時期には 834 人
→川崎では 1972 年に 1000 人を超えていた
・主な公害病
ぜんそく、カドミウム中毒、ヒ素中毒
（川崎でもぜんそくが流行）

はなこさん：すごいですね。たくさんメモしましたね。

けいこ先生：素晴らしいですね。このメモにある情報を他の人に分かりやすく伝えるとしたらどうしたらいいでしょうか，たろうさん。

たろうさん：［　(お)　］の図表を使ってみたらいいと思います。

はなこさん：確かにその図表を使うと一番分かりやすいですね。

たろうさん：ありがとう。分かりやすいまとめをつくってみるので，完成したらぜひ見てくださいね。

けいこ先生：川崎市とA町について調べてみて，分かったことはありましたか。

はなこさん：２つの市と町には，共通点もありました。次のページの〔資料７〕の写真を見てください。工場がライトで照らされていますね。どちらの市と町も，［　(か)　］として活用しています。

たろうさん：そうなんですね。どちらの市と町も，公害をなくす努力を積み重ね，新たな取組を行っているのですね。他の取組についても調べてみたいと思います。

〔資料７〕川崎市とＡ町の写真

川崎市の写真

Ａ町の写真

⑹ （え） にあてはまるものを，次のア～エの中から１つ選び，記号で答えましょう。

ア

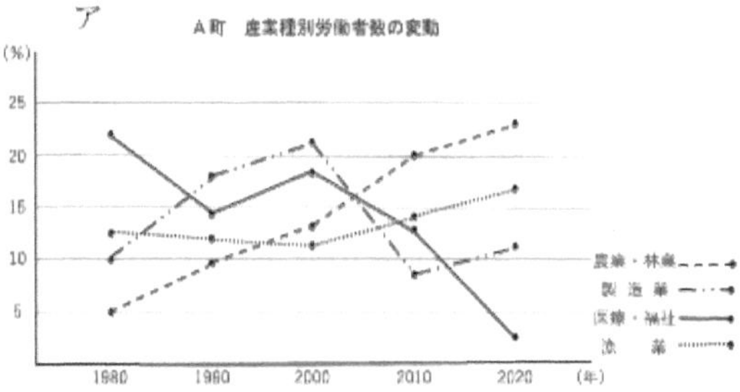

イ

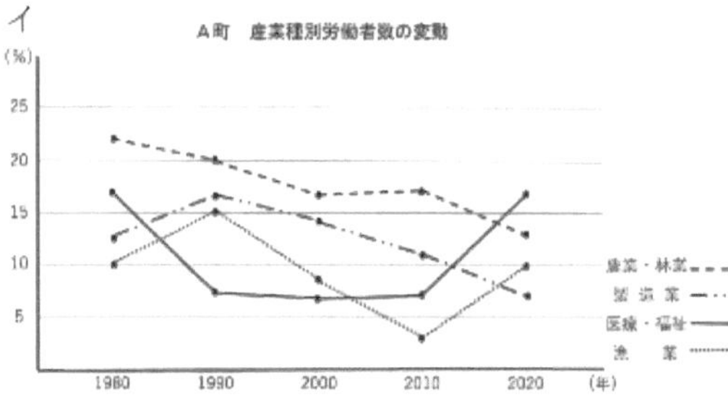

ウ

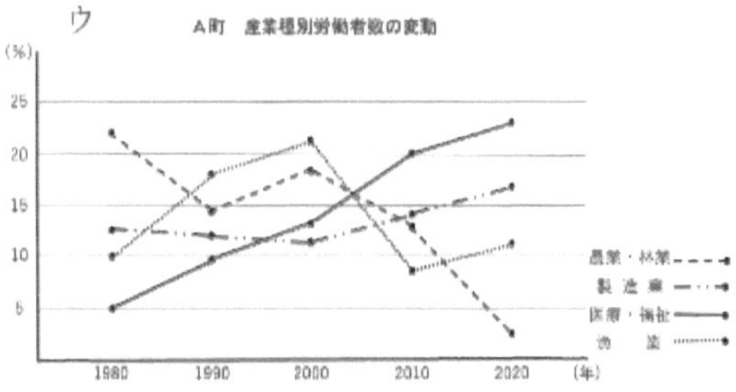

エ

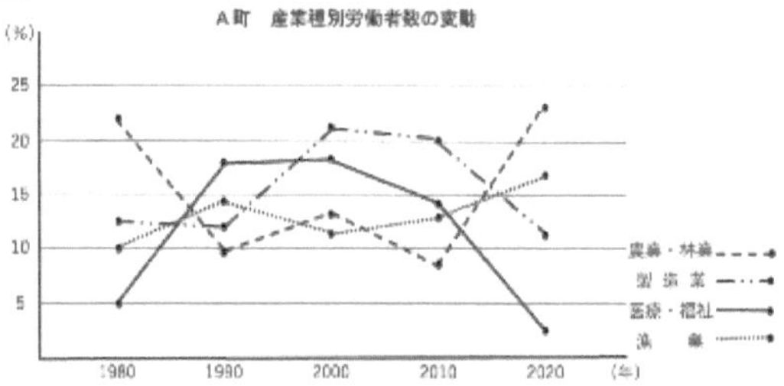

⑺ （お） にあてはまるものを，あとのア～エの中から１つ選び，記号で答えましょう。

ア

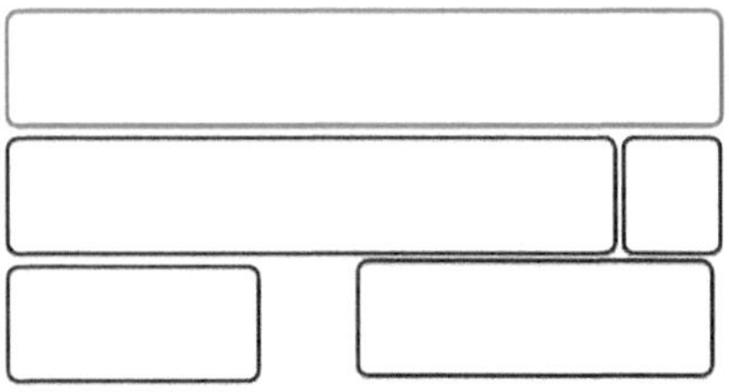

イ

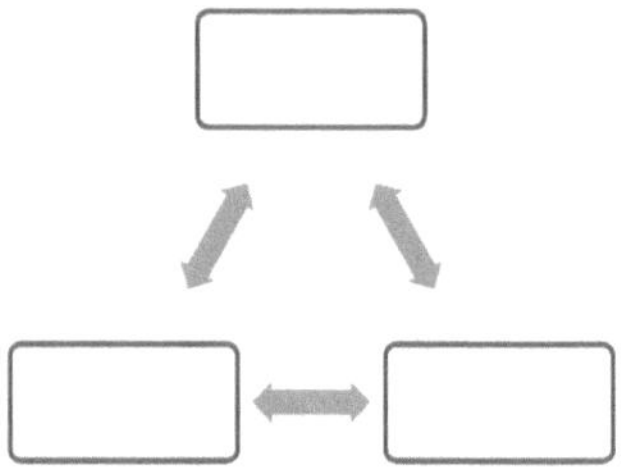

ウ

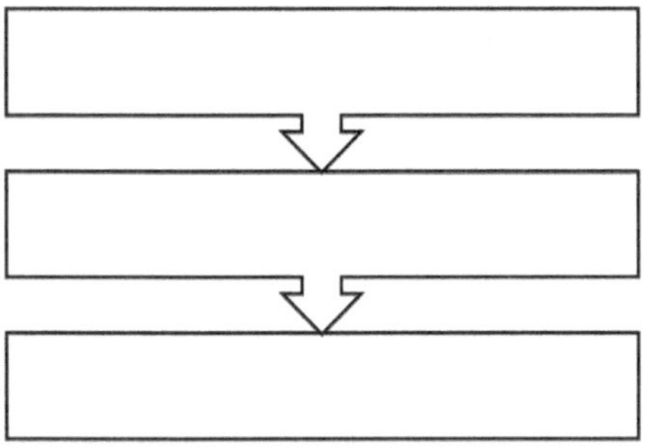

エ

⑻ ⒦ にあてはまることばを，10字以内で答えましょう。

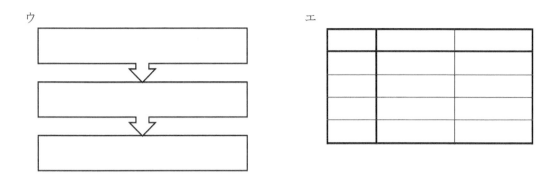

たしは自分が出来なかったことをあやまろうとしていたのに」と自分の行動をおかしいと感じていました。ようこは、「何かを言えば言うほど、『自分は悪くない』と強調しているようで嫌になる」や「姉やはなこのようになれない自分に、あきれた」と言っています。これらの言葉から、③三人は［2］の気持ちに［3］になれないところが似ていると感じました。

三姉妹の性格は、ちがうところも似ているところもありました。これは、友だち同士でも同じように言えることだと思います。クラスの友だちでも、性格が似ていると感じる人とちがうと感じる人がいます。いつも仲良しでいたいけれど、ケンカをしたり言い争いになったりすることもあります。自分のことをわかってほしくて、相手に強く自分の主張をしてしまうこともあります。④性格のちがう相手と人間関係を築くにはどうしたらよいか、そんなことを考えるきっかけになりました。

(ア) 空らん［A］から［D］に入る人物名をそれぞれ三字で書きぬきましょう。

(イ) 空らん［1］にあてはまる言葉を、［い］、［う］の文章の中から共通する内容を探し、十字以内で書きましょう。

(ウ) たろうさんは、三人の性格について――線③のように結論づけました。たろうさんは、三人の行動や言葉から何が似ていると感じたのか、空らん［2］と［3］にあてはまる言葉を、書きましょう。

(5) ――線④「性格のちがう相手と人間関係を築くにはどうしたらよいか」について、あなたが自分とは性格のちがう相手と接することになった場合、どのように相手と接しますか。［あ］、［い］、［う］の文章から読み取れるはなこ、けいこ、ようこの中のだれかの行動や考え方について触《ふ》れ、あなたがどのような気持ちで相手と接するか書きましょう。また、相手に対して具体的にどのような行動をするかについても書きましょう。作文を書く時は、後ろの［注意事項《じこう》］に合うように考えや意見を書いてください。

［注意事項］

○ **解答用紙2**に三百字以上四百字以内で書きましょう。
○ 原稿用紙《げんこうようし》の正しい用法で書きましょう。また漢字を適切に使いましょう。
○ はじめに題名などは書かず、一行目、一マス下げたところから書きましょう。自分の名前は、氏名らんに書きましょう。
○ 三段落以上の構成で書きましょう。
○ 句読点［。、］やかっこなども一字に数え、一マスに一字ずつ書きましょう。また、段落を変えたときの残りのマス目も字数として数えます。

をどうしようか考えている姉、どうでもいいと思っているわたし。正直、みんな好きにして、という感じだ。でも、こんなにみんなちがうのに、わたしたちはいつも三人でしゃべっている。学校でのこと、好きなテレビ番組のこと、悩みなど、話題で困ったことはない。そして、楽しい。

そんなことをあれこれ考えている間に、姉が二階へ上がっていった。姉はドアに向かって何かを話しているようだが、よく聞こえない。その後、二人はなかなか下に降りてこなかった。「まあ、はなこが閉じこもるきっかけをつくったのはお姉ちゃんだし。」わざと聞こえるように言った。そして、部屋にむなしくひびく自分の声を聞きながら、姉やはなこのようになれない自分に、あきれた。

【いずれの文章も、適性検査のための書き下ろし】

(1) [あ]、[い]、[う]の三つの文章を読み、三姉妹の構成の組み合わせで正しいものを一つ選び、番号で答えましょう。

1. 長女はなこ　次女けいこ　三女ようこ
2. 長女はなこ　次女ようこ　三女けいこ
3. 長女けいこ　次女はなこ　三女ようこ
4. 長女けいこ　次女ようこ　三女はなこ
5. 長女ようこ　次女けいこ　三女はなこ
6. 長女ようこ　次女はなこ　三女けいこ

(2) [あ]、[い]、[う]の二つの文章の内容として正しいものを一つ選び、番号で答えましょう。

1. 三姉妹が他の姉妹の事を批判し、仲が悪くなるという内容
2. 三姉妹がそれぞれ自分の意見の正しさを伝えるという内容
3. 三姉妹がそれぞれ自分の行動や性格を振り返るという内容
4. 三姉妹が解決に向けて協力し、信頼関係が増すという内容

(3) ——線①、——線②に対応する、「同じ時間に起こっていること」を、それぞれ文章[い]と文章[う]から十五字以内で書きぬきましょう。

(4) [あ]、[い]、[う]の文章を読んだたろうさんは、感想文を書くことにしました。次の文章は、たろうさんが書いた感想です。この感想を読み、次の(ア)から(ウ)の問いに答えましょう。

ぼくには兄弟や姉妹がいないので、実際の三姉妹がどんなものかはよくわかりません。そのため、それぞれ三姉妹のちがうところと似ているところを中心に考えました。

まず、ちがうところです。これは、[A]の視点で書かれている通り、三人の性格です。うれしい、悲しいなど感情をしっかり表現する[B]、よく考え、落ち着きのある[C]、そしてその二人をなげやりな態度で見ている[D]。このように、三人の性格は全くちがいます。でも、いつもは三人とも仲が良いのだろうと思います。そのように思う理由は、[い]と[う]の文章に「三人で[1]」という内容が書いてあるからです。

次に、似ているところです。これも三人の性格です。「あれ、さっきと言っていることがちがう。」と思うかもしれませんが、ぼくはちがうところもあり、似ているところもあると感じました。そう思ったのは、[あ]、[い]、[う]それぞれの文章をじっくりと読み比べたときです。はなこは、最初「自分を正当化するような言葉の数々」をくり返していますが、最後は「わたしが受け入れられなかっただけ」と言っていました。けいこは「自分の行動をあやまろう」としたのに、「あれ。わ

ようこはあきれたように言ったが、わたしはうわの空で「うーん。」などと適当な返事をして、さて、この後どうするか、と考えていた。

はなこが部屋に閉じこもったのは、わたしとのケンカが原因である。はじめは、ケンカではなかった。はなこの人間関係の悩《なや》みを聞いていただけだった。わたしたち姉妹《しまい》は三者三様だが、気がつくといつも三人で話をしている。この時が、一番楽しくて落ち着く。今日も最初はそうだった。でも、はなこにも悪いところがあることを伝えたところから少しずつ、はなこの様子が変わっていった。

たぶん、はなこは自分のいけないところがわかっていた上で、わたしに相談してきたのだと思う。そしてわたしは、はなこが友だちについ言ってしまった気持ちを認めつつ、「そんなに気になるなら明日その友だちにあやまってみなよ。」そう言うべきだったのだと思う。わたしは頭のどこかでそれがわかっていた。しかし、わたしにも曲がったことがゆるせない、がんこなところがある。その性格が出てしまった。

ようこのひと言は、はなこには、かなり効いたようだった。ようこの言葉を聞くと、はなこは、静かになみだを流し、二階へかけあがっていった。

ようこに何かを言ってもしかたがない。とりあえず、はなこが望んでいたであろうことを出来なかった自分の行動をあやまろう、そう思って、わたしは二階へ行った。

部屋の前についた。深呼吸をしてからこう言った。

「さっきはごめんね。ようこがあんな風に話に入ってくるとは思わなくて。」

あれ。わたしは自分が出来なかったことをあやまろうとしていたのに、なぜ、ようこのことを話しているのか。結局、ようこの一言のせいにしていないか。言い直すか。いや、言い直すのはおかしい。あれこれ考えているうちに、目の前のドアがゆっくりと開き、はなこが顔を出した。おこっているかなと思ったが、悲しいとくやしいを混ぜたような、想像とはちがう表情だった。

う　ようこの視点

「はなこのその友だちへの態度、気にくわないな。わたしだったら、はなことは友だちにならない。」

はなこはなみだを流し、勢いよく階段をかけ上がっていった。部屋を閉める大きな音がした。

姉は、そんなはなこの様子を見て、何か考えこんでいるようである。わたしは姉に向かって、こう言った。

「また閉じこもった。はなこは何でいつも自分が悪いと思えないんだろう。ねえ、お姉ちゃん。」

この言葉に、姉は「うーん。」と言うだけだった。「ねえ、聞いてる？お姉ちゃんはいつも考えすぎなんだよ。放っておけばいいじゃん。」と言おうとしたけれど、やめた。何かを言えば言うほど、「自分は悪くない」と強調しているようで嫌になるからだ。

わたしたち三姉妹は、みんなそれぞれ性格がちがった。はなこは子どもっぽい。すぐ笑い、すぐ泣き、すぐおこる。一方姉は、とても大人っぽい。いつも考えてから行動に移し、家族のだれよりも落ち着いている。わたしは感情を表に出すのも、考えることも、好きではない。何事もほどほどが一番だ。今だってそうである。閉じこもるはなこ、はなこ

【適性検査Ⅰ】（四五分）〈満点：二〇〇点〉

【注意】字数の指定のある問題は、指定された条件を守り、問題1 はたて書きで、問題2 は横書きで書きましょう。最初のマスから書き始め、文字や数字は一マスに一字ずつ書き、句読点［。、］やかっこなども一字に数え、一マスに一字ずつ書きます。ただし、問題1 の⑸は、その問題の［注意事項《じこう》］の指示にしたがいましょう。

問題1

次のあ、い、うの文章は、「ある一つの事がらに対して、三人がそれぞれ自分の立場で書いている」物語です。三つの文章を読んで、あとの⑴～⑸の各問いに答えましょう。

あ　はなこの視点

①わたしは、自分の部屋のドアを閉めた。もう一生このドアを開けてやるものか。もうだれにも会いたくない。自分は悪くない。自分を世界で最も不幸な人物に仕立て上げるような、そして自分を正当化するような言葉の数々が、わたしの頭の中を通りぬけていく。

わたしは、納得《なっとく》できないことがあるといつもこうなる。でも、こうして自分を悲劇のヒロインに仕立て上げないと、一度閉めたドアを自分で開けられないのだ。「次の四月で中学生なのに」「大人になってもこの性格が直らなかったらどうしよう」と思い、あせることもあるのだが、そんな簡単に自分は変えられない。

今日わたしがこうなった理由も、大したことではない。五歳《さい》上の姉、けいこ姉ちゃんとのケンカである。けいこ姉ちゃんが言っていることもよくわかる。けいこ姉ちゃんはいつも正しい。わたしはお姉ちゃんたちとよくしゃべるからわかる。でも、今日は、はげましてもらいたかった。自分でもわかっていることを、改めて言われるのが嫌《いや》だった。そしてさらに、今日は一歳上のようこ姉ちゃんも入ってきた。「わたしだったら、あなたと友だちにならない。」この言葉が聞こえたとたん、なみだがこぼれ、言葉が出なくなった。自分の思いを表現するためには、閉じこもるという方法しかとれなかった。

しばらくすると、②階段をのぼってくる足音が聞こえてきた。このかろやかな足音は、けいこ姉ちゃんである。わたしが自分の部屋に閉じこもっていると、まず部屋に来るのはけいこ姉ちゃんだ。そして、けいこ姉ちゃんのひと言で、いつもわたしは簡単に部屋のドアを開けてしまう。

ドアの向こうから声が聞こえた。

「さっきはごめんね。ようこがあんな風に話に入ってくるとは思わなくて。」

いや、けいこ姉ちゃんは悪くない。ようこ姉ちゃんだって正しい。わたしが受け入れられなかっただけだ。ここまでわかっているのに、なんで、いつもけいこ姉ちゃんに先にあやまらせてしまうのだろう。なんでだれかのせいにしてしまうのだろう。でもわたしは素直《すなお》になれず、まだおこっているふりをして部屋のドアを開けた。けいこ姉ちゃんは、少し困ったような顔をして、ドアの前に立っていた。

い　けいこの視点

二階で、バタンと大きな音がした。

「また閉じこもった。何でいつも自分が悪いと思えないのだろう。ねえ、お姉ちゃん。」

MEMO

大切なことはメモしておこうネ！

2022 年 度

解 答 と 解 説

＜適性検査Ⅰ解答例＞

問題1 (1) 4

(2) 3

(3) ①い バタンと大きな音がした　①う 部屋を閉める大きな音がした
②い わたしは二階へ行った　②う 姉が二階へ上がっていった

(4) (ア) A ようこ　B はなこ　C けいこ　D ようこ
(イ) 楽しく話をしている
(ウ) 2 自分　3 素直

(5) わたしは，自分とは性格のちがう相手と接する際に，相手の考え方によりそう気持ちを大切にしながらも，自分の主張も相手に伝えることを意識している。

わたしもけいこのように，自分が正しいと考えることを曲げたくないというがんこなところがある。しかし，自分の正義感を押し付けてしまうと，今回のはなことけいこのように，ケンカになってしまう。そうならないために，相手の意見を受け入れた上で，「わたしだったらこう思うよ」と，自分の考えを伝えることが大切だ。自分か相手のどちらかが正しいのではなく，両方の意見を尊重する立場をとることで，性格のちがいで起こる対立を防げると考えている。

わたしは，性格がちがってもお互いを認め合えるような人間関係を築きたいと思っている。だからこそ，相手に共感した上で，自分の意見も伝えるといった接し方をしたいと考えた。

問題2 (1) (あ) B　(い) A

(2) 市 公害を防止する条例の制定　会社 公害の研究　市民 請願

(3) ア

(4) 静岡(県)，愛知(県)

(5) オ

(6) ウ

(7) エ

(8) 工場を観光資源

○配点○

問題1 (1)・(2) 各4点×2　(3)①い・①う・②い・②う・(4)(ア)A・B・C・D・
(4)(ウ)2・3 各5点×10　(4)(イ) 7点　(5) 75点

問題2 (1)・(2)市・会社・市民・(3)・(5)・(6)・(7) 各5点×8
(4)・(8) 各10点×2　計200点

＜適性検査Ⅰ解説＞

基本 **問題1** （国語：長文読解，作文）

⑴　あの文章ではなこは，けいこを「五歳《さい》上の姉」，ようこを「一歳上の姉」と言っている。ここから，けいこが長女，ようこが次女，はなこが三女とわかる。

⑵　はなことけいこのケンカをきっかけに，三姉妹がそれぞれ自分の行動や性格をふり返っている。

⑶①い　いの文章のはじめの「バタンと大きな音」は，はなこが二階にある自分の部屋のドアを閉めた音である。

①う　はなこが階段《かいだん》をかけ上がったあと，「部屋を閉《し》める大きな音がした」とある。

②い　線②の直後から，「階段をのぼってくる足音」は「けいこ姉ちゃん」のものであるとわかる。いの文章はけいこの視点で書かれているので，「わたし」がけいこである点に注意する。

②う　けいこが二階へ上がるところを探す。うのようこの視点では，けいこは「姉」と書かれている点に注意する。

⑷(ア) A　うの文章の，「わたしたち三姉妹は，みんなそれぞれ性格がちがった。」から始まる段落に注目する。三人の性格のちがいについて述べているのはようこである。

B　うの文章に，「はなこは子どもっぽい。すぐ笑い，すぐ泣き，すぐおこる」とある。感情表現が豊かなのははなこである。

C　うの文章に「姉は，とても大人っぽい」とある。姉とはけいこのことである。

D　うの文章に，「何事もほどほどが一番だ」「どうでもいいと思っているわたし」とある。うの文章はようこ視点だから，「二人をなげやりな態度で見ている」のはようこであるとわかる。

(イ)　たろうさんが「いつもは三人とも仲が良いのだろう」と思う理由を答える。三人のふだんの様子が書かれている部分をいとうの文章中から探し，十字以内でまとめる。

(ウ)　三人は，自分の行動や性格を振り返ったうえで，自分の気持ちに素直に行動できないことを反省している。

⑸　まず，第一段落に「自分とは性格のちがう相手と接することになった場合，どのような気持ちで相手と接するか，相手に対してどのような行動をするか」について明確に示す。第二段落には，具体的にどのように行動するかを理由とともに書く。ここで，はなこ，けいこ，ようこの中のだれかの行動や考え方について触れると良い。第三段落では自分の意見を簡単《かんたん》にまとめる。字数が限られているので，できる限り簡単にわかりやすくまとめることが大切である。

問題2 （社会：地図，資料読み取り，公害）

⑴　煙《けむり》がかかっているBは，公害のひ害が大きかった1966年ごろの写真。

⑵　〔資料２〕から，市，会社，市民がそれぞれ行ったことを読み取る。

⑶　川崎《かわさき》市の公害の変化についての資料を選ぶ。川崎市に関係する資料はアとウ，公害に関係する資料はアとイとエなので，川崎市の公害の変化を調べるのに適切な資料はア。

⑷　東海道《とうかいどう》新幹線は，神奈川県，静岡県，愛知県を通っている。

⑸　地図を正しく読み取る。工場は，A駅から見て北東にある。また，この地図の縮尺《しゅくしゃく》は$\frac{1}{25000}$であるから，工場はA駅から東へ約1km，北へ約1kmの場所にあるとわかる。

⑹　〔資料５〕から，農業・林業の労働者数の割合《わりあい》が大きく減少している一方，医療《いりょう》・福祉《ふくし》の労働者数の割合が年々増加していることがわかる。これに合うグラフは，ウとなる。

(7) 〔**資料６**〕のたろうさんのメモは，Ａ町と川崎市の比較《ひかく》を行っているので，エのようにふたつを並《なら》べて整理できる図表が適切である。

(8) Ａ町や川崎市では，工場をきれいにライトで照らすことで，観光資源《しげん》として活用する取り組みを行っている。

★ワンポイントアドバイス★

資料を正確に読み，必要な情報だけを取り出す力が試されている。普段から資料の多い問題に取り組むとよい。長文の問題にくり返し取り組み，あせらず問題を解けるようにしておこう。

＜適性検査Ⅱ解答例＞

問題1

(1) エ

(2) 海に近いところでは新鮮な魚が手に入るので，刺身にして食べる文化が広まった

(3) 洪水

(4) ア

(5) オ

(6) イ

問題2

(1)

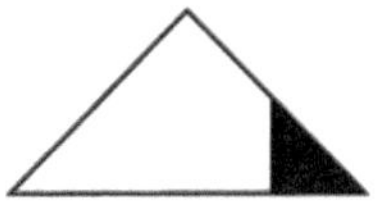

(2) イ

(3) カ

(4) い　123　　う　165

(5) え　255

(6)

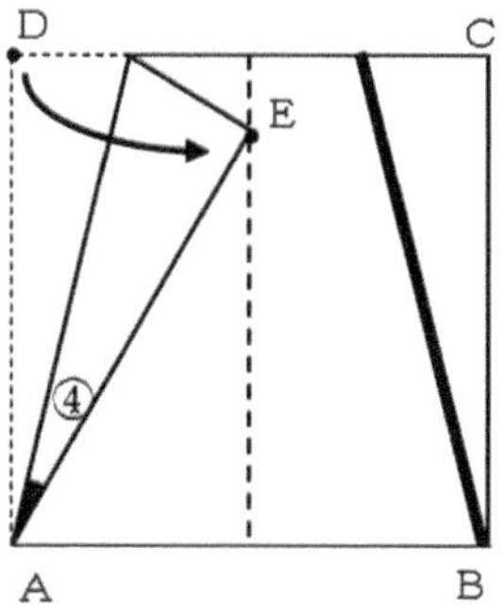

お　点Ｄと点Ｅを重ねたので，辺ADと辺AEの長さは等しい。また，点Ｃを点Ｅに重ねたので，辺BCと辺BEの長さは等しい。折り紙は正方形なので，辺ADと辺BCと辺ABの長さは等しい。

か　15

問題3

(1) 太陽のあたり方

(2) ①　ア，オ

(3) (い) 水蒸気

(4)

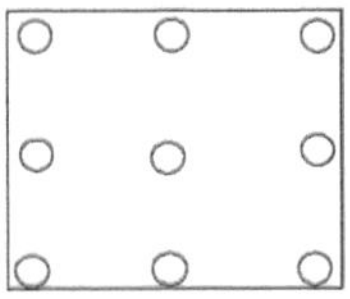

(5) (う) オ

(6) (え) 5

(7) (お) 季節によって昼の長さが違うので，太陽の光を受ける時間に長短が生じるため

○配点○

問題1 (1)・(4) 各5点×2　(2) 15点　(3)・(5)・(6) 各10点×3

問題2 (1)・(2)・(3)・(4)う・(5)・(6)お 各10点×6
(4)い・(6)図・(6)か 各5点×3

問題3 (1)・(7) 各15点×2　(2)・(4)・(6) 各10点×3
(3)・(5) 各5点×2　計200点

＜適性検査Ⅱ解説＞

問題1 **(社会：世界の気候と文化・資料読み取り)**

(1) **〔資料2〕**から，中東では雨がほとんど降《ふ》らないことがわかる。よって，エはあてはまらない。

(2) 自然環境によって異《こと》なる食文化について，具体例を挙げる。

(3) **〔資料4〕**から，他の地域に比べてアジアで多く起こっているのは地震《じしん》と洪水《こうずい》である。**〔資料3〕**のように部屋が地面よりも高いところにあるのは，洪水のときに家が水びたしになったり流されたりしないようにするためであると考えられる。よって，(い)にあてはまる自然災害は，洪水である。

(4) **〔資料5〕**から，「親しみを感じる」「どちらかというと親しみを感じる」と答えた人の割合が一番多いのは，東南アジアである。

(5) はなこさんは，「時間や労力がいくらかかってもよいので，できるだけ安い方法がよい」と言っている。この条件に合うのは，お金の全くかからない「自転車」である。また，たろうさんは，「300円以下で，できるだけ疲れない方法がよい」と言っている。この条件に合うのは，240円かかるが労力がほとんど必要ない「電車とバス」である。

(6) まず課題を決め，課題に関する情報を収集《しゅうしゅう》→整理→分析《ぶんせき》するという流れになっている。

重要 問題2 **(算数：規則性，図形)**

(1) **【図4】**から，折り紙を折ったときに重なりあう辺や角を考える。

(2) **【図5】**から，折り紙を折ったときに重なりあう辺や角を考える。

(3) 折り紙の1辺は15cm，輪を作るときののりしろは1cmなので，輪の直径は，

$(15-1)\div 3.14=4.45\cdots$

で，約4.45cm。2m＝200cm以上の輪飾《かざ》りを作るには，

$200\div 4.45=44.94\cdots$

から約45個の輪が必要だとわかる。これを10本作るので，それに必要な輪の数を求める。1枚

の折り紙を４等分にして使うので，必要な折り紙の枚数は

45×10÷4＝112.5

より約113枚となる。よって答えはカ。

(4)(い) **【図８】**より，輪飾り全体の長さは，(輪の数)×3＋3と表せる。40個の輪をつなげたときの全体の長さは，

40×3＋3＝123

で，123cmである。

(う) ２mの輪飾りを作るのに必要な輪の個数を求める。

輪が40個のときは，123cm

50個のときは，50×3＋3＝153(cm)

60個のときは，60×3＋3＝183(cm)

70個のときは，70×3＋3＝213(cm)

であることから，必要な輪の個数は60個以上70個未満であるとわかる。

輪が65個のときは，65×3＋3＝198

なので，２mの輪飾りに必要な輪の個数は66個である。１枚の折り紙を４等分して使うので，必要な折り紙の枚数は，

66×10÷4＝165

で，165枚である。

(5) １回折ると２等分，２回折ると４等分，３回折ると８等分，４回折ると16等分であることから，折る回数だけ２をかけると何等分になるか求められる。８回折ると，

2×2×2×2×2×2×2×2＝256

で図形は256等分される。(等分した図形の数)－1が折り目の数なので，256－1＝255で，８回折ると折り目は255本になる。

(6) 正三角形を作るには，３辺の長さが同じになるように折ればよい。また，正方形のひとつの角の大きさは90度，正三角形のひとつの角の大きさは60度である。また，点Dと点Eが重なるように折っているため，角④は，(90－60)÷2＝15で15度となる。

問題3 **（理科：実験，水の状態変化，太陽光発電）**

(1) 太陽のあたり方は，温度の変化に関係があると考えられる。地面の種類以外の条件はなるべくそろえる。

(2) 芝生《しばふ》で最も低い温度を計測したのは40～45分後なので，アは誤《あやま》り。また，打ち水をして最も温度が下がったのはアスファルトなので，オも誤り。

(3) 水は蒸発《じょうはつ》すると水蒸気になる。

(4) ひろし先生の,「粒《つぶ》の動きが活発になり，体積が大きくなっている」という言葉を参考にする。水が水蒸気になると，〔**資料３**〕のように一か所に集まっていた粒子がばらばらに広がる。

(5) はなこさんの「光が熱や風など他のエネルギーに変わることがない」という言葉から，光電池は光から直接電気をつくる装置《そうち》であるとわかる。

(6) 石油を利用した火力発電に比べ，太陽光発電では何％のCO_2排出量《シーオーツーはいしゅつりょう》が抑えられているかを計算する。〔**資料７**〕から，

38÷738×100＝5.1…

小数第一位を四捨五入《ししゃごにゅう》し，５％となる。

(7) 太陽光発電は，太陽の光を受けている間しか発電できない。季節によって昼の長さは違い，

光を受ける時間に長短が生じるため，１年の中で発電量が大きく異なってしまう。

★ワンポイントアドバイス★

社会・算数・理科と幅《はば》広い問題が出題されている。また，今まで学習してきた範《はん》囲《い》だけから出題されるのではなく，そこから考えられる応用例なども問われる。普段から基本的な知識が応用されているものなどに興味を持つとよい。

2021年度

★★★★★★★★★★★★★★★★★★★★★★★★

入　試　問　題

2021年度

川崎市立川崎高等学校附属中学校入試問題

【適性検査Ⅰ】 (26ページから始まります。)

【適性検査Ⅱ】 (45分)　＜満点：200点＞

問題１　たろうさんとはなこさんが教室で話をしています。次の会話文を読んで，あとの(1)～(6)の各問いに答えましょう。

たろうさん：昨日のテレビ番組で，かんたんに人が浮《う》くことのできる湖を紹介《しょうかい》していました。人が本を読みながら浮いている写真〔資料１〕が印象的でした。

〔資料１〕

(JTB ウェブサイトより引用)

はなこさん：私も以前行った海水浴で同じように少し浮くような経験をしたことがあります。でも，このように浮くことはなかったです。

たろうさん：写真の湖には，塩化マグネシウムという物質が多くとけていることがわかっていて，海には似た成分の塩化ナトリウム，つまり，食塩が多くとけているから，同じような感覚だったのかもしれないですね。

はなこさん：なるほど。他にもその湖と日本の海とのちがいがあるのかな。

たろうさん：それはとけているものの量だということを学習したよ。その湖にはとけているものがとても多くて，それに比べると日本の海にとけているものの量が少ないということです。①<u>その湖と日本の海の水について，それぞれ100mlずつビーカーに取ったときの，とけているもののようすを図で表してみました。</u>

はなこさん：図で表すととけているもののようすがよくわかります。
ところで，どこの海もとけている食塩の量は同じなのですか。日本の海にはどれくらいの量の塩がとけているのか調べてみたいです。

(1)　下線部①について，水にとけているものを○で表したとき，最も正しいものを次のア～カの中から１つ選び，記号で答えましょう。(１つの○は同じ量を表しています)

	湖	海
ア	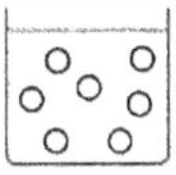	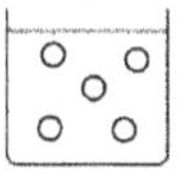
イ	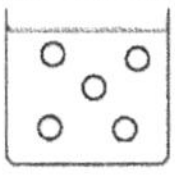	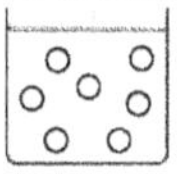

ウ	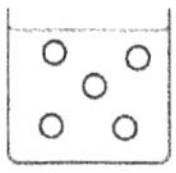	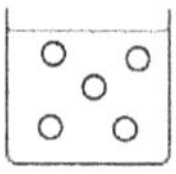
エ		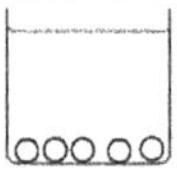
オ	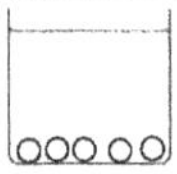	
カ		

――数日後――

はなこさん：今度は食塩の量を増やしていくと浮く力が強くなることを確かめる実験をしたいと思います。

たろうさん：食塩は計量スプーンで１杯《ぱい》ずつ増やしていくとちがいがわかると思います。浮かせるものは何がいいでしょう。

はなこさん：色々な野菜で比べてみるのはどうでしょうか。

たろうさん：野菜は手に入りやすいし，同じ体積や同じ重さに切ると条件を合わせることができます。ニンジン，ジャガイモ，ダイコン，サツマイモを使って，実験をしてみましょう。

はなこさん：水も同じ量を用意して実験をすれば，食塩の量で浮き沈《しず》みのちがいがわかりますね。

たろうさん：では，準備をして実験をしてみましょう。

――実験後――

たろうさん：実験結果を次のページの〔**資料２**〕，〔**資料３**〕にまとめました。

はなこさん：１つ目の実験の結果〔**資料２**〕から水に食塩をとかせばとかすほど，野菜は浮きやすくなるということが分かります。そして，浮きやすい野菜と浮きにくい野菜があることもわかります。野菜の重さが関係しているのでしょうか。

たろうさん：それはどうだろう。２つ目の実験の結果〔**資料３**〕を見て下さい。

はなこさん：すべての野菜の重さを同じにしたのに，〔**資料２**〕と同じ結果になっています。

たろうさん：つまり，ものが水に浮くか沈むかは重さだけでなく，重さと体積の両方が関係しているようです。

はなこさん：でも，なぜ食塩をとかす量を増やすと浮かびやすくなるのでしょうか。

たろうさん：２つ目の実験をするときに気が付いたのだけど，同じ重さだと浮かびやすい野菜ほど，体積が大きかったと思います。また，水にとかす食塩の量を増やしても，水の体積はほとんど変わりませんでした。

はなこさん：それならば，「水」，「水１Ｌに対して食塩大さじ３杯《ぱい》をとかした水」，「ニンジン」，

「ジャガイモ」，「ダイコン」，「サツマイモ」の同じ体積あたりの重さを軽い順に並べると［　　（あ）　　］となるのではないでしょうか。

たろうさん：並べてみると，水や食塩水に浮かぶかどうかがよくわかるね。ジャガイモを浮かすためには，水１Ｌに対して食塩を200ｇぐらい入れる必要があるそうです。

はなこさん：もし，その食塩水の中で泳いだら楽しそうですね。

〔資料２〕同じ体積に野菜を切ったときの実験結果

	ニンジン	ジャガイモ	ダイコン	サツマイモ
水 1L のみ	沈んだ	沈んだ	沈んだ	浮いた
水 1L＋食塩大さじ１杯《はい》	沈んだ	沈んだ	浮いた	浮いた
水 1L＋食塩大さじ２杯《はい》	浮いた	沈んだ	浮いた	浮いた
水 1L＋食塩大さじ３杯《はい》	浮いた	沈んだ	浮いた	浮いた

〔資料３〕同じ重さに野菜を切ったときの実験結果

	ニンジン	ジャガイモ	ダイコン	サツマイモ
水 1L のみ	沈んだ	沈んだ	沈んだ	浮いた
水 1L＋食塩大さじ１杯	沈んだ	沈んだ	浮いた	浮いた
水 1L＋食塩大さじ２杯	浮いた	沈んだ	浮いた	浮いた
水 1L＋食塩大さじ３杯	浮いた	沈んだ	浮いた	浮いた

(2)　［（あ）］にあてはまる正しい順番を，次のＡ～Ｆの記号を使って答えましょう。

Ａ　水　　　Ｂ　水１Ｌに対して食塩大さじ３杯をとかした水

Ｃ　ニンジン　　Ｄ　ジャガイモ　　Ｅ　ダイコン　　Ｆ　サツマイモ

たろうさん：ところで，身の回りにあるさまざまな液体は，水にさまざまなものがとけこんでできているのは知っていますか。

はなこさん：お店で売られているスポーツドリンクやジュースにはたくさんの砂糖がとけていると聞いたことがあります。

たろうさん：そうですね，あまくておいしい飲み物にはたくさんの砂糖がとけているから，飲み過ぎに気をつけなければいけないと教わりました。

はなこさん：炭酸飲料のシュワシュワは何がとけてできているのでしょうか。

たろうさん：それは二酸化炭素という気体が水にとけているそうです。

はなこさん：炭酸飲料をふると中身が勢いよくふき出すのは，とけていた二酸化炭素がとけきれなくなって，一気に液体から出ることが原因なのですね。

たろうさん：その通りです。その原理を利用し

〔資料４〕ラムネのびん

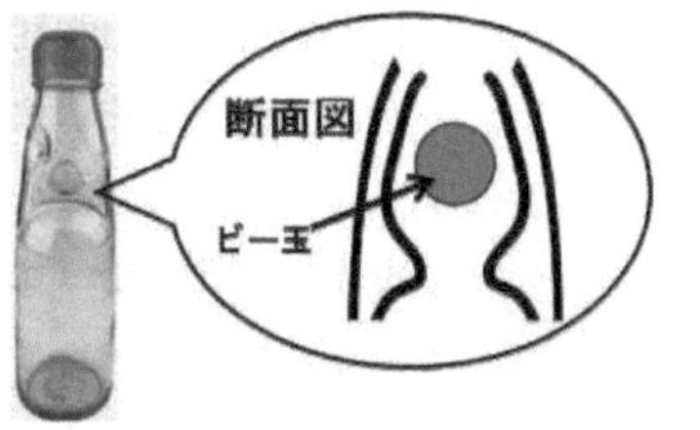

（トンボ飲料ウェブサイトより引用）

て，「ラムネ」という飲み物ではふたを閉じているのを知っていますか。
はなこさん：ラムネはよく銭湯やお祭りで売られていますね。確か，容器の中にビー玉が入っていたと思います。
たろうさん：ラムネは前のページの〔**資料4**〕のようにぎりぎり外には出ない大きさのビー玉で中からふたをしているのです。
はなこさん：外に出ないのは分かりますが，どうして，ビー玉でふたができるのですか。
たろうさん：ラムネにとけている二酸化炭素を利用しているのです。
はなこさん：あの炭酸のシュワシュワの力を利用するのですね。
ということは［　　（い）　　］のではないですか。
たろうさん：その通りです。

(3) ［（い）］にあてはまる，ラムネのびんがビー玉でふたをしているしくみを答えましょう。

はなこさん：夏の暑い日に炭酸飲料を外に出していると，すぐにシュワシュワがなくなってしまうのは気のせいでしょうか。
たろうさん：気のせいではありません。二酸化炭素も水の温度によって，水にとける量が変わる性質があります。
はなこさん：砂糖のように，温度が高ければ高いほど水にとけやすくなるのとはちがって，二酸化炭素は，温度が高ければ高いほど，水にとけにくくなるということなのですね。
たろうさん：そうですね，温度を高くすると，炭酸飲料の中から出るあわの量が増えていきます。
はなこさん：そういえば，液体の中からあわが出るといえば，水がふっとうするときも同じですね。あれも同じ二酸化炭素なのでしょうか。

〔資料5〕

たろうさん：〔**資料5**〕のように，水を加熱して，あわをふくろに集める実験をしたことを覚えていますか。
はなこさん：加熱した水から発生するあわをろうとで集めて，その先に取り付けてあるふくろにためてから冷やすという実験ですね。覚えています。でも，どんな結果だったかは忘れてしまいました。
たろうさん：もし，はなこさんの言うようにあのあわが二酸化炭素ならば，火を消してふくろを冷やすと，ポリエチレンのふくろはどうなるでしょうか。
はなこさん：ふくろは［　　（う）　　］はずです。
たろうさん：でも，実際は，ふくろは［　　（え）　　］のです。
はなこさん：つまり，水の中のあわの正体は，水が気体になった水蒸気ということですね。

(4) （う），（え）にあてはまる言葉を次のア～カの中からそれぞれ１つずつ選び，記号で答えましょう。

ア　あまりしぼまず，液体は出てこない
イ　あまりしぼまず，液体が出てくる
ウ　ほとんどしぼんでしまい，液体は出てこない
エ　ほとんどしぼんでしまい，液体が出てくる
オ　さらにふくらみ，液体は出てこない
カ　さらにふくらみ，液体が出てくる

はなこさん：この実験を水ではなく炭酸飲料で行ったらどうなるのですか。
たろうさん：温度によって，異なるのではないでしょうか。
はなこさん：どうしてそう考えられるのですか。
たろうさん：加熱をして温度がそこまで高くならないときに気体を集めた場合は，火を消すとふくろは（お）です。
次に十分に加熱をして，とても温度が高くなったときに気体を集めて，火を消すと（か）と思います。
はなこさん：でも，どうしてそのようなちがいになるのですか。
たろうさん：炭酸飲料の温度が低いときに発生する気体には（き）がふくまれていますが，温度が高いときに発生する気体には，（く）がふくまれているので，このようなちがいがおこるのです。
はなこさん：見ただけでは，同じような液体なのに，色々とちがっておもしろいですね。中学生になったらたくさん実験したいですね。

(5) （お），（か）にあてはまる言葉を次のア～カの中からそれぞれ１つずつ選び，記号で答えましょう。

ア　あまりしぼまず，液体は出てこない
イ　あまりしぼまず，液体が出てくる
ウ　ほとんどしぼんでしまい，液体は出てこない
エ　ほとんどしぼんでしまい，液体が出てくる
オ　さらにふくらみ，液体は出てこない
カ　さらにふくらみ，液体が出てくる

(6) （き），（く）にあてはまる気体を次のア～エの中からそれぞれすべて選び，記号で答えましょう。

ア　水蒸気
イ　水素
ウ　酸素
エ　二酸化炭素

問題２　たろうさんとけいこ先生が話をしています。次の会話文を読んで，あとの(1)～(6)の各問いに答えましょう。

けいこ先生：もうすぐ誕生日ですね。たろうさんは何か欲しいものはありますか。
たろうさん：新しい一輪車が欲しいです。身長が伸《の》びたので，もう少し大きいものが欲しいです。
けいこ先生：あるメーカーでは，タイヤのサイズが14インチから24インチまであり，身長140㎝のたろうさんには20インチか22インチの大きさが良いみたいですね。
たろうさん：20インチはどれくらいの大きさですか。
けいこ先生：インチ数はタイヤの直径を表していて，１インチが約2.5㎝だから，20インチならタイヤの直径は約50㎝ですね。
たろうさん：では，20インチのタイヤなら，１回転で，（あ）㎝進むことができますね。
けいこ先生：そうですね。１周の長さは，直径から求められますね。

(1)　（あ）にあてはまる数を答えましょう。円周率は3.14とします。

けいこ先生：では，大きさのちがう一輪車のタイヤが１回転で進む道のりを比べてみましょう。22インチのタイヤは20インチのタイヤに比べて何倍長く進めるのか，求められますか。
たろうさん：そうですね。何倍長く進めるのかを計算すると，
（い）
となるから，結局22÷20＝1.1だけでよいということですね。
けいこ先生：すばらしいです。よくわかっていますね。

(2)　（い）には，22インチの一輪車が20インチの一輪車よりも１回転あたり1.1倍長く進むことが22÷20で求められる理由がわかるような式やそれを計算する途中《とちゅう》の式が入ります。あてはまる式やその計算の仕方がわかるような途中の式を書きましょう。

―――数日後―――
けいこ先生：一輪車の練習は順調ですか。
たろうさん：はい。上達しています。ただ，練習中に気になることがありました。
けいこ先生：どんなことですか。
たろうさん：友達の一輪車の様子を横から見ていたとき，タイヤに空気を入れるバルブの動きが目について，バルブの位置だけずっと見ていました。

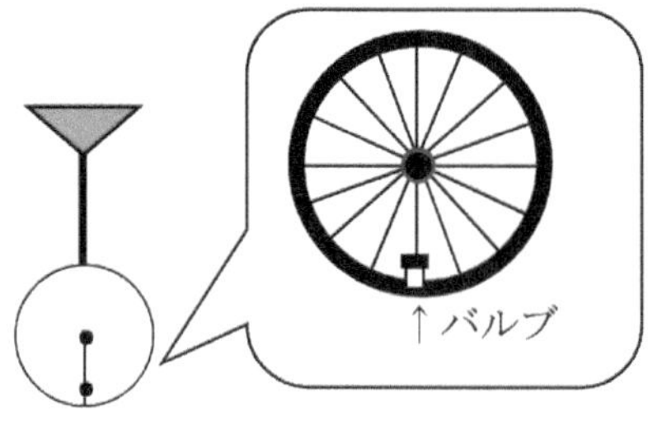

けいこ先生：おもしろいところに目を付けましたね。タイヤが３回転したときに，バルブが通った位置を線でかき残すと次のページの【図１】のようになります。

【図１】

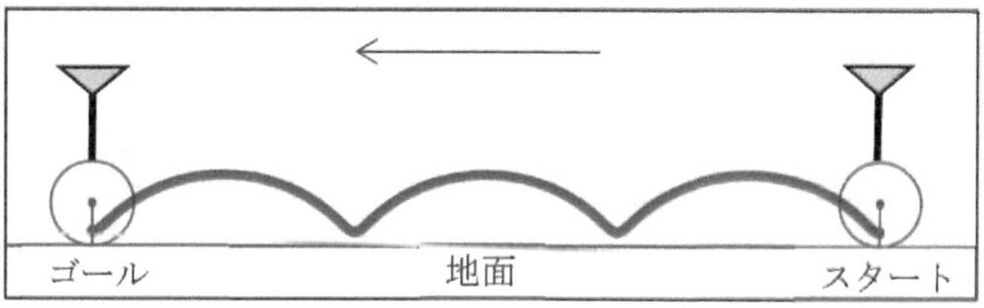

たろうさん：不思議な曲線ですね。

けいこ先生：この曲線を利用した定規があるのを知っていますか。

たろうさん：どんな定規ですか。

けいこ先生：【図２】のような定規です。
（説明書）を読んでみてください。

【図２】

（説明書）
・この定規は，模様をかくためのものです。定規には円形のわくと歯車があり，歯車の歯とかみ合うような歯がわくの内側にもついていて，歯車はわくの内側をすべらずに動かすことができます。
・歯車にあいている穴の１つにペン先を差しこみ，歯をかみ合わせながら，歯車を回転させ，わくの内側にそって進めると，模様をかくことができます。【図３】【図４】

【図３】

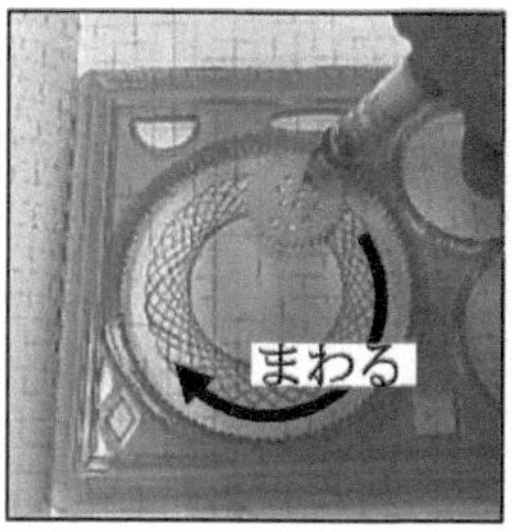

【図４】

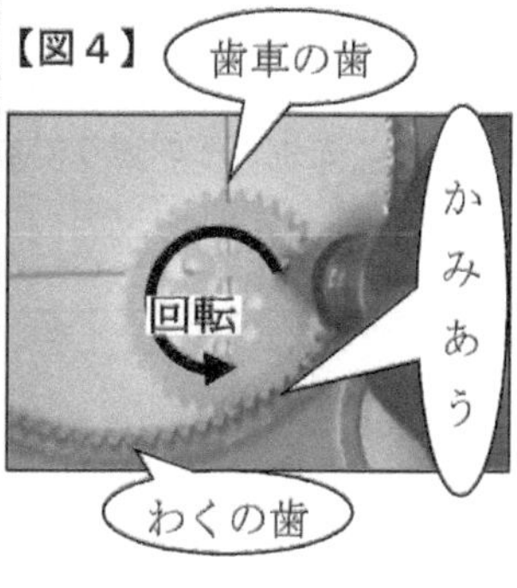

【注】
この問題では，わくの内側についている歯の数が120の場合「歯数120のわく」といい，歯車の歯の数が40の場合「歯数40の歯車」ということにします。
また歯車が回転しながら「わくにそって進む」ことを「わくをまわる」ということにします。【図３】【図４】

たろうさん：実際にかいてみますね。
花のような模様【図５】になって，花びらが10枚できました。

けいこ先生：わくと歯車の組み合わせによって，できる模様や花びらの数が変わりますね。

たろうさん：不思議ですね。どんな仕組みがあるのだろう。

【図５】

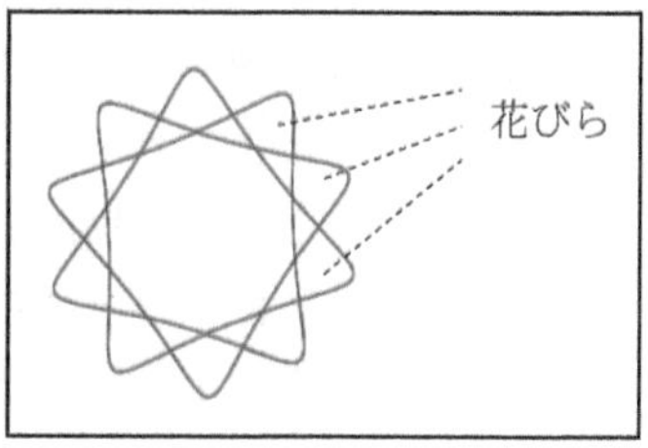

けいこ先生：いろいろとかいてみましょう。例えば，歯数120のわくで，歯数40の歯車だと【図６】のようになります。

たろうさん：形は花に見えないですが，【図５】と同じように考えると花びらが３枚ですね。

けいこ先生：この【図６】は【図１】の地面を外側にして，バルブの通った線を含《ふく》めて丸めて輪にしたものだとわかりますか。つまり，わくの歯数の数は一輪車が進む道のりを表し，歯車の歯数は一輪車のタイヤの円周の長さを表しているといえます。それでは，歯数120のわくと歯数30の歯車ではどうなるでしょう。

【図６】

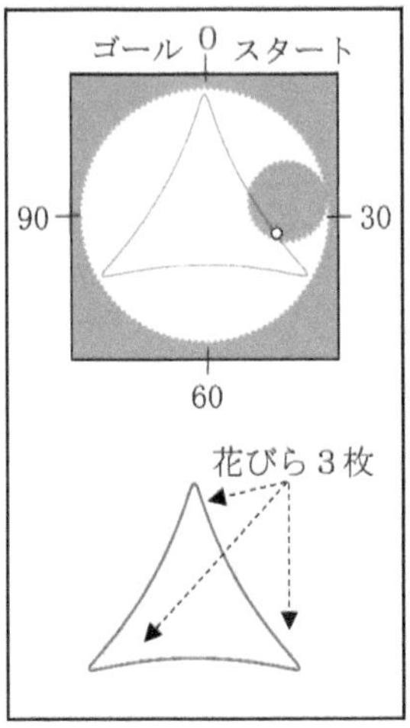

たろうさん：【図７】のような模様になります。

けいこ先生：この【図７】を【図１】の動きと同じように考えてみると，模様の線はどのようになるかわかりますか。

たろうさん：【図８】のようになります。

けいこ先生：その通りですね。

【図７】

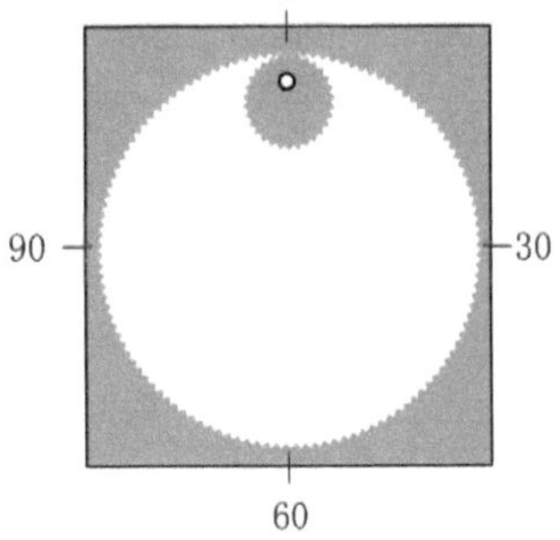

【図８】

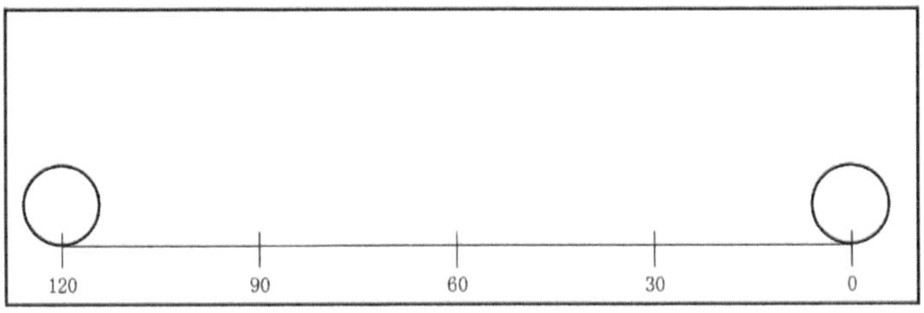

(3)　【図７】と【図８】の模様を解答用紙にかきましょう。

けいこ先生：花びらの数と一輪車のバルブの動きとの関係がわかってきたようですね。では，歯数120のわくと歯数36の歯車の場合も調べてみましょう。

たろうさん：スタートのところから回転させて**ア**のところで１つ目の花びらができます。これは歯車が約１回転したところです。次に**イ**のところで２つ目の花びらができます。これは歯車が約２回転したと

【図９】

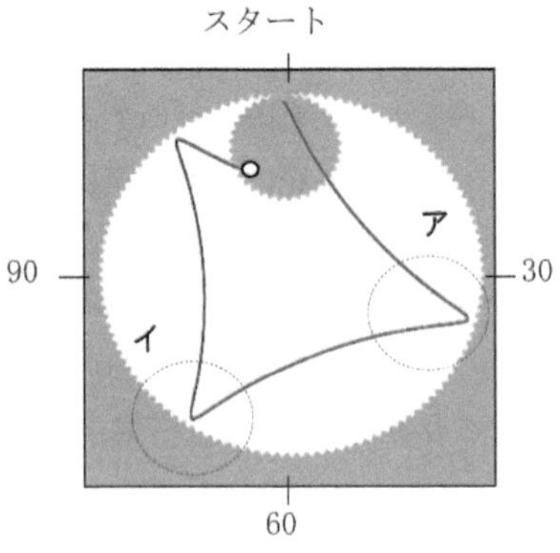

ころです。これをくり返して歯車がわくを1周まわると前のページの【図9】のようになります。
……あれっ，かき始めとつながりません。

けいこ先生：そうですね。歯車の穴がかき始めた位置にまだ戻《もど》っていませんが花びらが3枚できている理由はわかりますか。

たろうさん：（う）がわかれば，その数が花びらの枚数だと思います。

けいこ先生：そうですね，【図9】は歯車がわくを1周まわったところだといえますね。実際に計算してみましょう。

たろうさん：歯数36の歯車が，歯数120のわくを1周まわったとき，（う）を考えればよいから……
えっと$120 \div 36 = \frac{120}{36} = \frac{10}{3} = 3\frac{1}{3}$だから，$3\frac{1}{3}$回転ですね。
だから【図9】では，花びらが3枚できているのですね。

(4) （う）には同じ言葉があてはまります。あてはまる言葉を書きましょう。

けいこ先生：そうです。【図9】は，わくを1周まわる間に歯車が$3\frac{1}{3}$回転した状態と言えますね。数が整数になっていないから，歯車の穴の位置がかき始めた位置に戻っていないと考えられます。

たろうさん：そうか。ということは，わくを何周かまわって，そのときの歯車の回転数が整数になっていれば，かき始めた位置にちょうど戻って模様が完成するということですね。よし，このまま何周かまわしてみます。

けいこ先生：……どうですか。模様は完成しましたか。

たろうさん：【図5】のような模様が完成しました。歯車がわくを3周まわったところで完成して，花びらは10枚できました。

【図5】

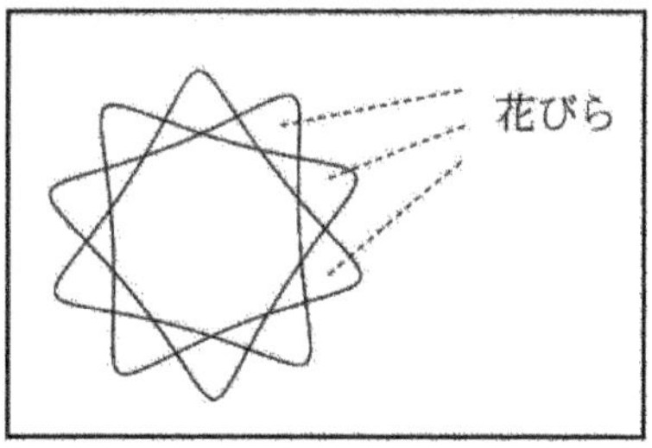

けいこ先生：はい，そうですね。

たろうさん：あれっ，けいこ先生は，3周で完成して花びらが10枚になることが初めからわかっていたのですか。

けいこ先生：実はわくと歯車の歯数がわかれば，何周で完成するのか，花びらが何枚になるのかも求められるのです。

たろうさん：そうだったのですか。

けいこ先生：たろうさんも考えてみてください。説明できますか。

たろうさん：歯車の穴がかき始めた位置に戻ると完成するのだから，まずはわくを何周で完成するかというと
（え）
次に，歯車が何回転したかというと，
（お）

(5) (え) には，わくを３周まわると完成する理由の説明が，(お) には，歯車が10回転する理由の説明が入ります。算数で学習した用語を用いて，あてはまる説明を書きましょう。

けいこ先生：理由までしっかり説明できましたね。
では，これまでは，【図10】の歯車の外側ａにペンを入れて模様をかきましたが，もし，歯車の中心ｂにペンを入れてかいたら，どのような模様ができるかわかりますか。

【図 10】

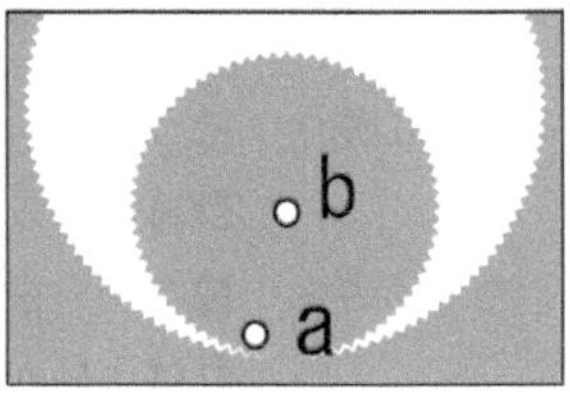

たろうさん：あっ，円になりますね。
けいこ先生：その通り。どのように考えたのですか。
たろうさん：一輪車で考えました。歯車の中心にある穴を使うということは，バルブが通った位置ではなく，(か) の位置を線でかき残した場合を考えればよいと思いました。そのときのかき残した線は (き) になり，それを丸めるのだから円になると思いました。
けいこ先生：一輪車と関連付けて考えるとわかりやすいですね。
たろうさん：同じものでも見方を変えるといろいろなことがわかってくるのですね。

(6) たろうさんは，歯車の中心にある穴を使ってかいた模様が円になる理由を説明しています。(か) と (き) にあてはまる言葉を書きましょう。

問題３

たろうさんとはなこさんがけいこ先生と教室で話をしています。次の会話文を読んであとの(1)～(6)の各問いに答えましょう。

けいこ先生：２人は，まだ食べられるのに捨ててしまう「食品ロス」について知っていますか。
このグラフ〔資料１〕にはまだ食べられるのに捨てた理由が書かれています。これを見て，どう思いますか。

〔資料１〕まだ食べられるのに捨てた理由

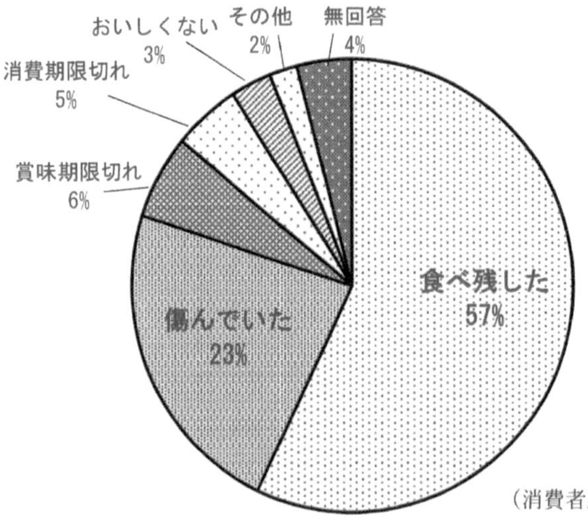

（消費者庁ウェブサイトより引用）

たろうさん：「食べ残した」が一番多い理由で，全体の半分以上もあるなんて，もったいないですね。

けいこ先生：そうですね。他にも食べ物が傷《いた》んでいたためや，おいしく食べることができる「賞味期限《しょうみきげん》」や期限を過ぎたら食べない方が良い「消費期限《しょうひきげん》」が過ぎたため捨ててしまったりもしています。
①みなさんの家で食べ残しを減らすためにできることはないか，考えてみましょう。

(1)　下線部①について，家での「食べ残し」を減らすための工夫として適切でないものを次のア～エの中から１つ選び，記号で答えましょう。

ア　必要な分だけ食材を買うようにする

イ　体調や健康，家族の予定も考えて，食べきれる量を作る

ウ　作り過ぎて残った料理は，別の料理に作り直して食べきる

エ　食材が安い時に多めに買っておく

たろうさん：食品ロスを減らすため，レストランなどで何か取り組まれていることはあるのかな。

はなこさん：そういえば，この前，家族で行ったレストランの入り口にステッカー〔**資料２**〕が貼られていました。先生，これも食品ロスを減らすための工夫の一つですね。

けいこ先生：そうです。このステッカーが貼《は》られているお店では食品ロスを減らすための②さまざまな取組が行われています。みなさんも，調べてみてください。

はなこさん：川崎市のロゴマークがかかれているということは，家庭だけではなくお店や川崎市が協力して食品ロスを減らすことに取り組もうとしているということですね。

けいこ先生：そうです。みんなで協力して取り組むことが大切です。

〔資料２〕

（川崎市ウェブサイトより引用）

(2)　下線部②について，あなたが飲食店の店長だとしたら，食べ残しを減らすためにどのようなことに取り組みますか。取り組む内容を２つ書きましょう。

たろうさん：そういえば，この前の授業で，自分の国で食べられる量の食物を国内で生産できていないことを教わりました。

けいこ先生：そうでしたね。ではこのグラフ〔**資料３**〕を見てください。これは，日本と他の国々の食糧《しょくりょう》自給率についてのグラフです。

はなこさん：食糧自給率って何ですか。

けいこ先生：国内で消費される食料のうち，どれだけ国内で生産できるかを表したものです。たとえば，カナダの255％というのは，カナダ国内で消費される食料の２倍以上を生産していることになります。

たろうさん：ということは，日本では，私たちが食べるのに必要な食料の約62％を［（あ）］ということですか。

けいこ先生：その通りです。

〔**資料３**〕2017年度の世界の食糧自給率

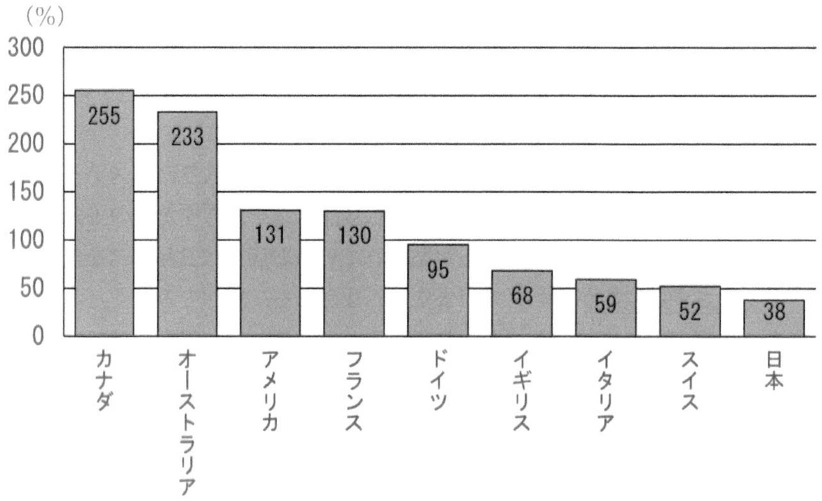

（農林水産省ウェブサイトより作成）

(3) ［（あ）］にあてはまる言葉を書きましょう。

たろうさん：食品ロスの問題は，先進国と開発途上《とじょう》国では何か違《ちが》うところがあるのかな。

けいこ先生：そうですね。例えば野菜について考えてみると，日本では，台風などの悪天候による被害《ひがい》のことも考えて，必要な量よりも多くの野菜を作っています。そのため，被害がなかったときには大量に作物を余らせてしまい，それらは捨てられてしまうこともあるそうです。
また，食品を販売《はんばい》するまでには，多くの基準があり，その基準を満たしていない食品は販売することができないので，それらも捨てられてしまうことが多いのです。たとえば，スーパーで販売しているキュウリがどれもまっすぐで，ほとんど同じ長さにそろっているのはそういった理由があるからです。

はなこさん：そういえば，近所の八百屋さんで「曲がったキュウリ」を売っていました。お母さんが「こっちの方が安いし，味は変わらないから」と言って買っていました。
たろうさん：なぜ曲がったキュウリは基準を満たさない場合があるのですか。
けいこ先生：見た目の問題や箱詰《はこづ》めして運ぶときに不便だからです。
たろうさん：それでは，開発途上国では，どのような食品ロスが起こっているのですか。
けいこ先生：開発途上国でも，野菜を腐《くさ》らせてしまい大量に捨てられてしまうことがあります。たとえば，素早く大量に収穫《しゅうかく》することができる［（い）］がないために人手が足りなかったり，せっかく収穫しても，それを腐らせないように［（う）］する設備がなかったりして腐らせてしまうこともあるようです。
さらに，収穫した野菜を運ぶ車が足りなかったり，道路が整備されていなかったりして，［（え）］する途中《とちゅう》に腐らせてしまうこともあります。

(4) ［（い）］，［（う）］，［（え）］にあてはまる正しい言葉の組合せを，次のア～エの中から選び，記号で答えましょう。

ア （い）販売店　（う） 保存　（え） 輸送
イ （い）販売店　（う） 輸送　（え） 保存
ウ （い）機械　（う） 保存　（え） 輸送
エ （い）機械　（う） 輸送　（え） 保存

はなこさん：この前，チョコレートを買いにスーパーに行ったら，このようなマーク〔資料4〕を発見しました。これは何ですか。
けいこ先生：これはフェアトレードといって，開発途上国の原料や製品を適切な値段で続けて買うことで，立場の弱い開発途上国の人々の生活を改善し，自立を目指す「貿易の仕組み」をきちんと守っている製品につけられているマークです。たとえばチョコレートについて，材料となるカカオ豆を収穫《しゅうかく》するときに，さまざまな問題が起こっていることを知っていますか。

〔資料4〕

FAIRTRADE

（フェアトレードジャパンウェブサイトより引用）

はなこさん：テレビ番組で見たことがあります。小さい子どもたちが生活のためにカカオ農園で働いていました。
たろうさん：働いてお金がもらえるなら家族も助かるね。
はなこさん：でも，働いてもらえるお金が少ないとテレビ番組で言っていました。それに働くことに時間をとられて，③勉強する時間がないと悲しんでいました。
たろうさん：安い賃金だから，チョコレート会社はチョコレートを安く作ることができ，私たちは安い値段でチョコレートを食べることができているのですね。

(5) 下線部③について，勉強をする時間が少なくなることで，子どもたちが将来，何をするときどのように困りますか。考えられることを２つ書きましょう。

けいこ先生：この図〔**資料５**〕を見てください。これはSDGs（エスディージーズ）といって，2030年までに持続可能でよりよい世界を目指す国際目標です。17の目標からできていて，途上国だけでなく，先進国も取り組む目標です。日本はもちろん，川崎市も積極的に取り組んでいます。

たろうさん：カカオ豆のこととSDGsには関係があるのですか。

けいこ先生：そうですね，たとえばチョコレートを買うときに値段が安ければどんなものでも良いと考えるのではなく，適切な値段で取引されたチョコレートを買うことで，カカオ農園で働く人は適切な賃金が受け取れるし，それが品質の良いカカオ作りにもつながります。その結果，私たちも安心して美味しいチョコレートを買うことができます。

たろうさん：安心して食べられるチョコレートなら誰《だれ》でも買いたくなりますね。

けいこ先生：そうですね。誰かだけが得をするのではなく，みんなが同じ目標の達成のために何ができるかを考え，行動していくことがSDGsでは大切なのです。

はなこさん：フェアトレードのチョコレートを買うことで，図の10番の「人や国の不平等をなくそう」の目標が達成できますね。

けいこ先生：そうですね。10番以外にも達成できそうな目標はないか考えてみましょう。

〔**資料５**〕　SDGs（持続可能な開発目標）

（国際連合広報センターウェブサイトより引用）

【注】 2　飢《き》餓《が》…充分な食べ物をたべられないこと
3　福《ふく》祉《し》…公的な支えやサービスによる生活の安定
5　ジェンダー平等…男性も女性も社会的に平等であること
9　基《き》盤《ばん》…ものごとの土台
16　公正《こうせい》…公平で正しいこと
17　パートナーシップ…協力関係

(6)　フェアトレードのチョコレートを買うことで，10番以外にどのカードの目標を達成できそうだと考えますか。カードを1つ選び，その番号と理由を書きましょう。

問題２ （※適性検査Ⅰ） たろうさんとはなこさんが一緒《いっしょ》に調べ学習で図書館に来ています。次の会話文を読んで，あとの⑴～⑹の各問いに答えましょう。

たろうさん：最近，川崎市の街中を歩いていて，外国人が増えている気がしたから，川崎市の公式ウェブサイトで調べてみたら2020年の３月末には，46408人の外国人が川崎市に住んでいるそうだよ。下のグラフ〔**資料１**〕を見てみると，住民として登録されている外国人の数がそれぞれの区で年々増加してることがわかるね。

はなこさん：同じ時期の川崎市の人口は，1535415人だから，外国人は川崎市全体の人口のうちの約 （あ） ％ということになりますね。

たろうさん：他にも〔**資料１**〕からいろいろなことがわかるね。

〔**資料１**〕 川崎市 区別外国人住民登録者数の移り変わり

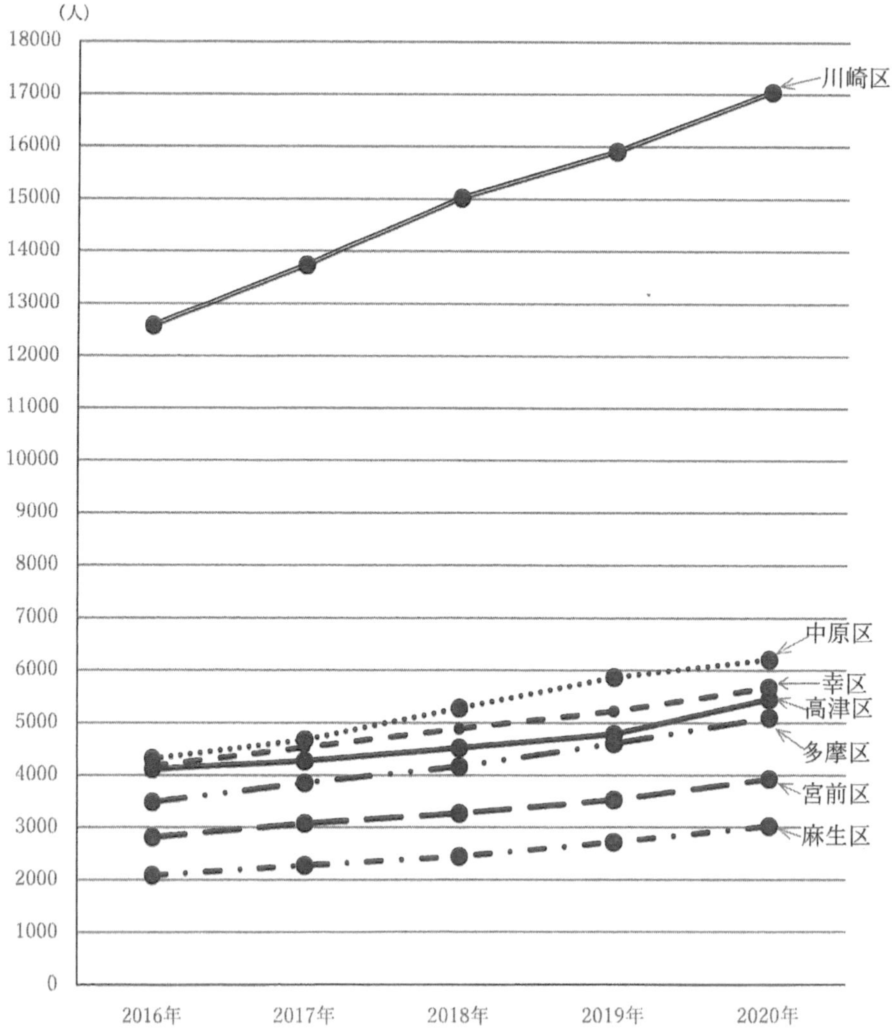

（川崎市国際交流センターのデータより作成）

(1) （あ） に当てはまる数字として適切なものを，次のア～オの中から１つ選び，記号で答えましょう。

ア　1　　イ　3　　ウ　5　　エ　9　　オ　11

(2) 会話文中の下線部について，前のページの〔**資料１**〕からよみとれることとして当てはまらないものを次のア～オの中から１つ選び，記号で答えましょう。

ア　2020年の外国人住民登録者数は，どの区も2000人を超《こ》えている

イ　2020年で外国人住民登録者数が6000人を超えているのは，川崎区と中原区である

ウ　2016年から2020年の川崎市の外国人住民登録者数は，川崎区が一番増加している

エ　2020年の川崎区の外国人住民登録者数は，川崎市の外国人住民登録者全体の３分の１以下である

オ　2020年の高津区・宮前区・多摩区の外国人住民登録者数の合計は，2016年の川崎区の外国人住民登録者数より多い

たろうさん：この〔**資料２**〕は2016年と2020年の国・地域別の川崎市外国人住民登録者数です。

はなこさん：日本に近い国・地域が上位に入っていますね。川崎市外国人住民登録者数で，一番増加したのはどこの国・地域だろう。

たろうさん：割合で調べてみよう。「2020年÷2016年」で求められるから，例えば，中国は，16606÷11527を計算することで，約1.44倍となることがわかるね。

はなこさん：そうすると，川崎市外国人住民登録者数で人口の増加の割合が一番大きい国・地域は，（い）ですね。

たろうさん：同じアジアの国・地域だからかな。

〔**資料２**〕国・地域別　川崎市外国人住民登録者数

2016年統計

1位	中国	11527人
2位	韓国又は朝鮮	7842人
3位	フィリピン	3898人
4位	ベトナム	1868人
5位	台湾	841人
6位	インド	826人
7位	米国	779人
8位	ネパール	740人
9位	ブラジル	733人
10位	タイ	579人

2020年統計

1位	中国	16606人
2位	韓国又は朝鮮	8138人
3位	フィリピン	4700人
4位	ベトナム	4398人
5位	ネパール	1541人
6位	インド	1431人
7位	台湾	1237人
8位	米国	1078人
9位	ブラジル	877人
10位	タイ	682人

（川崎市統計データブックより作成）

(3) （い） にあてはまる国・地域を次のア～オの中から１つ選び，記号で答えましょう。

ア　中国　　イ　台湾　　ウ　ベトナム　　エ　インド　　オ　ネパール

－次の日－

はなこさん：先生，昨日図書館で外国人のデータについて調べてきました。

けいこ先生：そうですか。ほかにも図書館のデータの中におもしろいデータはありましたか。

たろうさん：はい。〔**資料 4**〕にあるように，川崎市は図書館の人口１人当たりの図書貸出回数が21の大都市の中で，第３位です。

はなこさん：人口１人あたりの図書貸出回数とは，どんな数なのですか。

けいこ先生：ヒントは〔**資料 5**〕の貸出者数（貸出回数）というところです。
川崎市の１人あたりの図書貸出回数の計算方法がわかりますか。

はなこさん：（う） を計算すると…，約1.88になりました。

はなこさん：そうすると川崎市の図書館の数や図書冊数は多いのですか。

たろうさん：〔**資料 5**〕によれば，１位のさいたま市は図書館数が26で図書冊数は約354万冊で４位の新潟市は図書館数が20で図書冊数は約276万冊です。

はなこさん：では，川崎市はさいたま市のちょうど半分の図書館数で新潟市の約0.8倍の図書冊数ですね。

〔**資料 3**〕各都市の人口

都市	人口(人)
さいたま市	1286082
静岡市	699087
川崎市	1503690
新潟市	804152
京都市	1472027

（2017 年 大都市比較統計年表より作成）

〔**資料 4**〕人口１人あたり図書貸出回数

順位	都市	１人あたり図書貸出回数
1	さいたま市	1.99
2	静岡市	1.90
3	川崎市	1.88
4	新潟市	1.75
5	京都市	1.65

（2017 年 カワサキをカイセキより作成）

〔**資料 5**〕公立図書館数及び閲覧《えつらん》人員等

都市	図書館総数	図書冊数	貸出者数（貸出回数）	貸出冊数
さいたま市	26	3539351	2563944	9469604
静岡市	13	3091411	1326259	4204642
川崎市	（え）	（お）	2822456	6622417
新潟市	20	2761736	1407675	4849270
京都市	22	3300395	2425024	7594951

（2017 年 大都市比較統計年表より作成）

(4) （う） にあてはまる式を書きましょう。

(5) 〔**資料 5**〕の空らん（え），（お）について，図書館数と図書冊数の組み合わせとして正しいものを次のア～エの中から１つ選び，記号で答えましょう。

ア （え）13 （お）2193775

イ （え）13 （お）3193775

ウ （え）13 （お）2693775

エ （え）14 （お）1693775

たろうさん：ところで，どんな年代の人が多く本を借りているのかな。
はなこさん：年代ごとの貸出者数の推移〔**資料６**〕を見つけました。
たろうさん：年代別で比較すると面白いね。40代の貸出者数は2008年と2011年を比較《ひかく》すると，とても増えていることがわかります
けいこ先生：2009年からは，貸出カードの事前申《もう》し込《こ》みや予約受付メールなどをウェブサイトから行えるようになったことで便利になりました。また，サッカーチームの川崎フロンターレとの共同事業なども理由かもしれませんね。
はなこさん：便利になると気軽に利用しやすくなりますね。
たろうさん：この〔**資料６**〕の，2008年に20代だった人たちのほとんどは2017年には30代になっていることになるのかな。
はなこさん：もし同じ人がずっと川崎市に住んでいるとすれば，2008年に60代だった人は2017年に70代になると考えて，貸出者数は，54000人増えて，その割合は2008年の約130%になりますね。
たろうさん：そうすると，貸出者数が最も増えたのは （か） の年代の人で，増えた割合が最も大きいのは （き） の年代の人となるね。
けいこ先生：面白いことに気付きましたね。
はなこさん：では，さっそく発表用のデータをまとめてみます。

〔資料６〕 年代別貸出者数[単位：人]

	10代	20代	30代	40代	50代	60代	70代
2008年	134912	119464	356459	324351	186866	187996	93455
2011年	205939	157976	471905	558669	279022	314944	149337
2014年	236715	162886	469687	663380	369488	366242	193267
2017年	232641	141505	416416	690119	428069	366715	241996

（2008～2017年 川崎市立図書館での貸出データより作成）

(6) （か），（き） にあてはまる年代を，次のア～エの中からそれぞれ１つずつ選び，記号で答えましょう。

ア　2008年に10代で2017年に20代
イ　2008年に20代で2017年に30代
ウ　2008年に30代で2017年に40代
エ　2008年に40代で2017年に50代

事を書いたと考えますか。――線⑩以降のたろうさんとはなこさんの会話を参考にして、書きましょう。

(5) あなたは、自分の小学校を紹介《しょうかい》する新聞を書くことになりました。あなたはどのような内容を一番大きな記事にしたいですか。[あ]の文章を参考にして、「誰《だれ》に読んでほしいのか」、「読んだ人にどう感じてほしいのか」、「記事にするときに工夫したいことや注意したいこと」にふれながら、次の［注意事項《じこう》］に合うように考えや意見を書きましょう。

［注意事項］

○ **解答用紙2**に三百字以上四百字以内で書きましょう。

○ 原稿用紙の正しい用法で書きましょう。また漢字を適切に使いましょう。

○ 題名や自分の名前は書かずに、一行目、一マス下げたところから書きましょう。

○ 三段落以上の構成で書きましょう。

○ 句読点［。、］やかっこなども一字に数え、一マスに一字ずつ書きましょう。また、段落を変えたときの残りのマス目も字数として数えます。

たろうさん　記事Aは、全国紙でも取り上げられているけれど、兵庫県の地方紙「4」ではとても大きく取り上げられているね。一方で神奈川県の地方紙「3」では取り上げられていないのはなぜだろう。

はなこさん　記事を読んだらわかるのではないかな。読み比べてみよう。

たろうさん　なるほど、兵庫県の地方紙だからこそ書いてある内容があるね。⑥兵庫県の地方紙「4」がこれだけ大きく取り上げた理由がわかったよ。

はなこさん　同じ事柄《ことがら》をあつかっている記事でも、内容は少し違うね。

たろうさん　全国紙「1」の記事Aと、兵庫県の地方紙「4」は、伝えたいことが少し違う気がするよ。

はなこさん　確かに、全国紙「1」は、「a」のように、主に計算速度のことをまとめて表にしているけれど、兵庫県の地方紙「4」は、世界一位であるくわしい内容、例えば ⑦ などが文字で説明されているね。

たろうさん　他にもあるよ。全国紙「1」と兵庫県の地方紙「4」は、インタビューされている人が同じなのにコメントの内容が違うんだ。

はなこさん　全国紙「1」では、「覇権《はけん》争いは続く。今後も使いやすさと速さを両立する研究を進めていきたい。」という言葉を取り上げているね。兵庫県の地方紙「4」のコメントでは、主に ⑧ であることと、⑨ 可能性があることの二つの内容が書かれているよ。

たろうさん　コメントが違うと、記事全体の印象も変わるね。兵庫県の地方紙「4」を書いた人は⑩読者に何を感じてもらいたくてこの記事を書いたのだろう。

はなこさん　わたしが兵庫県に住んでいたら、自分の住む街に世界一があるのはうれしいな。

たろうさん　確かに、ぼくもそう思うよ。しかも、世界一だけでなくて、史上初「4冠《かん》」という言葉が見出しにあることで、スーパーコンピューターがいかにすごいかを伝えているよね。

はなこさん　見出しを見ると、記者の思いが見えてきそうだね。

(4)—i　たろうさんは、——線⑥「兵庫県の地方紙「4」がこれだけ大きく取り上げた理由がわかったよ」と言っていますが、記事Aが兵庫県の地方紙「4」で大きく取り上げられたのはなぜか、解答用紙に合うように書きましょう。

(4)—ii　⑦ に入る言葉を、「～こと。」という形にして十五字以内で書きましょう。

(4)—iii　⑧ と ⑨ に入る言葉を、解答用紙に合うように書きましょう。

(4)—iv　——線⑩「読者に何を感じてもらいたくてこの記事を書いたのだろう」について、あなたは、記者が何を感じてもらいたくてこの記

全国紙「1」の記事A
【二〇二〇年六月二十三日（火）朝日新聞朝刊一面】

スパコン「富岳《ふがく》」世界一

「京」以来9年ぶり、計算速度ランク

使いやすさ優先 対コロナにも活用

a

開発リーダーの松岡聡・理研計算科学研究センター長は「覇権争いは続く。今後も使いやすさと速さを両立する研究を進めていきたい」と語った。

＊覇権《はけん》 競技などで得る立派な評価

aを拡大したもの

スパコン世界ランキング 2020年6月

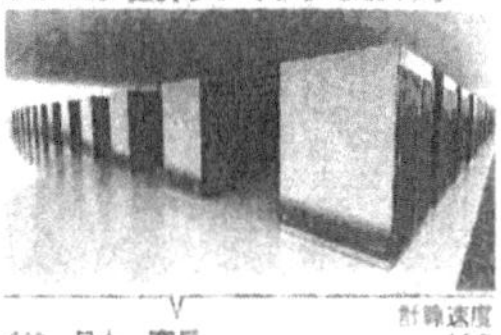

			計算速度
1位	日本	富岳	41.6（京回/秒）
2	米国	サミット	14.9
3	米国	シエラ	9.5
4	中国	神威・太湖之光	9.3
5	中国	天河2A	6.1
12	日本	ABCI	2.0
19	日本	オークフォレスト・パックス	1.4
-	日本	京（撤去済み＝23位相当）	1.1
28	日本	ツバメ3.0	0.6

兵庫県の地方紙「4」の記事A
【二〇二〇年六月二十三日（火）神戸新聞朝刊一面】

スパコン「富岳」世界一

計算速度、処理能力 史上初「4冠」

「京」以来 日本勢9年ぶり奪還

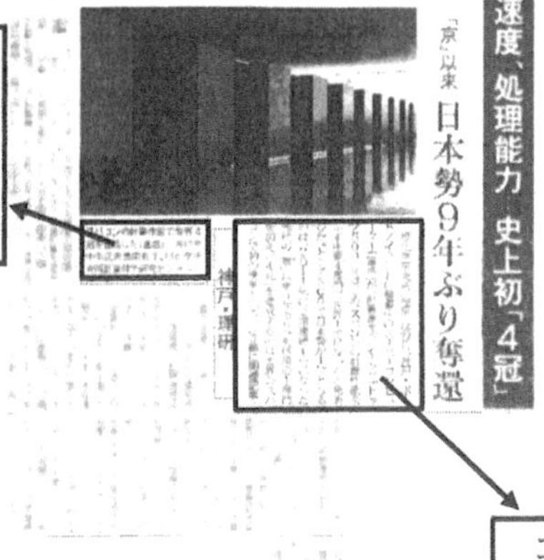

スパコンの計算性能で世界4冠を達成した「富岳」＝神戸市中央区港島南町7、県科学研究所計算科学研究センター

理化学研究所（理研）は22日、神戸・ポートアイランドに整備中のスーパーコンピューター「富岳」が、計算速度ランキング「トップ500」をはじめ、スパコンの計算性能を示す主要4部門で世界1位になったと発表した。トップ500で日本勢が1位となるのは、2011年に2期連続1位になった先代の「京」以来9年ぶり。初採用の1部門を加え、「4冠」を達成するのは世界のスパコンで初の快挙という。**（3面に関連記事）**

＊奪還《だっかん》 うばいかえすこと。

＊4冠《かん》 4つの点でトップにたつこと。

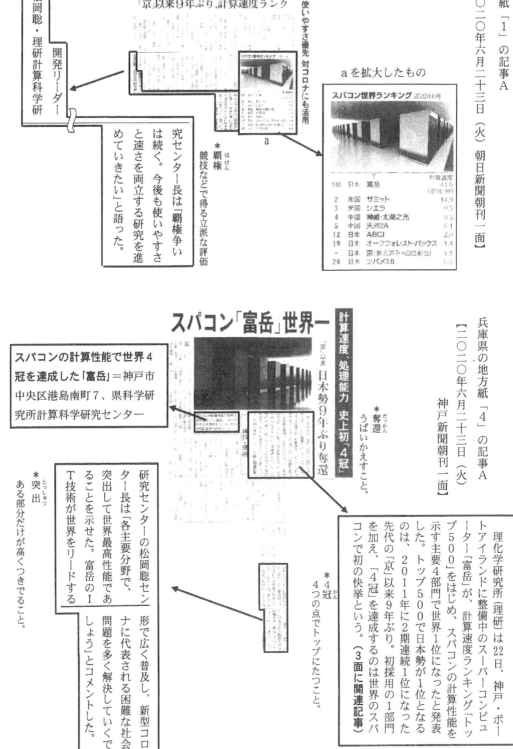

研究センターの松岡聡センター長は「各主要分野で、突出して世界最高性能であることを示せた。富岳のIT技術が世界をリードする形で広く普及し、新型コロナに代表される困難な社会問題を多く解決していくでしょう」とコメントした。

＊突出《とっしゅつ》 ある部分だけが高くつきでること。

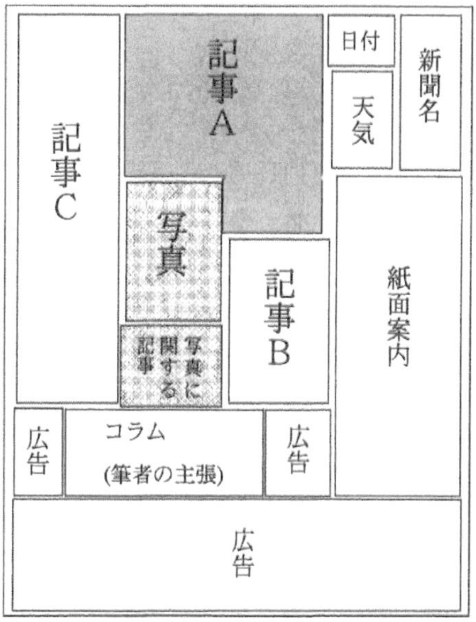

全国紙「1」【二〇二〇年六月二十三日（火）朝日新聞朝刊一面】

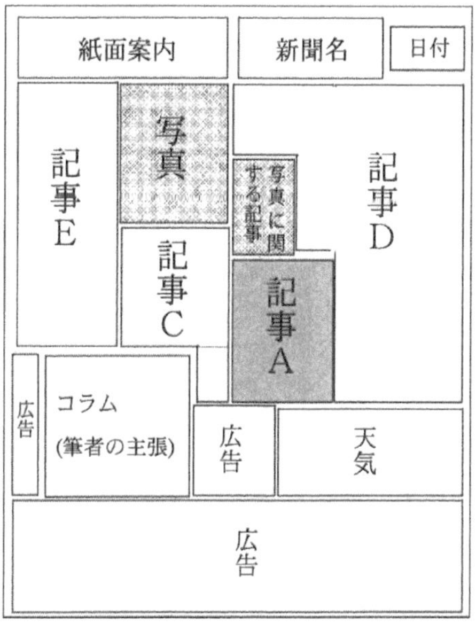

全国紙「2」【二〇二〇年六月二十三日（火）読売新聞朝刊一面】

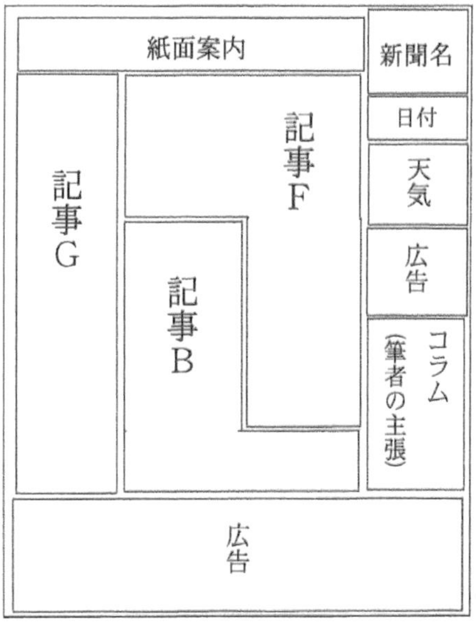

神奈川県の地方紙「3」【二〇二〇年六月二十三日（火）神奈川新聞朝刊一面】

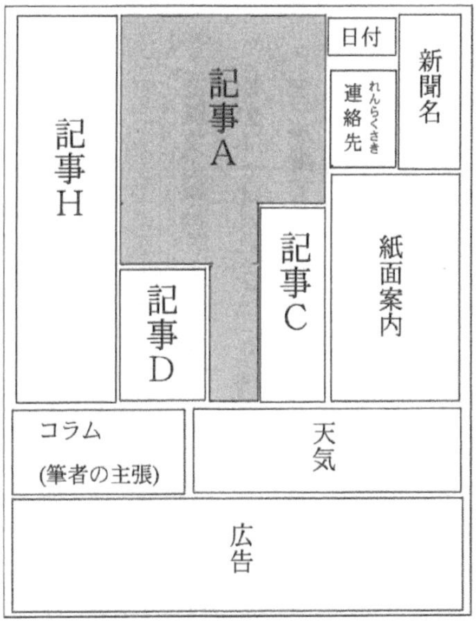

兵庫県の地方紙「4」【二〇二〇年六月二十三日（火）神戸新聞朝刊一面】

＊6　肯定…そうだとみとめること。
＊7　如実…そのまま。ありのまま。
＊8　意図…何かをしようとする考え。
＊9　一県一紙体制…一つの県で一種類の新聞のみ発行する体制。
＊10　統合…いくつかのものを一つにまとめること。
＊11　日常茶飯事…いつものこと。ありふれたこと。
＊12　購読者…新聞や雑誌などを買って読んでいる人。

(1)　[あ]の――線①「画面をサーッと流してしまいがち」とは、どのような行動のことですか。「流す」と「音や様子を表す言葉」を使わずに、空らんに当てはまるように書きましょう。

(2)　[い]の [②] に入る言葉を、[い]の文章から五字で書きぬきましょう。

(3)　[あ]と[い]の文章を読んだたろうさんとはなこさんは、同じ日の全国紙を二紙と地方紙を二紙用意し、朝刊の一面記事の読み比べをしています。次のページの新聞の図面と会話文を読み、問いに答えましょう。

たろうさん　同じ日の朝刊なのに、レイアウトや内容が異なるね。
はなこさん　そうだね。でも図面を見るだけでわかることもあるよ。共通している記事を見てみましょう。
たろうさん　記事AとCは三つの新聞で、また記事BとDは二つの新聞で書かれているね。
はなこさん　これらは、[い]の文章に書いてある [③] であると言えるのではないかな。
たろうさん　なるほど。では反対に、地方紙だけにのっている記事F・G・Hは [④] と言えるね。
はなこさん　全国紙「1」「2」にのっている写真と写真に関する記事は、地方紙「3」「4」の一面にはのっていないけれどなぜかな。
たろうさん　内容はどちらも「沖縄と戦争に関すること」だよ。沖縄の地上戦が終わったのが七十五年前。日付はこの新聞が発行された日の翌日だね。
はなこさん　そうか。この記事は全国紙では [⑤] というあつかいなのかもしれないね。

(3)－ⅰ　会話文の中の [③] と [④] に入る言葉を、[い]の文章の中からそれぞれ十一字で書きぬきましょう。

(3)－ⅱ　会話文の中の [⑤] に入る言葉として適切でないものを、次の1～4の中から一つ選び、番号で答えましょう。

1．沖縄での出来事だが、写真を使用して全国に知らせるべき内容
2．沖縄での出来事だが、日本各地の人々に広く知らせるべき内容
3．一面記事として、沖縄の人だけに知らせるべき内容
4．一面記事として、全国の人に知らせるべき内容

(4)　たろうさんとはなこさんは、三つの新聞に掲載《けいさい》されている「記事A」に注目しました。22ページに示す全国紙「1」の記事A、兵庫県の地方紙「4」の記事A、あとに続く会話文を読み、問いに答えましょう。

い

全国の人に向けて国内のほぼ全域で発行、販売《はんばい》している新聞は、「全国紙」と呼ばれている。（中略）

これに対して、たとえば高知県で発行、販売している『高知新聞』のように、各都道府県内で発行、販売している新聞は、「地方紙」と呼ばれている。（中略）

現在、「地方紙」は、ほとんどの都道府県で一紙ずつ発行されている。これは一九四二年から政府がおし進めた＊9「一県一紙体制」によるものだ。それ以前は、全国にたくさんの新聞が発行されていたが、政府の方針で＊10統合していったのだ。

このほか「ブロック紙」と呼ばれている「地方紙」もある。複数の都道府県にまたがって販売している新聞のことだ。（中略）

販売範囲《はんい》による分類を見ると、「全国紙」が多くの家庭に届《とど》けられているように思えるが、じつはそうとも言い切れないところがある。『毎日新聞』を例に取ると、発行所は、東京本社、大阪本社、西部本社、中部本社、北海道支社の五つある。

新聞名は『毎日新聞』だが、日本を五つのブロックに分けて、それぞれのブロックに合った紙面づくりをしているのだ。ほかの「全国紙」も同様に、いくつかのブロックに分けて、それぞれで紙面づくりをしている。

主要記事の共有もあるが、レイアウトや記事の文字量が変わることは＊11日常茶飯事《にちじょうさはんじ》だ。そのブロックで発行した新聞だけにしかのらない記事もあるし、一面トップの記事が違うこともある。

「全国紙」は、新聞名は統一されているが、各発行所ごとに「②」に近いつくり方をしているとも言えるのだ。

また、「全国紙」には、「地方版」と呼ばれるページがある。＊12購読者《こうどくしゃ》が住んでいる都道府県の情報がまとめられているページだ。「地方紙」にはおよばないかもしれないが、「全国紙」も地域のニュースを大切にしているのだ。

「地方紙」も、地元都道府県のニュースばかりをのせているわけではない。国内外の重要なニュースも「全国紙」のように掲載《けいさい》している。（中略）

こうして、「全国紙」と「地方紙」を比較《ひかく》していくと、記事の共通点が見えてくる。発行部数も、すべての「全国紙」を合わせた発行部数と、すべての「地方紙」を合わせた発行部数は同じくらいだ。「全国紙」と「地方紙」は、ライバル関係にあるといえる。

複数ある「全国紙」「地方紙」から、どの新聞を選んで読むかは購読者の自由だが、それだけ新聞の販売競争は激しいといえる。

現実には、「全国紙」の場合、あらゆる分野、地域情報がバランスよくつかめることから、大都市とその周辺に住んでいる人が多く購読している。「地方紙」の場合は、全国紙よりきめ細かく地元都道府県のニュースを集めて掲載しているので、大都市圏《だいとしけん》以外での購読者が多いという傾《けい》向《こう》がある。

【深光富士男『毎日新聞社　記事づくりの現場』〈佼成出版社〉】

【注】＊1　普及…広く行きわたること。
＊2　メリット…よいところ。
＊3　レイアウト…新聞・雑誌などで、写真、さし絵、見出しなどを効果的に配置すること。
＊4　記憶にひっかかるフック…興味を引かせるもの。
＊5　顕著…きわだっていること。はっきり目立つ様子。

【適性検査Ⅰ】（四五分）〈満点：二〇〇点〉

【注意】 字数の指定のある問題は、指定された条件を守り、問題1はたて書きで、問題2は横書きで書きましょう。最初のマスから書き始め、文字や数字は一マスに一字ずつ書き、句読点〔。、〕やかっこなども一字に数え、一マスに一字ずつ書きます。ただし、問題1の(5)は、その問題の［注意事項《じこう》］の指示にしたがいましょう。

問題1

次のあ、いの文章と新聞記事、たろうさんとはなこさんの会話文を読んで、あとの(1)～(5)の各問いに答えましょう。なお、問題作成のため、一部文章を省略《しょうりゃく》しています。

あ

みなさんの家では新聞を取っていますか？取っていない家庭が多いと思います。今はインターネットが普及《ふきゅう》[*1]しているので、わざわざ新聞を取らなくても、ネットで無料の情報が好きなだけ検索《けんさく》できるようになっています。

「新聞なんて、必要なの？」そんな声も聞こえてきそうですね。でも新聞はやはり必要だと私は思います。ネットにメリット[*2]があるように、新聞にもメリットがあるんです。

そのメリットは何かというと、ひとつにはネットの画面で見るより、紙に印刷された文字で読むほうが記憶《きおく》が定着することです。

ネットの情報はどうしても①画面をサーッと流してしまいがちです。感覚的に文字が頭にひっかからないので、記憶にあまり残らない。ネットの良いところでもあるのですが、記憶に定着するかという点で見たら、紙に印刷されたもののほうが、圧倒的《あっとうてき》に有効なのではないでしょうか。

なぜかというと、紙に印刷されたものは、文章が書いてあった場所や形を記憶にとどめやすいからです。

みなさんも新聞の紙面を思いだしてみてください。見出しの位置や大きさがみな違《ちが》いますし、記事が縦長だったり、横長だったり、レイアウト[*3]がいろいろですね。みな違うので、記憶[*4]にひっかかるフックがたくさんあるのです。（中略）

ひとつひとつの記事には、それを書いた記者がいます。同じ事件をとりあげていても、記者によって強調する部分が違います。その違いが顕《けん》著《ちょ》[*5]にあらわれるのが見出しです。

読み手は最初に見出しに注目するわけですが、記者やデスク（社内にいて記者が書いた記事を直したり、整理する人）によって強調する点が全く違います。

現象に注目する人もいれば、原因に注目する人もいる。あるいは肯定《こうてい》的《てき》[*6]にとらえる人もいれば、否定的にとらえる人もいる。見出しにはデスクや記者の解釈《かいしゃく》や価値観、考えが如実《にょじつ》[*7]にあらわれます。

また本文の文章にも、いろいろな強調点や重みづけがあります。本文を読んでいると、記者の意図《いと》[*8]が徐々《じょじょ》にわかってきます。読者をこちら側に導きたいという意図が見え隠《かく》れするのです。

この記者はどういうところに読み手を導きたいのかということを意識しながら記事を読んでいくと、「見抜《みぬ》く力」が養われます。

【齋藤孝『新聞力　できる人はこう読んでいる』〈ちくまプリマー新書〉】

2021 年 度

解 答 と 解 説

＜適性検査Ⅰ解答例＞

問題1　(1)　(画面の文字を)かんたん(に)読み進めてしまう(こと。)

(2)　ブロック紙

(3)　i　③　国内外の重要なニュース

④　地元都道府県のニュース

ii　3

(4)　i　「神戸」や「ポートアイランド」という言葉があり，兵庫県での出来事だとわかる(から)　など

ii　四冠を達成したこと。

iii　⑧　(富岳は)世界最高性能(であることと，)

⑨　困難な社会問題を多く解決してくれる(可能性があること。)

iv　「世界一」が，神戸市にある事を誇りにもってほしい。

(5)　私が一番大きな記事にしたいのは，小学校の校庭にある桜についてです。これから小学校に入学する新入生に読んでもらいたいと思います。

私の小学校には，卒業生が校庭に桜を植えるという伝統があります。卒業生は，これからこの小学校で学ぶ生徒たちが楽しく生活を送れることを願って桜を植えます。記事では，この伝統について強調して書きたいと思います。なぜなら，卒業生が桜にこめた思いを新入生に知ってほしいからです。この記事を見てもらうために，「思いをつなぐ桜」という見出しをつけたり，歴代の桜の写真をはったりしたいと思います。

新入生が入学式をむかえるころには，校庭の桜が満開になっていると思います。新しいかんきょうに不安を感じている新入生がこの桜を見たときに，歴代の卒業生たちがこめたメッセージが伝わるような記事を書きたいと思います。

問題2　(1)　イ

(2)　エ

(3)　ウ

(4)　貸出者数(貸出回数)÷人口　または　(2822456÷1503690)

(5)　ア

(6)　(か)　ウ　　(き)　イ

○配点○

問題1　(1)　8点　　(2)・(3)ii　各4点×2　　(3)i・(4)i・(4)ii・(4)iv　各10点×4

(4)iii⑧・(4)iii⑨　各7点×2　　(5)　75点

問題2　(1)・(2)・(3)・(5)　各8点×4　　(4)　9点　　(6)　14点　　計200点

＜適性検査Ⅰ解説＞

基本 **問題1**　（国語：長文読解，作文）

⑴ 「サーッ」という言葉は川が流れていくような表現である。ただ，ここで注意しなければならないのは，「流す」と「音や様子を表す言葉」を使ってはいけないという条件がある。川が流れていくように読むということは，深く一つ一つを読むのではなく，流れるように新聞を読むということ。よって，かんたんに読み進めてしまうということを示す。

⑵ 全国紙は，発行所ごとに違う内容の新聞を作っている。この特徴《とくちょう》に合う新聞を探すとブロック紙であることがわかる。地方紙は字数指定と合わないので不適切。

⑶ ⅰ　③は，全国紙に書かれている記事ということがわかる。よって，全国紙のを特徴し出せばよい。④は，地方紙だけに書かれている記事ということなので，地方紙の特徴を探し出して，書きぬけばよい。

ⅱ　全国紙にのっているということは，全国紙の特徴より，国内外の重要なニュースということになる。つまり，地方だけに伝える記事ではなく，日本中に伝えたい記事である。よって，適切でないものは地域《ちいき》を限定している地方紙「３」である。

⑷ ⅰ　兵庫県の地方紙を読んでいると，「神戸」での出来事であるということが読み取れる。よって兵庫県内での出来事である。伝わりやすいように簡潔《かんけつ》に解答用紙に合わせて解答する。

ⅱ　特に強調されている部分から見つける。兵庫県の地方紙で大きな見出しになっていたり，太字になっていたりするのは「四冠《かん》」という言葉である。よって，四冠に関して問題文の指示に合うように記述する。

ⅲ　研究センターの松岡聡センター長のコメントに注目する。コメント前半は，世界でもトップであること，後半には社会に普及《ふきゅう》したときの可能性について述べている。よって，それぞれをわかりやすくまとめている言葉を探す。

ⅳ　――線⑩以降のはなこさん，たろうさんの発言をまとめると，スーパーコンピューターがいかにすごく，自分の住んでいるところにあるのがうれしいということを述べている。よって，自分の住んでいる地域に素晴らしいものがあるということを誇りに感じてほしいという記者の考えがわかる。これをわかりやすくまとめて記述する。

⑸ まず，設問で問われている，「誰《だれ》に読んでほしいのか」，「読んだ人にどう感じてほしいのか」，「記事にするときに工夫したいことや注意したいこと」について，理由とともに書き出す。第一段落に，誰に読んでほしいのか，また書きたい記事の内容を明確に示す。自分の意見を支える具体例や体験談を第二段落に書く。ここに，「読んだ人にどう感じてほしいか」や「記事にするときに工夫したいことや注意したいこと」について触れられるとよい。第三段落では自分の意見を簡単にまとめる。字数が限られているので，できる限り簡単《かんたん》にわかりやすくまとめることが大切である。

問題2　（社会：外国人住民登録者，図書館）

⑴ 川崎市の外国人の人数は，川崎市の人口1535415人中の46408人であるということがわかるので，(45408÷1535415)×100＝3.0…となり，約３％とわかる。

⑵ 〔資料１〕から読み取れる。特に計算を必要としないものが多いので，数やグラフの傾《かたむ》きから読み取る。

⑶ ２回目のたろうさんの発言にある「2020年÷2016年」を使って求める。台湾，ベトナム，インド，ネパールの計算をし，選択肢の中で一番数が大きいものを選べばよい。

(4) 人口一人あたりの図書貸出回数ということは，$\frac{\text{図書貸出回数}}{\text{人口}}$であるので，図書貸出者数(図書貸出回数)÷人口に数をあてはめて計算する。

(5) 最後のはなこさんの発言に注目する。さいたま市の半分の図書館数とあるので，さいたま市の半分が川崎市の図書館数とわかる。図書冊数は，新潟市の0.8倍と書いてあるので，新潟市の図書冊数に0.8をかければ求めることができる。

(6) 3回目のはなこさんの発言に注目すると，2008年から2017年になったときに年代がひとつ上がると考えられる。例として，2008年に10代だった人について考えてみる。2017年には，20代になっている。貸出者数の増加は，(2017年の20代の貸出者数)－(2008年の10代の貸出者数)で求めることができる。2008年と比べた割合《わりあい》を求める場合は，{(2017年の20代の貸出者数)÷(2008年の10代の貸出者数)}×100で求めることができる。4つの選択肢をすべて計算して，(か)(き)に合うものを選ぶ。

★ワンポイントアドバイス★

資料を正確に読み，必要な情報だけを取り出す力が試されている。普段から資料の多い問題に取り組むとよい。長文の問題にくり返し取り組み，あせらず問題が解けるようにしておこう。

＜適性検査Ⅱ解答例＞

問題1 (1) ① ア

(2) (あ) (軽い) F (→) A (→) E (→) C (→) B (→) D (重い)

(3) (い) ラムネから出る二酸化炭素を使って，ビー玉を外に押し出そうとする力でふたをしている。

(4) (う) ア　(え) エ

(5) (お) ア　(か) イ

(6) (き) エ　(く) ア，エ

問題2 (1) (あ) 157(cm)

(2) (い) $(2.5\times22\times3.14)\div(2.5\times20\times3.14)=\frac{2.5\times22\times3.14}{2.5\times20\times3.14}=\frac{22}{20}$

(3) 【図7】

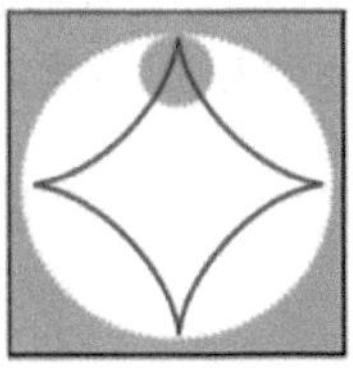

【図8】

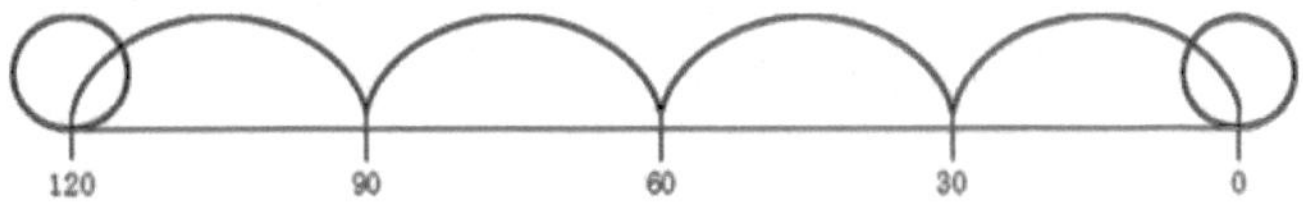

(4) (う) 歯車が何回転しているか

(5) (え) わくの歯数120と歯車の歯数36の最小公倍数である360をわくの歯数120で割ることで求められる

(お)　わくの歯数120と歯車の歯数36の最小公倍数である360を歯車の歯数36で割ることで求められる

(6)　(か)　タイヤの中心　　(き)　直線

問題3　(1)　エ

(2)　少ない量のメニューを作る，ご飯の量を注文するときに聞く

(3)　海外からの輸入に頼っている

(4)　ウ

(5)　本を読むときに字が読めなくて困る，商売をするときに計算ができなくて困る

(6)　(選んだカード)　4

(その理由)　子どもの労働が減り，勉強する時間が増えるから

○配点○

問題1　(1)　5点　　(2)・(3)　各15点×2　　(4)・(5)・(6)　各10点×3

問題2　(1)・(2)・(4)・(6)　各10点×4　　(3)　20点　　(5)　15点

問題3　(1)　5点　　(2)・(3)・(4)・(5)　各10点×4　　(6)　15点　　　計200点

＜適性検査Ⅱ解説＞

問題1　(理科：密度，二酸化炭素)

(1)　水にとけているもののようすを選ぶので，○が水の底にたまっている図は正しくない。また，湖は海よりとけているものの量が多いということから，アが正解である。

(2)　サツマイモ(F)だけは水１Lのみで浮く。したがって，同じ体積あたりでサツマイモ(F)が最も軽く，水がその次に軽い。水に食塩を加えていったとき，食塩大さじ１杯でダイコン(E)が初めて浮き，食塩大さじ２杯でニンジン(C)が初めて浮いた。よって，軽さは水→ダイコン(E)→ニンジン(C)の順となる。食塩大さじ３杯でも浮かなかったジャガイモ(D)は最も重いということになり，水１Lに食塩大さじ３倍をとかした水がその次に重い。

(3)　とけきれなくなった二酸化炭素は，容器の外に出ようとするため，ビー玉を内側から押さえつけるはたらきをする。

(4)　水はふっとうして気体になり，体積が約1700倍にもなるが，二酸化炭素はふつう気体の状態で存在する。水の中のあわの正体である水蒸気が冷えると，液体になって体積がほとんどなくなるが，あわが二酸化炭素であったなら，こうした変化は起こらない。

(5)(6)　炭酸飲料の温度が低いときに発生するあわは二酸化炭素であり，冷めても気体の二酸化炭素のままである。温度が高いときに発生するあわは二酸化炭素のほかに水蒸気をふくむので，冷やすと水が液体として出てくるが，二酸化炭素は気体のままであり，ふくろが「ほとんど」しぼむということはない。

重要　問題2　(算数：円)

(1)　１回転分ということは円周がわかればよい。

よって，直径×3.14＝50×3.14＝157(cm)である。

(2)　(1)のように実際の１回転分の長さを求めればよい。１インチが約2.5cmであることを参考にして，

$(2.5\times22\times3.14)$〈22インチ〉$\div(2.5\times20\times3.14)$〈20インチ〉$=\dfrac{2.5\times22\times3.14}{2.5\times20\times3.14}=\dfrac{22}{20}$ と求められる。

⑶ 歯数120のわくに歯数30であるので，４回転すればゴールに戻《もど》ってこられることになる。４回転ということは，花びらは４枚になり，0，30，60，90の部分にできると考えられる。これらより【図７】をかく。また【図８】は，【図１】の１回転した場合のもようを参考にして４回転するようにして図をかく。

⑷ ⑶より，回転数と花びらの数が同じであることがわかる。これを参考にまとめる。

⑸ 一周回ったときに$3\frac{1}{3}$回転している。一周の回転分に３をかけると，回転数がちょうど10になり，花びらの数と一致《いっち》する。よって，わくを３周まわると歯車がちょうど10回転する。

⑹ 歯車の中心の動きを【図１】のように表すと，直線になる。それを丸めていくため，円になる。会話文をよく読むとよい。

問題3 （社会：国際社会）

⑴ 必要な分だけと強調している中で，エだけは多めに買っておくと書いてあり，会話文と合わないので不適切。

⑵ 下線部までの会話文を参考にし，食べ残しを減らすための方法を考える。資料をくまなく活用させて考えると思いつきやすい。

⑶ （あ）の前の会話文より，自給自足と逆の状態を示す言葉が入ることがわかる。

⑷ 前後の会話文より，実際にある選択肢を当てはめ，適切な方を選択していくと一つにしぼることができる。

⑸ じゅうぶんな勉強をしていないということは，何ができないのかと考えると，文字を書いたり，計算したりすることができないことがわかる。このような考えをふまえ，社会に出たときにそれらができないのだとどう問題になってしまうのかを考えて記述する。

⑹ ⑸で取り上げていた，勉強時間がないという問題を解決できそうであると考えられる。前の問題や，会話文を注意深く見ると活用できるヒントがある。

★ワンポイントアドバイス★

社会・算数・理科と幅《はば》広い問題が出題されている。また，自分の学んだ範囲《はんい》だけから出題されるのではなく，そこから考えられることや工夫が問われる。普段から学んだことが応用されているものなど，身の周りに興味を持つとよい。

MEMO

大切なことはメモしておこうネ！

2020年度

★★★★★★★★★★★★★★★★★★★★★★★★★

入　試　問　題

2020年度

川崎市立川崎高等学校附属中学校入試問題

【適性検査Ⅰ】（23ページから始まります。）
【適性検査Ⅱ】（45分）　＜満点：200点＞

問題１　たろうさんとはなこさんとけいこ先生が教室で話をしています。次の会話文を読んで，あとの(1)～(5)の各問いに答えましょう。

はなこさん：たろうさん，もうすぐ東京オリンピックだね。
たろうさん：そういえば，ニュースでオリンピックの開催《かいさい》期間中，高速道路の一部の料金を1000円値上げすると言っていたよ。車を使えば便利なのになぜ値上げをするのだろう。
けいこ先生：実は値上げをするだけではなく，夜間の料金は半額になるのですよ。
はなこさん：なぜ，昼間の料金は値上げをして，夜間の料金は値下げをするのかしら。
けいこ先生：それは高速道路の［　　(あ)　　］を目的としているからです。
たろうさん：だからオリンピック期間に値上げをするんだ。

(1)　昼間は値上げをして，夜間は値下げをする目的として，［(あ)］にあてはまる言葉を書きましょう。

けいこ先生：それではオリンピックについて考えてみましょう。この2012年のロンドンの車道の写真〔資料１〕を見てください。何か気が付くことはありますか。
たろうさん：車が１台も走っていない道があるね。
はなこさん：しかもその道には何かかいてあるわ。

〔資料１〕2012年ロンドンの車道

（朝日新聞ウェブサイトより引用）

たろうさん：オリンピックのマークだ。
はなこさん：そうよ，2012年といったらロンドンでオリンピックがあった年ね。
けいこ先生：正解です。それではこのオリンピックのマークのかかれた道は何かわかりますか。
たろうさん：オリンピックの雰囲気《ふんいき》を盛り上げるための工夫かな。
はなこさん：そうかしら，私は違《ちが》う気がするわ。１台も車が走っていないことからすると，何かの専用の道路ではないかしら。
けいこ先生：はなこさん，その通りです。これはオリンピック専用レーンと言って，選手や，大会関係者，会場スタッフ，観客などがこのレーンを使って移動するのです。

たろうさん：そうか，これがあれば　(い)　ことができるね。
はなこさん：たしかに，そう考えると便利ね。でも，これがあるせいで　(う)　という問題が起きそうだわ。
けいこ先生：そうですね。

⑵ (い) と (う) にあてはまる文章の組合わせとして適切なものを，次の１～４の中から１つ選び，番号で答えましょう。

1
(い)選手が会場までの道のりを間違《まちが》えないで着く
(う)オリンピック専用レーンで渋滞《じゅうたい》が起こりやすくなる

2
(い)その国の言葉が分からない外国人でも交通ルールを理解する
(う)オリンピック専用レーン以外で渋滞が起こりやすくなる

3
(い)渋滞が起きにくい構造のため車の排出《はいしゅつ》ガスを少なくする
(う)オリンピック専用レーンで渋滞が起こりやすくなる

4
(い)予定通りに会場に着く
(う)オリンピック専用レーン以外で渋滞が起こりやすくなる

はなこさん：オリンピックやパラリンピックが日本で開かれるということは，いろいろな人がやってくるわ。
たろうさん：受け入れの準備はできているのかな。
けいこ先生：少しずつ進んでいるそうです。あなたたちはユニバーサルデザインという言葉を知っていますか。
はなこさん：初めて聞きました。それは何ですか。
けいこ先生：ユニバーサルデザインとは大人も子どもも，障がいのある人もない人も，さまざまな人がいつでもどこでも安心して使えるようにデザインするという考え方です。
たろうさん：私たちの身近にもそういったものはあるのですか。
けいこ先生：川崎駅には2013年に全国初となるユニバーサルデザインタクシー対応乗り場ができました。これがその写真〔資料２〕です。
タクシーには，スロープと呼ばれる段差をなくすための板（A）がついています。
また，①乗り場にも段差をなくすためのスロープ（B）がついています。

〔資料２〕川崎駅のタクシー乗り場

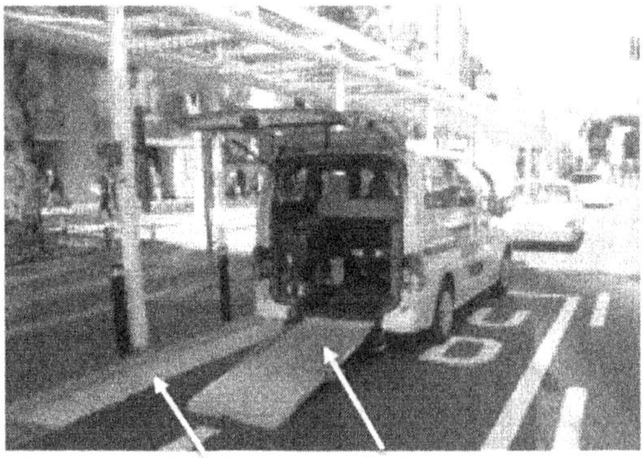

（B）　（A）

（国土交通省ウェブサイトより引用）

はなこさん：いつも見ていた駅の設備にそんなことがあったなんておどろきだわ。ユニバーサルデザインは，いろいろな人に優しいのですね。

⑶　下線部①について，段差をなくすためのスロープのおかげで安心してタクシーを利用できるのは特にどのような人ですか。**2つ書きましょう。**

けいこ先生：川崎駅にはまだまだ工夫があります。今度はバスの案内板〔資料3〕を見てください。

〔資料3〕川崎駅バス案内板

たろうさん：これがユニバーサルデザインの案内板なの。何か変な形をしているね。

はなこさん：たしかに変な形ね。普通《ふつう》の案内板より場所をとっていて邪魔《じゃま》な気がするわ。

けいこ先生：もっとよく見てください。これも使う人のことを考えて設計されているのです。

たろうさん：これは車イスを利用している人に配慮《はいりょ》したデザインですか。

けいこ先生：その通りです。でも，このデザインは②車イスを利用している人のことだけを考えて作られているわけではないのです。この案内板のイラスト〔資料4〕を見てください。

この案内板の時刻表は，車イスを利用している人には［　(え)　］ので見やすく，また，一般《いっぱん》の人には角度がついているので［　(お)　］で見ることができるようにデザインされているのです。

はなこさん：なるほど，ユニバーサルデザインはみんなが使いやすいようになっているのですね。

〔資料4〕案内板のイラスト

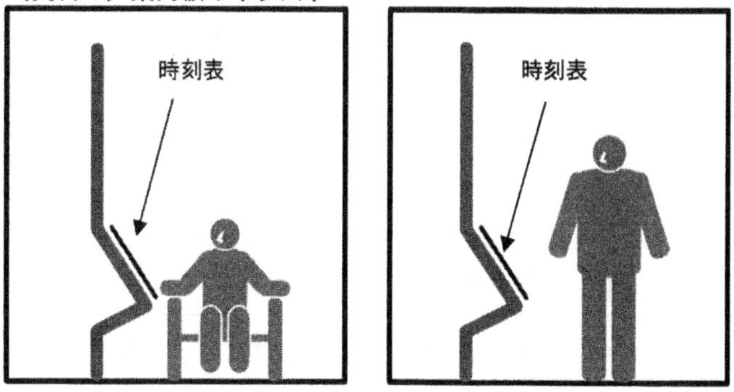

⑷　下線部②について，このデザインが車イスを利用している人にも，一般の人にも使いやすく作られている理由をイラスト〔資料4〕を見て，［(え)］，［(お)］にあてはまる言葉をそれぞれ書きましょう。

けいこ先生：はなこさん，たろうさん，このステッカー〔資料５〕を見たことがありますか。

はなこさん：あ，どこかで見かけたことがあるわ。

けいこ先生：これは「かわさきパラムーブメントロゴステッカー」といいます。お店などで店員さんが自分たちで考えた気づかいやおもてなしなどによる「やさしさ」を表示して，いろいろなお客さんに喜んで来てもらうために貼《は》るステッカーです。
このステッカーには「赤ちゃんを連れた人も遠慮《えんりょ》しないで入ってください。」という気持ちが込《こ》められています。

〔資料５〕

〔資料６〕

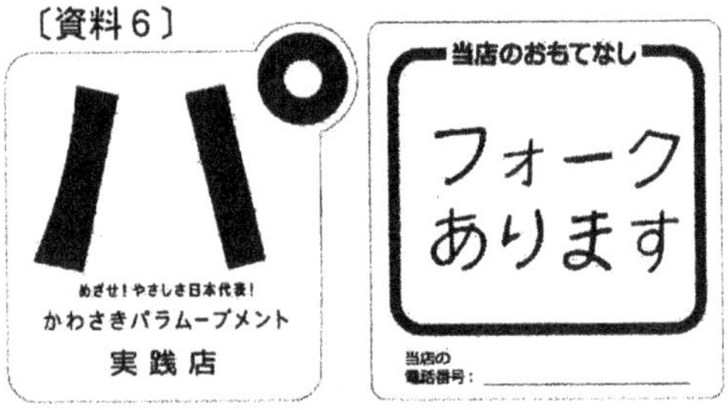

(川崎市市民文化局オリンピック・パラリンピック推進室より作成)

たろうさん：おもしろい考えですね。

けいこ先生：先生の家の近くの「そば屋」には，このようなステッカー〔資料６〕が貼ってありました。お店の人は③どういう気持ちを込めたのかわかりますか。

たろうさん：「フォークあります。」ってことは…

はなこさん：あっ，わかりました。

たろうさん：ぼくたちも学校でできる「おもてなし」を考えてステッカーを作ってみようよ。

けいこ先生：それはすばらしい考えですね。

＊かわさきパラムーブメント：東京2020オリンピック・パラリンピック競技大会をきっかけに「誰《だれ》もが暮らしやすいまちづくり」などに取り組む運動

(5) 下線部③の表す，お店の人の気持ちを書きましょう。

問題２ はなこさんとたろうさんが教室で冬休みのことについて話をしています。次の会話文を読んで，あとの(1)～(7)の各問いに答えましょう。

はなこさん：冬休みに，オーストラリアのシドニーに住んでいる友だちに会いに行ったの。飛行機に乗っていた時間は９時間24分だったわ。

たろうさん：羽田空港からシドニー国際空港までの距離《きょり》は7812㎞だから，利用した飛行機の平均の速さは，時速 約 [(あ)] ㎞だったと言えるね。

(1) [(あ)] にあてはまる数字を書きましょう。小数第一位を四捨五入し，一の位までのがい数で答えましょう。

はなこさん：初めての海外旅行だったから，戸惑《とまど》うこともたくさんあったわ。日本円をオーストラリアのお金であるオーストラリア・ドルに両替《りょうがえ》する必要があったの。

たろうさん：そうだね。１ドルを両替するとき80円の日もあれば，82円の日もあって，複雑に感じるよね。はなこさんはどのような方法で両替したの。

はなこさん：銀行で両替したわ。その日は78円で１ドルに両替できたの。両替には１ドルにつき２円の手数料がかかったから，50000円分をオーストラリア・ドルに両替したら，50000÷(78＋２)＝625 なので625ドルになったわ。①旅行から帰って，残った22ドルを銀行で日本円に両替したの。そのときは，1ドルを80円で両替して，手数料が１ドルにつき１円かかったわ。

⑵　下線部①について，両替して受け取ったのは，日本円でいくらであったのか書きましょう。

はなこさん：お金の単位もドルとセントの２つあって，１ドルが100セントなの。

たろうさん：コインも２ドル，１ドル，50セント，20セント，10セント，５セントの６種類あるよね。

はなこさん：現地でジュースを買った時には，びっくりしたわ。ジュース１本の金額表示が１ドル99セントとなっていたので，２ドルコインで払《はら》ったのに，おつりがもらえなかったの。「１セントコインはもう存在しないんだ。」と店員さんに言われたの。

たろうさん：金額の最後の１ケタが１セントか２セントの場合は切り捨てて０セントに，３セントか４セントの場合は切り上げて５セントに，６セントか７セントの場合は切り捨てて５セントに，８セントか９セントの場合は切り上げて10セントにしているんだよね。

はなこさん：そうなの。だから，②同じジュースを３本買った友だちは６ドル払っておつりをもらっていたの。この仕組みは，後から友だちに聞いたのだけれど，とても不思議だったわ。

⑶　下線部②について，友だちがもらったおつりの金額を書きましょう。単位も書きましょう。

はなこさん：５月には，その友だちが川崎に遊びに来ることになったのだけれど，移動手段や経路については，今回の私と同じように戸惑いを感じる場面もあるのでしょうね。行き慣れていない場所の地図を読み取るのは，とても難しいから。

たろうさん：電車やバスで移動するなら，特にそう感じるかもしれないね。そう考えると，カーナビゲーションシステムやスマートフォンを使用した経路検索《けんさく》は，とても便利だよ。複雑に見えるものから必要な情報を取り出して簡略化するという視点は，いろいろと役に立つね。

次のページの地図【図１】は，シドニー市内の観光地となっている場所と場所とのつながりを地図上に点と線で表したものだよ。

はなこさん：すごいわ。複雑に感じる地図が，わかりやすくなるのね。

たろうさん：③場所のつながり方だけに注目した場合，さらに簡単に表せるよ。

【 図1 】

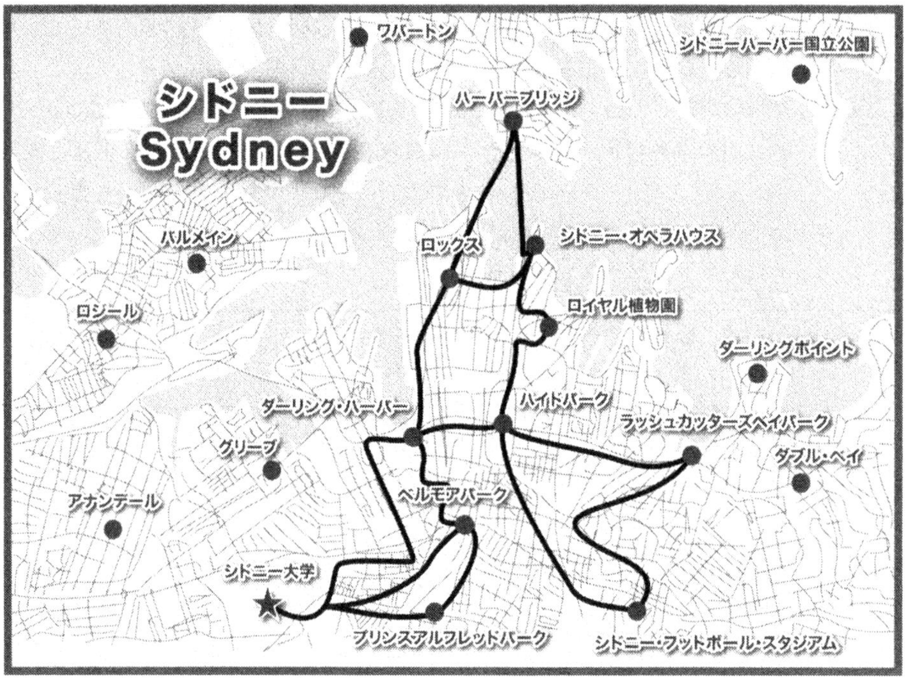

⑷　下線部③について，【図１】をさらに簡略化して表現している図を次のア～カの中から１つ選び，記号で答えましょう。（シドニー大学★を出発点とする。）

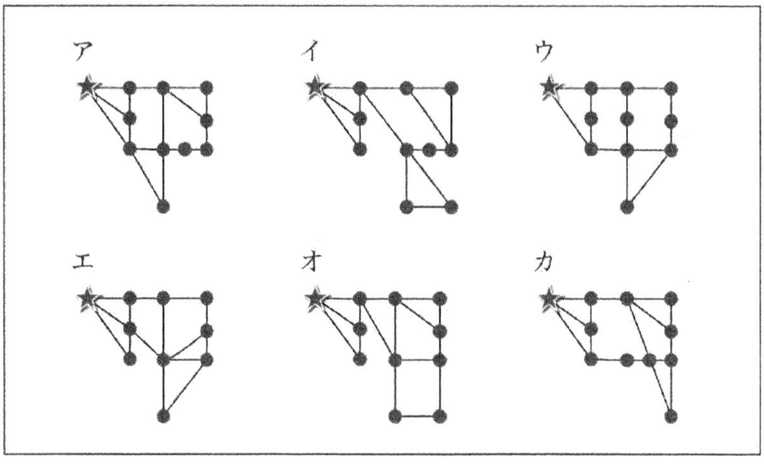

はなこさん：ここまで簡略化できれば，必要な情報に注目してさまざまなことに応用できそうだわ。

たろうさん：そうだね。例えば，各地点間の所要時間がわかっている場合，最も時間のかからない経路を選ぶことなども考えられるね。

はなこさん：ほかにも，すべての道を通ることができるのか検討することや，分岐点《ぶんきてん》をすべてまわることができるのか，それは何通りあるのかなども考えることができるわ。友だちのためにも事前に調べておきたいわ。

たろうさん：この図【**図２**】は，川崎駅周辺のバス路線図を簡略化したものだよ。バス停とバス停をつなぐ線にかかれている数字は，移動にかかる時間で，単位は「分」だよ。

【 図２ 】

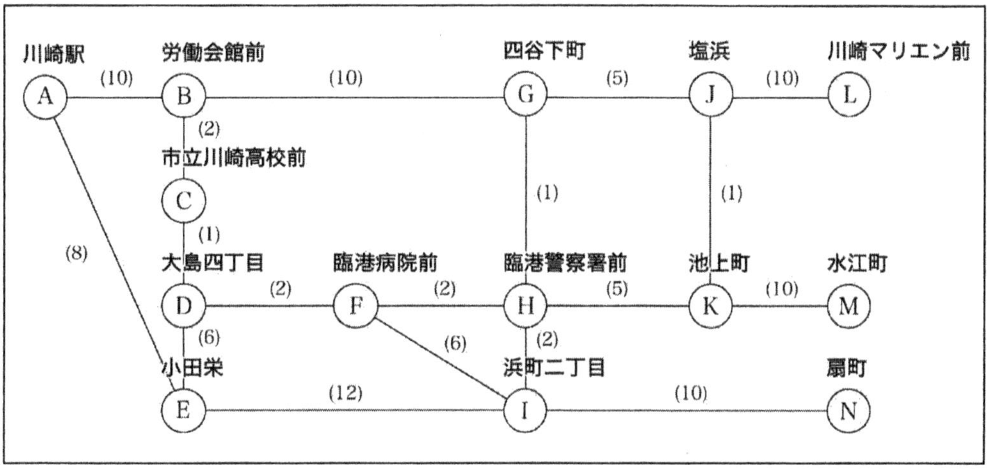

はなこさん：ありがとう。友だちをいろんな場所に連れていってあげたいわ。

たろうさん：はなこさんの家は扇町《おうぎまち》でしょう。まずは，地点Ａから地点Ｎまでの移動でもっとも短い時間で移動できる経路を考えてみるのはどうかな。

はなこさん：そうね。地点Ｎに行くためには，

必ず［　　　　(い)　　　　］ことがわかるわ。

だから，地点Ａから地点Ｉまでの経路だけを考えればよいね。その中でもっとも短い時間で移動できる経路を見つければいいことになるわ。

(5)　［(い)］にあてはまる，はなこさんが気づいたことを書きましょう。

たろうさん：いいことに気づいたね。では地点Ａを出発したらまず，地点Ｂまたは地点Ｅに必ず行くから，地点Ｂから地点Ｉに行くのと，地点Ｅから地点Ｉまで行くのではどちらが短時間で移動できるのかを考えればよいね。

はなこさん：それは地点Ｅから地点Ｉが真っすぐに結ばれているから，この２つを結んでいるバスが一番短時間だと思うわ。

たろうさん：それはどうかな。まず，地点Ｅから地点Ｉに移動できる経路は何通りあるかな。図をかいて確かめてごらん。ただし，短い時間で移動できる経路を考えているので，**同じバス停を２度通過することは考えない**ようにしよう。

はなこさん：わかったわ。次のページの図【**図３**】をかいてみるね。

【図3】

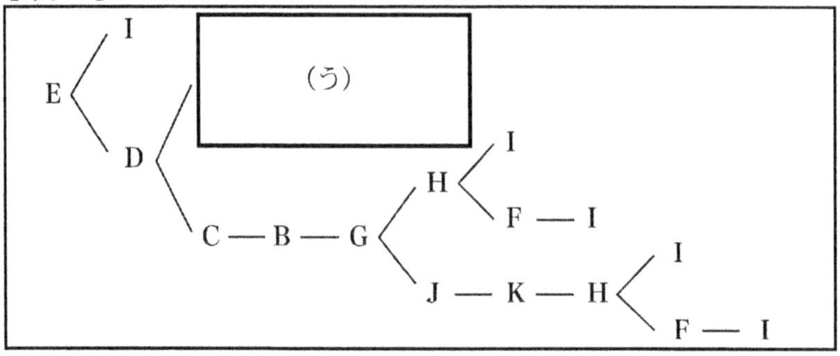

はなこさん：できた。規則的にかいていくとわかりやすいわ。

(6)　はなこさんがかいた図【図3】は，地点Eから地点Iまでのすべての経路をかいたものです。 (う) にあてはまる図をかきましょう。

はなこさん：この中でもっとも短時間で移動できる経路を見つければいいのね。

たろうさん：そういうこと。その中で，地点Eから地点Bを通る経路については A－E－D－C－B とたどると17分で，A－B とたどる場合の10分より長いので考える必要はないね。

はなこさん：そうなると，まず地点Aの次に地点Eを通って地点Iへ行く経路の中でもっとも短い時間で移動できる経路を探せばいいのね。

わかったわ，2通りあって，どちらも地点Iまで20分だわ。

たろうさん：次は地点Aの次に地点Bを通って地点Iへ行く経路の中からも，もっとも短い時間で移動できる経路を見つけて，その時間と20分とでどちらが短い時間で移動できるかを比べないといけないね。

はなこさん：あら，地点Aの次に地点Bを通って地点Iへ行く経路の方が20分より短い時間で行ける経路があるわ。それは，A－ (え) －Iの順に通る経路で，これが最短の時間で移動できる経路ということになるわ。

たろうさん：そうだね。でも，本当ならバスを乗り降りする時間や道路の混雑も考える必要があるね。

はなこさん：そう考えると，目的地までの行き方を案内してくれるようなナビゲーションシステムは，なんてすばらしいのかしら。

(7)　(え) にあてはまるアルファベットを，正しい順に並べて書きましょう。

問題3　たろうさんとはなこさんが教室で話をしています。次の会話文を読んで，あとの(1)～(6)の各問いに答えましょう。

はなこさん：この前，近所のお寺に行って，お寺の縁《えん》の下をのぞいたら，次のページの写真〔資料１〕のようなくぼんでいるところがたくさんあったわ。これは何かしら。

たろうさん：それはアリジゴクの巣だよ。

はなこさん：そうだったのね。アリジゴクの名前は聞いたことがあるけど，実際にその巣を見たのは初めてだわ。ところでアリジゴクはどんな生き物なの。

たろうさん：アリジゴクは巣にやってきたアリなどの小さなこん虫を巣の底に落としてつかまえてエサとしているよ。ウスバカゲロウというこん虫の幼虫でこのイラスト〔資料２〕のような姿をしているよ。

はなこさん：ずいぶんと不思議な姿ね。

たろうさん：大きなあごがあって，平べったい頭をしていて，こん虫の体のつくりと同じで，

［　　　　(あ)　　　　］よ。

こんなあしをしているので，アリジゴクは前には進めず後ろにしか進むことができないらしいよ。

〔資料１〕

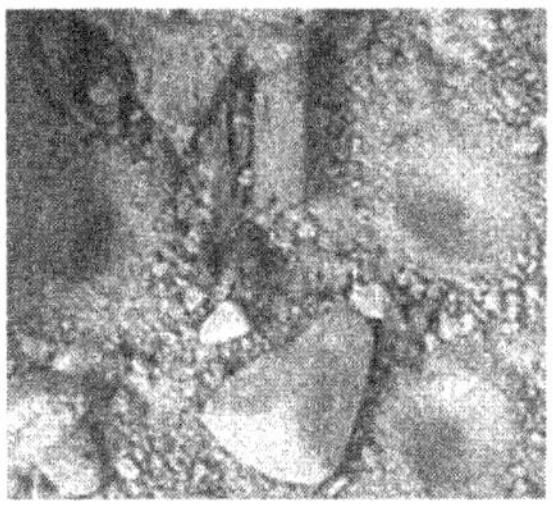

（京都教育大学松良俊明氏ウェブサイトより引用）

〔資料２〕

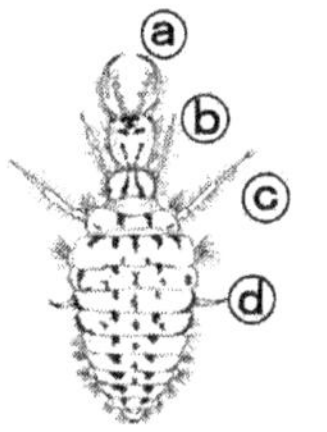

（京都教育大学松良俊明氏ウェブサイトより引用）

(1)　［(あ)］にあてはまる説明を次のア～カの中から１つ選び，記号で答えましょう。

ア　あしは少し短くて小さなⓑが２本と左右にのびきったようなⓒが２本の合計４本ある

イ　あしは少し短くて小さなⓑが２本と左右にのびきったようなⓒが２本，そしてかろうじて見えるくらいのⓓが２本の合計６本ある

ウ　あしは太くて大きなとげのついたⓐが２本と少し短くて小さなⓑが２本，そして左右にのびきったようなⓒが２本の合計６本ある

エ　あしは太くて大きなとげのついたⓐが２本と，少し短くて小さなⓑが２本と左右にのびきったⓒが２本，そしてかろうじて見えるくらいのⓓが２本の合計８本ある

オ　細かな毛のようなあしがたくさん生えている

カ　あしは太くて大きなとげのついたⓐが２本と，少し短くて小さなⓑが２本と左右にのびきったⓒが２本，かろうじて見えるくらいのⓓが２本，そして，細かな毛のようなあしがたくさん生えている

はなこさん：そういえば，アリジゴクの巣って，どれも同じ形をしているように見えるわ。

たろうさん：そうだね，大きさはさまざまだけど，くぼみの角度はほとんど同じだよ。

はなこさん：それは不思議ね。どうしてかしら。

たろうさん：実はアリジゴクの巣の坂の角度は「安息角《あんそくかく》」といって，その砂がすべり落ちるかどうかのギリギリの角度でできているそうだよ。だから，アリがアリジゴクの巣

に入ると，足元の砂がくずれて，巣の底に落ちていってしまうらしい。

はなこさん：よくできているわね。でも，どうして，巣の坂を「安息角」にすることができるのかしら。もしかして，アリジゴク同士で秘密の設計図を持っているのかしら。

たろうさん：設計図はなくても，「安息角」の坂はつくることができるよ。

はなこさん：どういうことかしら。

たろうさん：深く穴をほっていけば，そのうち，周りの砂がすべり落ちて，自然に坂が「安息角」になるみたいだよ。

はなこさん：つまり，巣の坂の角度はアリジゴクのつくり方で決まるのではなくて［(い)］の状態で決まるということなのね。

たろうさん：その通りだよ。アリジゴクが縁の下などのかげになるところに巣をつくるのも，それが理由だよ。

はなこさん：雨などで巣がぬれたら，砂がくずれなくなったり，逆にこわれてしまったりしてしまうものね。

⑵　［(い)］にあてはまる言葉を書きましょう。

たろうさん：前のページの巣の写真〔**資料１**〕をよく見たら，おもしろいことに気が付いたよ。

はなこさん：何かしら。

たろうさん：周囲の砂と巣の砂を比べてみると分かるよ。

はなこさん：わかったわ。砂のつぶの大きさね。巣の砂の方がつぶが細かいわ。

たろうさん：その通りだよ。どの巣も細かい砂だけでできているけど，どうしてだろう。

はなこさん：きっと細かい砂の方がアリをつかまえやすくなるからだと思うわ。

たろうさん：確かに砂つぶが細かい方がくずれやすい気がするね。でも，どうして巣は細かい砂だけでできているのかな。

はなこさん：アリジゴクは砂つぶが細かいところを探して，巣をつくっているのではないかしら。

たろうさん：なるほど，では，どのような実験をしたら，それを確かめられるかな。

はなこさん：つぶの大きさがちがう２種類の砂を用意して実験をするのはどうかしら。

たろうさん：そうだね，その①実験を何回かくり返して，どこでアリジゴクが巣をつくるかを観察すればよいのだね。

はなこさん：予想図〔**資料３**〕のように，真ん中の境目から**左側にのみ**，アリジゴクが巣をつくれば，私の予想が正しいということになるわね。

たろうさん：さっそく確かめてみよう。

〔資料３〕「はなこさんの予想図」

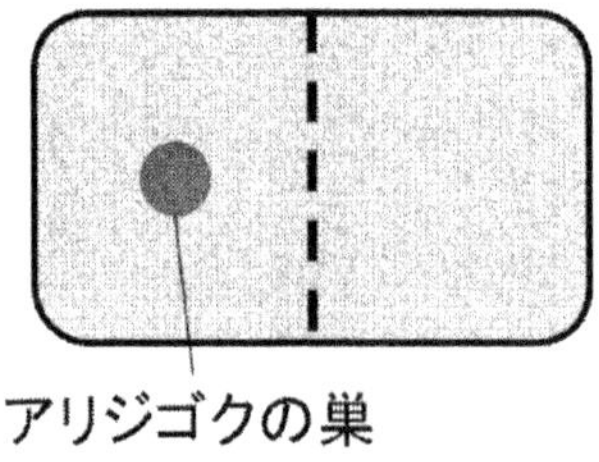

⑶　下線部①について，はなこさんの予想が正しいことを確かめるために，たろうさんたちはどのような実験をしたのでしょうか。実験の結果が「はなこさんの予想図」〔**資料３**〕のようになる具体的な実験の方法を書きましょう。

――――　1週間後　――――

はなこさん：予想通りの結果になったね。

たろうさん：さすが，はなこさん。でも，つぶが細かい砂とつぶが大きな砂の２種類が均等に混ざっていたとき，どうなるのだろう。

はなこさん：何か良い実験はないかしら。

たろうさん：いいことを思いついたよ。放課後，家で実験してくるね。

――――　次の日　――――

はなこさん：昨日はどんな実験したの。

たろうさん：まず，色ごとにつぶの大きさがちがう白と黒の砂を用意してそれを混ぜ合せて容器にしきつめたんだ。これが実験を真上から見た図〔資料４〕だよ。はじめはＡのように容器全体で砂が灰色っぽく見えたけど，巣ができあがるとＢのようになったよ。

〔資料４〕

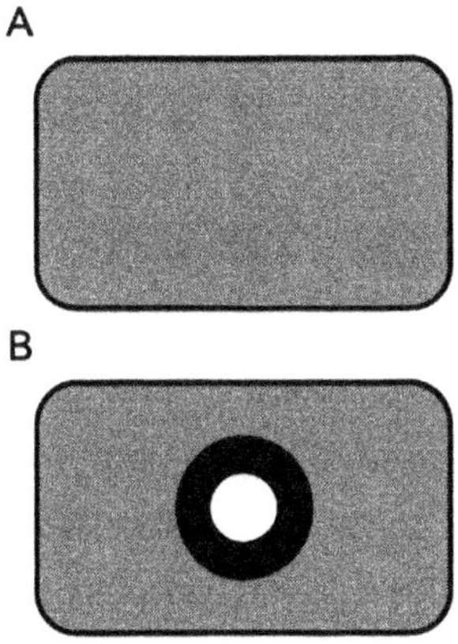

はなこさん：これは［　　　　(う)　　　　］ということかしら。

たろうさん：さすがだね，その通りだよ，はなこさん。

はなこさん：アリジゴクは砂のつぶの大きさをふりわけながら，巣をつくっているのね。

(4)　［(う)］にあてはまる〔資料４〕Ｂの巣のようすの説明を，次のア～エの中から１つ選び，記号で答えましょう。

ア　巣のくぼみはつぶの小さな白い砂で，くぼみの周辺はつぶの大きな黒い砂でできている

イ　巣のくぼみはつぶの大きな白い砂で，くぼみの周辺はつぶの小さな黒い砂でできている

ウ　巣のくぼみはつぶの小さな黒い砂で，くぼみの周辺はつぶの大きな白い砂でできている

エ　巣のくぼみはつぶの大きな黒い砂で，くぼみの周辺はつぶの小さな白い砂でできている

たろうさん：さらにアリジゴクのことを本で調べたら，イラスト〔資料２〕のⓐを上手に使って巣をつくることがわかったよ。

はなこさん：アリジゴクはどのようにして巣をつくっているのか教えてよ。

たろうさん：まず，ⓐを使って，砂をほって，次に，ほった砂をⓐの上で左右にふるわせるそうだよ。これはⓐのギザギザを使って，小さなつぶの砂をその場で捨てて，大きなつぶの砂だけを選ぶことができるみたいだよ。そして，外に向かって，その大きなつぶの砂だけを投げるのだって。

〔資料２〕

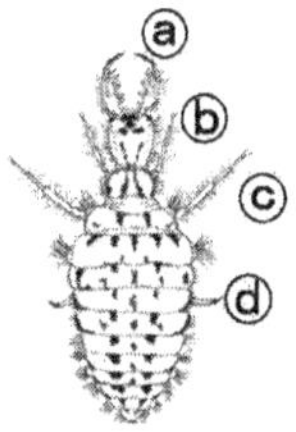

はなこさん：つまり，ⓐはアリジゴクにとって，わたしたちの身の回りの器具でいうと［(え)］と［(お)］の役割をしているのね。

(5) (え) と (お) にあてはまる言葉を次のア～カの中からそれぞれ１つ選び，記号で答えましょう。

ア かなづち　イ のこぎり　ウ はさみ　エ スコップ　オ ふるい　カ のり

たろうさん：アリジゴクはくぼみの底の砂の中でアリが巣にやってくるのをじっと待っているのだよ。

はなこさん：アリが来るまで待つなんて，アリジゴクはがまん強いのね。でも，せっかくアリが巣にやってきても，アリがすべり落ちている間にもがいたりしたら，なかなか落ちてこないし，にげられそうな気がするわ。

たろうさん：だから，アリジゴクはアリが落ちてくるのをただ待つだけではないよ。アリジゴクは坂でもがいているアリに砂つぶをぶつけることでアリの足元をすくって，ずるずると落下させて，つかまえるらしいよ。

はなこさん：小さいアリに砂を当てるなんて，アリジゴクはコントロールが良いのね。でも，どうしてアリジゴクは砂の中にもぐっているのに，アリが巣の中に入ってきたことやアリがどこにいるのかを知ることができるのかしら。

たろうさん：それは，アリが巣に中に入ると，(か) から，それを元にアリジゴクはアリが入ってきたことや，どこにいるのかを知ることができるそうだよ。

はなこさん：アリジゴクは生きるためにいろいろな工夫をしているのね。小さい体をしているのにすごいわ。もっと他の動物のことも知りたくなったわ。

(6) (か) にあてはまる言葉を書きましょう。

問題２（※適性検査Ⅰ）　たろうさんとはなこさんが教室で話をしています。次の会話文を読んで，あとの⑴～⑹の各問いに答えましょう。

たろうさん：副読本「かわさき」を使って川崎港のことを学習したことを覚えているかな。
はなこさん：ええ，大正時代に東京湾を埋め立ててつくった人工の港だったわね。
たろうさん：うん，今では東京港，横浜港，大阪港，神戸港とともに国から国際戦略港湾《こうわん》に指定されていて，日本で最も重要な５つの港の１つになっているんだ。
はなこさん：国際戦略港湾って何かしら。
たろうさん：日本の港の国際競争力を高めるために，大型船が入れるようにしたり，24時間港で業務ができるように国が中心となって重点的に整備を進めている港のことだよ。
はなこさん：ほかにも川崎港の特色はないのかしら。
たろうさん：川崎市の公式ウェブサイトにいろいろな資料がのっていたよ。①川崎港の貨物量の移り変わり〔資料１〕は，2014年から2018年までの５年間に川崎港で取りあつかった貨物量をまとめたものだよ。

〔資料１〕川崎港の貨物量の移り変わり

単位：万トン

入出区分	2014年	2015年	2016年	2017年	2018年
輸出	1,062	1,075	901	864	749
輸入	4,763	4,604	4,404	4,727	4,324
移出	1,548	1,686	1,499	1,601	1,475
移入	1,209	1,302	1,393	1,305	1,560
総計	8,581	8,668	8,197	8,498	8,108

（注：統計の数字は千トンの単位を四捨五入している）

（川崎市公式ウェブサイトより作成）

はなこさん：移出・移入って何かしら。
たろうさん：移出は川崎港から国内の他の港に貨物を送り出すことを意味しているんだ。反対に国内の他の港から川崎港に入ってくる貨物が移入だよ。
はなこさん：輸出入，移出入の変化からいろいろなことがわかるわね。

⑴　下線部①について，この表から読み取れるものとして適切なものを，次のア～オの中から１つ選び，記号で答えましょう。

ア　2014年から2018年まで毎年，川崎港に入ってくる貨物量（輸入量と移入量の合計）の方が，出ていく貨物量（輸出量と移出量の合計）よりも多くなっている。

イ　2014年以降，川崎港で取りあつかわれる貨物量は減り続けている。

ウ　2018年の川崎港の移入量は，前の年より50パーセント以上増加している。

エ　2014年から2018年までの川崎港の移出量は，最も多かった年と最も少なかった年ではおよそ300万トンの差がある。

オ　2018年の川崎港の輸出入貨物量（輸出量と輸入量の合計）と移出入貨物量（移出量と移入量の合計）のおおよその比は７対３である。

はなこさん：川崎港で取りあつかわれた貨物にはどんなものがあるのかしら。

たろうさん：2018年に川崎港で輸出入された主な貨物の割合を示したグラフ〔**資料2**〕があるよ。

はなこさん：石油関連のものが多いのね。

たろうさん：川崎港の輸出入の品目を見ると，前に勉強した②日本の貿易の特色と似ていることがわかるよね。

はなこさん：液化天然ガスをこんなにたくさん輸入しているわ。

たろうさん：前のページの〔**資料1**〕と〔**資料2**〕をあわせて見ると，2018年の液化天然ガスの輸入量は約 (あ) 万トンもあることがわかるね。

〔資料2〕2018年 川崎港の主な輸出入品の割合

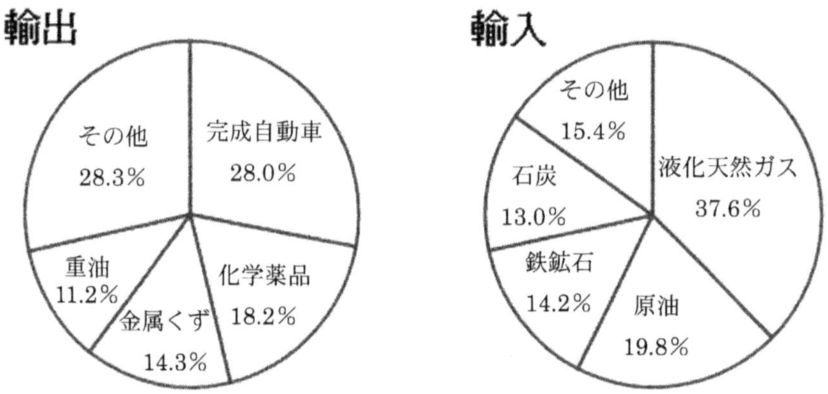

（川崎市公式ウェブサイトより作成）

⑵ 下線部②について，〔**資料2**〕をもとに，**「輸出」と「輸入」の2語を用いて**日本の貿易の特色を説明しましょう。

⑶ (あ) にあてはまる数字として適切なものを，次のア～エの中から1つ選び，記号で答えましょう。

ア 282　　イ 1626　　ウ 555　　エ 587

川崎港の貿易について調べた，たろうさんとはなこさんは，けいこ先生と一緒《いっしょ》に港に見学に行くことになりました。そこで，東扇島《ひがしおうぎしま》にある川崎東郵便局を訪ね，局員の方に郵便局についての説明をしていただきました。

けいこ先生：さて，ここが川崎東郵便局よ（次のページ）。

たろうさん：わあ，大きな郵便局だね。1，2，…，何階建てだろう。

はなこさん：たろうさん，6階建てよ。それに，各階の床面積《ゆかめんせき》の合計では，全国で7番目に大きな郵便局なのよ。

たろうさん：日本で7番目なんて，それはずいぶん大きいね。近所の郵便局とは比べものにならないな。でも，近所の郵便局とは何が違《ちが》うのかな。

〔資料３〕川崎東郵便局

けいこ先生：では，ここで働く局員の方に，説明をうかがいましょう。

たろうさん・はなこさん：よろしくお願いします。

〔資料４〕 川崎東郵便局の説明

> 川崎東郵便局は，ものの流れのスピード化を実現するために，国内の郵便ネットワーク再編の第１号として，また，日本と世界をつなぐ国際郵便物の玄関口《げんかんぐち》として2013年５月４日に開局しました。
>
> 日本を発着する国際船による郵便物を取りあつかっていましたが，2013年６月から，全世界から到着《とうちゃく》する航空通常郵便物（エアメール等）もすべて引き受けて処理する郵便局となりました。
>
> 国内の郵便関係では，最新の大型機械を導入し処理が速くなりました。また，開局当初は川崎市全域を受け持っていましたが，2014年２月から神奈川県東部地域の郵便物を担当する郵便局となりました。
>
> （日本郵便株式会社『川崎東郵便局業務概要』2019年度版より　一部改編）

はなこさん：すごいわ。世界中から郵便物がここに集まってくるのね。そしてここから日本全国に運ばれるのね。

たろうさん：近所の郵便局とは全く違うね。川崎東郵便局の役割の１つは，ここが世界の窓口になっているってことだね。

けいこ先生：そうですね。それに，もう１つ，大きな役割がありますね。

はなこさん：川崎市全域の郵便を受け持っていたということですか。

たろうさん：それより，神奈川県東部の郵便物を担当しているっていうことではないかな。範《はん》囲《い》がもっと広くなったということだよね。

はなこさん：どうして③神奈川県東部の郵便物が集められてくるのですか。そうすると，どんな良さがあるのですか。

⑷　下線部③について，１か所に集める良い点として〔資料４〕から考えられる適切なものを，次のア～エの中から１つ選び，記号で答えましょう。

ア　日本の首都である東京から距離《きょり》が近いから。

イ　川崎東郵便局は全国で７番目に数えられるほど面積が広いから。

ウ　神奈川県の中央部にあるから，移動時間が短くてすむから。
エ　効率よく多くの郵便物を仕分けしたり，並《なら》べ替《か》えたりすることができるから。

たろうさん：ところで，さきほどの説明の中では，神奈川県東部を担当しているということでしたが，西部を担当している郵便局はどこにあるのですか。
けいこ先生：それは神奈川西郵便局といって，神奈川県海老名市に2017年に開局しました。川崎東郵便局の場所〔**資料５**〕と次のページの神奈川西郵便局の場所〔**資料６**〕を見て，２つの郵便局の場所に共通していることがわかりますか。
はなこさん：どちらも近くに［(い)］があります。その理由は［(う)］だと思います。
けいこ先生：その通りです。

⑸　［(い)］にあてはまる言葉を次のア～エの中から，［(う)］にあてはまる言葉をオ～クの中からそれぞれ１つ選び，記号で答えましょう。
ア　高速道路　　イ　港　　ウ　川　　エ　工場

オ　輸送に便利だから　　カ　東京に近いから
キ　広い土地があるから　　ク　街が栄えているから

〔資料５〕川崎東郵便局の場所

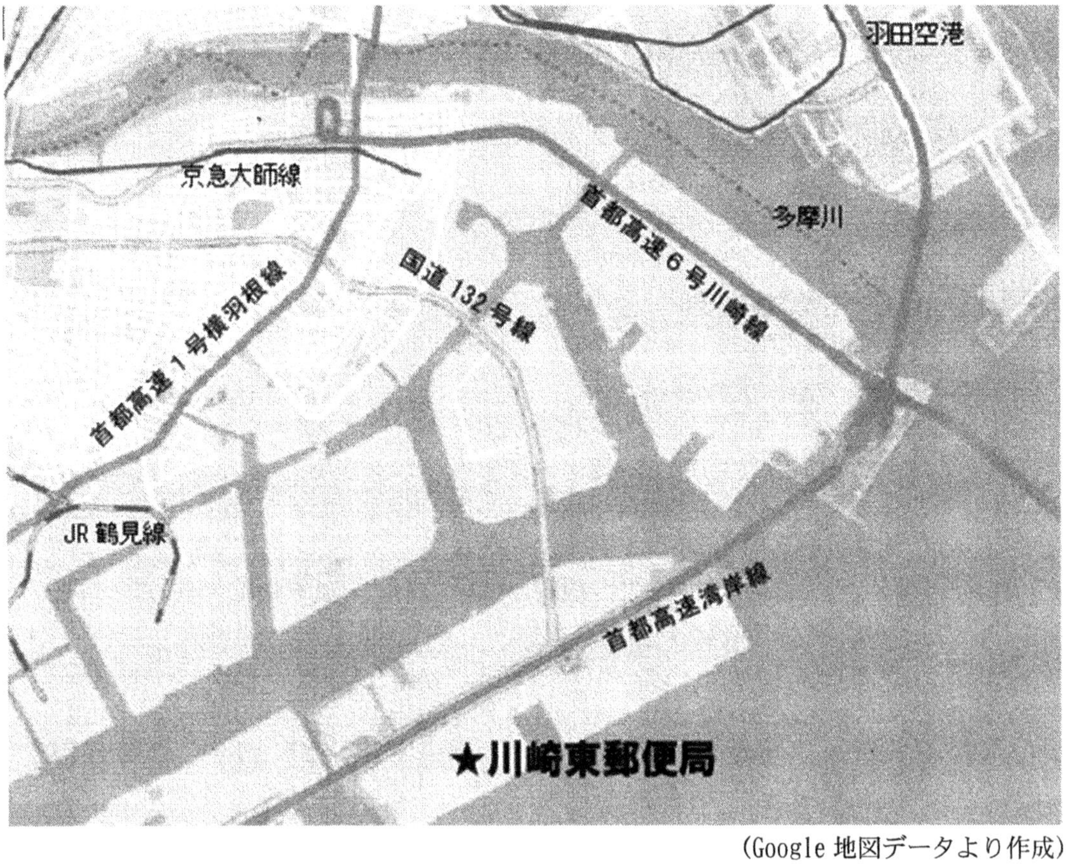

(Google 地図データより作成)

〔資料６〕神奈川西郵便局の場所

(Google 地図データより作成)

はなこさん：私はこの前，東北に住む祖母に手紙を書いたけれど，たろうさんは手紙を書くことはあるかしら。

たろうさん：あまりないかな。年賀状は書くけれど。

はなこさん：ところで，郵便物の数は，どう変化しているのかしら。

けいこ先生：郵便物を取《と》り扱《あつか》った数の移り変わりをあらわした次のページの引受郵便物数〔資料７〕を見ればわかりますね。

たろうさん：2001年までは増加していたけれど，④その後は減少しているのはなぜだろう。

けいこ先生：もう１つの資料，次のページのパソコン普及率《ふきゅうりつ》〔資料８〕にヒントがありますよ。

たろうさん：先生，パソコン普及率とは何ですか。

けいこ先生：日本の中でパソコンのある家庭の割合のことです。

〔資料７〕引受郵便物数

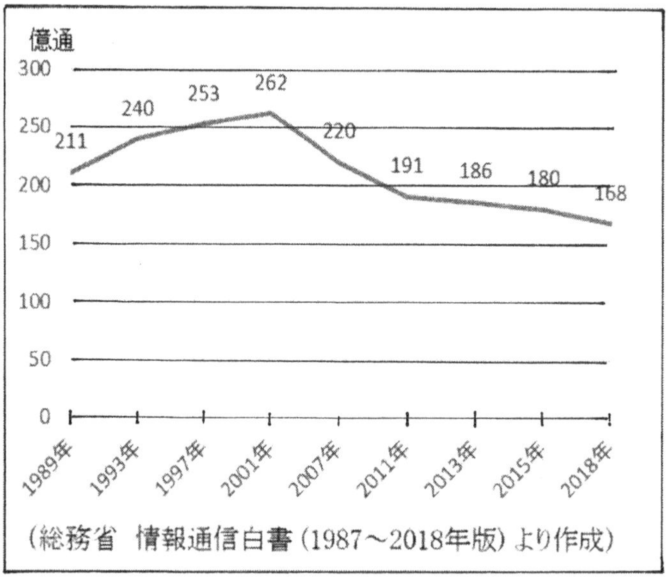

（総務省　情報通信白書（1987～2018年版）より作成）

〔資料８〕パソコン普及率

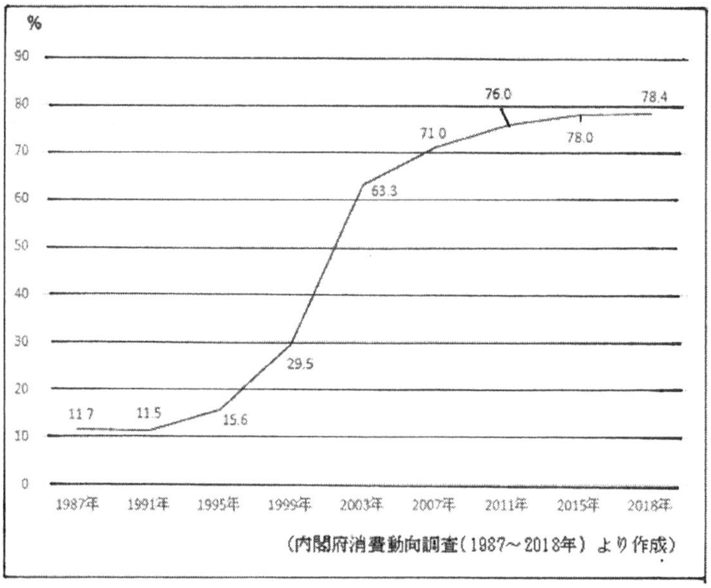

（内閣府消費動向調査（1987～2018年）より作成）

⑹　下線部④について，引受郵便物数が，2001年以降は減少している主な原因として考えられることを〔**資料８**〕を参考にして具体的に書きましょう。

> ます。ももを原料に用いたり、もものデザインを参考にしたりするなど、どのお店の和菓子も、とても個性的でおいしく、人気があります。

(5)－iii　はなこさんは、発表をより説得力のあるものにするために、藤《ふじ》子《こ》・F・不二雄《ふじお》ミュージアムの写真を拡大して、黒板のよく見える所にはることにしました。発表を始める前に黒板にはろうとしたところ、たろうさんから、「今、はるべきではない。」と言われました。たろうさんが言ったことは、Cの文章の(ア)～(エ)のポイントのどれに関係するか、適切なものを一つ選び、記号で答えましょう。また、はなこさんは具体的にどのようにすればよいのか、書きましょう。

(6)　中学校であなたがクラスメイトの前で論理的な発表を行う時に、どのような事に気を付けて発表を行いたいですか。Bから参考にしたところを一つあげ、これまでの経験にふれながら後ろの［注意事項《じこう》］に合うように考えや意見を書きましょう。

［注意事項］

○**解答用紙2**に三百字以上四百字以内で書きましょう。

○原稿用紙の正しい用法で書きましょう。また漢字を適切に使いましょう。

○題名や自分の名前は書かずに、一行目、一マス下げたところから書きましょう。

○三段落以上の構成で書きましょう。

○句読点［。、］やかっこなども一字に数え、一マスに一字ずつ書きましょう。また、段落を変えたときの残りのマス目も字数として数えます。

(4) 🄲の――線④「一石二鳥」について、「石」に当てはまる内容を🄲の本文中から六字でぬきだして書きましょう。また、「鳥」に当てはまる内容を二つの立場から考えてそれぞれ書きましょう。

(5) 🄰、🄱、🄲を読んだはなこさんは、**川崎市外に住む人に向けて川崎を宣伝する**ために、発表用原稿《げんこう》🄳を作りました。次の発表用原稿🄳について、各問いに答えましょう。

🄳 川崎市の人口は、二〇一九年六月の時点で百五十三万人を目前としています。これは、十年前と比べると約十万人も増えています。⑤川崎市の人口が増えたということは、川崎市に人が住みやすくなったということです。

川崎市には七つの区があり、それぞれの区で市外からも観光客を呼ぼうと工夫をしています。例えば、川崎区は臨海部の夜景が有名です。「工場夜景」という言葉が生まれ、今ではバスツアーが組まれるほどになりました。

⑥中原区では、ももが有名です。それは、中原区民がもっと中原区を好きになれるよう、二〇一五年に「モモ」の木が中原区の木として選ばれたからです。大正から昭和の時代に「モモ」の木が数多く育てられていました。

多摩区には、藤子《ふじこ》・F・不二雄《ふじお》ミュージアムがあります。二〇一一年にオープンし、二〇一八年三月には、来場者数が三百万人を超えました。川崎市内にはこれら三つの区の他に、幸区、高津区、宮前区、麻生区があり、計七つの区がそれぞれの良さを生かして街づくりを行っています。

(5)－i けいこ先生は、🄳の――線⑤に関して、「論理的ではない」と言いました。論理的にするにはどのような工夫が必要ですか。**🄰の文章を参考にして**、次の1～4の中から適切なものを一つ選び、番号で答えましょう。

1 クラスメイトとその保護者に「川崎市の良いところは何か」というアンケートをとり、その結果を川崎市の観光案内と照らし合わせ、内容が合うものを説明する。

2 インターネットにのっていた「住みやすい街ランキング」を利用して、全国的に見ても川崎市がランキング上位であることを話し、住みやすさを強調する。

3 「住みやすさとは何か」の条件を分かりやすく示し、その条件に合う資料をインターネットや本で探し、調べた内容を引用しながら説明する。

4 川崎市以外の都市で、十年間で人口が十万人以上増えた理由を資料集で調べ、川崎市と似ているところを紹介して、川崎市の人口増加を強調する。

(5)－ii はなこさんが🄳をたろうさんに見せたところ、あるアドバイスをもらい、はなこさんは――線⑥を次の□のように書きかえました。はなこさんはたろうさんからどのようなアドバイスをもらいましたか。二十字以上三十字以内で書きましょう。

中原区では、ももが有名です。二ヶ領用水には、十四種類のもも の花が植えられています。桜とは違う美しさで、一足早く春を楽しめ、多くの人がおとずれています。また、中原区内には、ももをイメージした和菓子《わがし》である「桃《もも》の彩《いろどり》」を売るお店が七つありプレゼンテーションの原稿《げんこう》をいくら詳《くわ》しく長々と書いても、それを棒《ぼう》読《よ》みするわけにはいきません。できるだけ＊注16スライドやフリップチャートを活用して、活発なプレゼンテーションにせねばなりません。

百聞は一見にしかず、といいます。なんとかたくさんのスライドや＊注17チャートを見せて、興味深いものにすれば話し手自身も話しやすくなるし、話す内容を忘れることもありません。また聴衆《ちょうしゅう》にとって楽しくわかりやすいので、まさに④一石二鳥というべきです。

（箱田忠昭『あたりまえだけどなかなかできない　プレゼンのルール』〈明日香出版社〉）

【注】
＊1　筋道…物事を行う順序、手続き。
＊2　短絡的…筋道を立てて考えずに物事を結びつけて論ずるさま。
＊3　後者…二つならべて言ったもののうち、あとの方のもの。
＊4　曖昧…はっきりしないこと。
＊5　構築…構えきずくこと。
＊6　円滑…物事がさしさわりなく行われること。
＊7　ロジカル…論理的。
＊8　論考…論じ考察を加えること。
＊9　示唆…それとなく気づかせること。
＊10　抜け…抜けること、もれること。
＊11　プレゼンテーション…提示、発表。
＊12　考古学…遺跡《いせき》や遺物によって人類史を研究する学問。
＊13　大腿骨…両足のひざから、またの間にある長く大きい骨。
＊14　聴衆…聞き手。
＊15　フリップチャート…白い模造紙を束ねて、一枚ずつめくりながら話を進めていく道具。
＊16　スライド…発表用ソフトのそれぞれのページのこと。
＊17　チャート…図表、一覧表。

(1)　Aの――線①「この結論は、正しいでしょうか」について、筆者はどのような意見をもっていますか。次の1～4の中から適切なものを一つ選び、番号で答えましょう。

1　戦闘力や生命力など、比べる観点によって結果は変わってくるが、やはりクワガタのアゴの力は強いので、クワガタの方が強い。
2　スズメバチとの戦いでは、クワガタよりカブトムシの方が脚力が強く、木から落ちないのでカブトムシの方が強い。
3　そもそもオスとメスで力の差や体格の差があるので、実際に戦わせてみないとわからないから論理的に話すことはできない。
4　観点や実験の条件をそろえることによって、初めてクワガタとカブトムシを比べることができ、説得力のある根拠が生まれる。

(2)　Bの――線②「これは事の一面ではあっても、そのすべてではない」について、「事」と「その」が示しているものをBの本文中の言葉を使って書きましょう。

(3)　Cの――線③「それを手に持ったまま話をしたので、聴衆は気になって、その骨ばかり見ていました」とはどのような意味ですか。次の1～4の中から適切なものを一つ選び、番号で答えましょう。

1　聴衆が骨に集中してしまい、教授の話を聞かなくなった。
2　実物を見せたおかげで、教授の話が分かりやすくなった。
3　教授が骨を高く掲《かか》げたので、骨が聴衆に見えやすくなった。
4　教授が骨に集中してしまい、大切な話がおろそかになった。

昧《まい》な考えのままでは正しい判断はできないし、適切な行動もとれない。

しかし、②これは事の一面ではあっても、そのすべてではない。

日常生活を振《ふ》り返ってみよう。私たちは、必ずしも明確な論理＊注5構築を行って、判断したり、行動したりしているわけではない。にもかかわらず、それほど間違《まちが》った行動ばかりもしていない。また、論理的には正しいように見えても、結果として判断を誤ることはしばしばある。論理とは頼《たよ》りないものなのだ。

だがそれでも、論理はやはり必要だ、と感じるときがある。それはどういうときか。私たちは、しばしば自分の考えや主張を、他者に分かりやすく伝え、そして納得《なっとく》してもらおうと努力する。そういう時、私たちは論理的であろうとする。つまり、論理は、＊注6円滑《えんかつ》で効果的な伝達を行おうとするとき、必要になる。その意味で、論理とはその根底において対話的なのだ。

このことを考える上で、日本語でいう「論理的な」表現と英語でいう「＊注7ロジカルな」表現とは必ずしも一致《いっち》しない、と指摘《してき》するシステム工学の専門家である西村肇の＊注8論考は＊注9示唆《しさ》に富む。氏は次のように言う。

日本語において「論理的」とは、＊注10「抜《ぬ》け」や「あいまいさ」がない「完全で正確な表現を指している」。これに対し、英語で「ロジカル」というとき、問題とされるのは、「わかりやすく」、賛否は別にして「主張そのものは十分に納得できる」ということである。

論理の本家では、日本とは違《ちが》って、その原理として「他者」との対話性が重視される、という。今日、論理の必要性が説《と》かれるのは、そういう論理を尊ぶ欧米《おうべい》社会との円滑な、あるいは効果的なコミュニケーションが不可欠になってきた、という背景がある。そのような意味においても、対話性ということは、論理について考える場合、見落としてはならない視点と言えるのではないだろうか。

（高木まさき『「他者」を発見する国語の授業』〈大修館書店〉）

Ｃ　＊注11プレゼンテーションに限らず、通常のスピーチにおいても、何かものを見せながら話すことは多くあります。ある講演会で「縄文《じょうもん》時代人」というテーマで話している＊注12考古学の先生が、話の途中《とちゅう》で、縄文時代人の＊注13大腿骨《だいたいこつ》を皆《みな》に見せながら話したことがありました。彼《かれ》は、③それを手に持ったまま話をしたので、＊注14聴衆《ちょうしゅう》は気になって、その骨ばかり見ていました。

展示物、図表、実物、模型などを見せる時には、次のポイントを守ってください。

(ア) 視覚物は十分大きな見やすいものでなければならない。
字も図も大きく書いて、聴衆みんなに見えるようにしましょう。

(イ) 視覚物は必要な時だけ見せるようにする。
必要ない時は見えないところに隠《かく》しておきます。

(ウ) スクリーン、＊注15フリップチャート、あるいは現物を見せる場合でも、できるだけ高く揚《あ》げて、後ろの人が見えるようにすること。

(エ) スクリーン、展示物、視覚物の方を見て話さない。
常に客の方を見て話すこと。

これからのプレゼンテーションにおいては、視覚物の使用はますます増えると思われます。ラジオよりもテレビがおもしろいように、視覚に訴《うった》えるプレゼンテーションは、説得効果が高くなります。

【適性検査Ⅰ】（四五分）〈満点：二〇〇点〉

【注意】字数の指定のある問題は、指定された条件を守り、問題1 はたて書きで、問題2 は横書きで書きましょう。最初のマスから書き始め、文字や数字は一マスに一字ずつ書き、句読点〔。、〕やかっこなども一字に数え、一マスに一字ずつ書きます。ただし、問題1 の⑹は、その問題の「注意事項《じこう》」の指示にしたがいましょう。

問題1 次のA、B、Cの文章を読んで、あとの⑴～⑹の各問いに答えましょう。なお、問題作成のため、一部文章を変更《へんこう》しています。

A 「論理的」という言葉をよく聞きます。「論理的」思考力とか「論理的に」書きましょう、などという言い方です。一般的《いっぱんてき》には、「＊注1筋道」を立てつつ考え、書くことだと説明されています。しかし、筋道を立てて考えるときに気を付けておくべきことは、＊注2短絡的《たんらくてき》にならない、ということです。

たとえば、Aくんは「クワガタには、強そうなアゴ（はさみ）がある」という根拠《こんきょ》から「クワガタとカブトムシはクワガタの方が強い」という結論を導きました。さて、①この結論は、正しいでしょうか。

まず、何を「強い」とするかが問題です。戦闘力《せんとうりょく》のことか、生命力のことかで結論は違《ちが》ってきますし、同じ戦闘力でも、さまざまな観点から考える必要があります。確かにクワガタのオスには強大なアゴ（はさみ）があるので、一つの角しかないカブトムシは不利ですが、脚力《きゃくりょく》は断然カブトムシの方があるそうです。アゴ（はさみ）だけに目を奪《うば》われてはいけません。実際、樹液をめぐるスズメバチとの戦いでは、クワガタは樹《き》から落とされますが、カブトムシはびくともしないので、この場合はカブトムシのほうが強いと言えます。

戦闘力というと、オスの場合しか考えないのでは不十分です。メス同士の戦いでは、クワガタのメスはとても小さいので、オスと体格はあまり変わらないカブトムシの方が強いと思われます。

一方、生命力では、寿命《じゅみょう》がカブトムシでは三ヵ月、クワガタでは二～三年ですが、長生きが生命力のすべてかというと、そうでもないかもしれません。

実際にカブトムシとクワガタを戦わせて、その結果を根拠とする場合を考えましょう。その場合、いくつかの条件をそろえる必要があります。まず、同じくらいの体格のものを選ぶということです。体格差がありありすぎると、比較《ひかく》ができません。また、野外で捕《と》ってきたばかりのものと、ずっと飼育してきたものとでも、比較になりません。これらの条件をそろえて実験をすると、説得力のある根拠として使えます。

もっともらしい根拠を持ってきて、論理的に筋道を立てて論証しているように見える場合でも、短絡的に根拠と結論を結びつけていないかの検討が必要です。（後藤芳文・伊藤史織・登本洋子『学びの技　１４歳からの探究・論文・プレゼンテーション』〈玉川大学出版部〉）

B 論理の型や技術についてはよく議論されるが、論理はなぜ必要か、と問われることは多くない。けれども、この＊注3後者の問いの中には、最も基本的な問題が隠《かく》されている。

では、この問いに対して、思いつく答えはどのようなことか。一つは、自分の考えを明確にするために論理は必要だ、ということだろう。＊注4曖《あい》

MEMO

大切なことはメモしておこうネ！

2020 年 度

解 答 と 解 説

＜適性検査Ⅰ解答例＞

問題1 (1) 4

(2) 「論理はなぜ必要か」に対する答え　など

(3) 1

(4) (石)視覚物の使用

(鳥)話し手が話しやすくなり，内容を忘れない　など

聴衆にとって楽しくわかりやすい　など

(5) ⅰ 3

ⅱ 川崎市外の人が川崎に行ってみたいと思う内容にした方がよい　など

ⅲ (記号)イ

(どうすればよいか)多摩区の話をする時に拡大した写真を見せる　など

(6) 私がクラスメイトの前で論理的な発表を行うときは，相手に分かりやすく伝えることに気を付けたいです。なぜなら，自分の考えを納得してもらうために分かりやすさが最も大切な要素になると思うからです。

筆者は論理について考える場合対話性を見落としてはならないと書いていますが，私はこの意見に賛成です。私の学校では，クラスの朝礼で一日一人ずつニュースについてスピーチをしていて，ニュースのような難しい話を聞いてもらうには内容をわかりやすくする必要があります。そのため，私はスピーチの原稿は友達にも確認してもらいながら準備するようにしています。

スピーチをする場合だけではなく，分かりやすく伝えることは相手と会話する中で大事だと思います。私は，このことを中学校に入ってからも意識していきたいです。

問題2 (1) ア

(2) 燃料や原料を輸入して，工業製品を輸出する加工貿易をおこなっている　など

(3) イ

(4) エ

(5) (い)ア　(う)オ

(6) パソコンの普及により，インターネット(メール)の利用者が増え，手紙やハガキを利用することが少なくなったから　など

○配点○

問題1 (1)・(3)・(5)ⅰ・(5)ⅲ記号　各5点×4　(2)・(5)ⅱ・(5)ⅲどうすればよいか　各10点×3　(4) 石 6点　鳥 各7点×2　(6) 75点

問題2 (1)・(3)・(4)・(5)　各5点×5　(2)・(6)　各15点×2　計200点

＜適性検査Ⅰ解説＞

基本 問題1 **（国語：長文読解，作文）**

⑴ 根拠《こんきょ》から結論《けつろん》を導き，論理的に考えることに対する筆者の意見が最も要約されているのは第六・七段落《だんらく》である。論証をする前に短絡的《たんらくてき》に根拠と結論を結びつけていないかの検討《けんとう》が必要であり，クワガタとカブトムシの二者を比べる際には，根拠に説得力を持たせるためにそれぞれの観点や実験の条件をそろえることが必要である。この内容に一番近い答えは**4**である。

⑵ ――――②の「その」は「事」の指示語であるため,「事」と「その」は同じ内容を指す。「これ」が「自分の考えを明確にするために論理は必要だ，ということ」を指し,「これ」が「事」や「その」の一面であることを考えると,「自分の考えを明確にするために論理は必要だ，ということ」は「論理はなぜ必要か」という問いに対する答えの一つであり，この問いに対する答えが「事」や「その」が指すものとなる。

⑶ 教授が骨《ほね》を手に持ったまま話したことは，本文ではプレゼンテーションの悪い例としてしょうかいされている。聴衆《ちょうしゅう》が気になってその骨ばかり見ていたということは，聴衆の気が視覚物《しかくぶつ》にそれて話の内容が入ってこなくなったことを示している。

⑷ Ⓒでは，視覚物を適切にプレゼンテーションで使用することで説得効果が高くなるということが述べられている。――――④の入った段落は,視覚物を使用することで話し手にも聴衆にも利が生じる，ということが示されていて，これが「一石二鳥」の内容にあたる。

⑸ ⅰ Ⓐでは，論証における説得力のある根拠の必要性について述べられている。「川崎市に人が住みやすくなった」ことを説明するには，「住みやすさ」について明確にした上で「川崎市に人が住みやすくなった」根拠を挙げる必要がある。

ⅱ ――――⑥の内容に比べ，書きかえられた内容は頭の中でイメージがしやすく，中原区民以外の人にとってもみりょく的に感じられるものである。

ⅲ (ア)～(エ)のうち，視覚物を見せるタイミングについて書かれているのは(イ)である。視覚物は必要な時だけ見せるべきであるので，写真は，多摩区の藤子《ふじこ》・F・不二雄《ふじお》ミュージアムの話をするときに見せればよいということになる。

⑹ まず，設問で問われている，何に気を付けるか，ということとその理由を第一段落に短くまとめる。必要であれば筆者の意見とそれに対する自分の意見を書き，自分の意見のもととなる具体例や体験談を第二段落に書く。第三段落では自分の意見を簡単《かんたん》にまとめる。字数が限られているので，できる限り簡単にわかりやすくまとめることが大切である。

問題2 **（社会：輸出入，郵便制度）**

⑴ イは，貨物量の総計は年によって上がったり下がったりしているのでまちがいである。ウは2018年の移入量が前の年より50％増加しているなら，2018年の移入量は2017年の1.5倍以上になっているはずなのでまちがいである。エは，川崎港の移出量が最も少ない時は1,475万トン(2018年)，移出量が最も多い時は1,686万トン(2015年)であったためその差は211万トンであり，まちがいである。オは，2018年の川崎港の輸出量と輸入量の合計は5,073万トン，移出量と移入量の合計は3,035万トンであり，おおよその比は５対３となるのでまちがいである。

⑵ **〔資料2〕**を見ると燃料や製品の原料となるものが多く輸入されていて，それを用いて製造された製品が輸出の割合《わりあい》を多くしめていることが読み取れる。

⑶ 2018年の液化天然ガスの輸入量は，〔資料1〕から読み取れる2018年の輸入量(4,324万トン)に**〔資料2〕**の輸入のグラフで液化天然ガスがしめる割合(37.6％＝0.376)をかけ合わせることに

よって求められる。4,324×0.376＝1625.8…で，約1,626万トンとなる。

⑷ 〔資料4〕には，川崎東郵便局が大型機械を導入したことでもののながれのスピード化を可能にしたことが述べられている。この内容に最も近いのはエである。

⑸ 〔資料5〕〔資料6〕を見ると，どちらの郵便局も近くに高速道路があることがわかる。高速道路の近くに郵便局を建てることで，遠方にも配達しやすくなると考えられる。

⑹ 〔資料8〕において，パソコン普《ふ》及《きゅう》率《りつ》は年々増加していることが分かる。パソコンの普及によってインターネットやメールの利用者が増えて，手紙やハガキを利用する人が減ったと考えられる。

★ワンポイントアドバイス★

文章をしっかりと理解する力や，資料を正確に読む力が試されている。長文の問題にくり返し取り組み，落ち着いて問題が解けるようにしておこう。

＜適性検査Ⅱ解答例＞

問題1 ⑴ 昼間の交通量を減らすこと　など

⑵ 4

⑶ 車イスを利用している人・ベビーカーを押している人・お年寄り・足をケガしている人　などから２つ

⑷ (え)低い位置にある　など　　(お)体を低くしない　など

⑸ はしを上手に使えない人にも食べに来てほしい　など

問題2 ⑴ 時速約　831　km

⑵ 1738　円

⑶ 5セント

⑷ イ

⑸ 地点I(浜町二丁目)を通過しないといけない

⑹

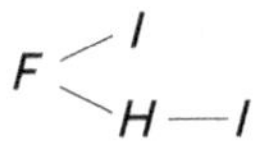

⑺ (A)—　B　—　C　—　D　—　F　—　H　—(I)

問題3 ⑴ (あ)イ

⑵ (い)砂

⑶ 容器の左半分に小さなつぶの砂を，右半分に大きなつぶの砂をしきつめて，その境目にアリジゴクを放す　など

⑷ (う)ア

⑸ (え)エ　　(お)オ

⑹ (か)巣がくずれる　など

○配点○

問題1 ⑴・⑶・⑷・⑸　各8点×6　　⑵　7点

問題2　(1)・(2)・(4)　各10点×3　(6)・(7)　各15点×2　(3)　8点　(5)　7点
問題3　(1)・(5)　各5点×3　(2)　10点　(3)　24点　(4)　6点　(6)　15点　計200点

＜適性検査Ⅱ解説＞

問題1　（社会：交通，ユニバーサルデザイン）

(1)　昼間と夜間とで料金を変化させることで高速道路の利用しやすさも変わり，交通量を調整することができる。

(2)　オリンピック専用《せんよう》レーンがあることで，関係者が会場へスムーズに行くことができるようになるが，〔資料１〕を見るとそれ以外のレーンが混雑してしまっていることが分かる。

(3)　タクシー乗り場にスロープがあることで，健常者はもちろんのこと，歩行障害《しょうがい》のある人やベビーカーを利用する人なども安心して利用できるようになる。

(4)　〔資料４〕を見ると，案内板は車イス利用者の低い視線《しせん》に対応しているだけでなく，一般《いっぱん》の人も背《せ》をかがめずに見ることができるようになっている。

(5)　近年では外国人などはしを使うことに慣れていない人のために，フォークを用意する和食の料理店も増えている。

重要　問題2　（算数：速さ，計算，最短経路）

(1)　24分＝24÷60＝0.4時間であるため，9時間24分は9.4時間となる。よって飛行機の平均の速さは7812÷9.4＝831.06…より時速約831㎞となる。

(2)　1ドルを80円で両替《りょうがえ》し，手数料が1ドルにつき1円かかっているため，1ドルにつき受け取った金額は80－1＝79円となる。よって受け取った金額は，日本円で79×22＝1738円となる。

(3)　ジュース1本の値段《ねだん》は1ドル99セント＝199セントとなる。6ドルは600セントとなるため，6ドルでジュース3本を買ったときのおつりは600－199×3＝3セントとなるはずだが，会話文にもある通り，金額の最後の1ケタが3～7セントの場合は，5セントとしてあつかわれるため，この場合おつりは5セントとなる。

(4)　【図１】ではシドニー大学から道が3本つづいていて，ダーリング・ハーバーからはさらに2本の道がつづいている。この2本の道の先はそれぞれロックス，ハイドパークでありこの2つの場所は道でつながれていない。ロックスとハイドパークからはともに2本の道がつづいていて，シドニー・オペラハウスとハイドパークを結ぶ道のと中にロイヤル植物園がある。このつながり方を全て満たしている答えはイとなる。

(5)　地点Nと線でつながれているのは地点Ｉのみであり，地点Ｉを通らなければ地点Nに行くことはできない。

(6)　地点Dから直接行くことができるのは地点C，Ｅ，Ｆである。そのうち地点C，Ｅは【図３】の(う)以外の部分にすでに書かれているため，(う)の部分には地点Ｆから地点Ｉまでの経路を書くことになる。地点Ｆから地点Ｉまでの行き方には，直接地点Ｉに向かう方法と，地点Hを経由してから地点Ｉに向かう方法の2種類があるため，解答例のような表し方になる。

(7)　地点Ｂから地点Ｉまで遠回りせずに行く方法は以下の４通りである。

(Ｂ)—　Ｇ　—　Ｈ　—(Ｉ)
(Ｂ)—　Ｃ　—　Ｄ　—　Ｆ　—　Ｈ　—(Ｉ)
(Ｂ)—　Ｃ　—　Ｄ　—　Ｆ　—(Ｉ)

(B)— C — D — E —(I)

このうち一番所要時間が短いのは(B)— C — D — F — H —(I)となる。地点Aまでふくめて考えると(A)— B — C — D — F — H —(I)という移動方法の所要時間は19分であり，これが最短経路となる。

問題3 **(理科：こん虫)**

(1) こん虫の体は，頭・むね・はらの3つに分かれていて，むねにあたる部分からあしが6本生えている。

(2) 会話から，「安息角」はアリジゴクの習性によるものではなく自然のはたらきによってつくられることや，巣をつくるために砂《すな》が重要な要素となっていることがわかるため，砂の状態によって巣の坂の角度が決定されると考えられる。

(3) 会話文より，アリジゴクが巣をつくるのは細かい砂が多い場所ということがわかる。**〔資料3〕**のような結果を導くためには，容器の境目から左側には細かい砂を入れ，右側にはあらい砂を入れて境目にアリジゴクを放してどちらに巣をつくるかを観察する，という実験をくり返す必要がある。

(4) くぼみの部分に巣ができているということになるので，Bの中心部分の白い砂はつぶが小さく，まわりの黒い砂はつぶが大きいと考えられる。

(5) ⓐの部分は，砂をほる役割《やくわり》や砂を大きさに基づいて選別して捨《す》てる役割があることから考える。

(6) アリジゴクの巣にアリが入ると，巣がくずれて砂が動くので，アリジゴクはそれをもとにアリの動きを察知する。

★ワンポイントアドバイス★

社会・算数・理科とはば広い問題が出題されている。答えのヒントが資料にのっているので，45分間でしっかり内容を読み取り，落ち着いて答えを導きだそう。

MEMO

大切なことはメモしておこうネ！

2019年度

★★★★★★★★★★★★★★★★★★★★★★★

入　試　問　題

2019年度

川崎市立川崎高等学校附属中学校入試問題

【適性検査Ⅰ】　(19ページから始まります。)

【適性検査Ⅱ】　(45分)　　＜満点：200点＞

問題１　たろうさんとはなこさんが話をしています。次の会話文を読んで，あとの(1)～(6)の各問いに答えましょう。

たろうさん：はなこさん，最近の夏はとても暑いね。

はなこさん：ええ，暑さが厳しい時は，エアコンがあって本当に助かるわ。でも，エアコンや扇風機《せんぷうき》がない時代の人々は，どうやって暑い夏を乗り切っていたのかしら。

たろうさん：そうだね。けいこ先生のところへ聞きに行ってみよう。

――――けいこ先生のところへ――――

けいこ先生：おもしろいところに注目しましたね。現代のように生活の中で電気が使われていなかった江戸時代《えどじだい》の様子を見てみましょう。この絵〔**資料１**〕には当時の人が暑い夏を乗り切ろうとする様子が描《えが》かれています。

〔資料１〕

(国立国会図書館ウェブサイトより引用)

たろうさん：あ，団扇《うちわ》や扇子《せんす》を持っている人がいますね。

はなこさん：それなら，うちにもあります。扇子は小さく折りたためるので，出かけるときに持ち歩くのにも便利です。

けいこ先生：団扇や扇子を夏の小物として庶民《しょみん》が持ち歩くようになったのは，江戸時代からなのです。①その他にも，暑い夏を乗り切ろうとする様子がこの絵からうかがえますよ。

⑴　下線部①について，前のページの〔**資料１**〕からわかる，江戸時代の人が暑い夏を乗り切るためにおこなっていたことを１つ書きましょう。

けいこ先生：現代の我々が，江戸時代から学べることは，他にもあると思いますよ。たとえば，江戸時代は，「究極のリサイクル社会」だったと言われているのです。

たろうさん：どういうことでしょうか。

けいこ先生：現代のようになんでも簡単に手に入れられる時代ではなく，物が少なく貴重だったので，一つのものを長く大切に使うのが普通《ふつう》だったのです。古くなっても使い続けるのは当たり前のことで，こわれても修理をしたり，その物として使えなくなっても，形を変えるなど工夫《くふう》して使いました。当時の人は「もったいない」という意識が強かったのかもしれませんね。

はなこさん：私の母もよく「もったいない」と口にします。江戸時代の「もったいない」という意識はどのようなものだったのでしょうか。

けいこ先生：では，「着物」を例にして二人に考えてもらいましょう。これ〔**資料２**〕を見てください。着物を捨てることなく最後まで何らかの形で使い続けていくと考えると，②どのような順番でカードが並ぶと思いますか。１～８にカードを置いてみましょう。

〔資料２〕着物の一生

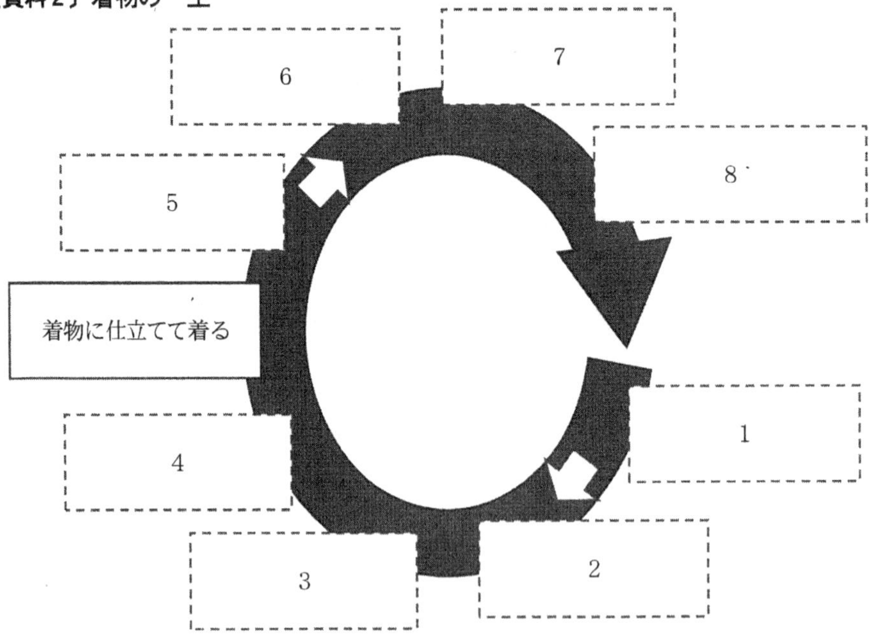

（一般財団法人バイオインダストリー協会をもとに作成）

（ア）機《はた》織《お》り機《き》で織る

（イ）布を燃やして灰にする

（ウ）やぶれても、直すなどして着続ける

（エ）綿花を栽培《さいばい》し、収穫《しゅうかく》する

（オ）植物を栽培《さいばい》するための肥料にする

（カ）木綿糸《もめんいと》をそめる

（キ）古着をぞうきんやおむつにする

（ク）綿花から木綿糸《もめんいと》を作る

⑵　下線部②について，（ア）～（ク）のカードを正しい順番に並べ，記号で答えましょう。

――――数日後――――

はなこさん：たろうさん，③このキャラクターのこと知っているかしら。

たろうさん：あ，知ってるよ。「かわるん」だよね。

はなこさん：この前，江戸時代の「もったいない」という考え方について知ったけれど，現代においては，ごみを減らす工夫をしたり資源を大切にしたりすることが，この考え方につながるのかなって思ったの。家庭科で「スリーアール」って習ったでしょ。

たろうさん：うん。「スリーアール」つまり「３」つの「R《アール》」で始まる行動のことだね。１つ目は Reduce（リデュース）【使う資源の量やごみを減らすこと】で，２つ目は Reuse（リユース）【ものをそのままの形でくり返して使うこと】３つ目は Recycle（リサイクル）【資源として再び利用すること】だったね。たしかに，江戸時代の「もったいない」という考え方とつながるところがあるね。

はなこさん：私たちの市でも「スリーアール」は推進されていて，「かわるん」はその推進キャラクターなのよ。キャラクターのデザインからもそれがよくわかるわ。

たろうさん：「スリーアール」を心がけて資源を大切にしたり，ごみを減らしたりすることで，江戸時代の「もったいない」という考え方を受けついでいけるんじゃないかな。

はなこさん：私もさっそく④「リユース」に取り組んでみようかしら。

⑶　下線部③について，会話文から「かわるん」というキャラクターを次のア～エの中から選び，記号で答えましょう。

ア

イ

ウ

エ

⑷　下線部④について，「リユース」につながる行動としてあてはまるものを，次のページのア～カ

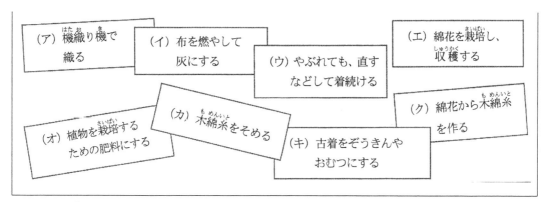

の中から**2つ選び**，記号で答えましょう。

ア　再生紙を使ってトイレットペーパーを作る。
イ　使わなくなったベビーカーを捨てずに，小さな子どものいる家庭にゆずる。
ウ　買った食材をむだなく調理する。
エ　なるべく黒板を使わず，ホワイトボードを使って書く。
オ　つめかえ用シャンプーを買ってきて，家にあるボトルをくり返し使う。
カ　集合場所まで，自家用車を使わずに徒歩で行く。

――――数日後――――

たろうさん：この写真〔資料3〕を見てよ。海岸にこんなにごみがあるなんて。

はなこさん：すごい量のごみね。そういえば海に行った時ごみがたくさん浮《う》いていて気持ちよく泳げなかったわ。

たろうさん：それは残念だね。そういえば，海にごみが捨てられていることでニュースになっていたね。

けいこ先生：海のごみといえば，タイで弱った状態でクジラが浮かんでいて，死んだというニュースを知っていますか。死んだクジラの体内からビニール袋《ぶくろ》などの大量のプラスチックが出てきたそうです。

たろうさん：ぼくもそのニュースは知っています。きっと海に浮かんでいたビニール袋とかを食料とまちがえて食べたのではないかな。

はなこさん：昔から海に捨てられたプラスチックごみは問題になっていたわね。

たろうさん：でも，このグラフ〔資料4〕を見ると，問題になっているのに，プラスチック容器の生産量は年々増えているよ。

〔資料3〕海岸にたまったごみ

（一般社団法人 JEAN より引用）

〔資料4〕

●プラスチック容器の生産量の増え方

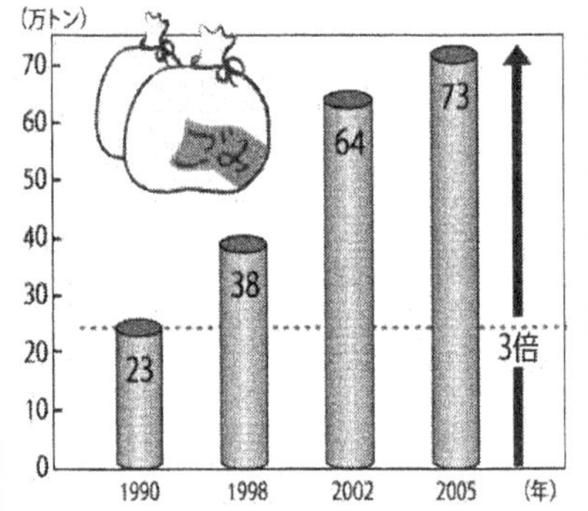

（環境省「行き場をなくしたごみ」より引用）

はなこさん：確かにそうね。どうしてなのかしら。

けいこ先生：それはプラスチックというものが便利だからなのです。プラスチックには

[A]値段が安く使いやすい
[B]熱や力を加えると色々な形にしやすい
[C]電気を通さない

	D さびない，くさらない などの特ちょうがあります。
たろうさん：	プラスチックは便利なものだけど，⑤捨てられてしまうと問題となってしまうものなのですね。

⑸　下線部⑤について，捨てられたプラスチックが問題となる理由をプラスチックの特ちょうから考えて書きましょう。

たろうさん：	今後，同じような問題が起きないためには，プラスチックごみをどのように捨てれば良いのだろう。
はなこさん：	私たちが住んでいる川崎市は，週１回プラスチック（プラスチック製容器包装）ごみ〔資料５〕を収集するのよ。収集日までプラスチックごみをまとめておいて，捨てれば良いのよ。

〔資料５〕プラスチック製容器包装のごみ（一部）

プラスチック製容器包装とは
…生鮮《せいせん》食品のトレイ、カップめんの容器、お菓子《かし》の袋《ふくろ》など、
プラスチック素材でできた容器や包装のことです。

目印となるマーク

トレイ類	カップ・パック類	ポリ袋・フィルム類	緩衝材《かんしょうざい》・ネット類
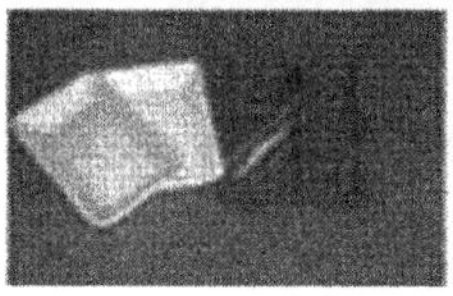			
・肉、魚の食品トレイ ・弁当容器	・カップめんの容器 ・卵などの容器	・レジ袋 ・スナック菓子の袋	・発泡《はっぽう》スチロール ・果物《くだもの》ネットなど

（川崎市ホームページをもとに作成）

けいこ先生：	はなこさん，よく知っていますね。その通りです。
たろうさん：	まとめて捨てるだけなら，簡単だからすぐにできそうだ。
はなこさん：	私もお母さんのお手伝いをするけれど，肉や魚のトレイやお菓子の袋などは洗ってから捨てているわ。でも，プラスチック製のものがたくさん使われているから，ごみ箱もすぐにいっぱいになってしまうの。
たろうさん：	プラスチック製のものは，毎日の生活の中で必ず目にするから，ごみもたくさん出るよね。⑥家庭のプラスチックごみが，かさばらないようにする工夫《くふう》も必要だね。
けいこ先生：	そうですね。また，トレイなどは，洗えば回収してくれるお店もあるので，それを利用することも良い方法ですよ。

⑹　下線部⑥について，プラスチックごみがかさばらないように家庭でできる工夫を考えて書きましょう。

問題２ たろうさん，はなこさん，ひろし先生が時計について話をしています。次の会話文を読んで，あとの(1)～(5)の各問いに答えましょう。なお，時計の針は右回りで止まることなく動くものとし，秒針は使いません。円周率は3.14とします。

たろうさん：時計ってなぜ右回りなのだろう。

はなこさん：日時計の影《かげ》の動きが右回りだからという説があるわ。

ひろし先生：はなこさん，よく知っていますね。太陽の動きと時計の動きは確かに似ていますよね。

たろうさん：先生，日時計ってどのような仕組みなのですか。

ひろし先生：まず，太陽は１日で地球を１周回っているように見えますよね。つまり，太陽は地球上の私たちから見ると，360÷24＝15 なので，およそ１時間で15度ずつ動いているように見えるのです。つまり，［　①　］分間で１度動くとも言えます。これを利用して，影の位置で時刻を分かるようにしたものが日時計です。場所により太陽の光のさす角度が違《ちが》うので調整が必要なのですよ。

(1) ［①］にあてはまる数を答えましょう。

たろうさん：日時計の話もそうだけど，時計と算数にはつながりがいっぱいあるよね。

はなこさん：なぜそんなことを思ったの。

たろうさん：例えば角度だよ。３時を指す時に長針と短針の間の角度は90度【図１】(次のページ)とか，６時を指す時の角度は180度になっているよ。あと，長針と短針の速さとか。長針の速さは 360÷60＝６ で求められるし，短針は……。

はなこさん：ちょっと待って。360÷60 って何の計算をしたの。

たろうさん：長針は１時間で時計を１周するので，360÷60 で［　②　］が求められるんだよ。

ひろし先生：さっきの太陽の動きと似ていますね。たろうさんの計算で求められるものをここでは『角の速さ』と言いましょう。短針の角の速さを求めてみましょう。

はなこさん：同じように考えればよいから。短針の角の速さは0.5だわ。この角の速さを使えば，色々な時間における長針と短針の間の角度が求められそうね。

ひろし先生：では，２時５分の時の長針と短針の間の角度【図２】(次のページ) はどうだろう。30度でいいかな。

はなこさん：見た目は30度みたいだけど，短い針が５分間で少し動いているから，30度より少しだけ大きな角度になると思うわ。さっきの短針の角の速さが使えるわね。

【図1】

【図2】

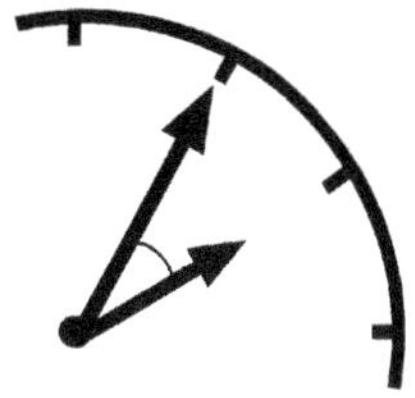

⑵ ② にあてはまる言葉を書きましょう。

⑶ 2時5分の時の長針と短針の間の角度を答えましょう。

たろうさん：そうだ。時計の針が5時の状態から，長針と短針が重なるまでにかかる時間を求められないかな。【図3】

ひろし先生：長針と短針の角の速さの差をうまく使ってあげよう。6－0.5＝5.5 は何を表していますか。

はなこさん：1分間で何度ずつ長針が短針に近づくかを表しているわ。12と5の間の角度はもう分かるので，長針が短針と重なるまでの時間が求められますよね。

【図3】

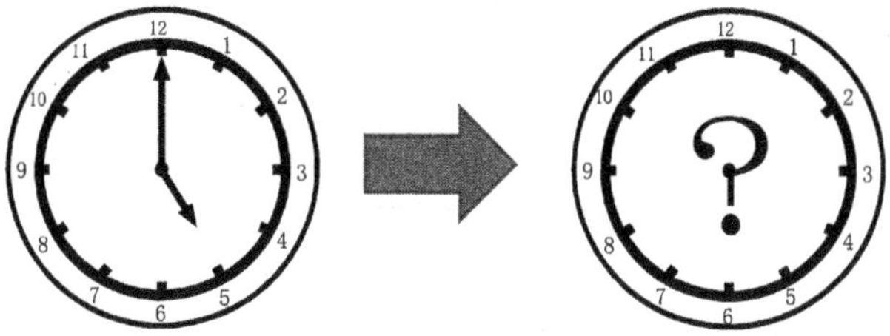

⑷ 針が5時の状態から動き，長針と短針が重なるまでにかかるおよその時間（分）を計算しましょう。かかる時間の小数第2位を四捨五入し小数第1位までのがい数《すう》で答えましょう。

ひろし先生：今度は大きい時計と小さい時計の2種類を使います。時計の針の先に注目してください。針の先はどちらが速く動きますか。

はなこさん：変な質問ですね。時計なんだから同じ速さですよね。さっきも角の速さを求めましたよ。

ひろし先生：そうかな。針の先に注目して見ると，同じ10分間で長針はそれぞれどれだけ動くことになりますか。【図4】

たろうさん：あっ，陸上競技と一緒《いっしょ》だ。外側の方が長い

【図4】

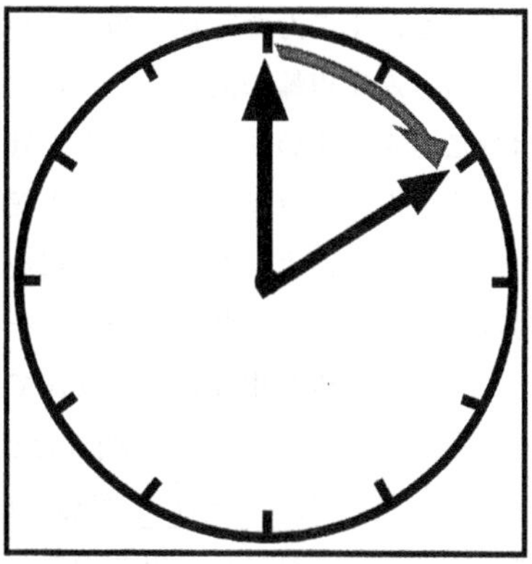

距離《きょり》を動くことになるんだ。ということは，大きい時計の針の先の方が速く動くことになるね。角の速さが同じなのに，針の先が動く速さに違いがあるなんておもしろいな。がんばって関係を解き明かしてみよう。

⑸　たろうさんはこの会話の後，長針の長さと長針の先が動く速さとの関係を考えるために，いろいろな大きさの時計について調べ，解答用紙にあるような【長針の長さと長針の先が１時間で動く距離《きょり》の対応表】をつくりました。表の空らん部分にあてはまる数値を書き入れましょう。また，**表の数値を使って，長針の長さと長針の先が動く速さ**の関係を書きましょう。

問題３　たろうさんとはなこさんが教室で話をしています。次の会話文を読んで，あとの⑴～⑹の各問いに答えましょう。

はなこさん：今年はアポロ11号によって人類が初めて月に行ってから50年たつそうよ。
たろうさん：50年も前に，月に行ける技術があったなんてびっくりだね。月と地球はどれくらいはなれているんだろう。
はなこさん：約380000㎞って聞いたことあるわ。
たろうさん：川崎駅から附属中学校まで約1.6㎞の距離《きょり》があるから，この距離は学校と駅の（あ）往復分の距離と同じくらいだね。
はなこさん：すごい距離ね。とても歩ける距離ではないわ。
たろうさん：そうだね。そして，地球と太陽は約149600000㎞もはなれているんだよ。
はなこさん：もはや想像もつかない距離ね。

⑴　（あ）にあてはまる数を答えましょう。

たろうさん：次のページの写真〔**資料１**〕は2011年にアメリカの探査機が月に21㎞まで接近して撮影《さつえい》した写真だよ。
はなこさん：こんな写真，初めて見たわ。すごいわね。写真にあるたくさんのすじは何かしら。
たろうさん：車輪のあとだよ。車に乗って月面を調査したんだって。
はなこさん：ずいぶん，くっきり残っているわね。これはいつできたものなのかしら。
たろうさん：これは今のところ人類が最後に月に行った1972年のアポロ17号のときにできたものだよ。だから，写真を撮《と》ったときの39年前のものだね。
はなこさん：そんな昔のものが，そんなにくっきり残るなんて，信じられない。地球では砂にできた車輪のあとなんて，すぐ消えてしまうわ。
たろうさん：それは月には地球と比べて空気がほとんどないからだよ。だから，地球とちがって，（い）が起きないので，消えないで残るんだよ。
はなこさん：それなら，車輪のあとは簡単には消えないわね。

〔資料１〕

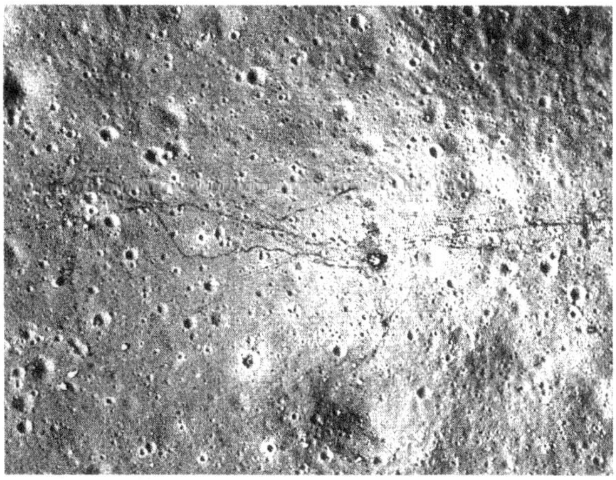

（ＮＡＳＡ　ホームページより引用）

⑵ （い） にあてはまる言葉を漢字１字で書きましょう。

たろうさん：この写真〔資料２〕を見て。これは月面でアポロ11号から撮影した地球の写真だよ。

はなこさん：地球から見る月のように，地球も欠けて見えるのね。

たろうさん：次の写真〔資料３〕は月面付近から日本の人工衛星『かぐや』が撮った地球の写真だよ。

はなこさん：こっちは満月のようにまんまるね。

たろうさん：地球も月と同じように太陽からの光を受けて光っているからこのような満ち欠けが起こるんだよ。

はなこさん：将来，私も宇宙飛行士になって月面からまんまるの地球を見てみたいわ。でも，月がどんな位置のときに月面からまんまるの地球を見ることができるのかしら。

たろうさん：それはね，次のページの図〔資料４〕をもとに考えれば簡単さ。アの位置に月があるときに地球から見た月が満月に見えることは小学校で習ったよね。同じように考えれば，月からまんまる

〔資料２〕

（ＮＡＳＡ　ホームページより引用）

〔資料３〕

（ＪＡＸＡホームページより引用）

の地球が見えるときの月の位置は，（う）の位置になるんだよ。

はなこさん：なるほど，じゃあ，月から見える地球がこの写真〔**資料5**〕のように三日月のように欠けて見えるときはどうかしら。

たろうさん：それは，（え）の位置のときじゃないかな。

はなこさん：たろうさんは何でも知っているわね。

〔**資料4**〕

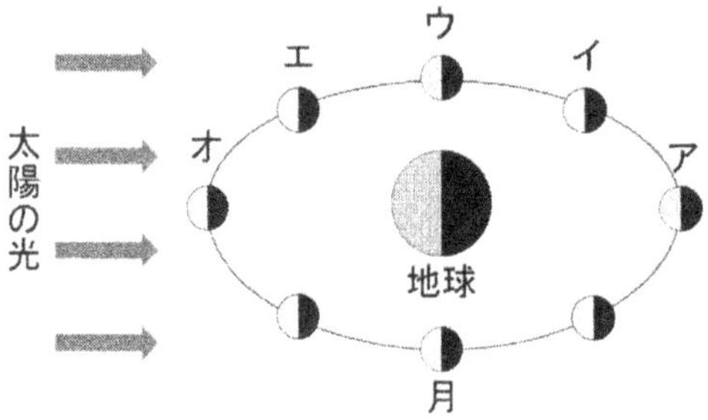

〔**資料5**〕

（ＮＡＳＡ　ホームページより引用）

⑶ （う），（え）にあてはまる月の位置を〔**資料4**〕のア～オの中からそれぞれ１つずつ選び，記号で答えましょう。

たろうさん：次にこの写真〔**資料6**〕を見て。これは何だと思うかい。

はなこさん：何かの星だと思うけど，分からないわ。

たろうさん：この写真も月の写真だよ。

はなこさん：私が知っている月は，こっちの写真〔**資料7**〕のようなもようをしているわ。何かのまちがいではないの。

〔**資料6**〕

（ＪＡＸＡホームページより引用）

〔**資料7**〕

（ＪＡＸＡホームページより引用）

たろうさん：この写真はいつも見ている月の裏側の写真なんだ。実は，月は常に同じ面だけを地球に向けているんだよ。

はなこさん：それでいつも月は同じもように見えるのね。
たろうさん：この写真は探査機が月の裏側まで飛んで，そこで撮影したものなんだよ。
はなこさん：地球上では撮影することはできない写真なのね。
たろうさん：そうだよ。月の裏側の写真は1972年にアポロ16号が宇宙から撮影したものだよ。このとき，地球から月は①この図のように見えたんだよ。初めて月の裏側を撮影したのは1959年にルナ３号という無人探査機だったそうだよ。
はなこさん：今からちょうど60年前のことね。そして，人類が初めて月に降り立つ10年前のことだったのね。

⑷　下線部①について，たろうさんがはなこさんに見せた図を，次のア～オの中から１つ選んで，記号で答えましょう。

ア

イ
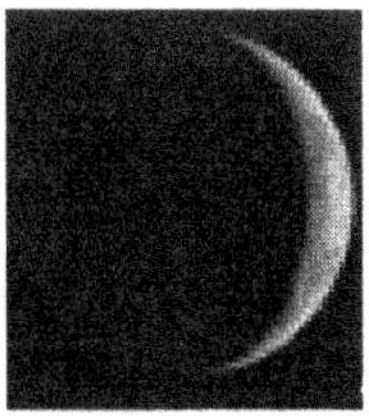
ウ

エ
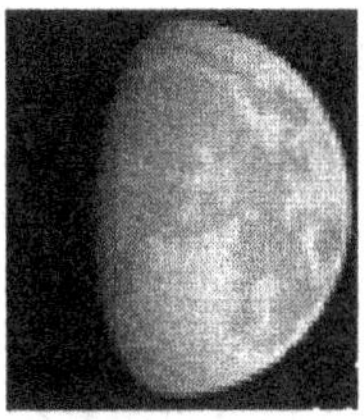
オ
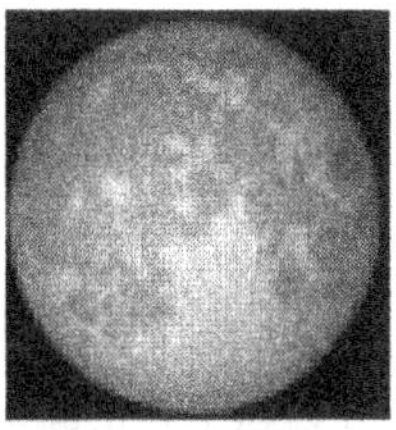

はなこさん：そういえば，私，月に行ってみたいと思っているけど，それほど月についてくわしくないわ。月の大きさってどれくらいなのかしら。
たろうさん：月の半径は1737㎞で，地球の半径の約４分の１だよ。
はなこさん：思ったより小さいのね。ということは，月から見える地球の大きさは，地球から見える月の大きさと比べると［（お）］といえるわね。
たろうさん：そうだね。じゃあ，太陽の大きさはどう見えると思う。
はなこさん：え，想像もつかないわ。
たろうさん：②月から見える太陽の大きさと地球から見える太陽の大きさはほぼ同じ大きさなんだよ。
はなこさん：いろいろな話をしていたら，どんどん月に行きたい気持ちが強くなってきたわ。今日から宇宙飛行士になれるように，勉強も運動ももっとがんばるわ。

⑸　［（お）］にあてはまることばを次のア～ウの中から１つ選んで，記号で答えましょう。
ア　大きい　　イ　ほぼ同じ大きさ　　ウ　小さい

⑹　下線部②について，太陽が月と地球でほぼ同じ大きさで見える理由を**会話文の中の数値を使って**書きましょう。

問題２ （※適性検査Ⅰ） たろうさんとはなこさんが話をしています。次の会話文を読んで，あとの⑴～⑹の各問いに答えましょう。

たろうさん：最近，川崎にいる人の数が多くなっている気がするな。
はなこさん：そうかもしれないわ。私の家の近くにも大きなマンションが建ったせいか，前よりも毎朝駅が混み合っているっておねえちゃんが言っていたわ。そういえば，川崎市は人口が150万人をこえたって先生たちが言ってたわ。
たろうさん：そうそう。ところで，いつからこんなに人が増えているのだろう。川崎市の人口の資料を市のホームページで調べてみよう。

はなこさん：①川崎市の人口と世帯数《せたいすう》の移り変わりを表すグラフ〔資料１〕があったわ。
たろうさん：あれ，左は「人口」って単位が書かれているけれど，右側の「世帯数」って，何のことかな。
はなこさん：例えば，私の家は５人家族で生活しているから，これを１世帯と数えるのよ。
たろうさん：そうするとぼくの家は，３人家族で生活している１世帯っていうことだね。このグラフをみると人口も世帯数もどんどん増えているんだね。
はなこさん：この資料から，②家族の様子が変化してきているということが言えそうね。

〔資料１〕川崎市の人口と世帯数の移り変わり

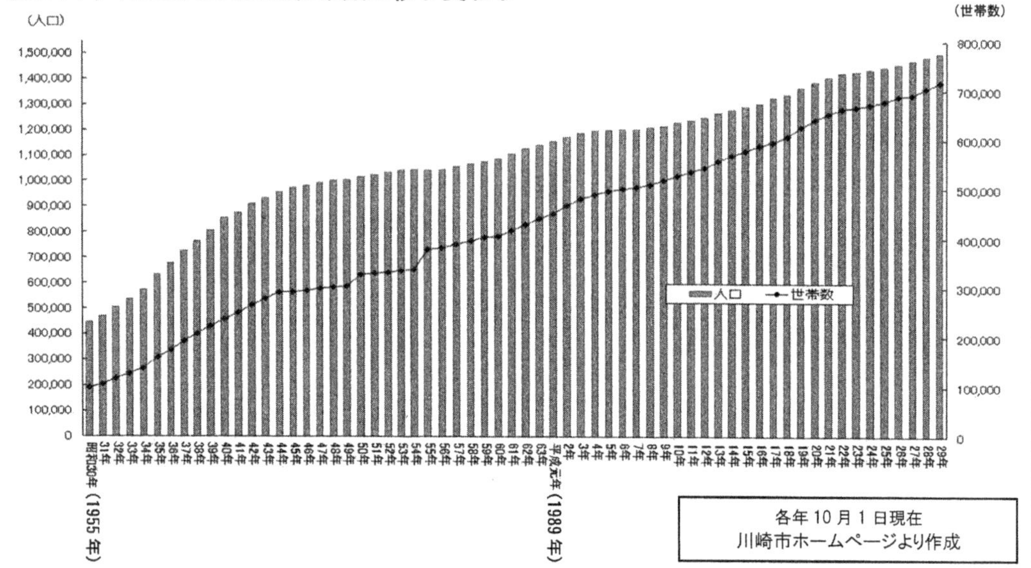

⑴ 下線部①について，このグラフからよみとれるものとして正しいものを次のア～オから**すべて選び**，記号で答えましょう。

ア 昭和30年はおよそ10万世帯だったのが，平成29年では70万世帯をこえているといえる。
イ 昭和30年の人口は約20万人だったが，平成19年にはその７倍の人口にまで増えたといえる。
ウ グラフは増加の傾向《けいこう》にあり，2017年の世帯数は1975年の２倍以上であるといえる。
エ 人口が100万人をこえたころの世帯数を見ると，当時は平均５人家族であったといえる。
オ 昭和54年と55年には他の年には見られない急激な変化があり，世帯数の増加に比べて人口が大きく増加したといえる。

⑵　下線部②について，前のページの〔**資料１**〕をもとに家族の様子がどのように変化したのか，20字以内で書きましょう。

はなこさん：川崎市の人口が増えているということは，神奈川県もそうなのかしら。

たろうさん：それは，この「都道府県別人口増減率《ぞうげんりつ》」〔**資料２**〕を見るとわかるよ。これは前年と比べてどれだけの割合で人口が増えたか減ったかを表わしているものだよ。

はなこさん：都道府県によって増えているところと減っているところがあるのね。人口が増加している都道府県の数は全国に［（あ）］あるのね。

〔資料２〕　都道府県別人口増減率

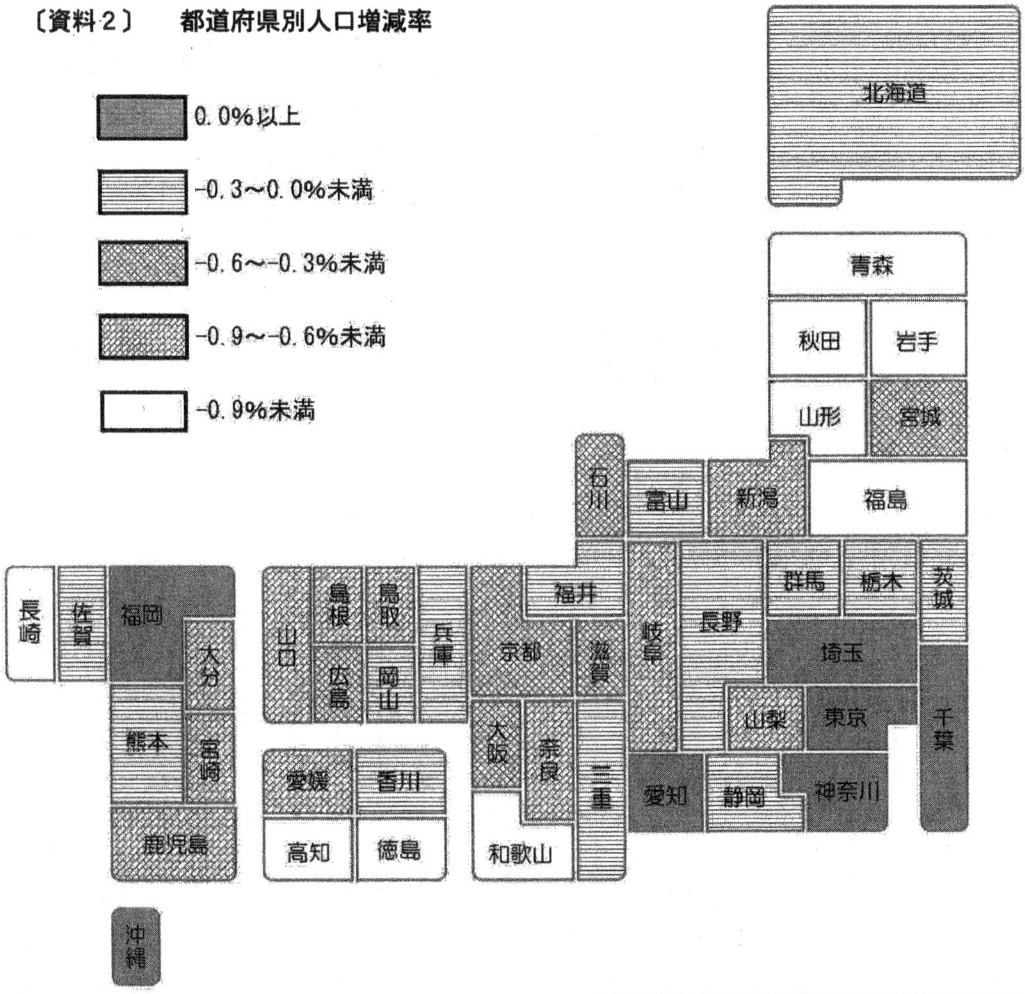

総務省統計局H30人口推計要約より作成

⑶　［（あ）］にあてはまる数字を書きましょう。

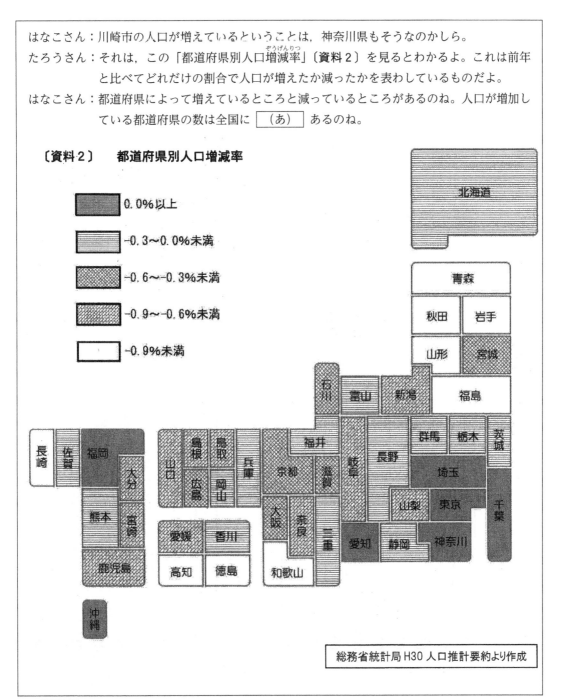

はなこさん：日本全体の人口は，どう変化しているのかしら。

たろうさん：日本人の人口が，前年と比べてどれだけ変化したかを表すグラフ〔**資料３**〕があるよ。

はなこさん：これを見ると，グラフの （い） が示すところから人口が減少し続けているわ。

たろうさん：そうだね。そして，前年と比べてもっとも人口が減少したのはグラフの （う） が示すところだと分かるね。

〔資料３〕日本人の人口の増減数の変化

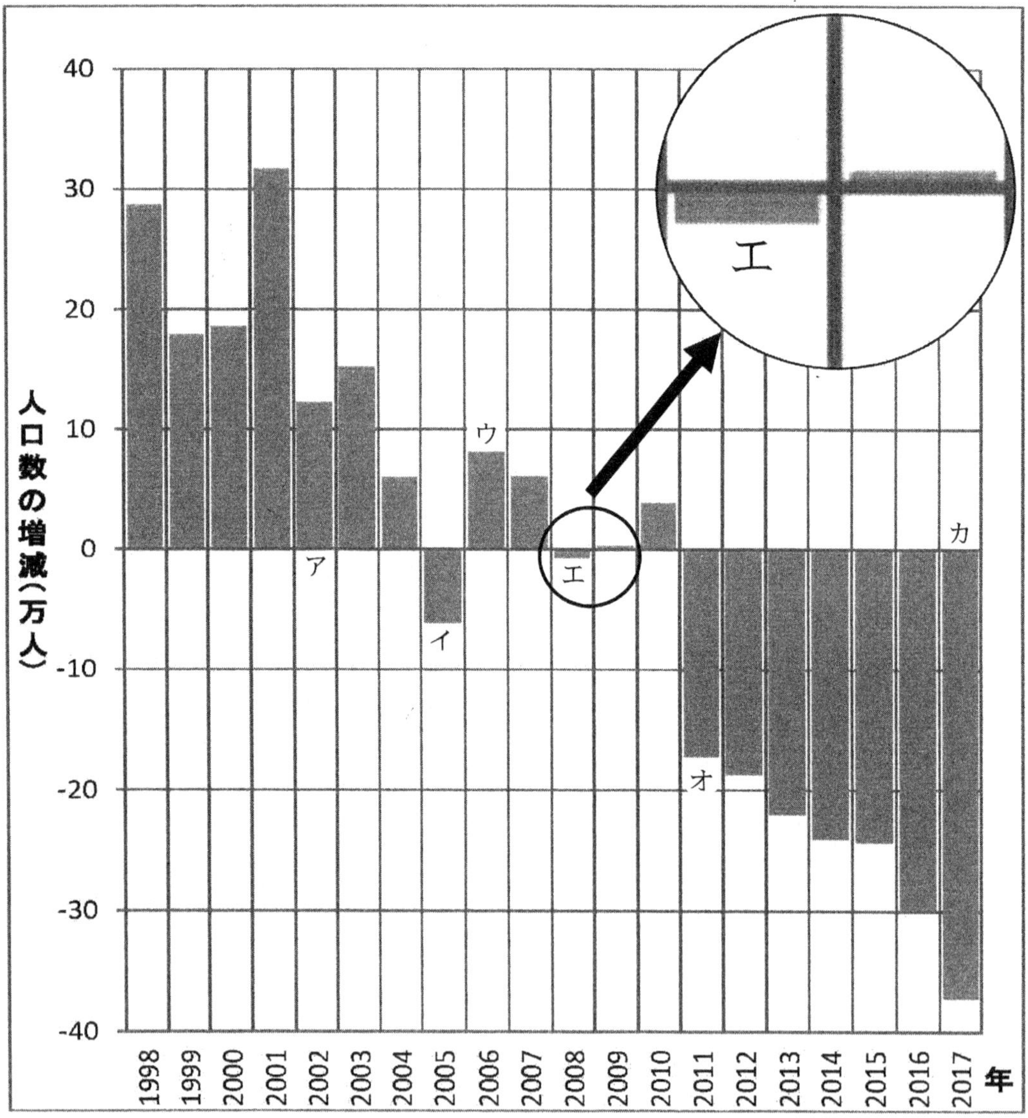

総務省統計局より作成

⑷ （い），（う） にあてはまるグラフが示すところをア～カの中から選び，記号で答えましょう。

たろうさん：人口が減少すると，いろいろな面で問題がおこるんじゃないのかな。生まれてくる子どもの数が減っているって聞いたことがあるけどそんなに減っているのかな。

はなこさん：それはこの日本の年齢《ねんれい》別・男女別人口〔**資料４**〕を見るとわかるわ。０歳《さい》が底になって，年齢が上がるにつれて積み重なってできているのよ。1950年には，生まれてくる子どもの数が一番多くて，年齢が上がっていくにつれて亡《な》くなるなどで人口が少なくなっているのね。そのため，ピラミッドのような三角形になることから，人口ピラミッドと呼ばれることもあるのよ。

たろうさん：そうなんだ。でも，この2018年のグラフはピラミッドの形には見えないね。

はなこさん：日本ではさまざまな理由から生まれてくる子供の数が減って少子化が進んでいるらしいわ。それに，医療《いりょう》の発達などで寿命《じゅみょう》ものびて高齢化《こうれいか》が進んでいるのね。

たろうさん：川崎でも高齢化が進んでいるそうだよ。川崎市が2018年10月に公表した年齢別人口によると，市の人口はこの時点で1516483人，そのうち75歳以上の割合が初めて10％になったそうだよ。

はなこさん：え，10人に一人が75歳以上なの。これから先はどうなるのかしら。

〔資料４〕　日本の年齢別・男女別人口

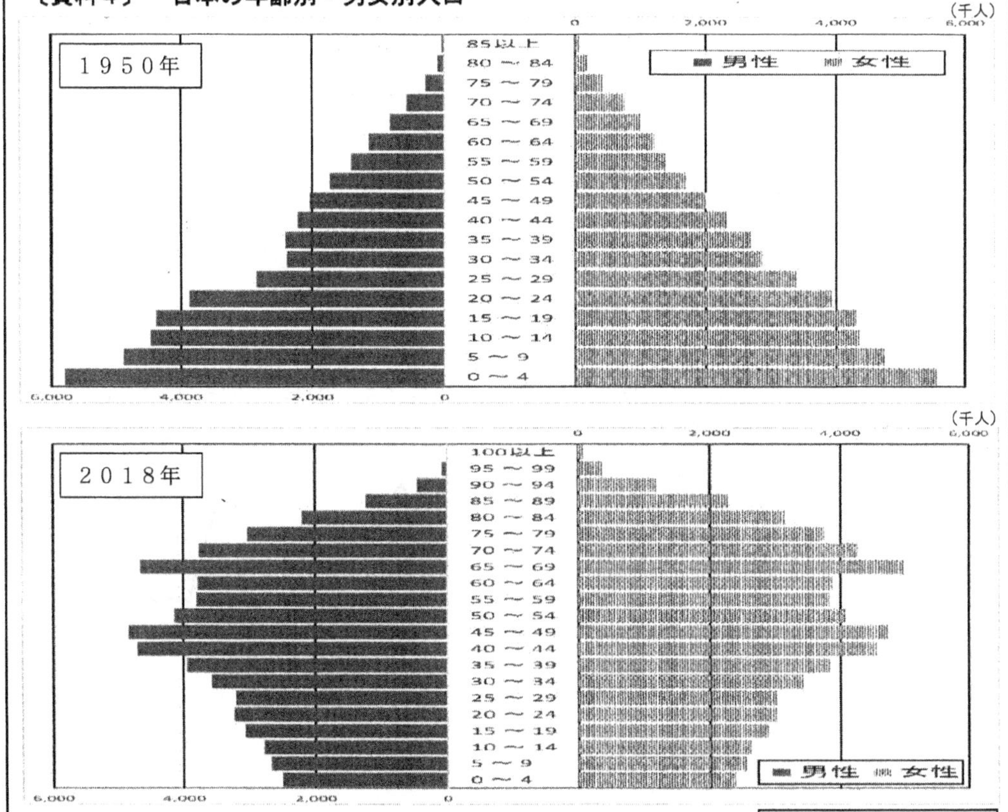

総務省統計局より作成

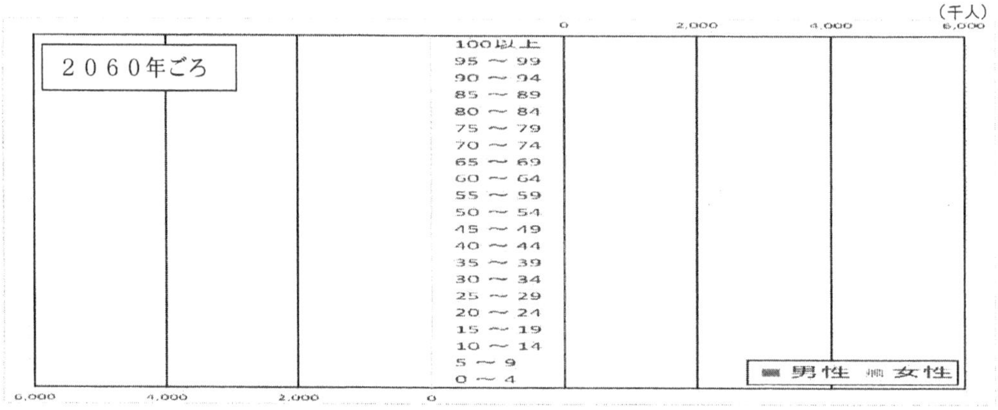

たろうさん：川崎市の予想では，人口は2030年ごろ一番増えておよそ1586900人になり，この時に75歳以上は13.3％，その後，人口は減少していくけど，75歳以上の人の割合は増加し続けて，2060年には22.1％にまでなるそうだよ。

はなこさん：人口が一番多くなると予想される③2030年ごろは，2018年と比べて75歳以上の人口がどれぐらい増えるのか計算してみましょう。

たろうさん：将来のことを予想するのは難しいことだけど，それに対応した勉強や準備が大切になるよね。

はなこさん：そうよね。たとえば，現在の状況《じょうきょう》がこの先も続くとしたら，④日本の40年後の人口ピラミッドはこんな形になっていると思うわ。

たろうさん：そうだね。ぼくもそう思うよ。

⑸　下線部③について，その答えとしてあてはまるものを次のア～エの中から１つ選んで，記号で答えましょう。

ア　約６万人　　イ　約７万人　　ウ　約８万人　　エ　約９万人

⑹　下線部④について，はなこさんが考えた40年後の人口ピラミッドは，どのような形になるでしょう。次のア～エの中から１つ選んで，記号で答えましょう。

ア　　　イ　　　ウ　　　エ

(2) Ｂの［（あ）］にあてはまる言葉を、Ａから探し、書きぬきましょう。

(3) Ｂの［（い）］にあてはまる言葉として最もふさわしいものを、次の中から一つ選び、番号で答えましょう。

1 思うままに記している　　2 とりあえず記している

3 ただ単に記してはいない　　4 あえて記してはいない

(4) Ｃのやりとりにおいて、――線②と③の発言に共通している役割として最もふさわしいものを、次の中から一つ選び、番号で答えましょう。

1 前の人の発言に返答してから、話し合うべきことにふれていく。

2 前の人の発言に返答せずに、話し合うべきことにふれていく。

3 前の人の発言に同意してから、話題と関係ないことにふれていく。

4 前の人の発言に同意せずに、話題と関係ないことにふれていく。

(5) Ｃの［（う）］に入るふさわしい言葉を、二種類書きましょう。例のように、一つは漢字一字に送りがなを、もう一つは同じ漢字を用いた熟語に「する」をつけて書きましょう。

例 ［招く］ ［招待する］　［決める］ ［決定する］

(6) Ｃの話し合いの後に、四人は練習しながらこの詩を読んで表現するための台本Ｄを作りました。次の問いに答えましょう。なお、Ｄの番号①～⑬は行数を表わし、記号ア～コは表現方法や間の取り方の注意書きを表わしています。

i Ｄのア～コの中に、Ｃで話題になっていたにもかかわらず、まちがっている注意書きが二か所あります。解答用紙の［例］にならって記号と正しいものを書きましょう。

ii Ｄの①～⑬の中に、Ｃで話題になっていたにもかかわらず、書かれていない注意書きがあります。何行目のことか番号で答え、その注意書きを書きましょう。

(7) あなたは、話し合い活動で最も大切なことは何だと考えますか。Ｃから良いところを一つあげ、これまでの経験にふれながら、中学生になったらどのような話し合いをおこないたいかについてまとめ、後ろの［注意事項《じこう》］に合うように考えや意見を書きましょう。

［注意事項］

○ **解答用紙2**に三百字以上四百字以内で書きましょう。

○ 原稿《げんこう》用紙の正しい用法で書きましょう。また漢字を適切に使いましょう。

○ 題名や自分の名前は書かずに、一行目、一マス下げたところから書きましょう。

○ 三段落以上の構成で書きましょう。

○ 句読点［。、］やかっこなども一字に数え、一マスに一字ずつ書きましょう。また、段落を変えたときの残りのマス目も字数として数えます。

たろうさん　「すきとおる」を力強くすることで、消えるような声で表現する「すきとおっては／こない」が強調されるのは、どうしてかな。どちらも力強く読むほうが、声も大きくなって印象に残りやすいと思うけれど。

じろうさん　二つの表現を　（う）　時に、表現方法に差のある方がどちらも印象に残りやすい、ということではないかな。

はなこさん　なるほど。とてもいい考えだと思うわ。では、「力強く」と「消えるように」の差をはっきり表現しましょう。

じろうさん　それなら、「どうして」も、最初と最後で表現方法を変えよう。最後は、困っているように、声を大きめにして表現してみようよ。

ようこさん　③そうしましょう。それと「間」はどうしましょうか。

たろうさん　長めに「間」を取らないと聞いている人には伝わらないと、先生がおっしゃっていたよ。

ようこさん　そうなのね。それなら、三秒以上かしら。

じろうさん　秒数を決めないで、実際に読んでみて考えようよ。

たろうさん　そうしよう。どんな表現ができるか、楽しみだね。

D

行	詩	表現方法
①	どうして　だろうと	ア　疑問に思っているように、やさしく（「どうして」）
②	おもうことがある	
③	なんまん□なんおくねん	イ　間を一秒あける
④	こんなに　すきとおる	ウ　四人で力強く（「すきとおる」）
⑤	ひのひかりの　なかに□いきてきて	エ　間を二秒あける
⑥	こんなに　すきとおる	オ　四人で力強く（「すきとおる」）
⑦	くうきを□すいつづけてきて	カ　間を二秒あける
⑧	こんなに　すきとおる	キ　三人でやさしく（「すきとおる」）
⑨	みずを□のみつづけてきて	ク　間を二秒あける
⑩	わたしたちは	
⑪	そして□わたしたちの　することは	ケ　間を三秒あける
⑫	どうして	
⑬	すきとおっては　こないのだろうと…	コ　力強く、うったえるように

(1)　Bの――線①「未《いま》だに」と同じ意味の言葉を、Cから探し、六字で書きぬきましょう。

【適性検査Ⅰ】（四五分）〈満点：二〇〇点〉

【注意】 字数の指定のある問題は、指定された条件を守り、**問題1**はたて書きで、**問題2**は横書きで書きましょう。最初のマスから書き始め、文字や数字は一マスに一字ずつ書き、句読点［。、］やかっこなども一字に数え、一マスに一字ずつ書きます。ただし、**問題1**の(7)は、その問題の［注意事項《じこう》］の指示にしたがいましょう。

問題1 次のAの詩、Bの文章、Cの詩を表現するための話し合い、Dの詩を表現するための台本を読んで、あとの(1)～(7)の各問いに答えましょう。なお、問題作成のため、一部文章を変更《へんこう》しています。

A

どうしてだろうと　　まど・みちお

どうしてだろうと
おもうことがある

なんまん　なんおくねん
こんなに　すきとおる
ひのひかりの　なかに　いきてきて
こんなに　すきとおる
くうきを　すいつづけてきて
こんなに　すきとおる
みずを　のみつづけてきて
わたしたちは
そして　わたしたちの　することは
どうして
すきとおっては　こないのだろうと…

B

※問題に使用された作品の著作権者が二次使用の許可を出していないため、文章を掲載しておりません。

C

はなこさん　四人で協力して、よいものにしましょう。

たろうさん　②そうだね。では、詩をどのように表現するか考えよう。

はなこさん　キーワードは、「すきとおる」と「どうして」だと思うわ。そして、「すきとおる」は四人で言いたい。

じろうさん　ぼくは、「すきとおっては／こない」を大切にしたい。だって、「すきとおる」ってこんなに言っているのに、今になってもぼくたちはすきとおっていないって、詩でも文章でも言っているよ。だから、「すきとおっては／こない」は、消えるような声で表現したいな。

ようこさん　それなら「すきとおる」をとても力強くするといいと思うわ。そのために、四人で言いましょう。そうすると、「すきとおっては／こない」も強調されると思う。

MEMO

大切なことはメモしておこうネ！

2019 年 度

解 答 と 解 説

＜適性検査Ⅰ解答例＞

問題1 (1) 今になっても

(2) わたしたち

(3) 4

(4) 1

(5) 漢字一字に送りがな　比べる

同じ漢字を用いた熟語　対比する

(6) ⅰ　キ　四人で力強く　　コ　消えるような声で

ⅱ　12　困っているように，声を大きめにして表現する

(7) 私は，話し合いで最も大切なことは，意見を言うときに理由を述べることだと思う。

Ⓒの話し合いでは，理由をはっきり言うことによって，四人それぞれの詩を表現するときに大切にしたいことがらが明確に分かるため，みんなの意見をしっかりと反映して話し合いをまとめることができている。

これまで小学校の学級活動の時間に，お楽しみ会でどんな遊びをするかについて話し合うことがあった。その話し合いでは，意見を言うときには遊びの名前だけでなく，どうしてその遊びが良いと思ったのかも合わせて発表するようにした。その結果，クラスの多くの人が納得するような遊びに決めることができた。

中学生になったら，委員会や部活動などで話し合いをすることが多くなるだろう。そのときは，みんなの意見を反映させるために理由を聞き，それぞれが大切にしていることを理解しながらまとめたいと思う。

問題2 (1) ア，ウ

(2) ひと家族あたりの人数が減少している。

(3) 7

(4) （い）　オ　　（う）　カ

(5) ア

(6) イ

○配点○

問題1 (1)・(2) 各7点×2　(3)・(4) 各4点×2　(5) 各5点×2　(6) 各10点×3
(7) 75点　問題2 (1) 完答12点　(2) 15点　(3) 10点　(4) 各8点×2　(5) 6点
(6) 4点　計200点

＜適性検査Ⅰ解説＞

基本 **問題1** **（国語：語彙，熟語，長文読解，作文）**

(1) 「未《いま》だに」の意味は，「まだ」，「今になっても」である。よって，Cのじろうさんがはじめて発言した部分の「今になっても」が解答となる。

(2) （あ）の直前にある「自分もふくめた数多の人々」とは，Aの「わたしたち」を指している。

(3) （い）の前の「問いの答えを，あるいはまどさんはわかっているのかもしれません。」という文章のあとには「しかし」というつなぎ言葉がある。「しかし」は，前に述べていたことと反対のことを述べるときに用いるので，「まどさんはわかっているが，記していない。」という意味の文章が続くことが推測できるだろう。さらに選択し4の，「あえて」には「すすんで」，「わざと」の意味があるので，解答は4と判断できる。

(4) たろうさんもようこさんも，ともに前の人の発言に賛成する返事をしているため，選択しは1と3にしぼられる。そのあと続けてこれから話し合うべき話題をあげているので，1が正しいとわかる。

(5) じろうさんの発言にある「二つの表現」という言葉と，「表現方法に差」という言葉より「比べる」という言葉が推測できる。

(6) ⅰ 四人は「すきとおる」を四人で力強く言うことに決めていたため，キ「三人でやさしく」は不適切である。また，力強く言う「すきとおる」と差をつけて「すきとおっては／こない」を消えるような声で読むと決めていたため，コ「力強く，うったえるように」は不適切である。

ⅱ Cでキーワードは，「すきとおる」と「どうして」だと書かれている。①には注意書きがあるが⑫には注意書きがない。また，じろうさんの言葉から，①と⑫では表現方法を変え，⑫では，「困っているように，声を大きめにして表現」することがわかる。

(7) まず始めに，問題で聞かれている「話し合い活動で最も大切なこと」を簡潔に述べる。そのあと，なぜそれが最も大切なことであると考えたのかを，Cの話し合いのよいところから，また自分の経験から具体例をあげて書いていく。そして，最後に中学生になったらどのような話し合いをおこないたいかを，最初に述べた「話し合い活動で最も大切なこと」をふまえてまとめる。後ろに書いてある注意事項《じこう》だけでなく，問題文もしっかり読み，書き落としのないように気をつけよう。

問題2 **（社会：人口と世帯数，少子高齢化問題）**

(1) 〔資料1〕では，人口が棒グラフで，世帯数《せたいすう》が折れ線グラフで示されている。イは，昭和30年の人口は40万人を超えているのでまちがいである。続いて，世帯ごとの平均人数は，人口÷世帯数で求められる。人口が100万人超えたころの世帯数はおよそ35万世帯であるので，エの平均5人家族はまちがい。オは，昭和54年から55年にかけて人口は増加していないのでまちがいである。

(2) 〔資料1〕からは，昭和30年から平成29年にかけて人口も世帯数も増加しているが，特に世帯数のほうが大きく増加していることが読み取れる。よって，世帯ごとの平均人数が減っていることがわかる。

(3) 人口が増加している県，つまり人口増減率が0.0％以上の都道府県は，千葉県，埼玉県，東京都，神奈川県，愛知県，福岡県，沖縄県の7都県である。

(4) （い）：人口が減少し続けているということは，人口の増減がマイナスになり続けているということである。グラフを見ると2011年以降マイナスが続いていることが分かるので，解答はオとなる。

（う）：人口が前年と比べて大きく減少すればするほど，グラフの数値は低くなっていく。よって，一番低い2017年，つまりカが解答である。

(5) たろうさんとはなこさんの会話より，川崎市の人口と75歳《さい》以上の人の割合はそれぞれ，2018年が1516483人で10％，2030年が(およそ)1586900人で13.3％であることが分かる。各75歳以上の人口は，【市の人口×75歳以上の割合】で求められる。2018年は，1516483×0.1＝151648.3(人)。2030年は，1586900×0.133＝211057.7(人)。さらに，【2030年の75歳以上の人口－2018年の75歳以上の人口】で求められるその差は，211057.7－151648.3＝59409.4(人)となる。四捨五入すると答えは約6万人となる。

(6) 現在の特ちょうとして，会話文中に「少子化」と「高齢《こうれい》化《か》」があげられている。よって，生まれてくる子どもが少なく，75歳以上の人の割合が最も多い形となっているイが正しいと判断できる。

★ワンポイントアドバイス★

会話の流れをしっかりとつかんで理解する力や，グラフを正確に読む力が試されている。長文の問題にくり返し取り組み，落ち着いて問題が解けるようにしておこう。

＜適性検査Ⅱ解答例＞

問題1 (1) 河辺に出て自然の風にあたり，涼んでいる　など

(2) 1 エ　2 ク　3 カ　4 ア　5 ウ　6 キ　7 イ　8 オ

(3) エ

(4) イ　オ

(5) さびたり，くさったりしないので，海に捨てられるといつまでも無くならずに残ってしまうから

(6) 細かく切って捨てる。

問題2 (1) 4

(2) 長針が1分間あたりにどれだけの角度を動くか

(3) 32.5(度)

(4) 27.3(分)

(5)

(4)	14
25.12	(87.92)

長針の長さが2cmから18cmと9倍になると，1時間あたりに長針の先が動く距離も12.56cmから113.04cmと9倍となるので，長針の先が動く速さも9倍となるといえる。

問題3 (1) 118750(往復)

(2) 風

(3) (う) オ (え) イ

(4) イ

(5) ア

(6) 月と地球の距離380000kmは，太陽と地球の距離149600000kmに比べればとても小さく，太陽からほぼ同じ距離にある地球や月から太陽を見ているから。

○配点○

問題1 (1)・(4)・(6) 各10点×3 (2) 完答10点 (3) 5点 (5) 15点

問題2 (1) 10点 (2)・(3)・(4) 各15点×3 (5) 完答20点 問題3 (1)・(4) 各8点×2 (2) 10点 (3) 完答16点 (5) 5点 (6) 18点 計200点

＜適性検査Ⅱ解説＞

問題1 (理科：リサイクル，環境問題など)

(1) **資料1**の背景が河辺であることに注目する。打ち水をすることで涼しく感じるように，水は蒸発すると周囲の温度を下げる効果がある。

(2) 元となる繊維を収穫して着物を織り，出来上がった着物を着て，再使用・再利用していく流れをつかむ。綿花を栽培し(エ)，収穫した綿花から木綿糸を作り(ク)，糸をそめて(カ)，機《はた》織《お》り機《き》で織《お》る(ア)ことで，着物が出来上がる。江戸時代は「究極のリサイクル社会」であったので，やぶれてもなお直して着続けていた(ウ)。次に，古着をぞうきんやおむつにして(キ)再使用する。最後に燃やして灰にし(イ)，できた灰を植物のための肥料にする(オ)ことで再利用する。

(3) **エ**のキャラクターは耳や体が「R」でできており，お腹に資源をくり返して使うことを示すマークがついていることから，「スリーアール」の推進キャラクターであることが推測できる。

(4) ものをそのままの形でくり返して使い続ける「リユース」にあてはまるものを探す。**ア**は再生紙が新たな資源であるトイレットペーパーに変わるので，「リサイクル」である。**ウ**は食材をむだなく使うことでごみを減らすことに，**カ**は自家用車を使わないことで燃料や二酸化炭素などの排出を減らすことにつながるので，「リデュース」である，**エ**は黒板を使ってもホワイトボードを使っても資源を消費していることに変わりないため「スリーアール」にあてはまらない。**イ**は使わなくなったベビーカーを他の人が再使用しており，**オ**はつめかえ用シャンプーを買うことでボトルを再使用しているため，「リユース」につながる行動であるといえる。

(5) 会話から，海岸にごみがたまり，海にごみがたくさん浮いていることが問題となっていることがわかる。「プラスチックの特ちょう」であるDさびない，くさらないことから，海に捨てられても分解されることなくごみのまま残ってしまうことが原因であると考えられる。

(6) 家庭のプラスチックごみは，弁当やカップめんなど深さのある容器として使われるため，そのままではかさばってしまう。同じ形のものはできるだけ重ねることですき間をうめたり，細かく切って小さくすることで捨てやすくなる。

重要 問題2 (算数：時計の動き)

(1) 1時間，つまり60分間で15度ずつ動くことから，60(分)：15(度)＝□(分)：1(度)より，□＝4(分間)

(2) 360は長針が1時間で1周した角度を表している。1時間は60分であるので，360÷60は360度という角度を60分という時間でわっていることになる。よって「長針が1分間で動いた角度」を求めることができるとわかる。

⑶　**会話**にもある通り，短針は5分間で少し動くため，2時5分の長針と短針の角度は30度より大きい角度になることに注意する。時計は1周360度分を1～12の12個の目盛りで分けているので，360÷12＝30より1目盛りの間隔は30度である。よって，2時5分の時の長針は12の目盛りから30度動いた位置にいる。

2時5分の時の短針は，12の目盛りから30×2＝60(度)動いた位置から，5分間の分だけ少し動いている。**会話**から，短針の角の速さは0.5である(短針は1時間で360÷12＝30(度)動くため，30÷60＝0.5で求めることができる)。0.5×5(分)＝2.5より，60＋2.5＝62.5で，12の目盛りから62.5度動いた位置にいる。よって，2時5分の長針と短針の角度は，62.5－30＝32.5(度)である。

⑷　12と5の間の角度は，1目盛りの間隔が30度であるので，30×5＝150(度)である。**会話**より1分間で5.5度ずつ長針は短針に近づくので，150÷5.5＝27.27…(分)となり，小数第2位を四捨五入して27.3分となる。

⑸　円周は直径×円周率で求めることができる。今回の問題では円周率は3.14と定められているので，長針の長さが4cmであるときの円周は(4×2)×3.14＝25.12(cm)である。同じように円周が87.92cmであるとき，直径は87.92÷3.14＝28(cm)であるので，半径となる長針の長さは28÷2＝14(cm)となる。長針の先が1時間で動く距離，つまり円周は長針の長さを2倍した長さである直径に比例する。「表の数値を使って」長針の長さと長針の先が動く速さの関係を導くとあるので，実際に長針の長さが2cmから18cmになるとき，同じく長針の先が動く距離も12.56cmから113.04cmで9倍になることを示すなどして，比例関係を記述する。

問題3　**(理科：月，地球，太陽)**

⑴　学校と駅の往復の距離は1.6×2＝3.2(km)であるので，380000÷3.2＝118750(往復)分となる。

⑵　月には空気がほとんどないため，砂にできたあとを消し去るような風が吹かない。

⑶　(う)　月からまんまるの形の地球を観測することができる位置を選ぶ。〔**資料4**〕の**オ**の位置に月があるとき，太陽・月(観測側)・地球(見る星)の順番に並んでいて，地球が太陽の光をあびている面だけが月側に向いているためまんまるの形の地球を観測することができる。逆にこの時，地球から月は観測できない。**ア**の位置に月があるとき，太陽・地球(見る星)・月(観測側)の順番に並んでいるので，地球が太陽の光をあびている面が月の反対側にあるため地球を見ることができない。一方地球からはまんまるの月を見ることができる。

(え)　月から見て地球が〔**資料5**〕のように三日月のように見える位置を選ぶ。(う)より，**オ**の位置ではまんまるの形に，**ア**の位置ではまったく見えないことがわかる。**オ**から**ア**に移るまでに見える範囲が狭くなっていくため，三日月のように見えるのは**イ**の位置である。**ウ**の位置では半月のような形の地球が観測できる。

⑷　⑶からもわかるように，太陽・地球・月の順にいるとき，地球からはまんまるの形の月を見ることができるが，月から地球を見ることはできない。地球と月は，おたがいが見えない部分が見えている。同じように，月の裏側を見た探査機は，地球と正反対側にいるので，探査機・月・地球の順に並んでいる。〔**資料6**〕のように月が見えた時，黒くなり見えなくなっている部分が，地球からは観測できた。よって，三日月型になっている**イ**であるとわかる。

⑸　地球から見える月の大きさは遠く離れている分実際より小さく見える。また同じく月から見える地球の大きさも，遠く離れている分実際より小さく見える。距離は同じなので小さく見え

る尺度は同じである。月の半径は地球の約4分の1であり，言いかえると，地球の半径は月の約4倍であるので，月から見える地球の大きさは地球から見える月の大きさより大きくなるはずである。

(6) 会話文中の数値を使って記述することに注意する。月と地球の距離である380000kmは，太陽と地球の距離である149600000kmよりも非常に小さい。太陽から見ると，地球と月はくっついて見えるほど近い距離にある。よって，月からの太陽の距離と地球からの太陽の距離はほぼ同じであると考えることができる。

★ワンポイントアドバイス★

算数・理科で幅広い問題が出題されている。答えのヒントが資料に載っているので，45分間でしっかり内容を読み取り，落ち着いて答えを導きだそう。

データ対応

収録から外れてしまった年度の
解答解説・解答用紙を弊社ホームページで公開しております。
巻頭ページ＜収録内容＞下方のQRコードからアクセス可。

※都合によりホームページでの公開ができない問題については，
次ページ以降に収録しております。

平成30年度

川崎市立川崎高等学校附属中学校入試問題

【適性検査Ⅰ】（20ページから始まります。）

【適性検査Ⅱ】（45分）　＜満点：200点＞

問題１ 夏のある日，たろうさんとはなこさんは，けいこ先生と話をしています。下の会話文を読んで，あとの(1)~(4)の各問いに答えましょう。

たろうさん：はなこさん，おはよう。昨日は，良い天気だったけれど，どこかへ出かけたの。

はなこさん：ええ，家族でお弁当を持って多摩川《たまがわ》へ行ってきたの。とっても気持ちが良かったわ。お父さんは，つりがとても好きで，昨日はアユなどが10尾《び》くらいつれたのよ。

たろうさん：へえ，多摩川でアユってつれるんだ。

はなこさん：この前，新聞にのっていたけど，最近多摩川に多くのアユがもどってきているんですって。

けいこ先生：はなこさんの言うとおり，近年，たくさんのアユが多摩川をさかのぼっているのが見られるようになりました。下の〔資料１〕を見てください。

〔資料１〕　多摩川をさかのぼるアユの数（推定）

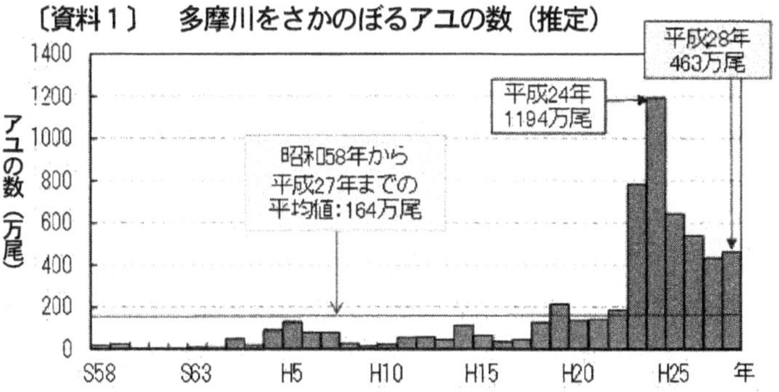

（ 出典　東京都　「推定遡上数の推移」 ）

たろうさん：平成28年にアユが多摩川に463万尾もいたなんて，おどろきですね。でも，463万尾なんて大きな数をどうやって数えたのでしょうか。

けいこ先生：良い質問《しつもん》ですね。実は，この数は実際に数えたものではなく，次のページの〔資料２〕の計算方法を用いて推定された数です。平成29年にアユが多摩川をさかのぼってきた総数（遡上《そじょう》総数）は，約158万尾と推定されました。158万尾のアユがさかのぼってきたと推定されたということは，①春の調査でしかけておいた網（定置網《ていちあみ》）には，何尾のアユが捕えられたと考えられるでしょうか。

〔資料２〕　アユがさかのぼってきた総数（遡上《そじょう》総数）の計算方法

・「その年の春の一定期間にしかけておいた網（定置網《ていちあみ》）で捕獲《ほかく》したアユの数」と「入網率《にゅうあみりつ》」から、「その年のアユがさかのぼってきた総数（遡上総数）」を計算します。「入網率」とは、目印をつけたアユ（標識《ひょうしき》アユ）を下流に放流し、川をさかのぼってきた標識アユが、しかけておいた網（定置網）にどのくらい捕《と》えられたか、その割合のことです。

※多摩川におけるアユの「入網率」は5.4%です。

【春の一定期間での定置網での捕獲数】÷【入網率】＝【その年のアユの遡上総数】

(1)　下線部①について，多摩川では平成29年の春の調査期間中，定置網で，何匹の「アユ」が捕獲されたのでしょうか。四捨五入をして百の位までのがい数を書きましょう。

たろうさん：ところで，昔の多摩川って，どんな感じだったのでしょうか。

けいこ先生：ここに昔の多摩川の写真（〔資料３〕〔資料４〕）があります。

〔資料３〕1960年(昭和35年)ごろの多摩川のようす

（ 出典「多摩区ふるさと写真集」 ）

〔資料４〕1970年(昭和45年)ごろの多摩川のようす

（ 出典「公害と東京都」東京都公害研究所 編）

はなこさん：昭和35年ごろは，安心して泳げるくらい，きれいな川だったのですね。

たろうさん：それが，たった10年でこんなになってしまうなんて…。

けいこ先生：昭和45年ごろの多摩川は洗剤《せんざい》のあわがうかび，「死の川」なんて呼ばれていたのですよ。

たろうさん：「死の川」って呼ばれていたなんて，想像するとこわいな。

はなこさん：そうね。でも今の多摩川に「死の川」のイメージはないわ。いったい何があったのですか。

けいこ先生：次のページの２つの資料を見てください。これは，多摩川の周辺に住む人々の数の変化がわかる〔資料５〕と，その流域で下水道がどれだけ増えていったか，また水質はどのように変化していったのかがわかる〔資料６〕です。②２つの資料から多摩川はなぜ汚れたのか，そしてどうして再びきれいになったのか考えてみるのはどうでしょう。

〔資料５〕多摩川流域の人口の変化

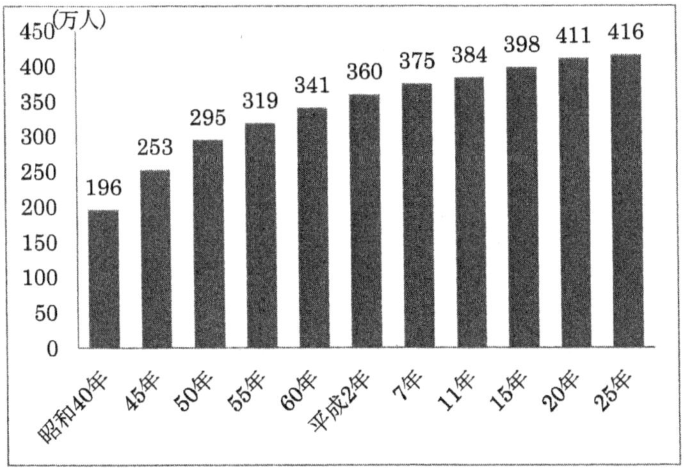

（出典　東京都下水道局ホームページをもとに作成）

〔資料６〕多摩川流域で下水道が利用できる家庭や工場などの割合（下水道の普及率《ふきゅうりつ》）と
多摩川の水質（BOD）

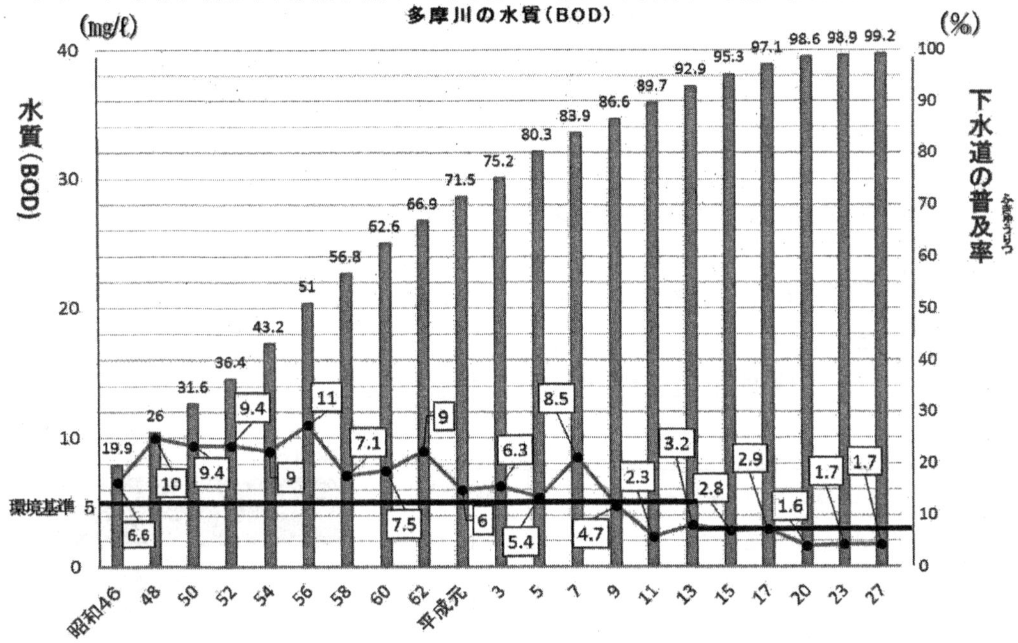

＊BOD…数値が高いほど河川の水が汚《よご》れていることを示します。また，望ましい河川の水質を国は環境基準としてBODの数値で示しています。
平成13年までの環境基準は５mg/ℓ，それ以降は３mg/ℓとなっています。

⑵　下線部②について，はなこさんが「多摩川が汚染してしまった理由」と「汚染された多摩川が，再びきれいになってきた理由」を，〔資料５〕〔資料６〕から読み取り，次のページのメモにまとめました。あとの各問いに答えましょう。

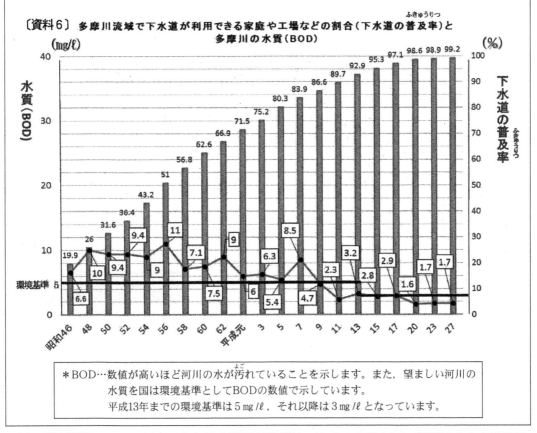

はなこさんのメモ

・前のページの〔資料5〕から昭和（　A　）年と昭和55年をくらべると，多摩川流域の人口は約1.63倍に増えていることが分かった。〔資料6〕で昭和56年の多摩川の水質は，その当時の環境基準とくらべると，（　B　）倍をこえた値となっていた。水質がかなり悪い状態だと思った。

・前のページの〔資料4〕は多摩川に白いあわ（洗剤のあわ）が浮かんでいる写真だ。なぜこうなったのか，その原因として〔資料6〕のグラフから，当時の多摩川流域では（　　C　　）ということがあげられる。このため，多摩川に家庭や工場から汚れた水が出てもそのまま川に流され，その結果，〔資料4〕のようになったのだろう。

・多摩川の水をきれいにするために，多くの人たちの努力があったのだろう。BODの値はだんだん下がっていき，平成（　D　）年からは環境基準を上回ることがなくなった。

Ⅰ）（A）（B）にあてはまる数字を次のイ～へから１つずつ選び，それぞれ記号で答えましょう。

イ．40　　ロ．45　　ハ．50　　ニ．２　　ホ．３　　へ．４

Ⅱ）（C）にあてはまる言葉を考え，書きましょう。

Ⅲ）（D）にあてはまる数字を考え，書きましょう。

たろうさん：多摩川が再生して，こんなにきれいになって本当に良かったですね。

けいこ先生：ところが，多摩川では最近，また新たな問題も起こっています。ブラックバスやピラニア，グッピー，アロワナ，などといった魚を知っていますか。

はなこさん：はい，知っています。アロワナやグッピーって確か，熱帯魚ですよね。

けいこ先生：その通りです。それらの魚が多摩川で見られるようになったのです。

たろうさん：ブラックバス，グッピー，アロワナ…，えっ，ピラニアまでいるのですか。今の多摩川には，色んな魚がいるのですね。冬の冷たい多摩川で，どうして熱帯魚まで生きていられるのだろう。

けいこ先生：③次の〔資料7〕と〔資料8〕から，その理由を考えてみてください。

〔資料7〕

多摩川の水温調査　2007年12月11日	計測した水温
①　下水処理水が流入する前の地点	8.1℃
②　下水処理水（多摩川上流処理場）	21.9℃
③　②が流入した後の地点	20.1℃
④　②が流入した場所から約1.5km下流の地点	17.5℃
⑤　②が流入した場所から約4.0km下流の地点	14.8℃

（出典「東京都環境科学研究所年報」をもとに作成）

〔資料8〕

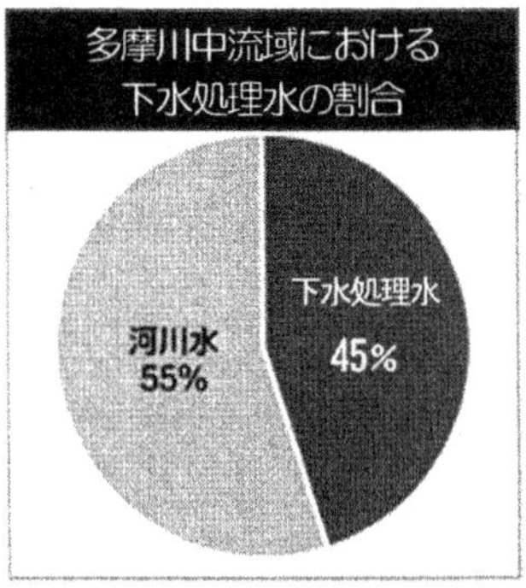

（出典　東京下水道局ホームページ）

⑶　下線部③について，「冬の冷たい多摩川で，どうして熱帯魚まで生きていられるのか」その理由を〔資料7〕と〔資料8〕から考え，書きましょう。

たろうさん：色々な生物が多摩川に増えるって，良いことにも思えるのですが，何が問題なのかな。

けいこ先生：今の多摩川のように，もともとその地域にいなかったのに，人間によって国外や他の地域から入ってきた生物のことを「外来種《がいらいしゅ》」と言います。④外来種には，様々な問題や危険性があるのですよ。

⑷　下線部④について，「もともと川にすむ生物」や「人」に対してどのような問題や危険性があると考えられますか。それぞれ書きましょう。

問題２　下の会話文を読んで，あとの⑴～⑺の各問いに答えましょう。

はなこさん：中学に入ると「算数」が「数学」という科目になってもっと難しくなるらしいけど，数学なんて，どうして勉強しなきゃいけないのでしょうか。大人になっても役に立つのかしら。

ひろし先生：何を言ってるんですか。テレビだってスマートフォンだって，数学がなければ，動かすことはできませんよ。

はなこさん：それはそうですけど。

ひろし先生：では，今から数学に関するゲームを出してみましょう。数学の楽しさがわかるかもしれませんよ。暗号を用いたゲームです。暗号文を決まった法則（**〔解読コード〕**）を用いて解読するのです。例えば暗号文が『そねさあゆ』で解読コードを〔11111〕とすると，答えは「たのしいよ」になります。

［資料１］五十音表

44	39	36	31	26	21	16	11	6	1
わ	ら	や	ま	は	な	た	さ	か	あ
45	40		32	27	22	17	12	7	2
を	り		み	ひ	に	ち	し	き	い
46	41	37	33	28	23	18	13	8	3
ん	る	ゆ	む	ふ	ぬ	つ	す	く	う
1	42		34	29	24	19	14	9	4
あ	れ		め	へ	ね	て	せ	け	え
2	43	38	35	30	25	20	15	10	5
い	ろ	よ	も	ほ	の	と	そ	こ	お

はなこさん：なるほど。暗号解読のための方法（**［資料２］**）がわかりました。**［資料１］**の五十音それぞれの上に書いてある数字を使います。それぞれの数字に解読コード〔11111〕をたすのです。15が16，24が25，11は12で，１は２という風に〔解読コードをたす〕という法則になっています。そして，その数字に対応した文字を**［資料１］**からそれぞれ探すのです。面白いですね。

［資料２］暗号解読の方法（はなこさんの考え）

15 そ	24 ね	11 さ	1 あ	37 ゆ	暗号文
1	1	1	1	1	解読コード
16 た	25 の	12 し	2 い	38 よ	答 え

ひろし先生：ひとつ問題を出しましょう。①暗号文は『いれけへ』で，解読コードは〔４２５３〕のとき，答えはどうなりますか。

はなこさん：分かりました，「 (あ) 」です。

⑴　下線部①について，(あ) にあてはまる言葉を書きましょう。

はなこさん：でも，解読コードが分かっていたら，だれにでも答えられて暗号にならないわ。

ひろし先生：だから，昔から解読コードが分からないようにする工夫《くふう》がされてきました。

はなこさん：例えば，どんな工夫があるんですか。

ひろし先生：例をひとつあげると，にせものの解読コードでやり取りをする方法があります。これなら他人に分かっても平気です。

はなこさん：にせものじゃあ，暗号は解けないわ。

ひろし先生：にせものの解読コードを，本物の解読コードに変えるカギ（**【暗号キー】**）を，前もって暗号をやり取りする相手と決めておくのです。そして，暗号キーを次の式にあてはめます。

＜にせものの解読コード＞÷【暗号キー】＝〔本物の解読コード〕

ためしにやってみましょうか。暗号キーを【２】と決めましょう。これは，はなこさんと私しか知らない数字です。

はなこさん：分かりました。

ひろし先生：暗号文が『あさ』で，にせものの解読コードを<24>にすると，本物の解読コードは〔12〕です。だから，答えは「いす」となります。
これを，暗号文を『あく』にして，にせものの解読コードを<30>とすると，本物の解読コードは〔 (い) 〕ですから，答えはやっぱり「いす」となります。

⑵　(い) にあてはまる数字を書きましょう。

はなこさん：なるほど，暗号キーだけ決めておけば，いろいろなパターンで暗号文がつくれるからわかりにくいのね。暗号キーもいろいろな数字を使うことができますね。

ひろし先生：②さっき使ったにせものの解読コードが<24>の場合，暗号キーとして使える数字は８種類ですが，さっきの暗号文『あさ』の場合は，【１】と【２】しか使えません。**[表１]**を見てごらん。

はなこさん：なるほど，でも【１】は (お) から，この場合は【２】しか暗号キーになら

[表１]

暗号キー	解読コード
【１】	〔(う)〕
【２】	〔(え)〕
【３】	〔８〕
【４】	〔６〕
【６】	〔４〕
【８】	〔３〕
【(え)】	〔２〕
【(う)】	〔１〕

　　　　　　　ないんですね。
ひろし先生：はなこさん，よく気がつきましたね。

⑶　下線部②について，ひろし先生の言葉をもとに前のページの**［表１］**の〔(う)〕〔(え)〕にあてはまる数字を書きましょう。また，暗号文が『あさ』の場合に，【1】と【2】しか使えない理由を書きましょう。
⑷　（お）にあてはまる言葉を考え，解答らんに合うように書きましょう。

ひろし先生：③ではにせものの解読コードが<36>のとき，さっきの暗号文『あさ』に使える暗号キーは，いくつあるか分かりますか。先ほど，はなこさんが気づいた点もふくめて考えてみましょう。
はなこさん：（か）種類ですね。こんな少しじゃ，すぐ分かってしまいます。
ひろし先生：そうかな。にせものの解読コードが<1339>ならどうですか。
はなこさん：【1】と【1339】の他は…，あれっ，ほかにはなにがあるんだろう。
ひろし先生：これは探しにくいですよね。この暗号キーは【1】【（き）】【103】【1339】の４つで，暗号文『あさ』に使えるのは１つだけなんです。
（き）や103のように１と自分自身以外に約数を持たない数字のことを素数《そすう》といいます。この素数と素数をかけ合わせたものを，にせものの暗号コードにすると，ほかの人が解読コードを探すのはとても難しくなります。

⑸　下線部③について，（か）にあてはまる数字を考え，書きましょう。
⑹　（き）にあてはまる数字を書きましょう。

はなこさん：種類が少ないのに探しにくくなるなんて不思議ですね。けた数が多くなったら見つける自信がありません。
ひろし先生：そうだね，にせものの解読コードが<368387>で，暗号文が『こかみさお』だとすると，もう分かりませんよね。
はなこさん：分かりません，暗号キーを教えてください。
ひろし先生：④暗号キーは【29】ですよ。これなら，答えは分かりますか。
はなこさん：分かりました，答えは「（く）」です。
ひろし先生：今の６けたのにせものの解読コードでも人間の頭だと大変ですが，300けたくらいにすると，コンピュータでも何兆年もかかるくらい大変です。インターネットの暗号にも素数の計算が使われていますが，もし簡単に答えを出す方法を見つけられたら，大発見ですよ。
はなこさん：数学っておもしろいですね。がんばって数学を勉強したくなりました。

⑺　下線部④について，（く）にあてはまる言葉を書きましょう。

問題３　教室でたろうさんとはなこさんが話しています。下の会話文を読んで，あとの(1)～(9)の各問いに答えましょう。

たろうさん：2027年に何があるか知っているかい。

はなこさん：東京－名古屋間でリニア中央新幹線が開通するのよね。2037年までに東京－大阪《おおさか》間の開業を目指していると，この前テレビでやっていたわ。

たろうさん：正解です。ぼくはリニアモーターカーにすごくきょうみがあるんだよ。どんな乗り物なのかいっしょに調べてみよう。

―――図書館に行って資料を探す―――

はなこさん：〔資料１〕を見て。リニアモーターカーの写真があるわ。リニアモーターカーは最高速度およそ時速600㎞の速さで走れるそうよ。

〔資料１〕リニアモーターカー

（山梨県立リニア見学センターホームページより）

たろうさん：新幹線はおよそ時速300㎞だから，リニアモーターカーはものすごく速いんだね。

はなこさん：東京－大阪間は直線で約400㎞あるので，このルートを往復すると考えれば，リニアモーターカーは新幹線よりも，［（あ）］分間短くてすむわね。［（い）］往復すると１日分の時間を短縮できることになるのね。

(1)　［（あ）］，［（い）］にあてはまる数字を書きましょう。

たろうさん：リニアモーターカー自体も速く走れるけど，〔資料２〕のルート図を見ると，通り方にも関係がありそうだね。

はなこさん：確かに［（う）］から速く進めるわね。

たろうさん：山あいを進むから，たくさんトンネルを掘《ほ》っているらしいよ。

〔資料２〕リニア中央新幹線ルート図

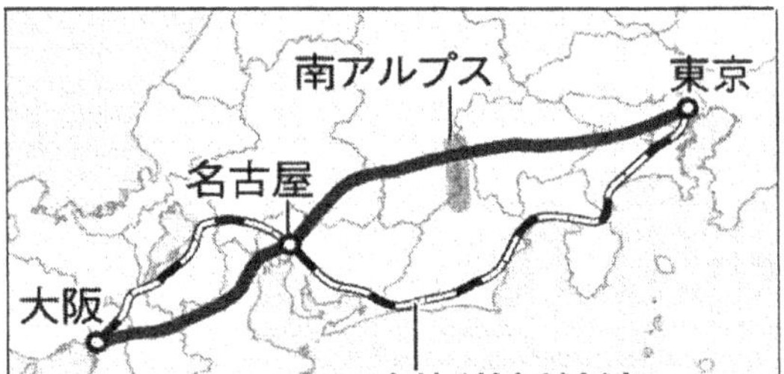

（朝日新聞デジタルより作成）

(2)　東海道新幹線のルートと比べて，リニア中央新幹線のルートは速く進むためにどのように工夫《くふう》されていますか。［（う）］にあてはまる形で書きましょう。

はなこさん：どうしてリニアモーターカーは速く進むことができるのかしら。

たろうさん：それは，リニアモーターカーは磁石の力でレールからういて動くからだよ。

はなこさん：でも，リニアモーターカーは大きいから，動かすためにはたくさんの磁石が必要よね。

たろうさん：必要なのは磁石じゃないよ。コイルだよ。学校の理科の授業でコイルの中に鉄心を入れて電流を流すと磁石になるって習ったよね。その電磁石のはたらきを利用しているんだよ。

はなこさん：電磁石を利用しているのね。では，コイルはどこにうめこまれているのかしら。

〔図１〕

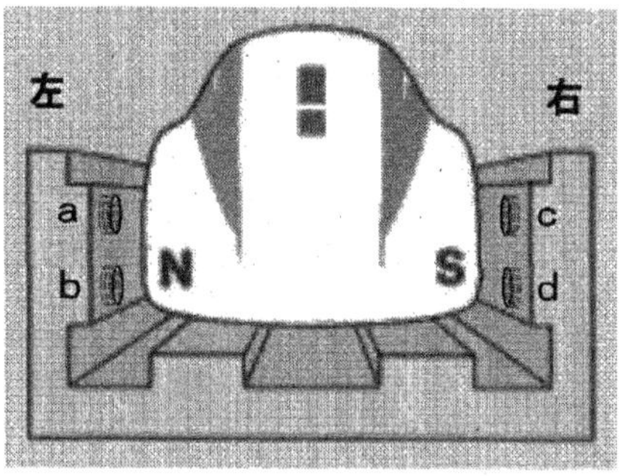

（山梨県立リニア見学センターより作成）

たろうさん：車体とかべのようだよ。〔図１〕のようにリニアモーターカーの車体の右側面の磁石がＳ極を示しているとすると，ａ～ｄのコイルの電磁石は，ａは［（え）］極，ｂは［（お）］極，ｃは［（か）］極，ｄは［（き）］極になってうかせているんだよ。ｂとｄからは［（く）］力，ａとｃからは［（け）］力がはたらいているのさ。

⑶ ［（え）］～［（け）］にあてはまる言葉を，次のア～エからそれぞれ１つずつ選び，記号で答えましょう。ただし，同じ記号を何回使っても良いことにします。

ア．Ｎ　　イ．Ｓ　　ウ．しりぞけ合う　　エ．引き合う

はなこさん：ところで，リニアモーターカーはかべにぶつかって大事故になってしまわないのかしら。だって，①**リニアモーターカーは新幹線とちがって車体が横にずれやすい**と思うのよね。

たろうさん：それは〔図２〕のように車体が右のかべに寄ると②**コイルに流れる電流が変わって電磁石の極が変わって，車体を右のかべから遠ざけるようにする**みたいだよ。

〔図２〕

（山梨県立リニア見学センターより作成）

⑷ 下線部①について，はなこさんがなぜそのように思ったのかを書きましょう。

⑸ 下線部②について，右側のかべにリニアモーターカーが近づいたとき，効率よく車体をかべから遠ざけるためには〔図１〕の車体をうき上がらせたときと比べて，〔図２〕のａ～ｄのコイルで電流の流れる向きが変わるものをすべて選び，記号で答えましょう。

はなこさん：あれ，そういえば，愛知県のリニモや中国のトランスラピッドというリニアモーターカーがすでに実用化されているって聞いたことがあるわ。2027年に営業が計画されているリニアモーターカーとはちがうところがあるのかしら。

たろうさん：リニアモーターカーにはいくつか種類があるそうだよ。今，日本が開発しているの

は超電導《ちょうでんどう》リニアと言われるもので，すでに実用化されているものは常電導《じょうでんどう》リニアって呼ばれるものらしいよ。

はなこさん：難しい言葉が出てきたわね。何がちがうのかしら。

たろうさん：常電導リニアではコイルに電流を流して電磁石になるというはたらきを利用しているんだけど，超電導リニアではコイルをマイナス200℃くらいまで下げることで流れる電流がとても強くなり，電磁石の力が強くなるはたらきを利用するそうだよ。常電導リニアでは車体は１cmほどしかうかせることはできないけど，超電導リニアでは車体を10cmもうかせることができるんだって。

はなこさん：なるほど。日本は，（こ）が多い国だから，万が一走っているときに（こ）が起きても，高くういている方が安全なのね。

⑹ （こ）にあてはまる言葉と，高くういている方が安全である理由を書きましょう。

たろうさん：超電導リニアでは高度な技術が必要なんだって。

はなこさん：だからまだ実用化されていないのね。

たろうさん：〔図３〕は常電導リニアのリニモを前から見たときの構造を表しているよ。電磁石の位置から分かるように磁石の引き合う力を利用してういているんだよ。

はなこさん：③引き合う力を利用しているからしりぞけ合ってうかせるよりも横にもずれにくく安定して進むことができるのね。

たろうさん：だから，常電導リニアのリニモでは電磁石が，車体をうかせるのと同時に横にずれるのも防ぐ役割をしているんだよ。

〔図３〕

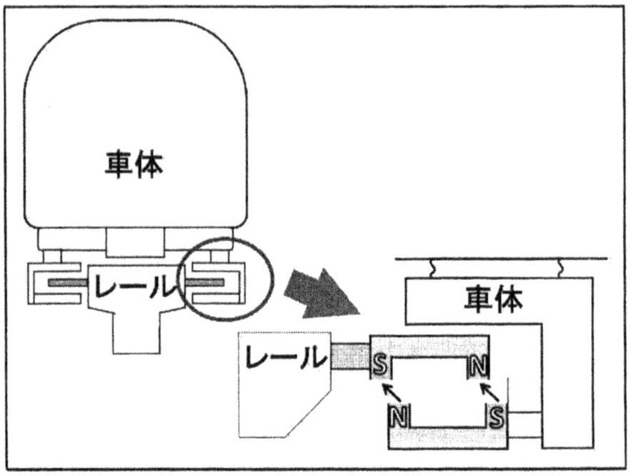

⑺ 下線部③について，どうしてしりぞけ合う力を利用して持ち上げるより引き合う力を利用した方が横にずれにくく安定するのでしょうか。その理由を書きましょう。

はなこさん：地面からうくしくみは分かったけれど，どのように進むのかしら。超電導リニアと常電導リニアとではちがうのかしら。

たろうさん：前に進むしくみはどちらも同じらしいよ。進むしくみをわかりやすくした模型を使って考えてみよう。

はなこさん：次のページの〔図４〕はリニアモーターカーの模型で〔図５〕はそのレールの模型ね。

〔図4〕上から見たリニアモーターカーの模型

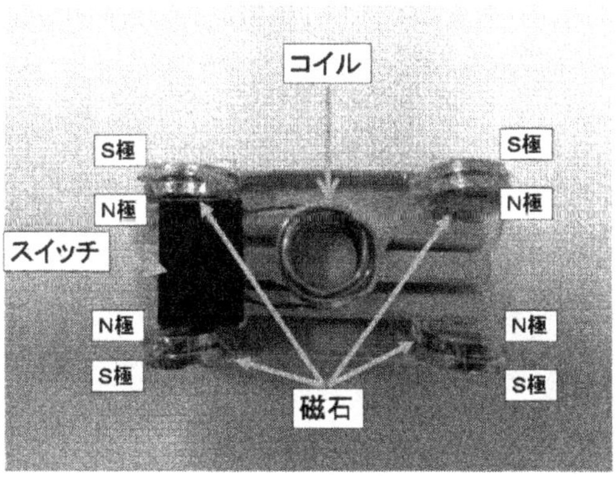

〔図5〕上から見たレールの模型

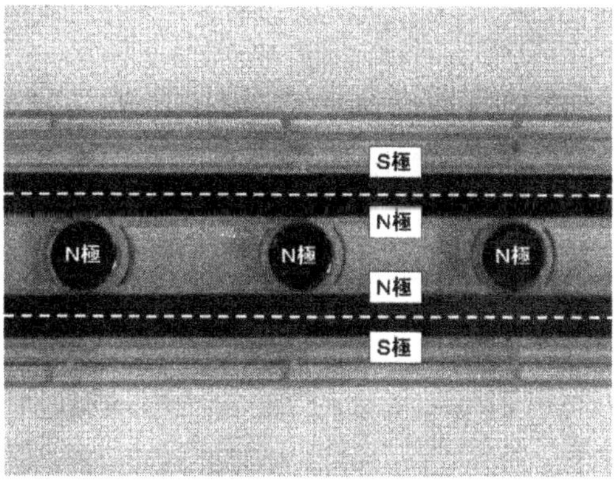

たろうさん：この模型では磁石のしりぞけ合う力を利用してうかせているんだよ。

はなこさん：**〔図5〕**のレールには長い棒の形をした磁石と円盤《えんばん》の形をした磁石，2種類の磁石があるわ。何か役割がちがうのかしら。

たろうさん：棒の形をした磁石にはリニアモーターカーをうかせる役割があるんだ。

はなこさん：模型では前に進むしくみはどうなっているのかしら。

たろうさん：**〔図4〕**の車体の真ん中にあるコイルが電磁石のはたらきをするんだよ。**〔図5〕**のレールの円盤の形をした磁石の上側はN極だから，コイルの下側がN極になるように電流を流すのさ。

〔図6〕横から見た図

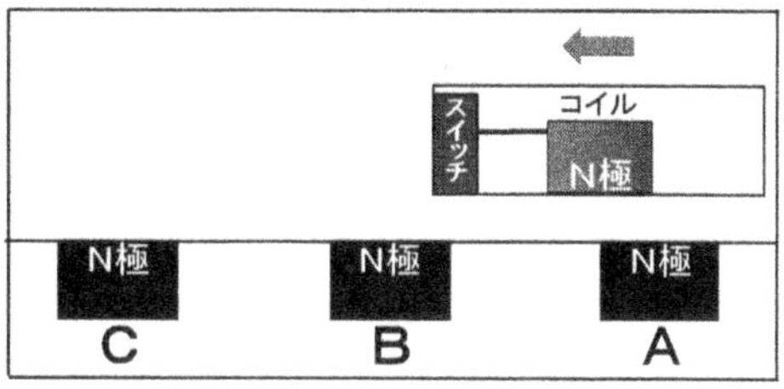

はなこさん：**〔図6〕**のように考えれば，磁石のしりぞけ合う力を利用して前に進むのね。でも，④**これだと〔図6〕のBの磁石より先に進むことができない**わ。

たろうさん：**〔図6〕**の車体の先をよく見てごらん。スイッチがついているでしょ。これが磁石Bの真上を通り過ぎると，スイッチが切れるようにして，その問題を解決しているんだよ。磁石にはない，電磁石の性質をうまく使って解決しているんだよ。

(8)　下線部④について，はなこさんがそのように考えた理由を書きましょう。

はなこさん：ところでこの模型はだれがつくったの。

たろうさん：実はぼくがつくったんだよ。

はなこさん：すごい。この模型をつくるのって大変だったんじゃない。だって，うかせるためにつけた車体の4つの磁石やレールにある棒の形をした磁石を見ると，すべてN極で向かい合わせになっているから，しりぞけ合う力がはたらいてしまうもの。

たろうさん：よくわかったね。

はなこさん：どうしてわざわざ，そのようにつくったの。

たろうさん：それでは，〔図７〕のようにレールにある棒の形をした磁石をN極とS極が向かい合うようにした場合を考えてみよう。磁石の力を利用して進むとき，リニアモーターカーにどんなことが起こると思うかい。

〔図７〕上から見た一方の磁石の向きを変えたレールの模型

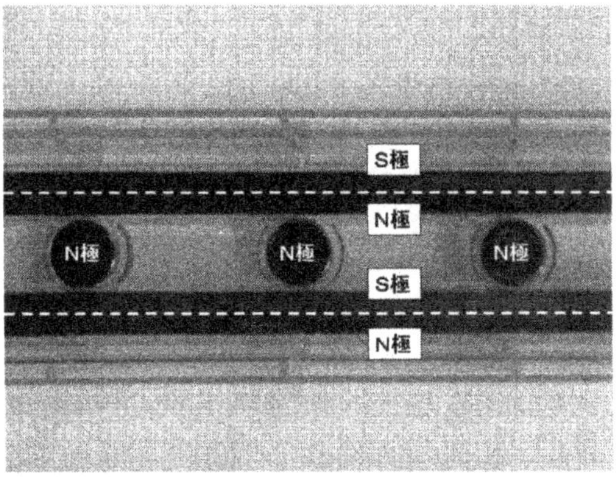

はなこさん：分かったわ。（さ）ということが起こるわ。

たろうさん：その通り。いろいろなことを考えてつくらないと，うまくいかなかったんだよ。

はなこさん：学校で習った磁石の性質がこのように利用されているなんて，すごいわね。中学校での理科の学習も楽しみね。

⑼ （さ） にあてはまる言葉と，なぜそのようなことが起こるのか，その理由を書きましょう。

問題2 （**適性検査Ⅰ**）　防災の日に，たろうさんとはなこさんがひろし先生と話をしていた時の様子です。下の会話文を読んで，あとの(1)～(4)の各問いに答えましょう。

ひろし先生：たろうさん，「トリアージ」って言葉を聞いたことがありますか。

たろうさん：トリアージ。なんですか，それは。

ひろし先生：トリアージとは，緊急《きんきゅう》災害でケガ人やたくさんの病人が出た時に，災害現場で傷の程度などを判定して，どの人から手当てをするのか優先順位を決めることです。このようなトリアージ用のタグ（**【図1】**）があるのです。災害時には一度に多くのケガ人や病人をみることはできませんから，はじめに優先順位を決めてから手当てをします。このタグをケガ人や病人につけて，ひと目でケガや病気の状態がわかるようにするのです（**【図2】**）。タグの下のほうに4つの色がついた部分がありますよね。

【図1】 トリアージタグの例

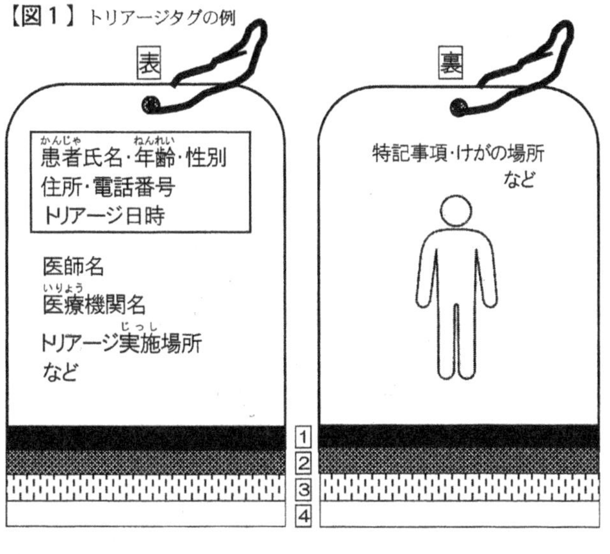

（厚生労働省ホームページ等により作成）

【図2】

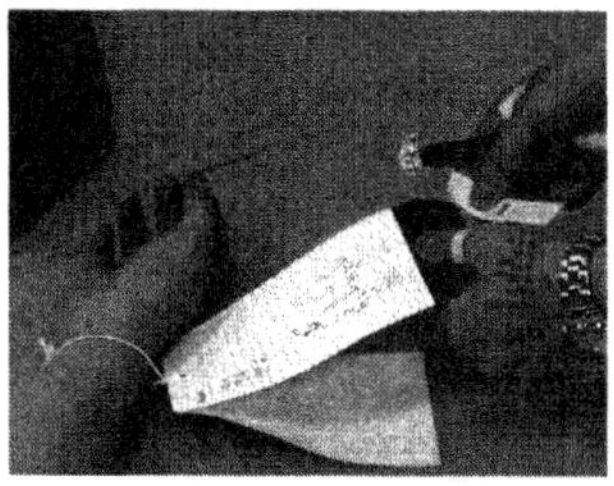

（赤城印刷ホームページより）

（大阪府岸和田市ホームページより）

はなこさん：はい。上から順に，1黒，2赤，3黄，4緑の色がついています。

ひろし先生：この色のところは切りはなすことができるようになっていて（**【図2】**），ケガ人や病人の状態を色で示します（**【図3】**）。

【図3】

色	1黒	2赤	3黄	4緑
状態	ただちに処置を行っても救命が明らかに不可能	ただちに処置が必要	多少処置が遅《おく》れても生命に影響《えいきょう》なし	軽度の外傷通院が可能

（厚生労働省ホームページ等により作成）

はなこさん：もしケガ人が2赤の状態の人だとしたら，3黄，4緑を切りはなせばよいのね。

ひろし先生：その通りです。大勢の人たちの中から優先して手当ての必要がある方はどなたか，わかりやすくする工夫《くふう》がされていますよね。

たろうさん：ところで，色の順番は上から[1]**黒**，[2]**赤**，[3]**黄**，[4]**緑**，の順番じゃないとダメですか。逆の順番，つまり，[1]が**緑**で，[2]が**黄**，[3]**赤**，[4]**黒**，であっても同じような気がしますけど。

はなこさん：え，①でもその順番だと困らないかしら。手当てが必要な人の状態に合わせて切りはなすことを考えると…。

たろうさん：そうか，なるほどね。 トリアージタグって，よく考えられているんだね。

⑴　下線部①について，はなこさんは，たろうさんの言う色の順番だと，どのような困ることがあると考えたでしょうか。解答らんに合うように書きましょう。

ひろし先生：では，災害時にどのような心がけが必要になるのか，もう少し考えてみましょう。例えば，災害の時には大勢の人がひなん所である学校や公民館に向かうでしょう。

はなこさん：一度に大勢の人がひなん所に集まると，混乱が生じるかもしれませんね。

たろうさん：さっき優先順位のことを話題にしたけれど，こうした混乱をさけるためには誰《だれ》から受け入れたらいいか，順番を決める必要があるのかもしれないなあ。

はなこさん：自宅がこわれて住めなくなった人や，ケガや病気などが重い状態の人，障がいがある人も優先されるべきだと思うわ。

たろうさん：②ほかにも…。

⑵　下線部②について，たろうさんはほかにも，どのような人の受け入れがひなん所で優先されるべきだと考えたのでしょうか。２つ書きましょう。

ひろし先生：最近では，ひなん所の運営について広く紹介《しょうかい》されていることがあるんですよ。

たろうさん：たくさんの方がひなんして来るのだから，来た人がどのような状態か，様子などをよく見ることは必要だと思う。そのうえで，だれをどんな場所にひなんさせたらよいのか，そのことを考えることも大切だよね。

はなこさん：大勢がひなんしてくるから混乱しないように気をつけるのですね。難しそう。

ひろし先生：災害時にどのような心がけが必要かを考えるには，ひなん所運営の大変さを知ることも大切です。ではここで，ちょっと練習問題を出してみましょうか。それでは，たろうさんはひなん所を運営する役割を担当してください。ある小学校の建物の一部（【図４】）をひなん場所に見立てて考えてみましょう。

【図４】

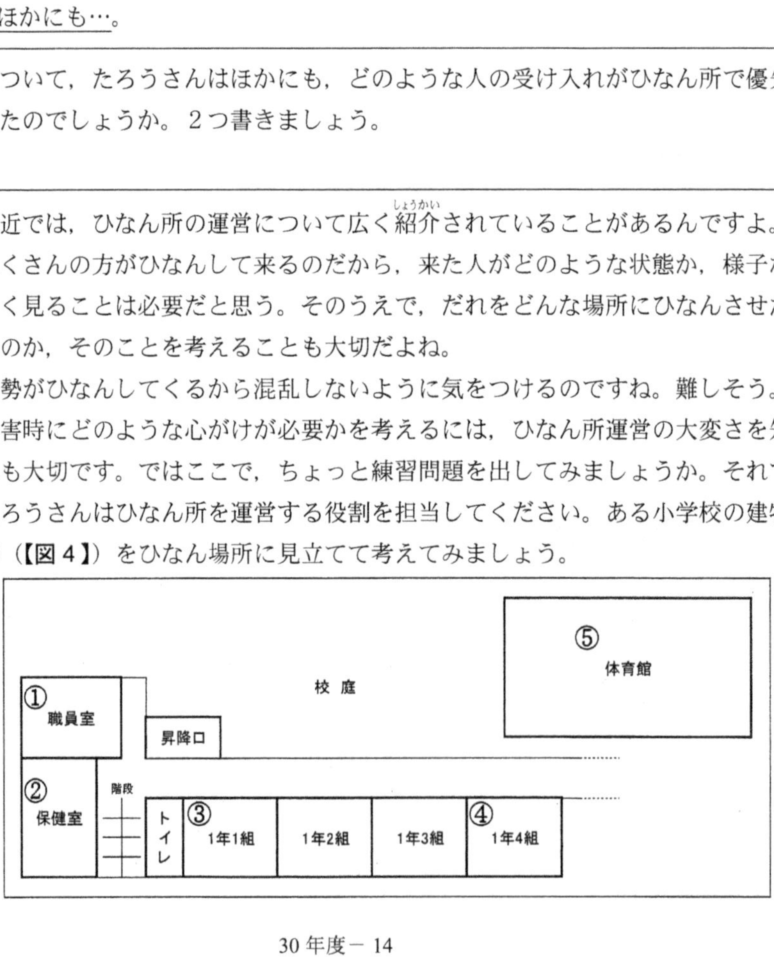

たろうさん：はい。お願いします。

ひろし先生：災害が起きてどんな人がひなんしてくるのか，これから電話で伝えられますから，よく聞いて，誰《だれ》をどこにひなんさせるべきか考えてみましょう。では，始めますよ。

「もしもし，小学校ですか。そちらに向かう人たちの情報をお伝えします。はじめに，ひかるさんとかおるさんです。かおるさんの意識ははっきりしています。２人ともケガをしています。男性と女性，ひとりずつです。それから，ふた組の親子が向かいます。友子さん，まきさん，健太さん，陽子さん。そのうち健太さんだけが男性です。まきさんは，生後２か月です。小学５年生の友子さんと友子さんのお父さんは元気です。友子さんのお母さんは後からひなんしてくるそうです。まきさんのお母さんの話によると，まきさんの夜泣《よな》きがひどいそうなので，2人には他の人たちが夜泣きで困らないような部屋《へや》をあたえてください。そうだ，最初に意識がはっきりとしているとお伝えした男性ですが，ケガの応急処置は済んでいますが，歩行が困難でトイレもままなりません。サポートの方を向かわせます。いっしょの女性のケガは軽いようです。彼女はひなんしてきましたが，連絡員《れんらくいん》という役割をお願いしました。いつでも建物の外の人と電話ができる所に待機《たいき》させてください。大ケガを負った方がいらっしゃいます。さとるさんです。この方は，ひなんした後，すぐに救急車で病院に運ぶ必要がありますので，応急処置ができて，清潔な場所をお願いします。それから，運ばれてきた食料などを仮に置く場所を１階に２教室分，空けておいてください。あと，ケガ人のサポートをするボランティアの方が決まりました。山田さんです。しばらく，つきっきりで同じ部屋にいてもらいましょう。あ，後から来ると伝えたお母さんのみち子さんは，ここにもうすぐ着くそうです。元気です。待っている先ほどの親子と同じ所にひなんさせてください。」

たろうさん：わあ，たくさん来ましたね…全部で９人か。しかも，ややこしい。

ひろし先生：今回はひなん場所に何人ひなんさせるかは，あらかじめ決めておきますね。

たろうさん：③それぞれの人の状態や必要なことを考えて，最適な場所にひなんさせないといけないな。さて，どうしよう。

⑶　下線部③について，たろうさんは問題の指示に従い，小学校にやってきた**ア**～**ケ**の人を条件がかなう場所に案内しました。たろうさんは①～⑤のうち，どの場所に案内したでしょうか。それぞれ下の①～⑤の中から記号を選び，答えましょう。

●ひなん場所にやってきた人　ア・ひかるさん　イ・かおるさん　ウ・友子さん
エ・まきさん　オ・健太さん　カ・陽子さん
キ・さとるさん　ク・山田さん　ケ・みち子さん

●案内した場所　①　職員室（１名）　②　保健室（１名）　③　１年１組（２名）
④　１年４組（２名）　⑤　体育館（３名）

※（　）は，その場所に案内する人数です。

ひろし先生：最近では川崎市でも，子どもたちのひなん訓練の一つとして，ひなん所の運営を体験する取り組みがされている地域があるみたいですよ。

はなこさん：ところで，ひなん生活が始まってからも大変ですよねえ。

ひろし先生：もちろんです。大勢の人が集まって共に過ごすのですから，難しい点もあるでしょう。

はなこさん：そうですよね。旅行などで海外から日本に来ている人が一緒にひなん生活をすることもあるでしょう。一層の助け合いが必要になりますよね。④海外から来た方が言葉のやりとりで困らずにひなん生活ができるためには，ひなん所ではどのような工夫がされるとよいのでしょうか。

⑷　下線部④について，ひなん所ではどのような工夫がされるとよいでしょうか。「言葉を用いない方法」でできることを考え，書きましょう。

たろうさん：日本で暮らしている外国人だって，ひなんしてきますよね。日本語が多少わかっていても，難しい表現で指示されたり書かれていたりすれば，困ってしまうことがあるんじゃないかな。そんな時はいったい何ができるだろう。

はなこさん：災害時に使われる難しい言葉をわかりやすい日本語を用いて言いかえることってどうかしら。たとえば，〈消防車〉は「火を消す車」，〈汚れを落とす〉は「きれいにする」そういう言いかえだったら，私たちでもできるわ。

たろうさん：普段から⑤難しい言葉をわかりやすく言いかえる練習をしてみようかなあ。

⑸　下線部⑤について，次の文をわかりやすい日本語の文に書きかえましょう。

『地《じ》しんの発生時には，すぐに火の始末をし，再度，火元を確認せよ。』

○原稿《げんこう》用紙の正しい用法で書きましょう。また漢字を適切に使いましょう。

○題名や自分の名前は書かずに、一行目、一マス下げたところから書きましょう。

○三段落以上の構成で書きましょう。

○句読点〔。、〕やかっこなども一字に数え、一マスに一字ずつ書きましょう。また、段落を変えたときの残りのマス目も字数として数えます。

(3) はなこさんは、□で囲まれた文章の特徴《とくちょう》について考えてみました。(い)(う)にあてはまる言葉を□で囲まれた文章の中からそれぞれ抜き出して書きましょう。

はなこさんの考え

> □で囲まれた各段落では、呼びかける相手を意識して、必ず(い)という言葉が使われていますが、□で囲まれた文章では(い)という言葉が使われていません。このことから、□で囲まれた文章は、筆者が(う)に問いかけて考えを整理しているのでは、と考えました。

(4) たろうさんは、□で囲われた文章の段落どうしのつながりについて考えてみました。(え)にあてはまる段落記号をA～Hから選び、(お)にあてはまる言葉を□で囲まれた文章の中から抜き出して、それぞれ書きましょう。

たろうさんの考え

> □で囲まれた文章では、「学ぶこと」に関する二つの考え方が書かれています。私は(え)の段落から二つ目の考え方が書かれていると思いました。理由は、「つなぎ言葉」に注目したからです。(お)という「つなぎ言葉」が、前の段落とは反対のことがここから述べられることを示しているからです。

(5) 次のア～エの中から、本文の内容にあてはまるものを一つ選び、記号で答えましょう。

ア　結果が欲しくて学ぶのならば、テストなどでそれなりの点を取るよう工夫するよりも、技術や資格など何かを「身につける」という意味での覚えることに集中すべきだろう。

イ　知っていることや身についていることをもう一度改めて「学ぶこと」が本来は行われるべきで、そうしたことをどこで行うのか、あらかじめ見当をつける必要があるだろう。

ウ　この世に生まれるということは「向こうのほうから」何かが降ってくることであり、何かまったく新しく、とてつもないことと出合うことではないのだと考えるべきだろう。

エ　学ぶことを「しなきゃいけない」と考えるよりも、まったく新しい、見たことも聞いたこともない一回かぎりのものに出合うことだと考えて日々の勉強を見直すべきだろう。

(6) ――線②「こうしたこと」とは何か、Eの段落の中の言葉を使って二十字以上三十字以内で書きましょう。

(7) この文章は、筆者が「学ぶこと」について述べたものです。□で囲まれた文章の中の筆者の主張に対して、あなたの考えを述べましょう。また、その考えにもとづいて、あなたにとって「学ぶこと」とは何か、これまでの経験をふまえて、後ろの［注意事項《じこう》］に合うように書きましょう。

［注意事項］

○**解答用紙2**に三百字以上四百字以内で書きましょう。

＊注1 途方《とほう》にくれる、ってことがなくちゃならない。そうしたものは、どことも知れぬ向こうからやってくる。どこから来るかあらかじめ見当がついているなら、もう、それについて君は何かを知っているからだ。つまり、それはもう学んだことの結果さ。とすれば、学ぶこと自体は、その手前で起きてしまっていることになる。

[E]このように、学ぶことは何か未知《みち》のもの、得体《えたい》の知れないものに君が接してしまうこと、いや、正確には、それに触《ふ》れられてしまうことなんだ。いま「それ」って言い換《か》えたのは、それが何であるかがわからない以上、それに名前をつけようがないからだ。それから、「触れられてしまう」と受け身の表現に言い換えたのは、さっきも確認《かくにん》したように、「それ」はどこかは知らないけれども「向こうのほうから」、いわば勝手にやってくるからだ。それがやってくることは、君がどうこうできるものではないんだ。君が生まれてこのかた、②こうしたことが何度も起こったのではないだろうか。

[F]そもそも、この世に生まれるってこと自体が、何かまったく新しく、突然《とつぜん》君の上に降ってきたことだよね。いや、君の上にというより、君自体が降ってきたというべきだ。何かとてつもないことが起こって、それ以来見たことも聞いたこともないことが、いまも君のもとで起こりつづけているんだ。

[G]これが学ぶことなら、それは「しなきゃいけない」なんてケチな話じゃなくて、すべてがそこから始まるような地点につねに君が身を置いていることに等しい。

[H]こうした目で、君の日々の勉強を見直してみよう。何かまったく新しいことが、見たことも聞いたこともないものが、一回かぎりのものが、君の＊注2かたわらを通りすぎようとしていないかな。

（斎藤慶典『中学生の君におくる哲学』〈講談社〉）

【注】＊1 途方にくれる……どうしてよいかわからないで、困りきる。
＊2 かたわら……物や人のわきのほう。そば。

(1) ――線①「結」という漢字は、左の図のように分けることができます。それぞれの空らんをうめて別の漢字を三つ完成させましょう。ただし、「糸」、「士」、「口」はこれ以上使うことができません。

図

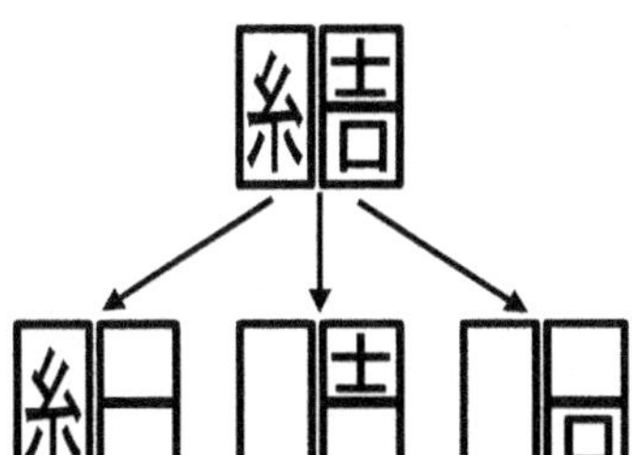

(2) [あ]に、ある言葉を入れると慣用句になります。[あ]に入る言葉を書きましょう。また、左の（1）から（4）にも、[あ]と同じ言葉が入りますが、この言葉を[あ]と同じ意味で使っているものはどれですか。一つ選び、数字で答えましょう。

（ 1 ）にあまる　（ 2 ）を組む
（ 3 ）をあげる　（ 4 ）が焼ける

【適性検査Ⅰ】〈四五分〉〈満点：二〇〇点〉

【注意】字数の指定のある問題は、指定された条件を守り、問題1はたて書きで、問題2は横書きで書きましょう。最初のマスから書き始め、文字や数字は一マスに一字ずつ書き、文の終わりには句点〔。〕を書きます。句読点〔。、〕やかっこなども一字に数え、一マスに一字ずつ書きます。ただし、問題1の(7)は、その問題の〔注意事項《じこう》〕の指示にしたがいましょう。

問題1 次の文章を読んで、あとの(1)～(7)の各問いに答えましょう。なお、Aから Hは段落の記号を表しています。また、問題作成のため、一部文章を変更《へんこう》しています。

A 中学生ともなれば、毎日の授業での勉強もだいぶ本格的になってくる。

B でも、勉強っていったい何なのだろう。それは何をすることなのかな。――勉強とは、「学ぶこと」じゃないか？　なるほど、たしかにそうだ。では、学ぶとは何をすることかな。それがわかれば、なぜ勉強しなきゃいけないかもわかるにちがいない。――学ぶとは、何かを「覚えること」じゃないか？　たとえば、足《た》し算の仕方《しかた》を覚えること、江戸《えど》時代の始まりを覚えること、逆上《さかあ》がりのコツを覚えること……。たしかに、それらはみんな、覚えることだ。でも、だからといって、必ずしも覚えることが学ぶことだというわけではないんじゃないだろうか。なぜなら、覚えることは学ぶことの結果ではあっても、つまり、学んだらそのあとについてくるものではあっても、学ぶことそのことは、そうしたあとからくっついてくるものとは別のものかもしれないからだ。

C 君が、その結果のほうが欲《ほ》しくて、そのために学びたいというのなら、どうぞご自由に。誰《だれ》もとめない。でも、その場合には、結果がたいして欲しくないものなら学ばない、ということになるよね。つまり、勉強しなきゃいけないかどうかは、①結果次第《しだい》ってわけだ。そういう目で学校の勉強を眺《なが》めれば、将来役に立ちそうなものは学べばいいし、自分には用がないと思えば（あ）を抜《ぬ》けばいい。もっと言えば、学ぶことの目的がその結果としての学校の入学や卒業の資格なら、テストでそれなりの点を取るよう工夫《くふう》すればいい。もちろん、その工夫はそれなりにたいへんかもしれないけれども、上手《うま》く工夫できれば問題解決、上手くいかなければ失敗。それだけのことさ。なぜ勉強しなきゃいけないか、なんて悩《なや》むまでもない。学ぶことが、技術でも資格でも何かを「身につける」という意味での覚えることなら、話は簡単だ。

D でも、そうしたことと学ぶこととは、本来なんの関係もないんじゃないだろうか。なぜなら、結果がどうだろうとそんなことはお構《かま》いなしに、学ぶことは起こってしまうからだ。すでに身についているものや知っていることを、いまさら学ぶ人はいないよね。つまり、学ぶためには、まだ見たことも聞いたこともないもの、あるいは、見たり聞いたりはしたけれどもなんだかさっぱりわからないもの、に出合わなきゃならないはずだ。どうしたらいいかわからず、

平成29年度

川崎市立川崎高等学校附属中学校入試問題

【適性検査Ⅰ】 (16ページから始まります。)
【適性検査Ⅱ】 (45分)　　＜満点：200点＞

問題1　昼休みにたろうさん，はなこさんが自然災害のことについて話をしています。下の会話文を読んで，あとの(1)～(5)の各問いに答えましょう。

はなこさん：昨日の地震《じしん》びっくりしたね。あわててテーブルの下にもぐったわ。
テレビのニュースでは，「マグニチュード6.0」って報道していたけれど。
たろうさん：マグニチュードって，具体的には何を意味しているのかな。
地震などの災害について，知らないことって意外と多いように感じるなあ。
はなこさん：確かにそうね。ひろし先生のところに行って，聞いてみましょうよ。

―――――― **二人は，ひろし先生のところへ行く** ――――――

ひろし先生：**[資料1]** を見てごらん。マグニチュードは，その地震の発する力の大きさを表します。つまり，マグニチュードが大きくなるほど地震の発する力は大きくなります。
2011年に発生した「東日本大震災《ひがしにほんだいしんさい》」の地震は，「マグニチュード9.0」だったと言われています。
そうだとすると，昨日の地震（マグニチュード6.0）と比べて，東日本大震災の地震は，何倍の力の大きさだったのでしょう。①「マグニチュードが1増えると地震の発する力の大きさは，32倍になる」として，計算してみましょう。

[資料1]　マグニチュードによる地震の大きさ

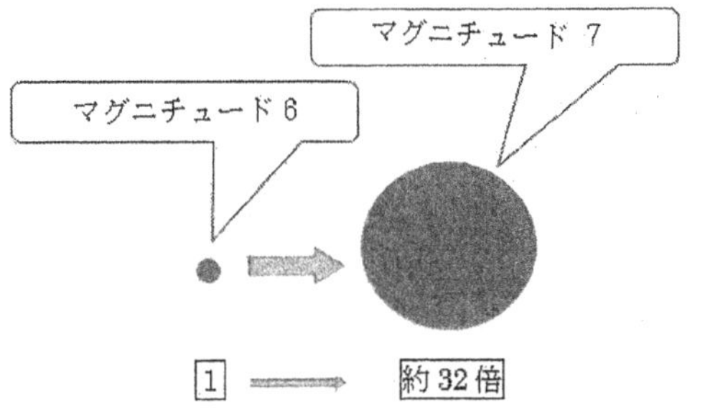

※ マグニチュードが1増えると地震の大きさは，約32倍となる。

はなこさん：地震について，少しわかってきました。
たろうさん：日本は，世界の中でも地震の発生が多いと聞いているけど，その理由はなんだろう。
ひろし先生：良いところに気づきましたね。ここにそのヒントとなる **[資料2]** がありますよ。（右と次ページ）
たろうさん：ところで「プレート」って，何ですか。

[資料2]　日本付近《にほんふきん》のプレートの図

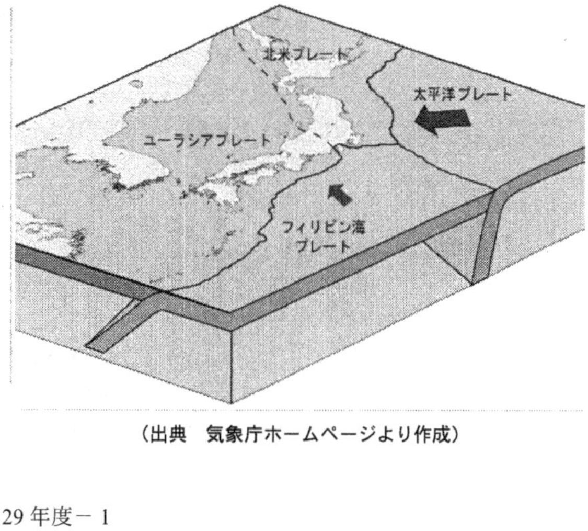

(出典　気象庁ホームページより作成)

［資料2］
世界の地震の発生場所とプレート

図中の点［・］は、マグニチュード5以上の地震が発生した場所

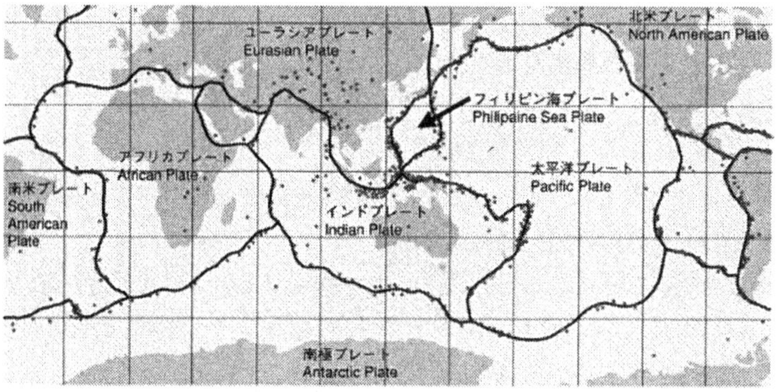

【注】1968〜1991年のマグニチュード5以上、発生場所が100kmより浅い地震（出典　内閣府　「平成14年版　防災白書」）

ひろし先生：地球の表面は，十数枚の板状の岩盤《がんばん》におおわれています。この岩盤をプレートと呼びます。そのプレート同士がおし合ってずれたり，沈み込《こ》んだりするとき，プレート同士の境目《さかいめ》付近で強い力が発生して地震が起こるのです。

たろうさん：なるほど。②「世界の中でも，日本は地震の発生が多い」と言われる理由が，この［資料2］からも読み取れますね。

はなこさん：ところで，地震が起きたとき，マグニチュードとともに「震度《しんど》」という言葉もよく聞くけれど，ちがいは何かしら。

ひろし先生：先ほど言った通り「マグニチュード」は，その地震の発する力の大きさを表します。それに対して「震度」は，地震が起きたとき，私たちが生活している場所での「揺《ゆ》れの強さ」を表しているのですよ。

はなこさん：マグニチュードが大きければ，震度が大きくなるのですね。

ひろし先生：そうとも限りません。次の【図1】を見ると，③マグニチュードと震度の関係がよくわかりますよ。

【図1】　マグニチュードと震度のちがい

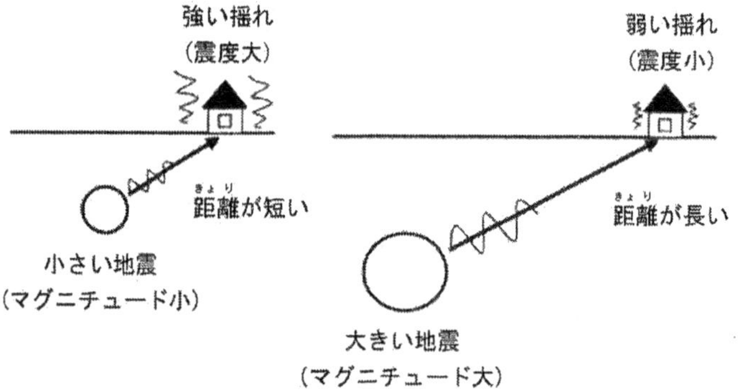

（出典　国土交通省四国地方整備局ホームページより作成）

たろうさん：なるほど。でも，こうして地震のことがわかってくると，地震も含《ふく》めた災害の時に私たちは何をしたら良いのか，なんだかとても心配になってきました。

ひろし先生：確かに災害はいつ起こるかわかりませんから，私たちは，日頃《ひごろ》からもっと真剣《しんけん》に「防災」について考えていなくてはいけませんよね。では，もう少し一緒《いっしょ》に勉強してみましょう。こんな［資料３］があります。

［資料３］「災害への可能性」と「災害への備え」に関する日本人の意識

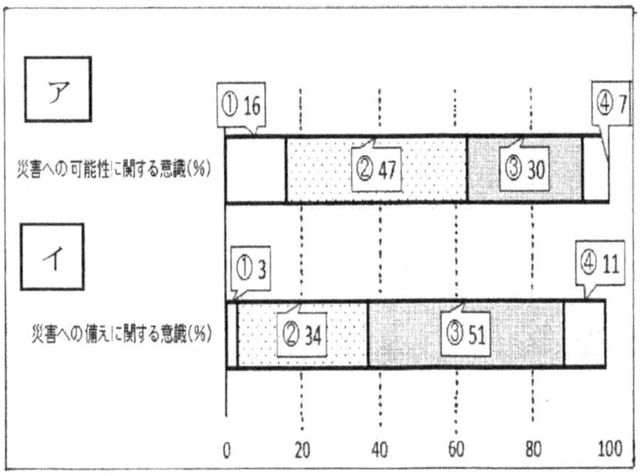

（出典　内閣府　「平成28年版　防災白書」（グラフの数値は出典に記載《きさい》のまま）より作成）

ア　①ほぼ確実に発生すると思う(16%)
②発生する可能性は大きいと思う(47%)
③発生する可能性は少ないと思う(30%)
④可能性はほぼないと思う(7%)

イ　①重要なことであり十分に取り組んでいる(3%)
②日常生活の中でできる範囲《はんい》で取り組んでいる(34%)
③備えは重要だと思うが、ほとんど取り組んでいない(51%)
④自分のまわりでの危険性はないと考えているため、特に取り組んでいない(11%)

ひろし先生：この［資料３］のアイのグラフから，今の私たちの「課題」が見えてきます。どんなことが考えられますか。

たろうさん：多くの人が，ぼくたちと同じように災害への不安を持っていますが，④「　　感」が足りないと感じました。

ひろし先生：そうですね。だからこそ，災害が発生したときの対応についてもう少し学んでみましょう。

たろうさん：災害のときに役立つ知識は，どこかで学べるのかな。

ひろし先生：国はもちろん，川崎市でも，ホームページや広報誌《こうほうし》などで防災についてさまざまな情報を伝えていますよ。例えば「日頃から家庭で備えておくと良いもの（［資料４］）」なども知ることができます。

はなこさん：身近《みぢか》なところに，いざという時に役立つものはたくさんあるのですね。懐中電灯《かいちゅうでんとう》やラジオなどはわかるけれど…。「ラップ」って，なんで災害時に役立つのかしら。

ひろし先生：災害時には，水道が使えなくなったり，電気が止まったりするなど，不便なことが起こります。では，⑤食事のときに，ラップを使うこと

［資料４］
日頃から家庭で備えておくと良いもの（例）

1	懐中電灯
2	食料品
3	ラップ
4	ビニール
5	小型ラジオ
6	トイレットペーパー
7	電池
8	ウェットティッシュ
9	手袋・軍手
10	小銭

（出典　川崎市情報ポータルサイト「我が家の防災ハンドブック」）

で，「大変役立つこと」を，みんなで考えてみましょう。

⑴　下線部①にしたがって，東日本大震災の地震の力の大きさは，昨日の地震の何倍だったのか計算して答えましょう。

⑵　下線部②について，**［資料２］**とひろし先生の話から「日本は地震の発生が多い」と言われる理由を解答らんに合わせて書きましょう。

⑶　下線部③について，**【図１】**から，はなこさんが読み取ったことを，次のようにメモにまとめました。（　）に入る言葉の組み合わせとして正しいものを，下の１～５の中から１つ選び，番号で答えましょう。

＝はなこさんのメモ＝
・マグニチュードが（　**ア**　）地震でも，住んでいる場所が発生場所から（　**イ**　）所なら，震度は小さくなる。
・マグニチュードが（　**ウ**　）地震でも，住んでいる場所が発生場所から（　**エ**　）所なら，震度は大きくなる。

	ア	**イ**	**ウ**	**エ**
1	小さい	近い	大きい	遠い
2	大きい	近い	大きい	遠い
3	大きい	遠い	大きい	遠い
4	大きい	近い	小さい	近い
5	大きい	遠い	小さい	近い

⑷　下線部④について，□に入る言葉を２字で答えましょう。答えは，漢字またはひらがなで書きましょう。

⑸　下線部⑤について，お皿などの「食器」，ハンバーグなどの「料理」，「ラップ」の３つのものを使って，食事のときに水を節約する「①方法」を考えましょう。また，その「②理由」を解答らんに合わせて書きましょう。

問題２　たろうさん，はなこさん，ひろし先生がビリヤードについて話をしています。下の会話文を読んで，あとの⑴～⑺の各問いに答えましょう。（ビリヤードの玉は点〔・〕とし，途中《とちゅう》で止まらないものとする。）

たろうさん：ねえ，はなこさん，ビリヤードって知っているかい。

はなこさん：周りを壁《かべ》で囲まれた台の上で玉をはじいて，玉を穴に落としていくゲームのことでしょう。一度だけ見たことがあるわ。

たろうさん：そうなんだ。ぼくもこの前，初めてやってみたんだけど，玉の動きがとても面白くてね。例えば，次のページの**【図１】**のように玉が壁にぶつかるとき，アとイの角度が同じになるんだ。

ひろし先生：面白いことに気がつきましたね。正方形ＡＢＣＤをビリヤードの台として，Ａが玉を放《はな》つ場所，Ｂ，Ｃ，Ｄが穴としましょう。この台を使って，玉の進み方を考えてみましょう。

【図1】

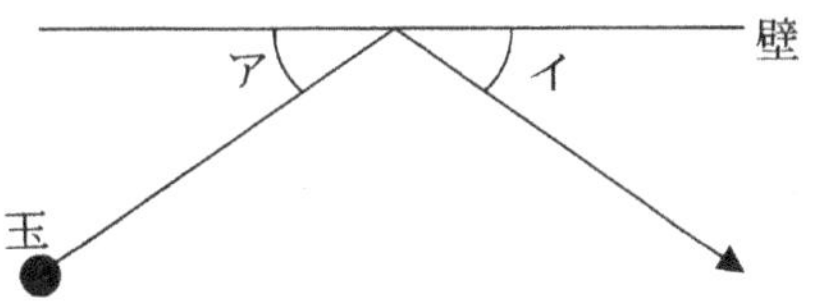

―――――― 玉の進み方について２人が実験をする。 ――――――

たろうさん：【図２－１】のようにＡから玉を放ち壁ＣＤの真ん中の点Ｅに当てるとＢに玉が入るよ。このとき，玉の通り道と壁ＡＢからできる三角形ＡＥＢは，①三角形ＡＥＤと三角形ＢＥＣが合同になるので【図２－２】，辺ＡＥと辺ＢＥの長さが等しい二等辺三角形ができるよ。

はなこさん：玉の通り道から図形が見られるなんて面白《おもしろ》いわね。じゃあ，例えばＣに入れるとするとどうなるのだろう。二等辺三角形がまた見られるのかしら。

たろうさん：このようになるよ【図３】。このときは❶と❷の２つの二等辺三角形ができているね。

はなこさん：二等辺三角形が３つのときはまたＢに入るわ【図４】。さらに②二等辺三角形を増やしていくと何かきまりが見つかるように感じるわね。

【図２－１】

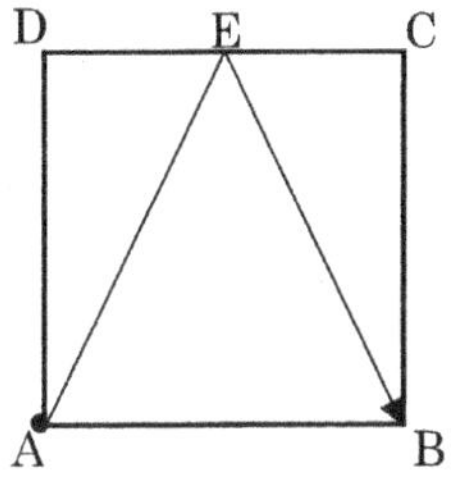

【図２－２】

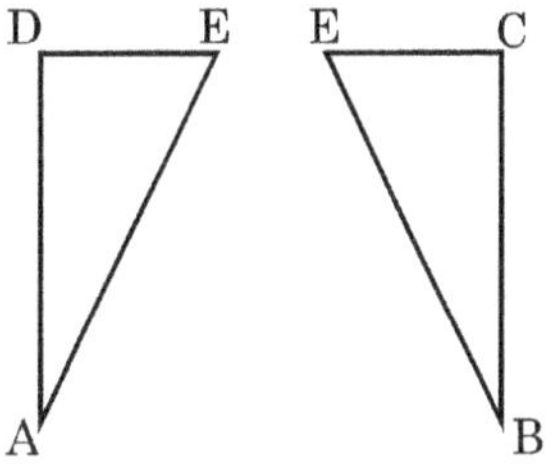

【図３】

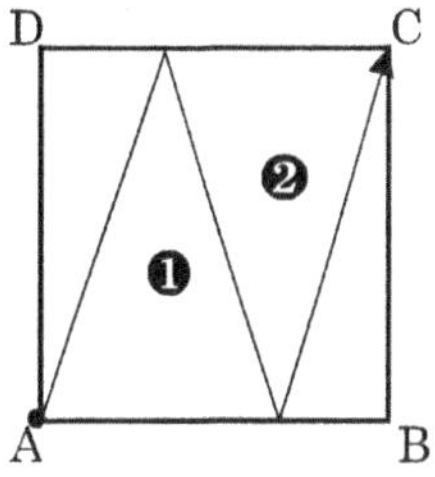

【図４】

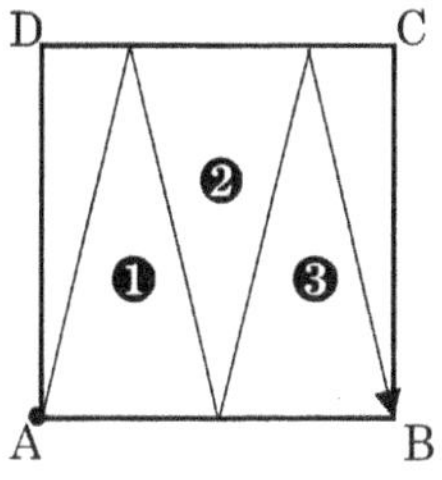

ひろし先生：この規則性以外で，玉を穴に入れる方法はないかな。例えば，Ａから玉を放って，ＢＣ，ＣＤ，ＤＡにそれぞれ１回ずつ玉を当ててＢに入れる方法がありますよ。

たろうさん：そんなのどこをねらえばよいのかわからないよ。

はなこさん：わかった。ＢＣを３等分して，Ｃに近い方の点をねらえば先生の言う通りになるわ【図５】。

たろうさん：えっ，どうしてわかったの。すごいよ，はなこさん。

はなこさん：色々と試したら偶然《ぐうぜん》わかったの。でも見つけ方はわからないわ。

ひろし先生：実は，見つけ方があるんです。【図６】のように玉の通り道を直線で表す方法です。

【図５】

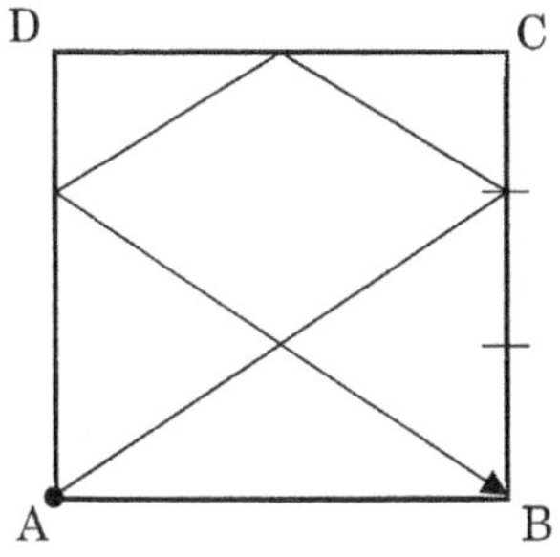

【図６】

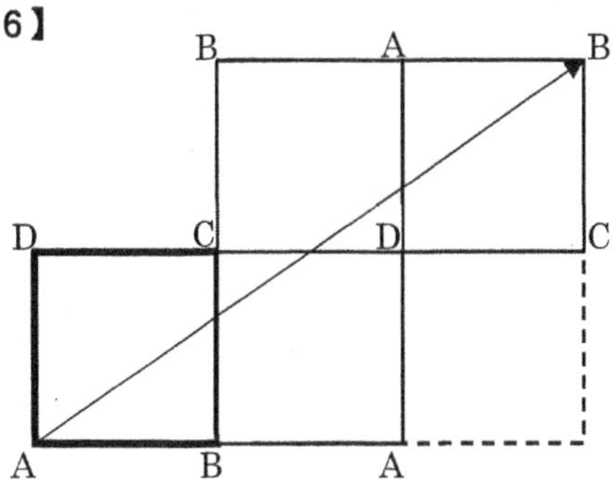

たろうさん：すごい，これはどんな仕組みなんですか。

ひろし先生：下の手順《てじゅん》のように，玉が当たった壁に対し，もとの台を折り返して張り合わせたような台をイメージします。玉が何回も壁に当たる場合には，折り返して張り合わせたビリヤード台がいくつも連《つら》なっていると考えればよいですね。壁の向こう側にある穴に向けて玉を放つわけです。

～玉の通り道を直線で表す手順～

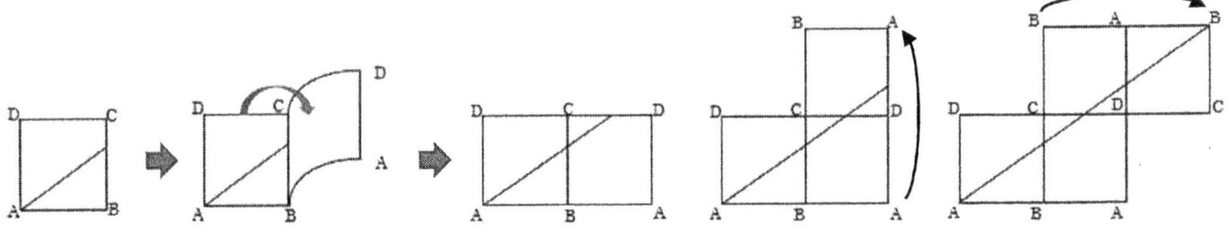

はなこさん：こんな考え方があるのね。直線の通り道と辺の交わっているところが壁にぶつかるところを表しているのね。確かに**【図５】**で通り道の直線は辺ＢＣ，辺ＣＤ，辺ＤＡと交わっているわ。

ひろし先生：この方法を知っていれば，Ｂ，Ｃ，Ｄへ玉を入れる通り道がたくさん考えられますね。さらに玉の通り道の長さ求めるのにも便利なんですよ。次のページの**【図７】**はＡから，ＢＣを４等分して，Ｃに近い方の点をねらったときの玉の通り道です。③正方形ＡＢＣＤの一辺の長さを２ｍとしたとき，**【図７】**の玉の通り道の長さを求めることができますか。

たろうさん：また難しい問題だな。とりあえず通り道を直線に直してみたけど**【図８】**（次のページ）。

ひろし先生：あとは次のような直角三角形の性質を知っていればわかりますよ。直角になる２つのそれぞれの辺の長さの比が　３：４　ならば，ななめの辺の長さの比は５になるというものです。

～辺の長さの比が３：４：５になる直角三角形～

辺ＡＢ：辺ＢＣ：辺ＣＡ＝３：４：５

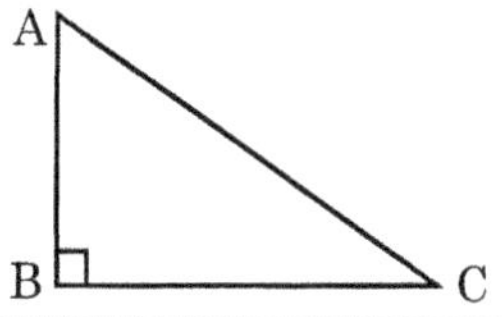

はなこさん：その比を使えば玉の通り道の長さが求まるわけですね。玉の通り道を直線に直したからこそできる解き方よね。

たろうさん：工夫をすると難しい問題も解けるようになるんだね。

はなこさん：ひとつ面白いことに気がついたわ。何度も試してみたんだけど，Ａから玉を放って，Ａに玉をもどすことができないの。

ひろし先生：④玉を放つ位置をＡから変えれば，放った位置に玉がもどってくる通り道があるだろうね。

たろうさん：玉を放つ位置を変えて，また色々と試してみよう。

【図７】

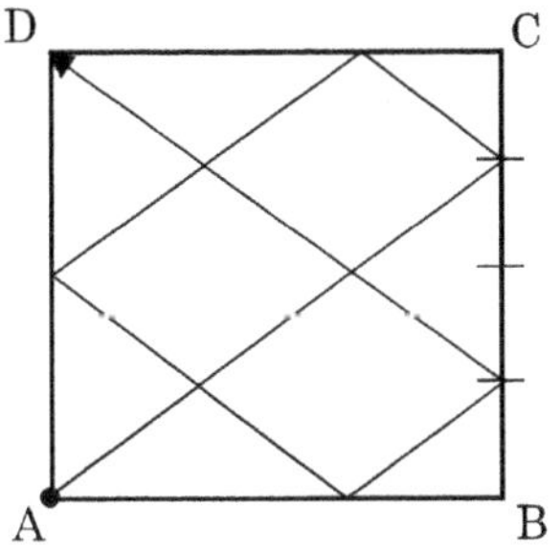

【図８】

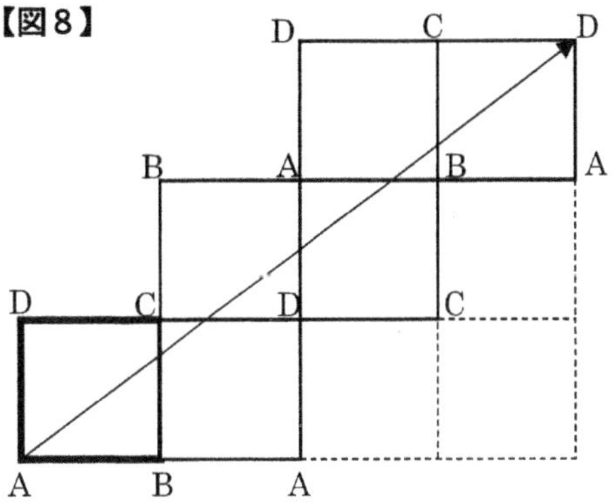

⑴　下線部①「三角形ＡＥＤと三角形ＢＥＣが合同」とあるが，そのようにいえることを３つの条件から示しました。３つの条件とそう言える理由をまとめたものが以下の表です。［㋐］～［㋒］に入る適切な言葉を答えましょう。

条件１：角Ｃと角Ｄの大きさが等しい。	理由：［㋐］。
条件２：［㋑］。	理由：点Ｅが辺ＣＤの真ん中の点だから。
条件３：［㋒］。	理由：**【図１】**の性質より。

⑵　下線部②「二等辺三角形を増やしていくと何かきまりが見つかる」とあるが，そのきまりとはどのようなものか，二等辺三角形の数に着目して答えましょう。

⑶　正方形ＡＢＣＤの一辺の長さを２ｍとしたとき，**【図４】**の❶～❸の二等辺三角形の合計の面積を求めましょう。

⑷　Ａから玉を放って，壁に３回当ててＤに玉を入れる通り道をひろし先生が教えてくれたように直線で表すとどうなるか，解答用紙にかき表しましょう。（フリーハンドでかまいません。ただし，どの辺と交わっているのかなどをわかりやすくかくこと。）

⑸　下線部③「正方形ＡＢＣＤの一辺の長さを２ｍとしたとき，**【図７】**の玉の通り道の長さ」を求めましょう。

⑹　正方形ＡＢＣＤでは，Ａから玉を放って壁をどんなに利用してもＡに玉はもどりません。ひろし先生の玉の通り道を直線に表す方法をもとにして，その理由を図で表し，文章で説明しましょう。

⑺　下線部④「玉を放つ位置をＡから変えれば，放った位置に玉がもどってくる通り道がある」とあるが，玉を放つ位置をＡＢの真ん中にした場合，壁に複数回当たって，玉を放った位置に玉がもどってくる通り道はどのようになるでしょうか。１つ解答用紙にかき表しましょう。（フリーハンドでかまいません。ただし，どの点を通っているのかなどをわかりやすくかくこと。）

問題3　４月，入学して間もないころ，附属《ふぞく》中学校の１年生のたろうさんとはなこさんは休み時間に音楽室のピアノの近くで話をしています。下の会話文を読んで，あとの⑴～⑷の各問いに答えましょう。

たろうさん：はなこさん，この曲，わかるかい。

〔資料１〕

はなこさん：わかったわ。「ちょうちょ」ね。歌ったことがあるわ。

たろうさん：この曲は，**〔資料１〕**にあるように①同じ高さの音がたくさん出ているからひきやすいんだよ。

はなこさん：そうなんだ。でも，この曲の歌詞は不思議ね。チョウが菜《な》の花ではなく，菜の葉にとまるなんて。

たろうさん：確かにそうだね。なんでだろう。

はなこさん：音楽のけいこ先生なら，何か知っているかもしれないね。けいこ先生，ちょっと質問があります。

けいこ先生：何かしら。

たろうさん：「ちょうちょ」の歌詞についてなのですが，不自然なところがあって気になったのです。歌詞では，チョウがとまろうとしているのは菜の「花」ではなくて「葉」なんですよ。これは何かのまちがいなのではないかと思ったのです。

けいこ先生：確かにそう思うわよね。でも，まちがいではないみたいよ。「ちょうちょ」の歌詞は外国の民謡《みんよう》に野村秋足《のむらあきたり》という人が詞をつけたと言われています。そして，その詞は尾張地方《おわりちほう》（愛知県のあたり）のわらべ歌**〔資料２〕**をもとにしてつくりかえたものだということです。これを見るともとになったわらべ歌には花すら出てきてないのよ。

〔資料２〕

蝶々《ちょうちょう》　とまれ 菜の葉にとまれ なの葉がいやなら この葉にとまれ

はなこさん：葉と葉の間を飛び回っているようですね。

たろうさん：不思議だね。実際，チョウはそのような行動をするのかな。理科のひろし先生に聞いてみよう。

――――― **放課後，理科室に行く** ―――――

たろうさん：ひろし先生，「ちょうちょ」の歌詞ではチョウが花ではなく「菜の葉にとまれ」と書いてあって，もとになったわらべ歌でも葉と葉の間を飛び回っているような表現がされています。これはなぜかと不思議に感じて，質問をしに来ました。

はなこさん：チョウは［　②　］はずなのにわざわざ葉にとまるのはおかしいと思います。休むにしても，葉ではなく花でよいと思うんです。チョウは本当に葉にとまるのですか。

ひろし先生：それは本当です。チョウは葉にもとまります。しかも，あちらこちらを飛び回って，色々な葉にとまります。

たろうさん：それは休けいをするためですか。

ひろし先生：それだけではありません。葉にとまる大きな目的は産卵のためです。チョウは産卵するために葉にとまっているのです。

はなこさん：なるほど，卵を産むために葉にとまるのですね。それでは，なぜ，あちらこちらを飛び回って色々な葉にとまるのですか。

ひろし先生：それには２つ理由があります。１つは，卵を産む葉を探しているからです。チョウは種類によって卵を産む植物の葉が決まっています。例えば，モンシロチョウは歌詞にある菜の葉のようなアブラナ科の植物の葉に卵を産みます。なぜかというと③モンシロチョウの幼虫は主にアブラナ科の植物の葉を食べるからです。だから，歌詞にあるサクラはアブラナ科の植物ではないので，サクラの葉は食べないのです。

たろうさん：それは本当ですか。もう１つの理由は何ですか。

ひろし先生：もう１つの理由はチョウがたくさんの葉に少しずつ卵を産みつけるからです。

はなこさん：虫などの天敵が来たときに［　④　］ことを防ぐためですか。それとも，幼虫同士でなにかあるのかしら。まさか，共食いなんてしないわよね。

たろうさん：うん，共食いはしないけど，幼虫同士で［　⑤　］から，少しずつ葉に卵を産んでいるのかな。

ひろし先生：２人ともおもしろい発想をしているね。２人の考えは自分の子どもを無事に成長させるためという点では共通しているね。私はどちらの意見もまちがっていないと思うよ。

―――― 夏休みの自由研究で ――――

たろうさんは，次のような実験をして，下線部③が本当であることを確かめました。

方法

1．アブラナの葉のしぼり汁《じる》をしみこませたろ紙ａとサクラの葉のしぼり汁をしみこませたろ紙ｂを１枚ずつ用意し，プラスチックケースにそれぞれ入れた。

ろ紙ａ（アブラナの葉のしぼり汁）

ろ紙ｂ（サクラの葉のしぼり汁）

2．⑥ほぼ同じ大きさのモンシロチョウの幼虫を10ぴきつかまえ，５ひきずつに分けてプラスチックケースに入れた。
3．３日後，それぞれのろ紙がどれくらい減ったのかを調べた。

⑴　下線部①について，前のページの〔**資料１**〕の楽譜《がくふ》の中でいちばん多い拍数《はくすう》演奏されている音をドレミファソラシのいずれかで答えましょう。

⑵　⑴で答えた音の長さは，はじめの８小節の中で何％演奏されているかを小数第１位までで答えましょう。

⑶　②に入る適切な言葉を考え，書きましょう。

⑷　④，⑤に入る適切な言葉を考え，書きましょう。

⑸　下線部⑥のほぼ同じ大きさのモンシロチョウの幼虫を用意した理由を答えましょう。

⑹　実験の結果として考えられるものを次のア～シの中からすべて選び，記号で答えましょう。また，そのように考えた理由も書きましょう。

ア．
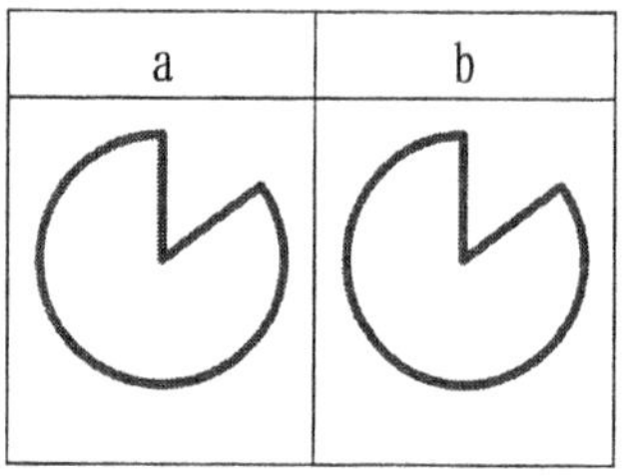

イ．
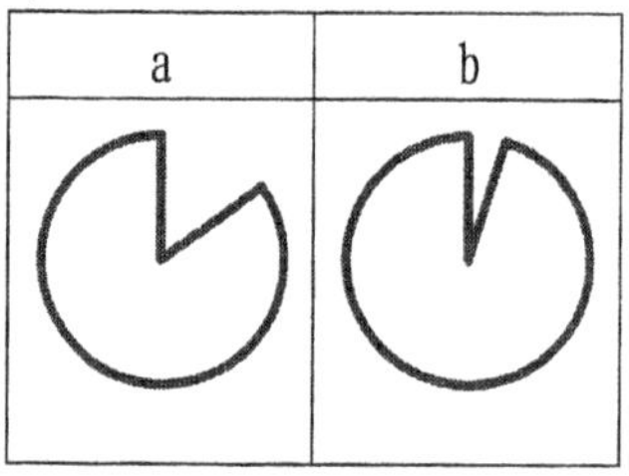

ウ．
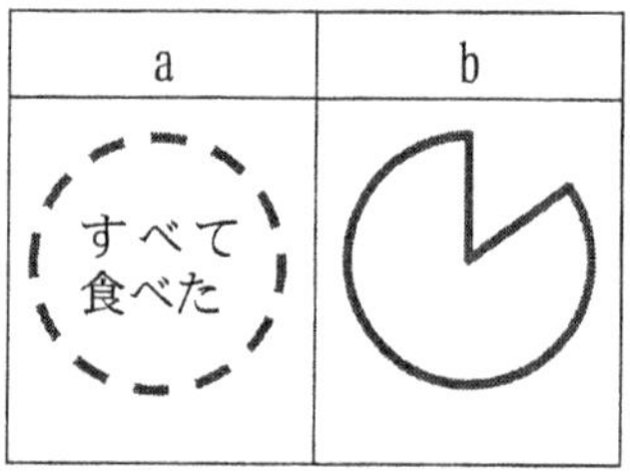

エ．
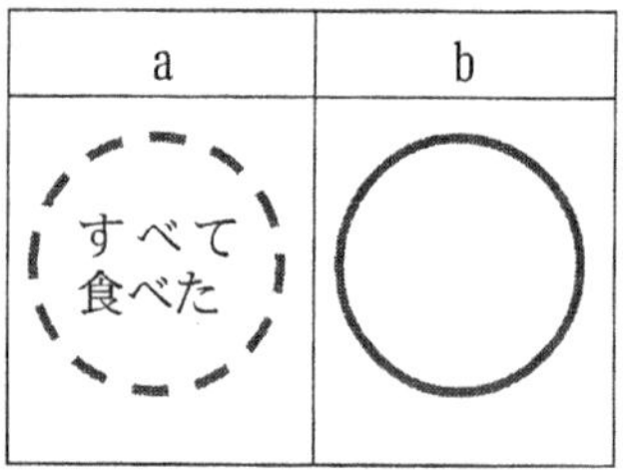

オ．
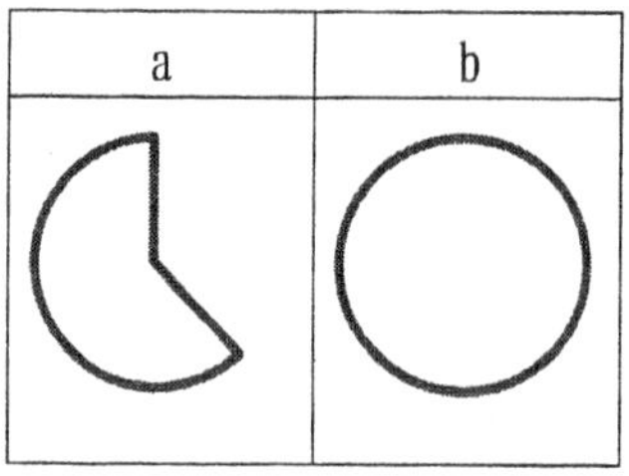

カ．
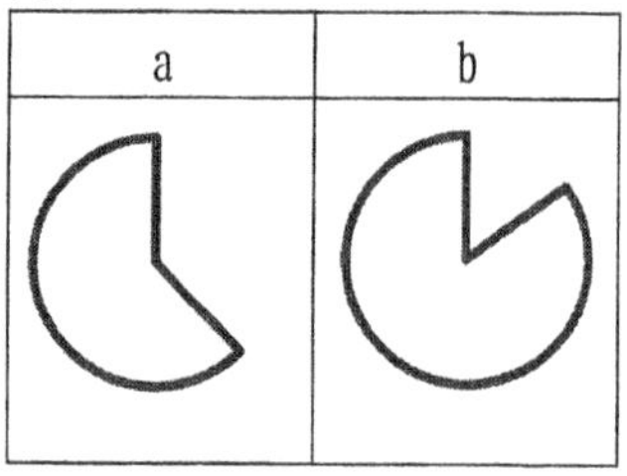

キ．
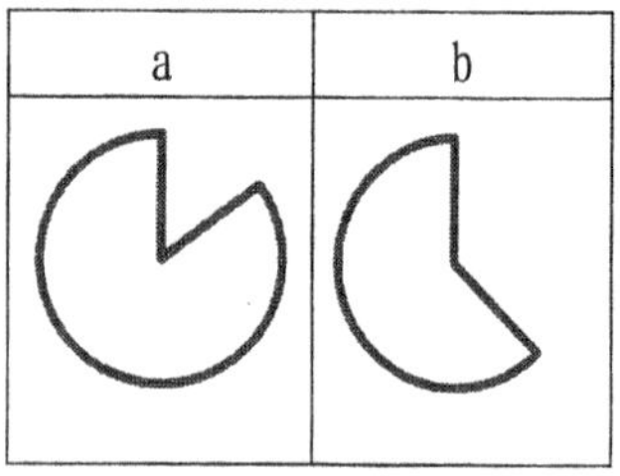

ク．
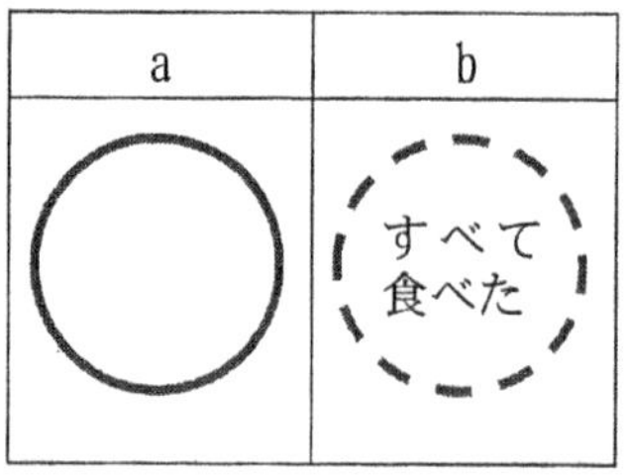

ケ．
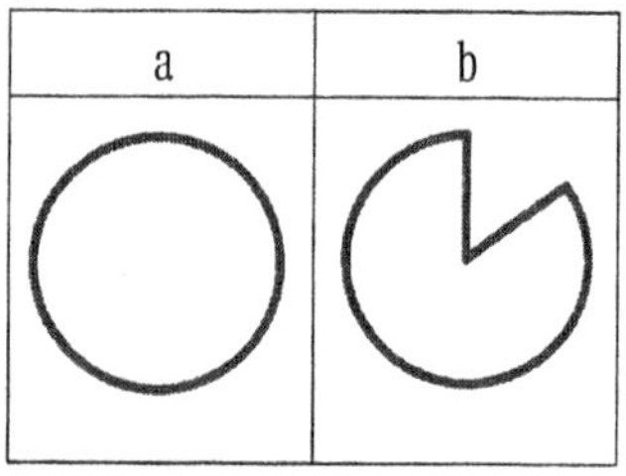

コ．
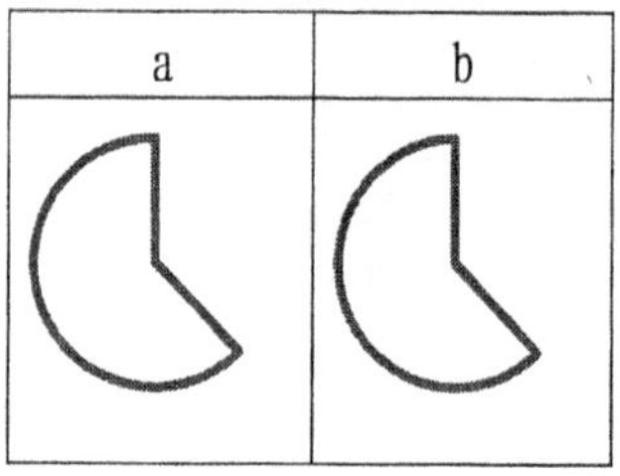

サ．
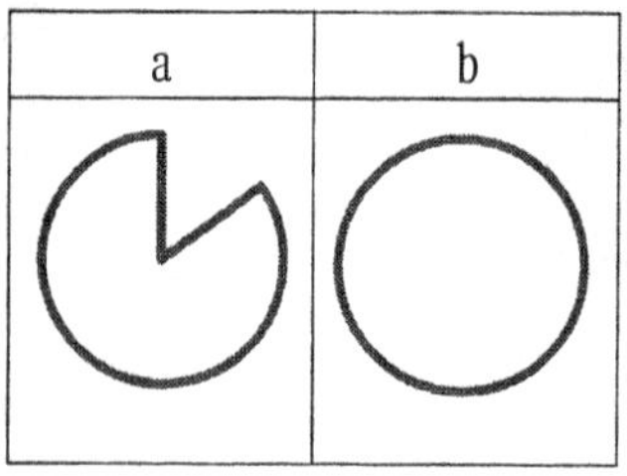

シ．
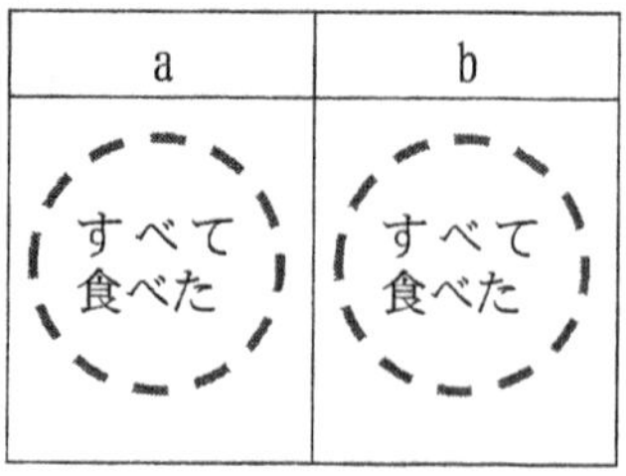

問題２　（※適性検査Ⅰ）　たろうさんたちは川崎市に関する調べ学習について話をしています。下の会話文を読んで，あとの(1)～(5)の各問いに答えましょう。

はなこさん：私，興味深いニュースを見つけたの。

たろうさん：どんなニュースがあったの。

はなこさん：川崎市では平成25年度から３年連続で，動物愛護《あいご》センターで殺処分《さつしょぶん》された犬がいなかったそうなの。

たろうさん：動物愛護センターで，犬を殺すってどういうことなの。

はなこさん：もらい手が見つからなかった犬やねこはそうなってしまうみたい。全国では殺処分されている犬やねこの数がどれくらいあるのか疑問に思って調べてみたら〔**資料１**〕を見つけたの。行政機関が引き取った数とその中で殺処分された割合を示したものなのだけど。

〔資料１〕全国の行政機関による犬・ねこの引き取り数と殺処分率のうつり変わり

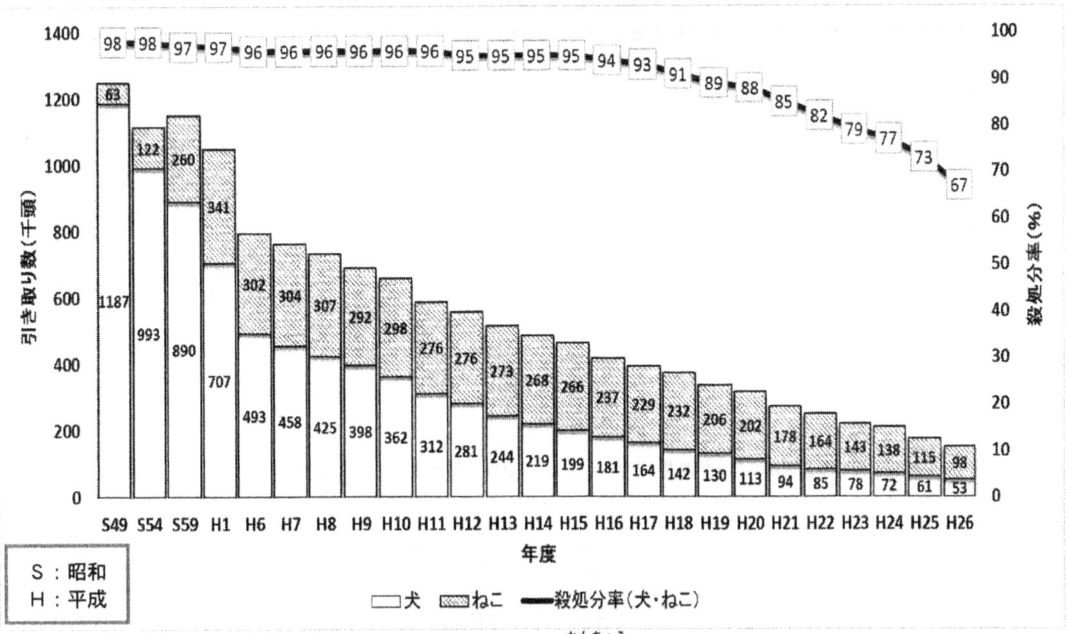

（『環境《かんきょう》省自然環境局ホームページ』より作成）

たろうさん：改善はされているようだけど，まだたくさんの犬やねこが殺処分されているんだね。川崎市でも犬の殺処分はなくなったみたいだけど，ねこの方はまだ殺処分が行われているんだね。

はなこさん：ねこについては完全には達成できなかったみたいなの。それでもかなり減ってはいるみたいだけど。そういえば〔**資料１**〕でも，最初のころは犬の引き取り数の方が多かったのに，いつの間にかねこの引き取り数の方が多くなっているわね。

たろうさん：犬とねこでは何かちがいがあるのかな。

はなこさん：もっと調べてみる必要があるわね。

--------------------------- 翌日 ---------------------------

はなこさん：川崎市のホームページで，動物についてどのようなあつかいがされているのか調べてみたら，ねこについては〔**資料２**〕，犬については〔**資料３**〕を見つけたわ。どちらも動物を飼育する人に向けて川崎市が作ったページだけど。

〔資料２〕ねこの分類表

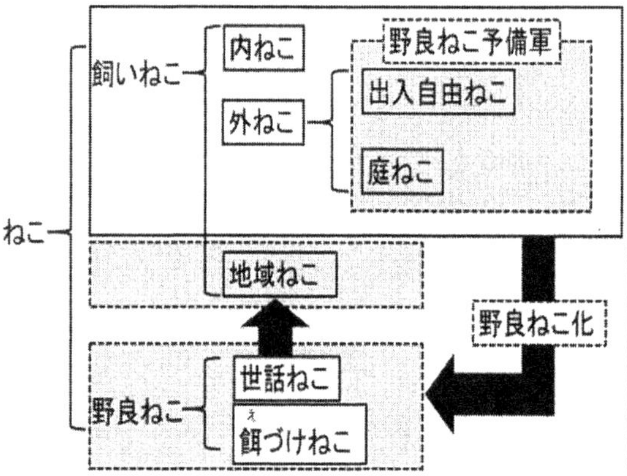

〔資料３〕犬の飼育について

犬鑑札《かんさつ》

登録手数料 3,000 円（初年度のみ）

登録の証明です。

必ず犬に装着《そうちゃく》しておいてください。

【飼い犬の飼育方法】

飼い犬は丈夫《じょうぶ》なくさりなどにつなぐ、またはおりなどに収容《しゅうよう》してつないでおくこと。飼い犬を移動または運動させる場合には、管理・しつけのできる者が、飼い犬を丈夫なつな、くさりなどでしっかりと保持《ほじ》して行うこと。

（『川崎市ホームページ』より作成）

はなこさん：犬を飼うためには法律で定められた決まりがいくつかあるみたいよ。ねこについては川崎市では，分類表を作っているようだけど，この表から①<u>ねこを野良《のら》ねこにしないために，どうすればよいかを考えられないかしら。</u>

たろうさん：ぼくは川崎市で犬とねこがどれくらい保護《ほご》されているかが気になったから調べてみたら〔**資料４**〕を見つけたよ。これは路上《ろじょう》などの公共の場所で負傷《ふしょう》した犬やねこなどが保護された頭数《とうすう》をあらわした表だよ。

〔資料４〕負傷動物の動物愛護センターへの収容数のうつり変わり　　　**単位：頭**

年度	H18	H19	H20	H21	H22	H23	H24
犬	0	0	20	16	9	5	2
ねこ	376	244	189	203	172	149	158
その他	154	95	138	111	98	5	7
計	530	339	347	330	279	159	167

（『川崎市における動物行政の方向性と動物愛護センターのあり方』より作成）

はなこさん：見比べてみると，犬とねこではかなりちがいが見られるのね。②<u>このちがいはどこから生まれるのかしら。</u>

たろうさん：分析《ぶんせき》を進めるために，数字だけ並べるよりも見やすくなるかと思って，〔**資料４**〕をもとにして次のページの〔**資料５**〕を作ったよ。

はなこさん：すごいわ，たろうさん。確かにグラフにすると数字だけよりもイメージがつかみやすいわね。でも，私が見ただけでも２つ変なところがあるわよ。

たろうさん：本当だ。③<u>手直しをしないとね。</u>適切なグラフを作るのは難しいけど，実際に作ってみる大切さがわかったよ。

〔資料５〕たろうさんが〔資料４〕をもとにして作ったグラフ

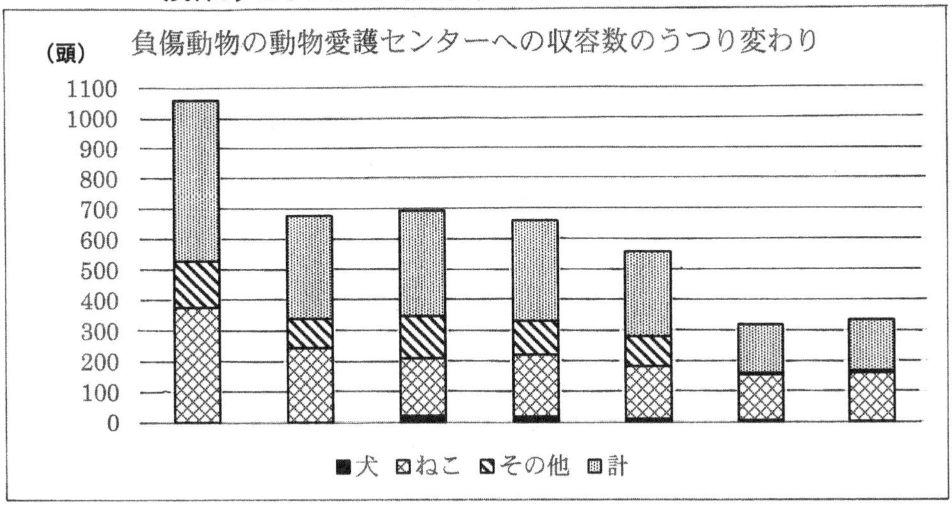

はなこさん：11ページの〔**資料１**〕や12ページの〔**資料４**〕を見ると，殺処分の数や収容される数が減ってきていることがわかるわ。今後もこれらを継続《けいぞく》するにはどのような取り組みが必要かしら。

たろうさん：これらを継続していくために，法律にも色々な変化が見られるよ。

はなこさん：どんな変化なの。

たろうさん：「動物を飼う人の責任として，できる限り［　　　　］義務がある」という内容の文章が付け加えられたのが，最近では大きな変化みたいだよ。

はなこさん：動物を飼う人には当たり前の心構《こころがま》えのように思えるけど，実際にはそれができていない人もいるということなのね。私たちにもできることはあるかしら。

たろうさん：これからも人間と動物がいっしょに暮らせる社会の仕組みについて考えてもらえるような発表の準備を進めよう。

⑴　〔**資料１**〕から読み取れる情報として正しいものを，下のア～オの中から１つ選び，記号で答えましょう。

ア　平成元年（１年）以降，犬とねこの引き取り数はそれぞれ，毎年減少している。

イ　平成元年（１年）以降，犬とねこの殺処分率は，毎年低下している。

ウ　昭和54年には，犬とねこの殺処分数の合計は100万頭を上回っている。

エ　平成元年（１年）には，犬とねこの殺処分数の合計は100万頭を下回っている。

オ　平成26年には，犬とねこの殺処分数の合計は11万頭を上回っている。

⑵　下線部①について，12ページの〔**資料２**〕のねこの分類表の中でもっとも「野良ねこ」になりにくいねこをぬき出して書きましょう。

⑶　下線部②は，はなこさんが〔**資料４**〕を見て疑問《ぎもん》に思ったことの発言です。「ちがい」が生まれた理由として考えられることを，ねこについては〔**資料２**〕，犬については12ページの〔**資料３**〕をもとに，それぞれ解答らんに合うように書きましょう。

⑷　下線部③でたろうさんが気がついた〔**資料５**〕のグラフの誤《あやま》りとして考えられることを２つ書きましょう。

⑸　文中の［　　］にあてはまる言葉を解答らんに合うように書きましょう。

しょう。

○題名や自分の名前は書かずに、一行目、一マス下げたところから書きましょう。

○三段落以上の構成で書きましょう。

○句読点〔。、〕やかっこなども一字に数え、一マスに一字ずつ書きましょう。また、段落を変えたときの残りのマス目も字数として数えます。

「聴く」には、自然の音や音楽を聞くことも含まれるが、これについては時間が許すならば、少し触《ふ》れたいと思っている。

【河合《かわい》隼雄《はやお》「『読む　聴く』の大切さ」『読む力・聴く力』〈岩波現代文庫〉より】

〔注〕
＊1　受動的…自分の意志からではなく、他に動かされてするさま。（←→能動的）
＊2　主体的…自分の意志や判断《はんだん》にもとづいて行動するさま。
＊3　エンターテインメント…人々を楽しませる娯楽。楽しみ、遊び。
＊4　スパン…時間的な間隔《かんかく》。期間。
＊5　妥当…その判断がその場合だけでなく、同類のすべてに当てはまる正しいものであること。
＊6　気忙しい…気持ちがせかされて落ち着かないさま。

B

※問題に使用された作品の著作権者が二次使用の許可を出していないため、問題を掲載しておりません。

(1)　本文中の〰〰線①の漢字「過」の読みをひらがなになおして書きましょう。また、もう一方の読み（音読みであれば訓読み、訓読みであれば音読み）を用いて例にならって短文を作りましょう。

（例）　読み　安い　……やす　短文　結果を見て安心した。

(2)　本文中（編集室注：本文はBの文章）の〰〰線部②の漢字「確」をスタートとして矢印の方向のAとBそれぞれに漢字を入れて熟語《じゅくご》を二つ完成させましょう。またそれぞれの熟語の読みも書きましょう。

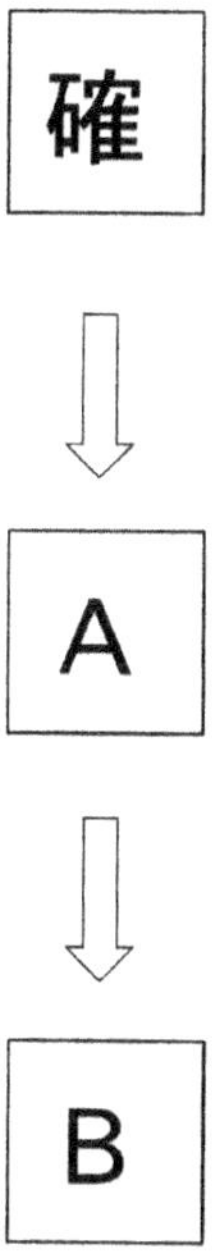

(3)　□にあてはまる言葉を次の1～4の中から一つ選び、番号で答えましょう。

1　つまり　2　そして　3　また　4　しかし

(4)　本文中の══線部「最近」と同じ構成（組み立て）の熟語を次のア～オの中から一つ選び、記号で答えましょう。また、その構成の種類をあとのA～Dの中から一つ選び、記号で答えましょう。

ア　国立　イ　読書　ウ　救助　エ　特大　オ　勝敗

A　上の漢字が下の漢字の意味を打ち消している熟語。
B　上の漢字が下の漢字の意味をくわしくしている熟語。
C　上の漢字と下の漢字の意味が似ている熟語。
D　上の漢字が主語で下の漢字が述語である熟語。

(5)　――線部「人間が『生きる』ことに深くかかわってくる。」とありますが、このように述べる上で、「読む（よむ）」や「聴く（きく）」には、「どのようなこと」が関わっていると筆者は考えていますか。解答らんに合うように十五字以上二十字以内で書きましょう。（句読点〔、。〕やかっこなども一字に数えます。）

(6)・(7)　※都合により削除しました。

(8)　あなたは普段《ふだん》、話を聞くときに、どのようなことを意識して聞いていますか。そのように聞くようになった理由として、これまでの生活体験をあげながら後ろの［注意事項］に合うように考えや意見を書きましょう。

［注意事項］
○**解答用紙2**に三百字以上四百字以内で書きましょう。
○原稿《げんこう》用紙の正しい用法で書きましょう。また漢字を適切に使いま

【適性検査Ⅰ】　（四五分）　〈満点：二〇〇点〉

【注意】　字数の指定のある問題は、指定された条件を守り、問題1はたて書きで、問題2は横書きで書きましょう。最初のマスから書き始め、文字や数字は一マスに一字ずつ書き、文の終わりには句点〔。〕を書きます。句読点〔。、〕やかっこなども一字に数え、一マスに一字ずつ書きます。ただし、問題1の⑻は、その問題の〔注意事項《じこう》〕の指示にしたがいましょう。

問題1　次のAとBの文章を読んで、あとの⑴～⑻の各問いに答えましょう。なお、A、Bとも問題作成のため、一部文章を変更しています。

A

「読む　聴《き》く」というと、何らかの文章を読む、他人の話を聞く、というので、「話す」とか「書く」とかの行為《こうい》に比《ひ》して＊1受動的と思われる。しかし、視覚、聴覚《ちょうかく》という点から考えると、ぼんやりと何かを見ている、何か音が聞こえる、というのよりは能動的で、そこに＊2主体的な意志が関係していることがわかる。

その上、日本語の「よむ」は、歌をよむとか、文章の意味をよみとるとかの表現もあるし、「きく」には、質問をするという意味もあって、より能動性が感じられることもある。つまり、人間が「生きる」ことに深くかかわってくる。

ところが、科学技術の急激な発展《はってん》により、便利で快適《かいてき》な生活ができるようになったが、どうしても効率《こうりつ》的なことへの追求が強くなりすぎて、短時間で多くの情報をわかりやすく得る方法が進歩しすぎて、じっくりと「読む」とか他人の話を「聴く」とかのことがおろそかになる傾向《けいこう》が生じてきた。

テレビやビデオの普及《ふきゅう》によって、人々は瞬間《しゅんかん》的な＊3エンターテインメントの方に心を奪《うば》われることが多くなり、いわゆる「活字離《ばな》れ」の傾向が強まってきたのである。

［　　］、実際に人間が「生きる」ことを考えるなら、人間の平均寿命《じゅみょう》は急激に長くなり、昔の人に比べると、現代人は極めて長い人生をおくることになった。人間の一生を全体として捉《とら》えるのなら、長い、じっくりとした＊4スパンで考える方が＊5妥当《だとう》でないだろうか。このことを忘れて、若いときに瞬間的な楽しみを「生きる」ことと錯覚《さっかく》する人は、後の長い老後の人生を灰色のものとして①過ごさねばならなくなる。

このようなわけで、何かと＊6気忙《きぜわ》しい現代においても、じっくりと「読む　聴く」ことは非常に大きい意味を持っている。このような時代であるからこそ、余計に大切と言っていいだろう。

最近、急に盛《さか》んになってきた、小学校における「朝の十分間読書」の運動は、たとえ十分間でも落ち着いて読書することがどれほど大切かをよく示している。そして、この運動が日本中に広がっているのを大変素晴《すば》らしいことと思っている。大人も子どもに負けずに、会社でも「朝の十分間読書」をやればいいと思うほどである。

本を「読み」、他人の話や音楽などを「聴く」ときに、心のなかにイメージが浮《う》かんでくることがある。このイメージは外から与えられるイメージと異《こと》なり、その人の個性に深くかかわるものである。このような内的なイメージも、「読む　聴く」を考える際に忘れてはならない大切なことである。

平成28年度

川崎市立川崎高等学校附属中学校入試問題

【適性検査Ⅰ】（16ページから始まります。）
【適性検査Ⅱ】（45分）　　＜満点：200点＞

問題１　たろうさんたちは，開校記念式典で川崎市歌を歌うことになり，そのことについて話をしています。下の会話文を読んで，あとの(1)～(6)の各問いに答えましょう。

たろうさん：川崎市歌というのはどんな歌なのかな。
はなこさん：川崎市が生まれて10周年の記念につくられた歌なんだって。去年は市制90周年ということだったから，かなり昔につくられた歌みたいなの。
たろうさん：そんなに昔の曲なんだね。歌い始めてから終わるまでに，どれくらいの時間がかかるのだろう。実際に歌ってみないとわからないのかな。
はなこさん：実際に歌わなくても，大体の時間の計算をすることはできるわよ。ヒントは渡《わた》された楽《がく》譜《ふ》の中にすべてあるの。譜面に書かれた記号などから，式に表すことができるわよ。

〔資料１〕川崎市歌の譜面

たろうさん：どれを使い，どのように計算すればよいのかな。

はなこさん：一緒《いっしょ》に川崎市歌の譜面〔**資料１**〕（前のページの）を見てみましょう。①この楽譜から歌う時間を計算するのに必要な情報を抜《ぬ》き出していくと，４×［（あ）］×３［（い）］104 という式に表すことができるのよ。この歌は約［（う）］分で歌えることがわかるわ。

たろうさん：すべて，この譜面に書かれた情報から読み取ることができる，ということだね。

---------------------------------- **翌日** ----------------------------------

たろうさん：家に帰ってから川崎市歌について調べてみたら，ぼくたちが歌ったものは歌詞が大きく２回変わったあとのものだったんだよ。

はなこさん：２回も変わっていたのね。どのような変化があったのかしら。

たろうさん：川崎市歌の変化の様子を〔**資料２**〕にまとめてみたんだ。一緒に見てみよう。

〔資料２〕川崎市歌の変化の様子

昭和９年

川崎市歌（１９３４）
1．見よ東に寄する暁潮
富士の姿を真澄に仰ぎ
赫く雲を彩る多摩川
響き渡るサイレン
今ぞ明けゆく我が川崎市
2．東海道の俤いづこ
左右に展ぶる大都の翼
高らかに打つ文化の脈搏
科学に樹つ栄光
勢へ努めて若き生命を
3．巨船繋ぐ埠頭の影は
太平洋に続く波の穂
黒く沸き立つ煙の焔は
空に記す日本
驂せ我等が強き理想を
4．大師に消えぬ御法の燈火
あがめて興る工業都市は
汗と力に世界の資源を
集め築く基礎
今ぞ輝く大川崎市

昭和４４年

川崎市歌（１９６９）
1．見よ東に寄する暁潮
富士の姿を真澄に仰ぎ
かがやく雲をいろどる多摩川
響き渡るサイレン
今ぞ明けゆくわが川崎市
2．東海道のおもかげいずこ
左右に展ぶる大都の翼
高らかに打つ文化の脈はく
科学に樹つ栄光
勢え努めて若き生命を
3．巨船つなぐふ頭の影は
太平洋に続く波の穂
汗と力に世界の資源を
集め築く基礎
今ぞ輝く大川崎市

平成１６年

川崎市歌（２００４）
1．見よ東に寄する暁潮
富士の姿を真澄に仰ぎ
かがやく雲をいろどる多摩川
希望満つる朝風
今ぞ明けゆくわが川崎市
2．東海道のおもかげいずこ
左右に展ぶる大都の翼
高らかに打つ文化の脈はく
科学に樹つ栄光
勢い努めて若き生命を
3．巨船つなぐふ頭の影は
太平洋に続く波の穂
汗と力に世界の資源を
集め築く基礎
今ぞ輝くわが川崎市

はなこさん：昭和９年と昭和44年の市歌を見比べてみると，４番まであった歌詞が３番までになっているわね。

たろうさん：確かに４番はなくなっているけど，昭和44年の３番の歌詞は，昭和９年の３番の歌い出しから始まって，４番の“今ぞ輝く大川崎市”で終わっているよ。

はなこさん：本当ね。不思議《ふしぎ》だわ。

たろうさん：わかった。②昭和９年の歌の“黒く沸《わ》き立つ煙《けむり》の焔《ほむら》は”から“あがめて興《おこ》る工業都市は”までの部分がカットされているんだ。

はなこさん：なるほど。そうして残った部分をつなげたものが，昭和44年の３番になっているのね。でも，どうしてその部分をカットしたのかしら。

たろうさん：その理由を考えるために，次のページの川崎市の年表〔**資料３**〕も用意してみたんだ。

なくなった部分についてのヒントがあるかもしれないと思ってね。

はなこさん：この出来事のなかに，川崎市歌が変化した理由があるのかな。

たろうさん：川崎市歌が変化したころの時代や，そのあとの社会の動きの中に，きっと答えがあるんじゃないかな。

はなこさん：もともとの歌詞が時代に合わなくなった，ということね。具体的にはどのような理由で時代に合わないと考えられたのかしら。

たろうさん：歌詞が変わった昭和44年ごろの川崎市は，どんな様子だったのかな。

たろうさん：川崎市歌の昭和44年から平成16年の変化を見ると，歌詞の内容自体に変化が見られるね。

〔資料3〕川崎市の年表

年	主なできごと
1955年	市議会に公害を防止する対策委員会ができた。
1956年	自動粉じん捕集器《ほしゅうき》とばいじん測定器を各保健所に取り付けた。
1960年	市に公害を防ぐ条例ができた。
1962年	このころから臨海工業地域のばい煙《えん》量が急激に増えてきた。
1963年	国がばい煙規制地域に指定した。
1966年	ばい煙監視《かんし》用TVカメラが市役所に取り付けられた。
1967年	国が公害対策基本法をつくった。
1968年	大気汚染集中監視装置を市役所本庁舎に設置した。
1970年	光化学スモッグの被害《ひがい》が初めてでた。 「公害病認定制度」ができた。 公害対策についての条例ができた。 39の工場が大気の汚れを防止する協定工場となった。
1971年	市に「公害局」ができた。 国が「環境《かんきょう》庁」をつくった。 空気の汚れを知らせる電光掲示板《けいじばん》が市役所前にできた。 「箱根グリーンスクール」が初めて行われた。 公害の被害を受けている学校に洗眼器が配られた。 公害病の小学生が死亡した。
1972年	幸区も公害病認定地域になった。 公害病患者《かんじゃ》が1000人をこした。 市が全国一厳しい公害を防ぐ条例（公害防止条例）をつくった。 「川崎市公害監視センター」ができた。
1973年	幸区（日吉地区を除く）でもグリーンスクールが始められた。 「川崎市公害研究所」をたてた。 市が「自然環境保全条例（みどりの憲法）」をつくった。
1974年	「川崎市公害健康被害補償《ほしょう》条例」ができた。
1976年	公害病患者が3000人をこえた。
1977年	「川崎市環境影響《えいきょう》評価に関する条例」をつくった。
1979年	コンテナ式移動測定所をつくった。
1986年	「公害局」から「環境保全局公害部」となった。
1989年	小学校5年生に自然教室がはじまった。

（『かわさき 2015』より作成）

はなこさん：難しい漢字もひらがなに変えられているわよ。
たろうさん：例えばどこが当てはまるのかな。
はなこさん：“東海道の俤いずこ”という表現が“東海道のおもかげいずこ”に変わっているけど，ここから考えて，『俤』という漢字は『おもかげ』と読むんじゃないかしら。
たろうさん：そうなると，『赫く』は『 (え) く』と読むということでいいのかな。
はなこさん：そうだと思うわ。
たろうさん：本当にその読み方であっているか，漢字辞書を使って確認してみよう。

（※編集室注：問題に不備があったため，下線③を含んだ会話文，及び資料４～６を削除）

たろうさん：歌詞の変化では“響《ひび》き渡るサイレン”のところも変わっているよ。
はなこさん：平成16年になるとその部分が“希望満つる朝風”に変わっているのね。
たろうさん：④“響き渡るサイレン”ってどんなものなのだろう。
はなこさん：何のサイレンだったのか，気になるわよね。
たろうさん：変わったところもたくさんあるけど，歌詞の中には変わっていないところもたくさんあるんだよね。富士山や多摩川など，地形に関する歌詞の変化はないよ。
はなこさん：地形の話だと，“左右に展《の》ぶる大都の翼《つばさ》”という部分もすべての時代に共通する歌詞になっているわね。
たろうさん：川崎って左右にのびる地形というイメージなんだね。
はなこさん：地図帳で調べてみたら，確かに〔資料７〕のような形になっているわよ。

〔資料７〕関東地方の地図と川崎市の地図

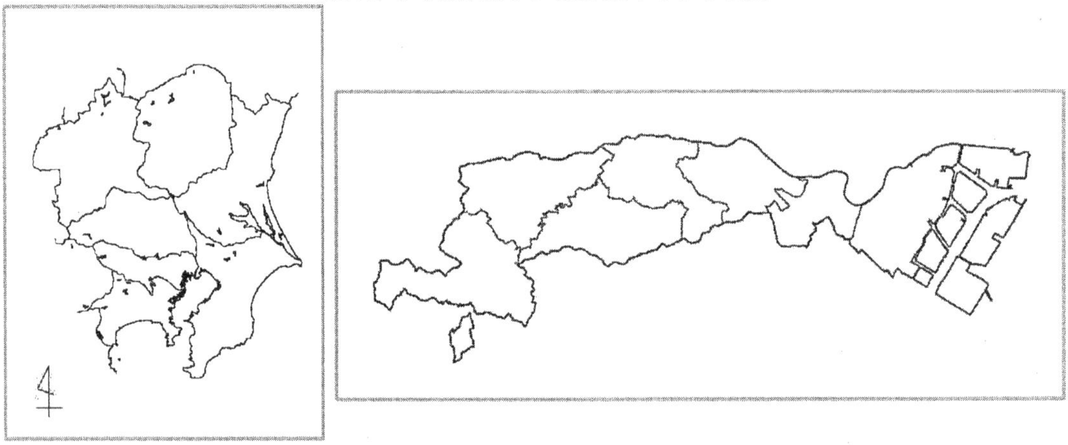

たろうさん：ぼくたちが大人になるころにも歌詞が変わることがあるのかな。
はなこさん：私たちが大人になるころには，どんな歌詞になるのかしら。

⑴　下線部①の (あ) ～ (う) に当てはまる数字と記号を，１ページの〔**資料１**〕に書かれた情報をもとにして答えましょう。なお， (あ) と (う) には数字が， (い) には＋，－，×，÷のいずれかの記号が入ります。

⑵　下線部②のように，川崎市歌が昭和44年に変化した理由について，２ページの〔**資料２**〕～３ページの〔**資料３**〕に書かれた情報をもとにして書きましょう。

⑶　会話中の (え) に当てはまる言葉をひらがなで答えましょう。

⑷　(※問題に不備があったため削除)

⑸　下線部④のサイレンとは，川崎市歌の歌詞から考えてどのような理由で鳴らされたサイレンであると考えられますか。考えられるものを，下のア～オの中から１つ選び，記号で答えましょう。

ア　光化学スモッグ注意報のサイレン。　　　　イ　津波《つなみ》警報・注意報のサイレン。

ウ　消防車や救急車などが鳴らすサイレン。　　エ　工場の始業時間を告げるサイレン。

オ　正午を告げるサイレン。

⑹　**〔資料７〕**の川崎市の拡大図には，地図を読むときに必要な方位の情報が足りません。この地図の北の方位としてふさわしいものを，右のア～クの中から１つ選び，記号で答えましょう。

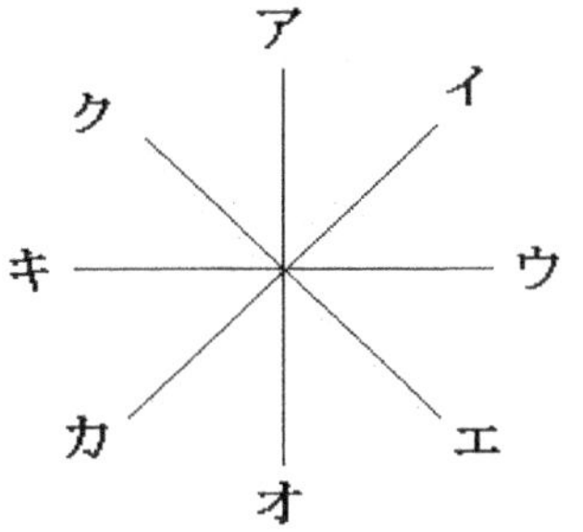

問題２　たろうさん，はなこさん，ひろし先生がお金の払《はら》い方について話をしています。下の会話文を読んで，あとの⑴～⑹の各問いに答えましょう。なお，この問題に使う紙幣《しへい》と硬貨《こうか》は10000円札，5000円札，1000円札，500円硬貨，100円硬貨，50円硬貨，10円硬貨，５円硬貨，１円硬貨とします。また，消費税は考えません。

たろうさん：39764円をおつりがないように払うとき，紙幣と硬貨の合計枚数を少なくするにはどうすればよいかな。

はなこさん：10000円札３枚，5000円札１枚，1000円札４枚，500円硬貨１枚，100円硬貨２枚，50円硬貨１枚，10円硬貨１枚，１円硬貨４枚の計17枚で払うことができるね。

ひろし先生：計算で支払いに必要な最少枚数を求めるにはどのようにすればよいだろう。

たろうさん：10000円札は簡単だよ。39764÷10000＝３… 9764だから，10000円札は３枚だってわかるよ。

はなこさん：じゃあ，5000円札の枚数を求めるには，39764を5000で割ればいいのね。

たろうさん：いや，ちがうよ。10000で割ったときの余りを5000で割るんだよ。9764÷5000＝１…4764だから，5000円札は１枚だね。

はなこさん：なるほど，じゃあ，1000円札は4764÷1000＝４…764だから，４枚だってわかるね。これをくり返せば，必要な枚数が全てわかるね。でも，10000円から順番に調べていかないといけないのかな。例えば，100円硬貨の枚数だけを知りたいときの計算はどうすればいいかな。

ひろし先生：先生のパソコンを使って数式をつくってみよう。パソコンならば数式を入力するだけで，計算しなくても答えが出力されるよ。パソコンにはこんな便利な式があるんだ。

	式	意　味	例
［1］	A/B	AをBで割る	6/4は1.5である。
［2］	INT(A/B)	AをBで割ったときの商	INT(6/4)は1である。6÷4=1…2の1を表す。
［3］	MOD(A, B)	AをBで割ったときの余り	MOD(6, 4)は2である。6÷4=1…2の2を表す。

ひろし先生：では，5000円札の枚数を求めるとき，このパソコンの数式を使ってどのように入力してあげればよいかな。

たろうさん：39764を10000で割って，その余りを5000で割った商だから，［1］～［3］を使って，
INT(MOD(39764，10000)/5000) …………①
と入力すればいいと思います。そうすれば，1が出力されるよ。

はなこさん：すごいわね。でも，5000円札の枚数を求めるなら，［1］～［2］を使って，
INT(9764/5000) …………②
でもいいわよね。万の位を除いて考えるだけ。INTだけの数式の方が簡単でよくないかしら。

ひろし先生：確かに数式の長さで言ったら，はなこさんの②式の方が短くていいですね。でも，1000円札の枚数を求める数式を考えてみてください。①式の方がよい作り方だと思いますよ。

はなこさん：1000円札の枚数を求める数式は，たろうさんの①式の考えだとINT(MOD(39764，5000)/1000)となって，私の②式の考えだと………INT(4764/1000)。あっ，なるほど。
［　　　(あ)　　　］

たろうさん：①式みたいな数式を作っておけば，39764円でない場合でも，求めたい紙幣と硬貨の枚数がすぐにわかるわけだね。

はなこさん：そのように考えていくと，39764円における100円硬貨の枚数を求める数式は［(い)］だといえるね。

たろうさん：お金の払い方って，けっこう頭を使うものなんだね。

ひろし先生：そうだね。ところで，お金の払い方だけでなく，おつりの計算もけっこう大変ですよね。例えば，3246円の物に10000円支払ったらおつりはいくらになるかすぐに出せますか。

はなこさん：筆算をすれば答えは出せるけど，買い物中に筆算はあまりしないよね。でも，実は，筆算をしなくてもおつりは6754円って，すぐにわかります。

たろうさん：え，どうやって計算したの。

はなこさん：3246の各桁《けた》を９から引いていくの。つまり，９から千の位の３を引いて６，９から百の位の２を引いて７，９から十の位の４を引いて５，９から一の位の６を引いて３が出るよね。それを順番に並べると6753となって，最後にこの数に１を足してやればおつりがわかるの。

たろうさん：へえ，そんな求め方があるんだね。

ひろし先生：おつりのもらい方を考えることもありますよね。

たろうさん：もらい方ですか。

ひろし先生：例えば，545円の物を買うとき，1000円札１枚と10円硬貨４枚，５円硬貨１枚が手元にあったとします。はなこさんは1000円札１枚で支払いますか。

はなこさん：いいえ，わたしなら手元のお金をすべて使って，1045円を支払います。あっ，そうか。

ひろし先生：わかりましたか。1000円札１枚でも支払いは可能なのに，わざわざ1045円支払うのは，おつりのもらい方を考えたからですよね。

たろうさん：確かに，ぼくもその払い方を自然としているな。

ひろし先生：では，もう少しおつりのもらい方について考えてみよう。今，全ての硬貨を１枚ずつ手に入れたいとします。1000円札１枚を持って買い物に行くとき，いくらの品物を買えば，全ての硬貨を１枚ずつおつりとしてもらえるでしょうか。

はなこさん：こんなに頭を使った買い物なんてしたことないわ。

たろうさん：さっきの暗算でのおつりの求め方が役に立ちそうだね。

(1)　紙幣と硬貨の合計枚数が最も少なくなるように19882円を支払うとき，紙幣と硬貨は合計で何枚必要か答えましょう。

(2)　会話文中の (あ) で，はなこさんは，1000円札の枚数を求める数式は，たろうさんの数式の作り方の方がよい理由を説明しています。4764という数値に着目しながら，適切な説明を書きましょう。

(3)　会話文中の (い) にあてはまる数式を答えましょう。ただし，INTとMODを使うこと。

(4)　本文中の下線部「そんな求め方」とありますが，はなこさんの3246円の物に10000円支払ったときのおつりの求め方が正しい理由を説明しましょう。

(5)　本文中の下線部「1000円札１枚でも支払いは可能なのに，わざわざ1045円支払うのは，おつりのもらい方を考えたから」とありますが，おつりのもらい方はどのように変わるでしょうか，説明しましょう。

(6)　本文中の下線部「いくらの品物」とありますが，ひろし先生の発言に合う品物の価格を答えましょう。

問題３　昼休みにたろうさんとはなこさんは太陽光発電所の写真を見て話をしています。下の会話文を読んで，あとの(1)～(4)の各問いに答えましょう。

〔図１〕浮島《うきしま》太陽光発電所の写真

〔図２〕扇島《おうぎしま》太陽光発電所の写真

（川崎大規模太陽光発電所事業ホームページより引用）

たろうさん：この写真〔図１〕〔図２〕は何かわかるかい。

はなこさん：わからないわ。何かしら。

たろうさん：これは川崎の浮島と扇島にある太陽光発電所の写真だよ。写っているものは太陽電池だよ。

はなこさん：そうなんだ。すごい数ね。

たろうさん：合計101718枚の太陽電池があって，浮島太陽光発電所は最大7000キロワット[*1]，扇島太陽光発電所は最大13000キロワットの電力を供給しているんだよ。このような大規模な太陽光発電所のことをメガソーラーと言うんだ。

はなこさん：メガソーラーって何かしら。

たろうさん：メガはわかりにくいから，キロから考えてみよう。1000メートルは１キロメートルと表せるというのは学校で習ったよね。そのキロの考え方を使うと1000キロワットは１メガワットと表すことができるんだ。だから，1000キロワットをこえる太陽光発電所をメガソーラーと言うんだよ。

はなこさん：なるほど。ところで，この写真をよく見ると太陽電池が全部同じ方向を向いている気がするわ。どうしてなのかしら。

たろうさん：それはぼくもわからないな。ひろし先生に聞いてみよう。

―――― ひろし先生に聞く ――――

たろうさん：ひろし先生，浮島と扇島の太陽光発電所の写真を見ていたところ，すべての太陽電池が同じ方向を向いていることに気づいたのですが，これはどうしてなのでしょうか。

ひろし先生：それは，太陽の光をよりたくさん受けるためですよ。だから，すべての太陽電池は南の方を向いているのです。

はなこさん：なるほど。だから，太陽電池はかたむけて置いてあるのですね。

ひろし先生：その通り。本来，川崎市では太陽電池を35度かたむけて置くと太陽の光を最も多く受けることができると言われています。

たろうさん：なるほど。しかし，この太陽電池は35度もかたむいていないように見えます。10度くらいにしか見えません。

ひろし先生：よく気づきましたね。確かに，かたむいている角度が35度よりも小さくなると１枚の太陽電池あたりの発電量が少なくなります。しかし，たくさんの枚数の太陽電池を浮島や扇島で設置するときにはこのように小さい角度で置くことが必要なのです。それはなぜかわかりますか。

はなこさん：なぜでしょう。わかりません。教えてください。

ひろし先生：理由は２つあります。１つは太陽電池の設置費用を安くするためです。浮島や扇島では海が近く，風が強くふくので，角度が大きければ大きいほど，［　(あ)　］。だから，角度を大きくして設置するためには，その力に負けずに太陽電池を安定して支えられるよう土台を大がかりなものにしなければいけないのです。

〔図３〕

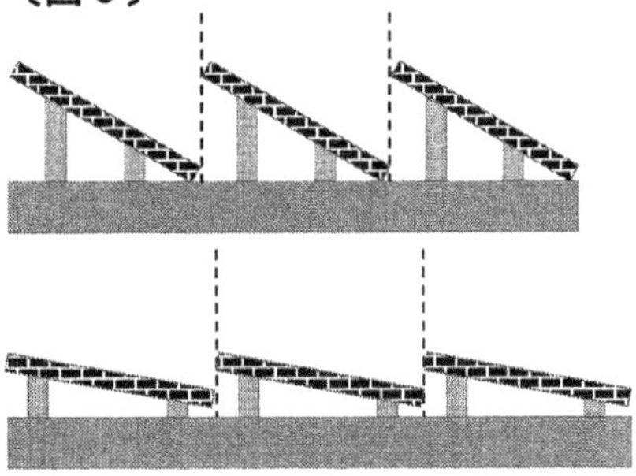

はなこさん：なるほど。角度を小さくすると，そのような土台をつくらなくてすむので，費用が安くなるのですね。

ひろし先生：２つ目の理由は少ない面積にたくさんの太陽電池を置いて，多く発電するためです。

たろうさん：先生，待ってください。**〔図３〕**のように考えれば角度が大きい方がたくさんの太陽電池を置けると思います。

ひろし先生：確かに置くだけでしたら，角度を大きくした方がより多くの太陽電池を置くことができますね。しかし，角度が大きいと［　(い)　］ので，太陽電池同士の距離《きょり》を長くしなければなりません。だから，あまり置くことができなくなってしまうのですよ。

はなこさん：太陽電池の置き方もいろいろ工夫がされているのですね。

ひろし先生：例えば，新潟県《にいがたけん》では次のページの**〔図４〕**のように太陽電池を設置している所があります。どうしてそのように設置しているのか考えてみましょう。

【注】　＊１　ワット…電力の単位。電力は一定時間における電気のはたらきの大きさを表す。

⑴　浮島太陽光発電所と扇島太陽光発電所とを合わせると最大何メガワットの電力を供給できるでしょうか。また，1メガワットは何ワットでしょうか。それぞれ答えましょう。

⑵　[(あ)] に入る適切な文を考え，書きましょう。

⑶　[(い)] にあてはまる太陽電池同士の距離を長くしなければならない理由を書きましょう。

⑷　上の会話では川崎市での太陽電池の設置のしかたについての話がされていますが，新潟県では〔図4〕のように太陽電池が設置されている所があります。これには新潟県での効率よく発電するための工夫が表されています。

①　川崎市と新潟県での太陽電池の設置のしかたのちがいを3つ書きましょう。

②　新潟県では①のような3つのちがいがなぜ必要なのでしょうか。その理由を書きましょう。

〔図4〕新潟東部太陽光発電所の太陽電池

（新潟県企《き》業《ぎょう》局《きょく》新潟東部太陽光発電所ホームページより引用）

問題２（※適性検査Ⅰ）　たろうさんたち３人は，川崎市に住む小学６年生です。彼《かれ》らは川崎市の代表児童として，この春休みに，川崎市の姉妹都市であるアメリカのボルチモア市に３泊《ぱく》５日で訪問することになりました。そのことについての会話文を読んで，あとの(1)～(4)の各問いに答えましょう。

たろうさん：ぼくは，来月にアメリカのメリーランド州ボルチモア市に国際交流生として行くことを考えると，とてもわくわくするよ。

はなこさん：わたしも同じよ。わたしは人と話すことが好きなので，将来は，多くの人と出会い，人のためになるような仕事をしたいと考えているの。今回は一度も行ったことのない外国に行くので，言葉が通じないということはとても不安だわ。でも，いろいろな人たちとの交流を通して，その国や町の習慣や文化を知りたいと思うし，４月からは中学生になるのだから，どんなことにも挑戦《ちょうせん》したいわ。

じろうさん：ぼくも同じ意見だよ。ところで，先日，先生からホームステイ先に電話であいさつするように言われたけれど，ぼくたちの班はいつ電話をすることにしたのかな。

はなこさん：確か，１週間後の午後１時に電話をしようと話していたはずよ。

たろうさん：そうだったね。じゃあ，この時間でよいのかを担当の先生に相談しに行こう。

-- **放課後** --

たろうさん：こんにちは，けいこ先生。私たちの班はいつ電話をすればよいのかを相談しにきました。私たちの班は３月５日の午後１時に電話をしようと思っています。

けいこ先生：たろうさん，午後１時とは日本の時間のことですか，それとも現地時間つまりボルチモアの時間の午後１時ということですか。

たろうさん：先生，日本の時間とボルチモアの時間は違《ちが》うのですか。

けいこ先生：そうです。夜中にテレビでサッカーの生中継《なまちゅうけい》を見ているのに，その試合が昼に行われていたということはありませんでしたか。

たろうさん：ありました。どうしてもその試合を生放送で見たくて，夜《よ》更《ふ》かしをして，翌日，寝不足《ねぶそく》だったことを覚えています。

けいこ先生：つまりそれが時差です。世界の時刻の基準になる標準時というものがあります。イギリスのロンドンにあるグリニッジ天文台を通る経度０°の線（子午線《しごせん》）を基準にして，標準時が決定されています。

じろうさん：けいこ先生，パソコンで「世界の標準時」というキーワードで調べてみたら，次のページの〔**図１**〕を見つけました。世界の標準時とは，この図の中心線が基準ということですか。

けいこ先生：その通りです。０°の線上のロンドンを見てください。ロンドンが基準となるので，ロンドンより東なら時間が進み，ロンドンより西なら時間が戻《もど》るということになります。この地図の同じたての線上は同じ時刻です。そして，この地図上の左右のたての線との差が時間の差，つまり１時間の差になるのです。

はなこさん：ロンドンが３月５日の午前０時だとしたら，東京は，同日の午前９時くらいということですね。つまり，ロンドンと日本の時差は９時間ですね。そして，ボルチモアと日本の時差は［　(あ)　］時間になるのですね。

けいこ先生：その通りです。もし，あなたたちの班が日本の３月５日午後１時に電話をかけたなら，アメリカのボルチモア市は夜中になってしまいますね。だから，相手の都合を考えて電話をかけるようにしましょう。

はなこさん：わかりました。

〔図１〕

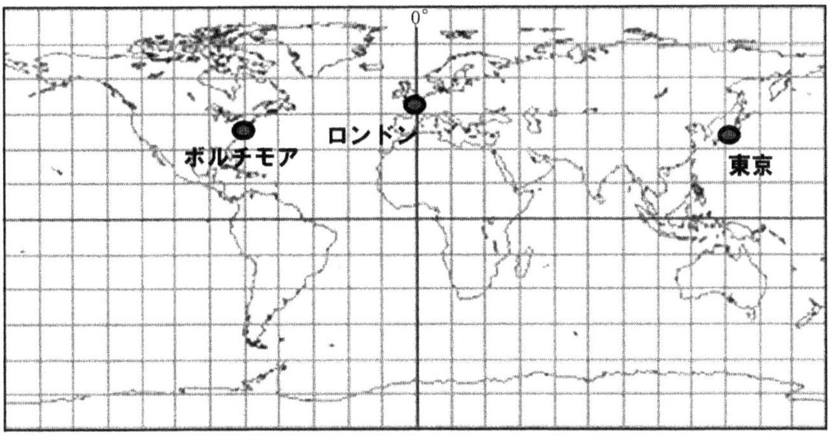

（出典　www.craftmap.box-i.net より作成）

はなこさん：そろそろ出発の準備をしないとね。ところで，ボルチモア市は寒いのかな。

じろうさん：この２つのグラフ〔資料２〕〔資料３〕を見て。〔資料２〕のグラフはボルチモア市と東京の気温と降水量を比較《ひかく》したもので，〔資料３〕は週間天気予報です。

はなこさん：この〔資料２〕のグラフを見ると，どんな服装を準備すべきなのか，何を持っていくべきかなどの参考になるね。ところで，〔資料２〕のグラフの中の数字はボルチモアの平均最高気温を示しているね。〔資料３〕の最高気温の54という数字は何かしら。〔資料２〕では３月の平均最高気温は12.2となっているのに，おかしいわね。最高気温54℃なんて聞いたことがないわ。

けいこ先生：摂氏《せっし》と華氏《かし》という温度の単位を聞いたことはありますか。

たろうさん：℃という単位は聞いたことはあるけれど……。

〔資料２〕ボルチモア市と東京との気温と降水量の比較

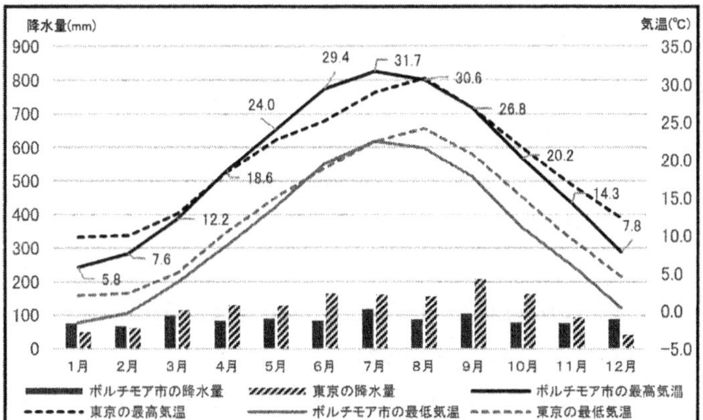

（出典　www2m.biglobe.ne.jp/ZenTech/world/kion/USA/Baltimore.htm より作成）

〔資料３〕

ボルチモア市の天気予報（℉）

日付	3/25	3/26	3/27
天気	にわか雨	にわか雨	晴れ時々雨
最高気温	59	54	50
最低気温	38	43	41

[注]
〔資料２〕の中の最高気温とは平均最高気温を、最低気温とは平均最低気温を意味している。

けいこ先生：その℃が摂氏のことですよ。それとは別に華氏という単位があります。日本では気温や体温の温度表示は摂氏（℃）であらわしますが，アメリカでは気温や体温の温度表示は華氏に（℉）であらわします。摂氏０度＝華氏32度を起点として，だいたい摂氏１度増減すると華氏は約1.8度増減すると覚えておくといいですよ。温度だけでなく，長さや重さなどもアメリカと日本では違う単位であらわされているので，日本出発前に調べておくといいですよ。

はなこさん：わかりました。ありがとうございました。

はなこさん：さあ，出発準備をしないといけないわね。

たろうさん：着替《きが》え，洗面用具，雨具，ガイドブック，筆記用具など，持っていくものが多すぎて，スーツケースに入らないよ。

じろうさん：滞在《たいざい》中にハイキングも計画されているからくつが必要だよね。ボルチモア市長への訪問もあるから服装を考えないといけないしね。それに，荷物が規定を越《こ》えて重すぎると別料金がかかるらしいから，重さには十分に注意しないといけないね。

はなこさん：ところで，まだお土産《みやげ》を準備していなかったわね。

たろうさん：ホームステイ先の家族へのお土産のことだね。

はなこさん：そうよ。私たち３人は３日間，同じ家庭に泊《と》めていただくから，その家族へのお土産よ。この週末にみんなで買いにいきましょう。

じろうさん：いいね。どんなお土産がいいのかそれぞれで考えておこうよ。

たろうさん：そうだ。けいこ先生から渡《わた》された①ホームステイ先の家族の情報カードがあるよ。

⑴　(あ)　に入る数字を書きましょう。

⑵　会話文や〔**図１**〕〔**資料２**〕〔**資料３**〕からわかることとして正しいものをすべて選び，ア～カの記号で答えましょう。

ア　アメリカのボルチモア市が３月６日の午前３時の時，日本の東京は３月５日の午後１時である。

イ　アメリカのボルチモア市の年間の最高気温は華氏約79度である。

ウ　華氏100度を摂氏であらわすと約37.8度である。

エ　アメリカのボルチモア市の年間降水量は約1000㎜あるが，100㎜以上の雨が降る月はまったくない。

オ　アメリカのボルチモア市の夏は日本の東京より比較的暑く，冬は日本の東京よりも寒い。

カ　アメリカのボルチモア市の３月25～27日の３日間すべての最低気温は摂氏10度以下である。

⑶　下線部①は次のページの〔**資料４**〕のことです。この情報カードを参考に，たろうさんたちはホームステイ先の家族へのお土産としていくつかの候補をあげて，話し合いをしています。次の会話を完成させましょう。

たろうさん：ぼくは，おまんじゅうがいいと思うのだけれど，はなこさんの意見はどうですか。

はなこさん：私は食べ物には反対だわ。なぜなら　(い)　からね。

たろうさん：そうか。でも，お父さんが甘《あま》いものが好きだから，日本の味を伝えたいと考えて，日本の代表的な食べ物がいいと思ったんだよ。だから，絶対におまんじゅうがいいよ。

はなこさん：なるほど，そういうことだったのね。そうしたら，食べ物以外で，日本のことを伝えた

　　　　　らどうかしら。ゆかたセットを家族おそろいで渡すのはどうかしら。私のおばあさんがゆかたを作ることができるから，頼《たの》んでみるわ。そうすれば，お金も安くすむよね。

たろうさん：いい案だね。みんなで着られるからきっと喜ばれるだろうけれど，情報カードを見ても　（う）　から難しいかな。じろうさんは何がいいと思う。

じろうさん：最初，ぼくは日本で流行《はや》っているゲームソフトがいいと考えたけれど，日本らしいものとは言えないから違うものがいいよね。じゃあ，扇子《せんす》はどうかな。

はなこさん：いいね。扇子は日本らしいし，さらに小さくしまえるからね。そして，使ったり飾《かざ》ったりすることもできるから，きっと喜ばれるよね。でも，扇子はどちらかというと大人が使うものだよね。それなら，けん玉はどうかしら。

たろうさん：なるほど。それにけん玉だと，　（え）　よね。

じろうさん：いいね。この情報カードは本当に役に立つね。これからけん玉を買いにいこう。

〔資料４〕

ホームステイ先の家族の情報カード		
	父（ジョン スミス） （42歳《さい》）	・小学校の先生 ・キャンプをすることが好き ・ピザや甘いものが好き
	母（エレン スミス） （38歳）	・手芸が得意 ・家族の洋服を作ることが得意 ・赤色が好き
	娘（テイラー スミス） （８歳）	・ピアノが得意 ・しゅ味は読書 ・少し人見知り、はずかしがり屋
	息子（マイケル スミス） （５歳）	・ようちえんじ ・つりが好き ・野球が大好き
外国人の受け入れ経験	ある（※日本人の受け入れは今までない）	
外国人の受け入れを始めた理由	自分の子どもたちに国際感覚を身につけさせたい。 外国人に自分たちの文化や生活を伝えたいから。	
スミス家から	家族で海外旅行をしたことが一度もありません。だからこそ、外国人を受け入れ、交流できることを心待ちにしています。これまで、数名の外国人を受け入れましたが、今回、日本人を受け入れるのは初めてです。日本のことをよく知りません。だから、家族みんなで今回の受け入れをとても楽しみにしています。ぜひ、日本のことを子どもたちにも教えてほしいと思っています。よろしくお願いします。	

⑷　たろうさんたちは，けん玉をお土産に持っていくことにしましたが，決まるまでの話し合いの内容を読んで，３人の話し合いの進め方でよかった点を50～60字以内で書きましょう。（ただし，句読点（。，）なども一字と数えます）

いる。

2　Bの筆者は、自分と向き合う時間をつくるためには、これまでよりも積極的にテレビを見るべきであると考えている。

3　Aの筆者は、多くの人にとっても読書は、今までの自分の心の働きに新たな影響を与えるはずだと考えている。

4　Bの筆者は、読書のおもしろさは、自分自身の内側に見える世界と同じ世界を見ることができるところだと考えている。

(9)　あなたは「読書」に対してどのようなところに「価値」を見出していますか。これまでの読書経験をあげながら次の［注意事項］に合うように考えや意見を書きましょう。

［注意事項］

○**解答用紙2**に三百六十字以上四百字以内で書きましょう。
○原稿《げんこう》用紙の正しい用法で書きましょう。また漢字を適切に使いましょう。
○題名や自分の名前は書かずに、一行目、一マス下げたところから書きましょう。
○三段落以上の構成で書きましょう。
○句読点〔。、〕やかっこなども一字に数え、一マスに一字ずつ書きましょう。また、段落を変えたときの残りのマス目も字数として数えます。

迫《せま》ってくる。

　外国の著者の場合は、いっそうその感が強い。私は＊11ゲーテが好きで、ゲーテを自分のおじさんのようにも感じている。しかし、ゲーテと私とは時も場所も離れた関係にある。こちらから③積極的に本を読まなければ、向こうからは来てはくれない。訪ねていって話を聴《き》く。そうしたゲーテの家の「門を叩《たた》く」という構えがなければ、出会いが起きない。

　時と場所が離れた人間と出会うということは、ふだんのコミュニケーションとは違《ちが》う楽しい緊張感《きんちょうかん》を味わわせてくれる。

【齋藤孝《さいとうたかし》『読書力』〈岩波新書〉】

[注] ＊1～5　省略

＊6 培《つちか》う…大切に養い、育てる。

＊7 シェイクスピア…イギリスの劇作家、詩人。

＊8 喚起《かんき》…よび起こすこと。よび覚ますこと。

＊9 媒体《ばいたい》…一方から他方へ伝えるためのなかだちとなるもの。

＊10 吉田兼好《よしだけんこう》の『徒然草《つれづれぐさ》』…鎌倉時代後期から南北朝時代の歌人。
『徒然草』は兼好が書いた作品。

＊11 ゲーテ…ドイツの詩人、作家、自然科学者、法律家、政治家。

(1) 本文中の～～線部①②のひらがなを、正しい漢字に直して書きましょう。

① けわしい

② つい求

(2) 本文中の＝＝線部①②のカタカナを漢字にした場合、同じ漢字を使用するものを、それぞれア～オの中から一つ選んで、記号で答えましょう。

① 極ゲン

ア　ゲン因不明の故障　　イ　ゲン在の天気は晴れだ

ウ　体力のゲン界だ　　エ　資ゲンを大切に使う

オ　人口がゲン少する

② コウ果的

ア　コウ共の図書館　　イ　失敗は成コウのもとだ

ウ　コウ流をもつ　　エ　コウ度な技術《ぎじゅつ》

オ　有コウな手段を探す

(3) それぞれの文章の内容から考えて、□の中に共通してあてはまる言葉を本文中から漢字二字でぬきだして書きましょう。

(4) ――線部①「それ」が直接さしている部分を文章中から二十一字（句読点〔。、〕も一字に数えます）でぬきだしてはじめの五字を書きましょう。

(5) ※都合により削除しました。

(6) ――線部②「読書の場合は、読書の速度を決めるのは、主に読者の方だ。」とありますが、これはどういうことですか。テレビと読書を比べて「～ということ」で終わるように三十字以上、四十字以内で書きましょう。（句読点〔。、〕やかっこなども一字に数えます）

(7) ――線部③「積極的」の反対の意味の言葉を漢字三字で書きましょう。

(8) A、Bの文章の内容として、合っているものは○、そうでないものは×で答えましょう。

1　Aの筆者は、本を読むと心がゆたかになるとしているが、ゆたかになることと心がおだやかになることは全くつながらないと考えて

【適性検査Ⅰ】（四五分）〈満点：二〇〇点〉

【注意】 字数の指定のある問題は、指定された条件を守り、問題1はたて書きで、問題2は横書きで書きましょう。最初のマスから書き始め、文字や数字は一マスに一字ずつ書き、文の終わりには句点〔。〕を書きます。句読点〔。、〕やかっこなども一字に数え、一マスに一字ずつ書きます。ただし、問題1の⑼は、その問題の［注意事項《じこう》］の指示にしたがいましょう。

問題1 次のAとBの文章を読んで、あとの⑴～⑼の各問いに答えましょう。なお、問題作成のため、一部文章を変更しています。

A ※問題に使用された作品の著作権者が二次使用の許可を出していないため、問題を掲載しておりません。

B

「自分は本当に何をしたいのか」、「自分は向上しているのか」といった問いを自分自身に向けるのは、時に辛《つら》いことだ。自分自身が何者であるかを内側に向かって②つい求していくだけでは、自己《じこ》を＊6培《つちか》うことは難しい。タマネギの皮を剝《む》くように、いくら剝いていっても何もなかったという気持ちに襲《おそ》われることもある。読書の場合は、優れた相手との出会いがあり、細かな思考内容までが自分の内側に入ってくる。

自分自身の内側だけを見つめているのでは到底《とうてい》見えてこない世界に開かれるのが、読書のおもしろさだ。言葉の力は、それを発した人間と完全には切り離《はな》せない。情報だけではさしたる影響力《えいきょうりょく》を持たない場合でも、その言葉が誰《だれ》か知っている人の言葉であれば、別の生きた□を持ってくる。何でもない言葉でも＊7シェイクスピアのセリフだと聞けば、とたんにすごみを増《ま》してくる。

誰のものともわからない言葉よりも、本という形で著者がまとまった考えを述べてくれている言葉の方が、深く心に入ってきやすい。一人の著者の考え方に慣れて、次々に同じ著者の著作を読むのも、ある時期の読書としては②コウ果的だ。そのことで読書が人との対話の時間になりうるのだということを知ることになる。

一日のうちで、自分と向き合う時間が何もないという過ごし方もできる。テレビを見ている時間が、典型的にそれだ。テレビの娯楽《ごらく》番組を見ていれば、自分に向き合う必要もないし、テレビはそのような隙《すき》も与《あた》えない。自分と向き合うことを主題としたテレビ番組は多くない。テレビは、自分の外側の問題に興味を＊8喚起《かんき》させる力はあるが、自分自身と向き合う時間はつくりにくい＊9媒体《ばいたい》だ。

テレビの時間は、テレビをつくる側が管理している。どのようなテンポでどんな情報を組み合わせれば視聴《しちょう》者が退屈《たいくつ》しないのかを計算しながら時間の流れをつくっている。②読書の場合は、読書の速度を決めるのは、主に読者の方だ。途中《とちゅう》で休んでもいいし、速いスピードで読みつづけてもいい。読書の時間は、読者の側がコントロールしているのである。

本のおもしろさは、一人の著者がまとまった考えを述べているにもかかわらず、言葉がその著者の身体からは一度切り離されているところにある。たとえば＊10吉田兼好《よしだけんこう》の『徒然草《つれづれぐさ》』を読む。兼好の身体はとうにこの世にはない。しかし、言葉は残っている。兼好の見事な論理《ろんり》と表現は、何百年の時を超《こ》えて、感情のひだをも伝えるようにこちらの胸に

平成27年度

川崎市立川崎高等学校附属中学校入試問題

【適性検査Ⅰ】（21ページから始まります。）
【適性検査Ⅱ】（45分）　＜満点：200点＞

問題１　たろうさんたちは，4月に川崎市立川崎高等学校附属中学校の自然教室で八ヶ岳《やつがたけ》に行くことになり，そのことについて話をしています。下の会話文を読んで，あとの(1)～(6)の各問いに答えましょう。

たろうさん：自然教室，楽しみだね。
はなこさん：八ヶ岳少年自然の家だよね。５年生の時，行ったことがあるよ。空気がおいしかったなあ。
じろうさん：自然が豊かだったね。八ヶ岳は長野県だよね。どうやって行くのかな。
たろうさん：学校に集合して，そこからバスで行くそうだよ。
はなこさん：学校の近くにある川崎大師近くの高速道路の入り口から乗って行くそうよ。
じろうさん：八ヶ岳までの道すじ（ルート）は，どうなっているの。
たろうさん：①高速道路の出入り口は，ぼくたちの学校がある県だよね。すぐに多摩川を渡《わた》って，東京都に入るんだよ。東京都をしばらく走って，神奈川県の相模湖あたりを通る。それから山梨県を通って，長野県まで行くんだよ。
じろうさん：え，遠いなぁ。
はなこさん：そうでもないよ。地図で見てみよう。
たろうさん：ぼくは，初めて行くんだけど，長野県ってどんな所なの。
じろうさん：ぼくは長野県の農業について調べて次のページの〔**資料１**〕を作ったよ。長野県はレタスの出荷が日本一なんだよ。
はなこさん：長野県ではレタスをどのくらいの量を出荷しているの。
じろうさん：18万5400トンだよ。
たろうさん：ということは…，全国ではおよそ［（あ）］トン出荷されているということだね。
はなこさん：すごい量だね。私たちもよく食べるものね。ところで，どうして長野県はレタスの生産がさかんなの。
じろうさん：それはね，2位の県と比較《かく》した次のページの〔**資料２**〕を見てみると理由が考えられそうだ。
たろうさん：あれ。入荷状況《きょう》の時期がずれているよ。生産時期にもずれがありそうだね。
はなこさん：この前お母さんが，レタスはいたみやすいって言っていたけど関係があるかな。
じろうさん：そうなんだよ。レタスは，暑さに弱いから，涼《すず》しい気候で降水量もあまり多くない所で栽培《さいばい》されているんだ。しかも，長野県の，高原特有の霧《きり》と昼夜の気温の差がレタスに適しているんだって。
はなこさん：長野県の気候は，川崎と比べると，どうなんだろう。
たろうさん：この資料集に，②八ヶ岳周辺の気温と降水量のグラフがのっているよ。

〔資料１〕レタス出荷の割合（2012 年）

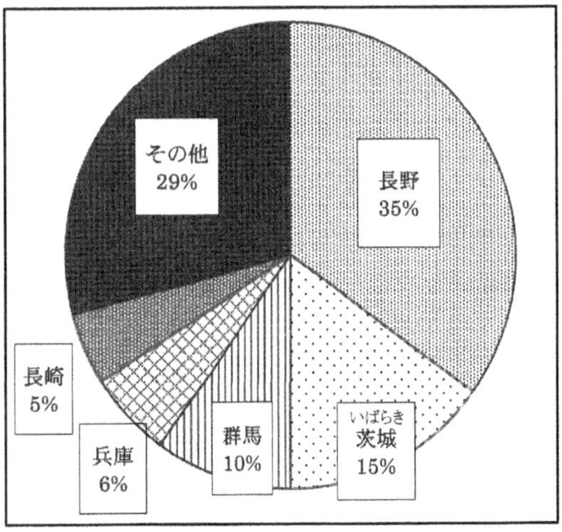

（農林水産省統計より作成）

〔資料２〕レタスの東京卸《おろし》売市場への入荷状況（2013 年）

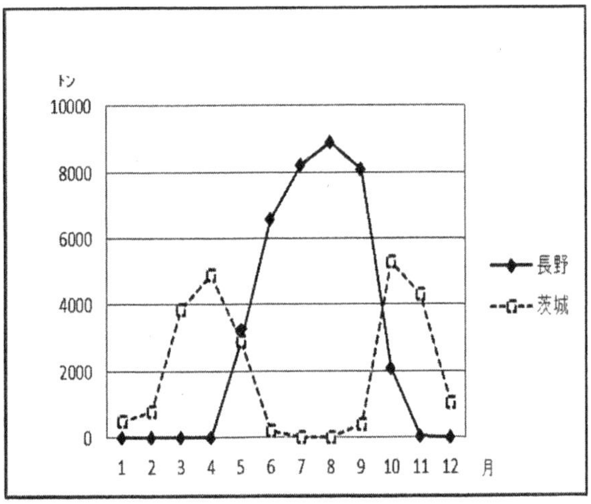

（東京卸売市場ホームページ等より作成）

じろうさん：川崎の資料は見あたらないけど，横浜の月別の平均気温と降水量の資料はあるよ。グラフをつくって八ヶ岳と比べてみよう。

たろうさん：八ヶ岳少年自然の家では，地元の方たちとの交流会があるらしいよ。

じろうさん：どんなことをするの。

たろうさん：八ヶ岳周辺の自然の紹介《しょうかい》や，地元の特産品を紹介してくださるそうだよ。

じろうさん：わあ，楽しみだな。

はなこさん：わたしたちも川崎市について何か紹介しましょうよ。

たろうさん：そうしよう。川崎市について知っていただくよい機会になるといいね。

じろうさん：じゃあ，ぼくは地図を作るよ。

(1)　下線部①で，川崎市立川崎高等学校附属中学校から，八ヶ岳少年自然の家がある長野県までバスで通る道を線で引きましょう。なお，線の引き方は右の〔例〕にならいましょう。

〔例〕

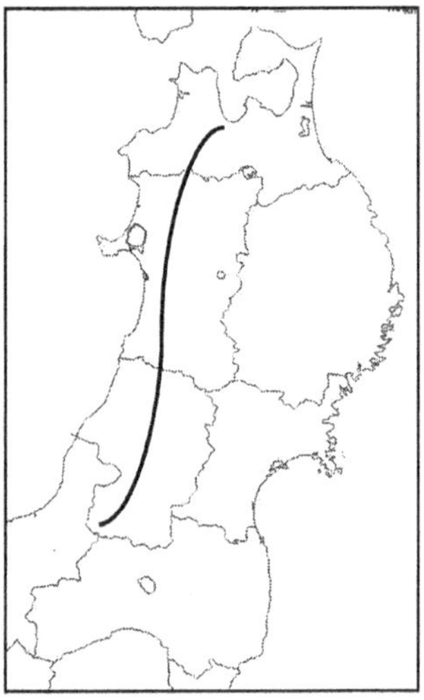

⑵　会話中の［（あ）］に，あてはまる値を整数で答えましょう。なお，百の位を四捨五入して，がい数で表して答えましょう。

⑶　下線部②のグラフとしてふさわしいものを，下のア～エの中から１つ選び，記号で答えましょう。なお，ア～エのグラフは，さまざまな資料をもとにしたため，縦《たて》じくのめもりの数値がそろっていません。そのことに注意して選びましょう。

ア

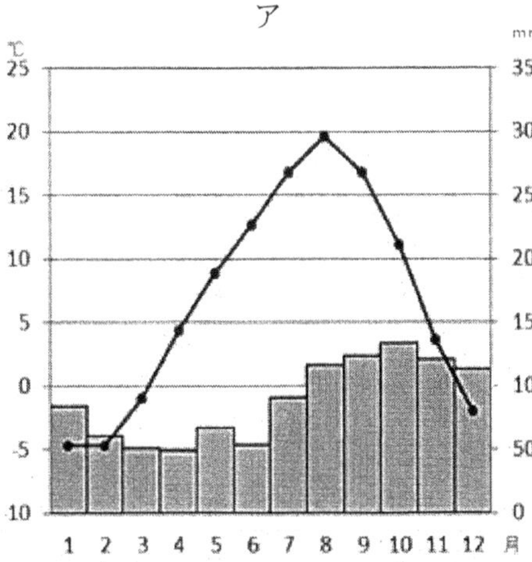

イ

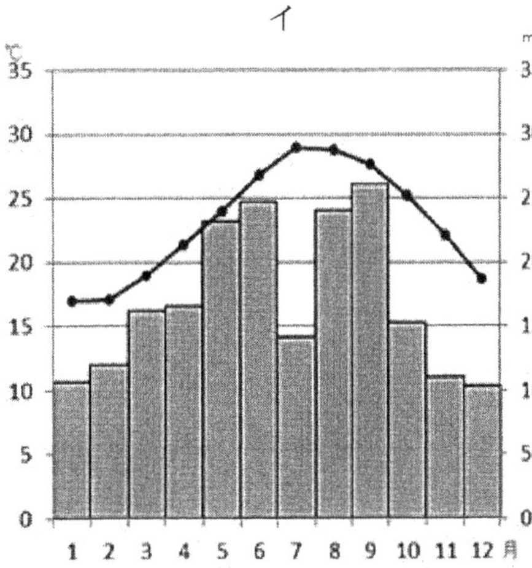

ウ

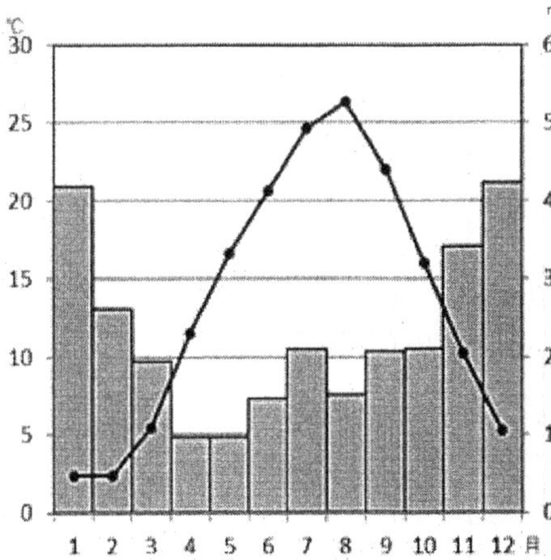

エ

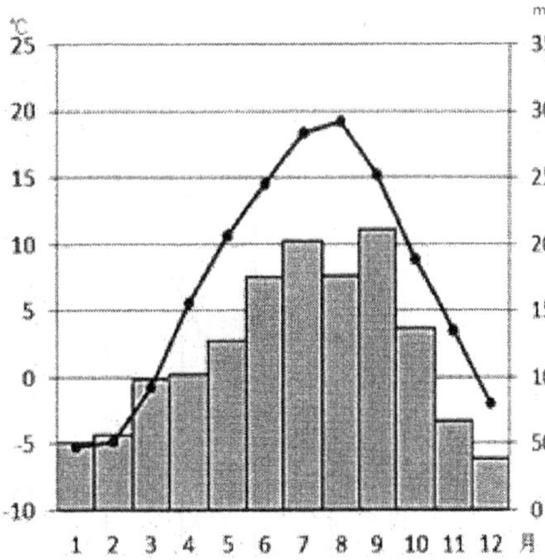

⑷　右の〔**資料３**〕は，じろうさんが見つけた横浜気象台の1981年から2010年までの30年分のデータを平均した月別の平均気温と降水量の資料です。そこでじろうさんは下の〔**グラフ**〕を作成しましたが，完成はしていません。〔**資料３**〕をもとにして，〔**グラフ**〕を完成させましょう。なお，⑶の〔**グラフ**〕を参考にして，左の縦じくに気温，右の縦じくに降水量をとり横じくは１月から12月までの月をとります。気温は折れ線グラフ，降水量は縦のぼうグラフで表します。グラフに必要なめもりや単位も書きましょう。

〔資料３〕

横浜の月別平均気温と降水量

月	気温(℃)	降水量(mm)
1	5.9	58.9
2	6.2	67.5
3	9.1	140.7
4	14.2	144.1
5	18.3	152.2
6	21.3	190.4
7	25.0	168.9
8	26.7	165.0
9	23.3	233.8
10	18.0	205.5
11	13.0	107.0
12	8.5	54.8

（「気温と雨量の統計」ホームページより作成）

〔グラフ〕横浜の月別平均気温と降水量

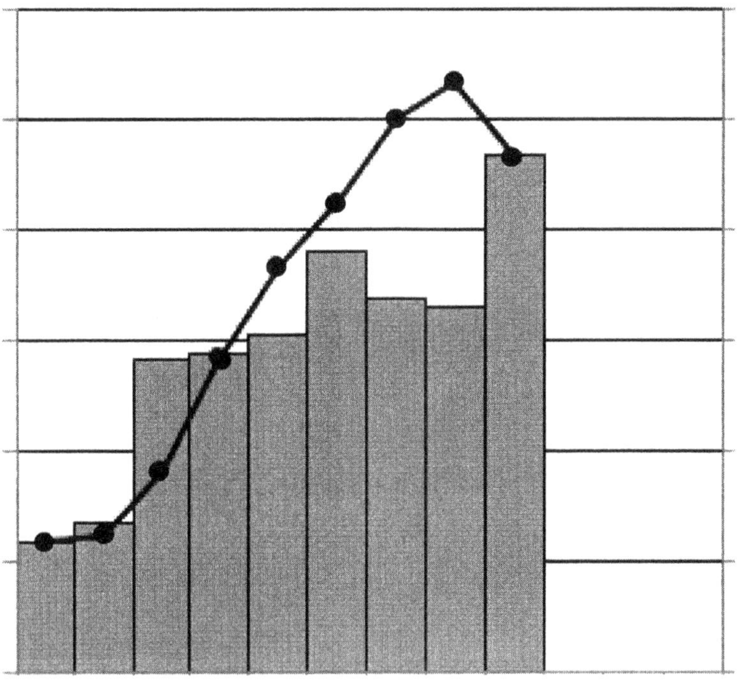

⑸　はなこさんとたろうさんが川崎市の地形について話をしています。次のページの〔**資料４**〕**じろうさんが作った地形図**も参考にして，次の下線部①～③の内容が正しければ○，まちがっていれば正しい語句を書きましょう。（※地形図は編集の都合で80％に縮小してあります。）

はなこさん：川崎市は北西から①南西に広がっているね。

たろうさん：川崎市のはしの**「はるひ野駅」**から，海側のはしの**「浮《うき》島町公園」**までは，地図上で17.5㎝ぐらいはありました。実際は②35㎞ぐらいだね。

はなこさん：川崎市の東側は，③<u>高い</u>地形が広がっているよ。

〔資料４〕じろうさんが作った地形図

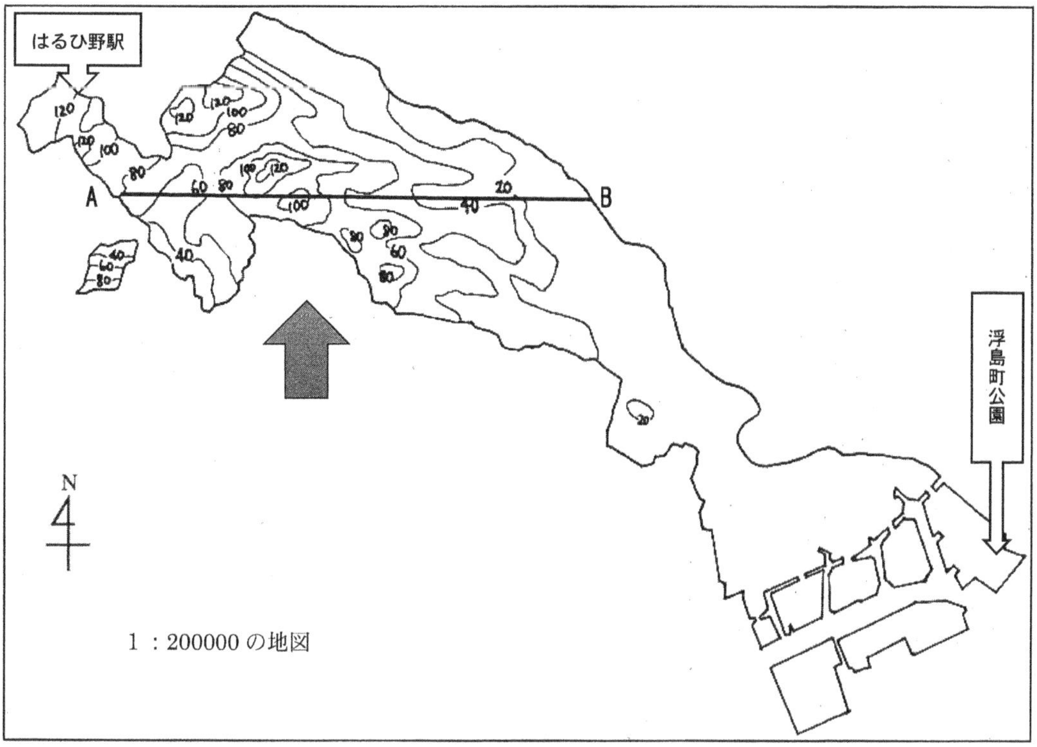

⑹ **〔資料４〕じろうさんが作った地形図をＡ－Ｂの線にそって切った断面を**⬆**の方向から見ると，どのように見えるでしょうか。ふさわしいものを下のア～カから１つ選び記号で答えましょう。**

ア

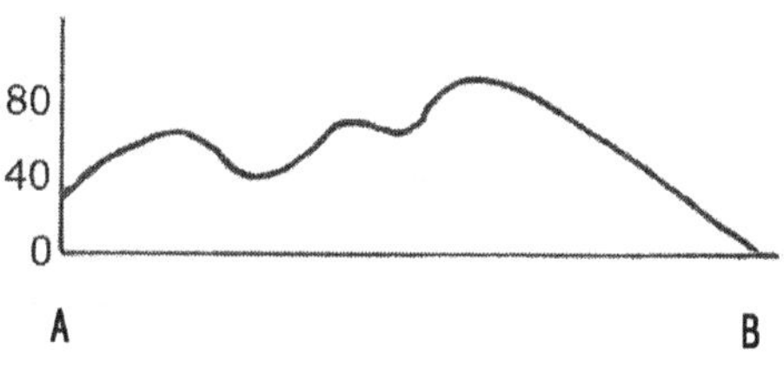

イ

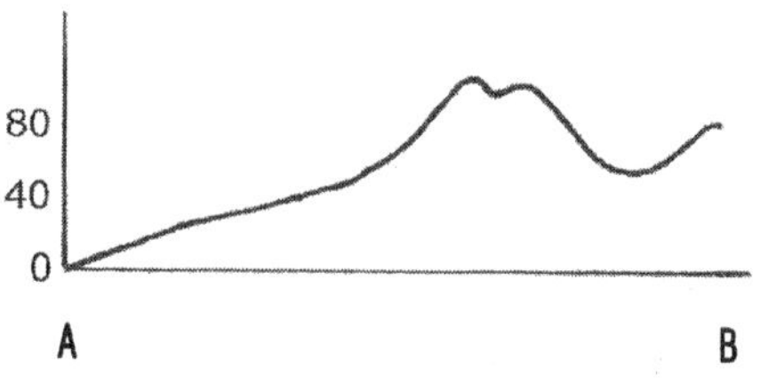

ウ

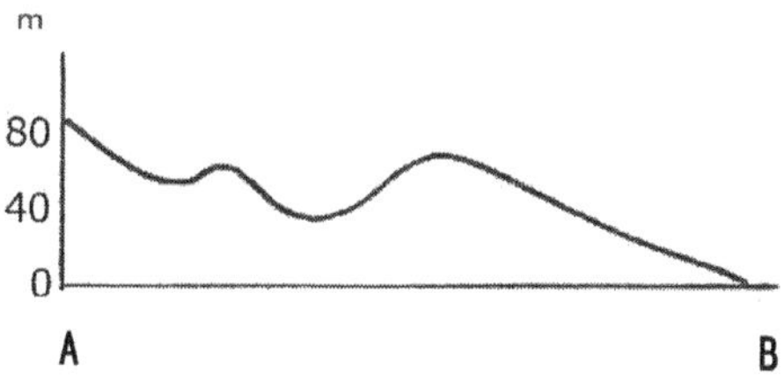

エ

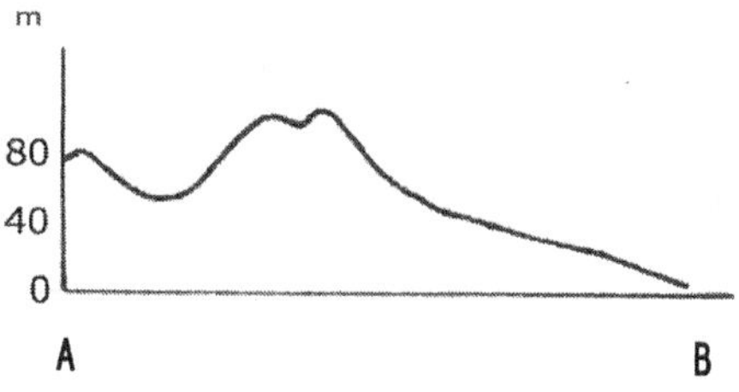

オ

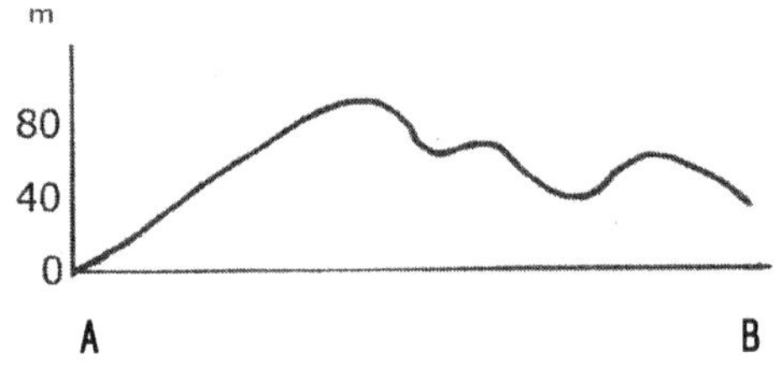

カ

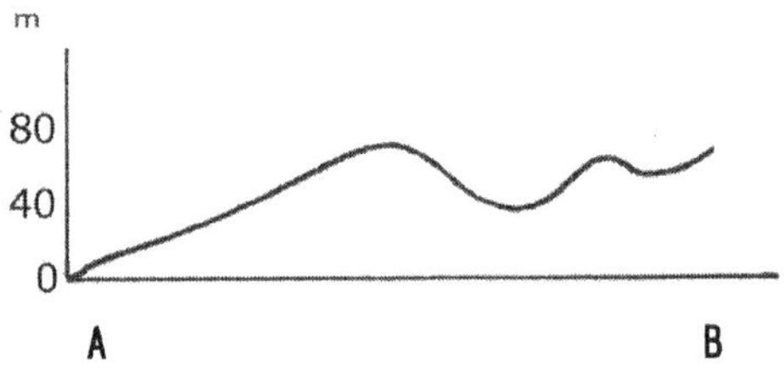

問題２　自然教室に出発した後，2つの場面でたろうさん，はなこさん，ひろし先生が話をしています。下の会話文を読んで，あとの(1)～(5)の各問いに答えましょう。

―― 高速道路で渋滞《じゅうたい》にあってしまった場面での会話 ――

たろうさん：さっきからバスが全然動かないね。この渋滞，どこまで続いているのかな。

ひろし先生：渋滞の仕組みを考えてみましょうか。

たろうさん：え，渋滞の仕組みですか。

はなこさん：なんだかおもしろそう。

ひろし先生：数字を使って車の移動を表現して，渋滞の仕組みのモデルを作ってみるよ。数字の１を車として，スゴロクみたいなマスの上を移動させます。車がいない空きスペースを数字の０で表します。車の進み方には次のようなルールがあります。

～車の進み方のルール～

・１回の移動で同時に右に１マス進む。ただし，１は右どなりに１があるときはその場にとどまる。

・左はじが０のときは１が入ってくる。

・右はじの１は外に出ていく。

ひろし先生：最初はマスの中に１と０を適当に配置します。ルール通りに１回移動，2回移動・・・としていくと【図１】のようになりますね。

【図１】

進行方向 →

最初	0	0	1	0	1	1	0	1	0	1	1	0	1
移動１回目	1	0	0	1	1	0	1	0	1	1	0	1	0
移動２回目	0	1	0	1	0	1	0	1	1	0	1	0	1
移動３回目													

ひろし先生：移動３回目の空らんをうめるとどうなるでしょう。

たろうさん：なるほど，車が右に流れて，進んでいるように見えますね。

はなこさん：本当だ。すごい。

ひろし先生：これを使って渋滞について考えてみましょう。**【図２】**のように渋滞の変化を**パターン１～３**の３通りの方法で表しました。３つのパターンを見比べて，何かわかることがありますか。

はなこさん：［　　　　　　（あ）　　　　　　］

たろうさん：へえ，数字の列からそんなことが読み取れるんだね。

ひろし先生：そうですね。**【図２】**の３つのパターンからでもけっこうわかることがありますよね。他のパターンも作って，実験してみるとおもしろいかもしれませんよ。

はなこさん：あ，バスが動き出した。八ヶ岳少年自然の家に着くまで，いろいろと試してみよう。

【図２】

●パターン１

最初	0	0	1	0	1	0	1	0	1	0	1	0	1	0	1	1	1	1	1	0	1	0	1	0
移動１回目	1	0	0	1	0	1	0	1	0	1	0	1	0	1	1	1	1	1	0	1	0	1	0	1
移動２回目	0	1	0	0	1	0	1	0	1	0	1	0	1	1	1	1	1	0	1	0	1	0	1	0
移動３回目	1	0	1	0	0	1	0	1	0	1	0	1	1	1	1	1	0	1	0	1	0	1	0	1
移動４回目	0	1	0	1	0	0	1	0	1	0	1	1	1	1	1	0	1	0	1	0	1	0	1	0
移動５回目	1	0	1	0	1	0	0	1	0	1	1	1	1	1	0	1	0	1	0	1	0	1	0	1

●パターン２

最初	1	1	0	1	1	0	1	0	0	0	0	1	0	0	1	1	1	1	1	0	1	0	1	0
移動１回目	1	0	1	1	0	1	0	1	0	0	0	0	1	0	1	1	1	1	0	1	0	1	0	1
移動２回目	0	1	1	0	1	0	1	0	1	0	0	0	0	1	1	1	1	0	1	0	1	0	1	0
移動３回目	1	1	0	1	0	1	0	1	0	1	0	0	0	1	1	1	0	1	0	1	0	1	0	1
移動４回目	1	0	1	0	1	0	1	0	1	0	1	0	0	1	1	0	1	0	1	0	1	0	1	0
移動５回目	0	1	0	1	0	1	0	1	0	1	0	1	0	1	0	1	0	1	0	1	0	1	0	1

●パターン３

最初	1	0	1	0	1	0	0	1	1	0	0	1	0	0	1	1	1	1	1	0	1	0	1	0
移動１回目	0	1	0	1	0	1	0	1	0	1	0	0	1	0	1	1	1	1	0	1	0	1	0	1
移動２回目	1	0	1	0	1	0	1	0	1	0	1	0	0	1	1	1	1	0	1	0	1	0	1	0
移動３回目	0	1	0	1	0	1	0	1	0	1	0	1	0	1	1	1	0	1	0	1	0	1	0	1
移動４回目	1	0	1	0	1	0	1	0	1	0	1	0	1	1	1	0	1	0	1	0	1	0	1	0
移動５回目	0	1	0	1	0	1	0	1	0	1	0	1	1	1	0	1	0	1	0	1	0	1	0	1

――八ヶ岳少年自然の家で，【図３】の川崎市制90周年記念ロゴマークを見つけた場面での会話――

たろうさん：このロゴマーク知ってる。市役所とかバスの中で見たことあるよ。

はなこさん：本当だ。あと10年で川崎市ができて１世紀がたつなんてすごいよね。

ひろし先生：二人でなにをしているんですか。

（**【図３】**は次のページにあります。）

たろうさん：あ，先生，このロゴマークを見つけたんです。

ひろし先生：市制90周年のロゴマークですね。このロゴマークは，「90」をもとにして，七色の虹は川崎市の七つの区を表し，地球儀《ぎ》は川崎市が国際的な都市であることをイメージしたものなんだよ。

はなこさん：へえ，そんな意味があったんですね。

ひろし先生：このロゴマークを使って問題を考えてみましょう。90の“0”の部分を測ってみたら，直径４cmの円の中に直径３cmの円があるんだけど，面積はどうなると思いますか。ドーナツみたいに真ん中をくりぬいて考えるとわかりやすいですよ。

はなこさん：［　（い）　］cm^2です。

ひろし先生：では，“９”の方の面積はどうですか。

たろうさん：うーん・・・むずかしいな。三角形でも四角形でも円でもない。

はなこさん：正確な面積は無理だけど，およその面積なら求められるんじゃないかな。

たろうさん：そういえば，前におよその面積の求め方を習ったよ。葉っぱの上に正方形を並べて調べた方法だよ。今回も同じようにして，えっと・・・**【図４】**のように１辺が１cmの正方形が“９”をおおうように22個並べられたから，22cm^2に近い面積だといえるね。

はなこさん：もっと正確な“９”の面積を出せたらいいんだけど。

ひろし先生：いろいろと試して面積を求めてごらん。

【図３】川崎市制９０周年記念ロゴマーク

【図４】

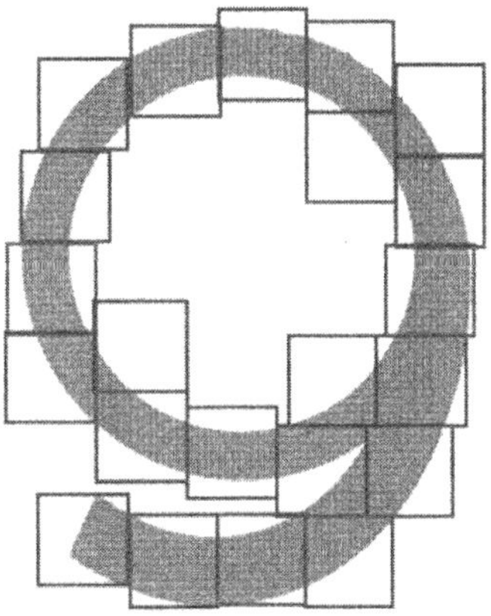

【図５】

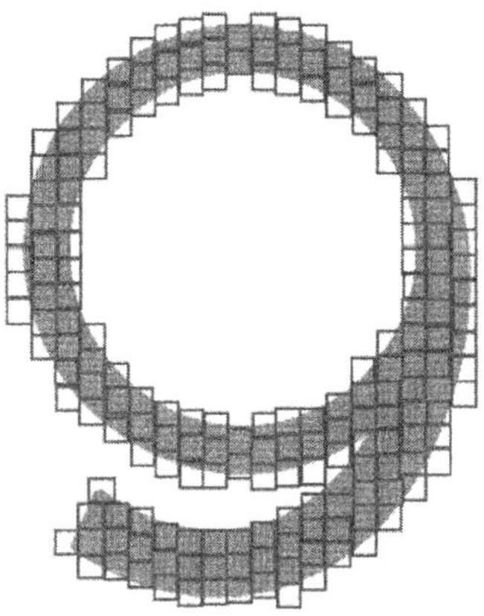

【図６】

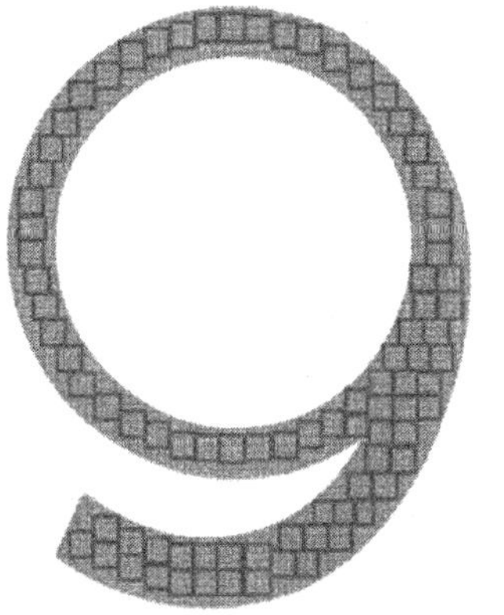

たろうさん：先生，**【図５】**のように１辺が0.25㎝の正方形で“９”をおおってみました。今回は192個並べられたので，“９”の面積は［（う）］cm^2に近い面積ではないかと思います。

はなこさん：私は**【図６】**のように１辺が0.25㎝の正方形を“９”の内側に完全に入れてみました。86個を中に入れることができたので“９”の面積は $0.25\times0.25\times86=5.375$ cm^2 に近い面積だと思います。

ひろし先生：そうですね。二人ともよく調べましたね。さて，より正確な“９”の面積は求められそうですか。

⑴ **【図１】**の「移動３回目」の数字の列が空らんになっています。文中のルールにしたがって，空らんに０と１を入れ，数字の列を完成させましょう。

⑵ 会話文中の［（あ）］で，はなこさんは，**【図２】**の３つのパターンを比かくして，渋滞が移動５回で解消したかどうかと，そう判断した理由をそれぞれ説明しています。適切な説明を書きましょう。

⑶ 会話文中の［（い）］にあてはまる数を答えましょう。円周率は3.14で計算しましょう。

⑷ 会話文中の［（う）］にあてはまる数を答えましょう。

⑸ 「正確な“９”の面積」を求めるにはどのような考え方をすればよいでしょうか。まずは，たろうさんとはなこさんが求めた面積と正確な“９”の面積の間にどのような関係があるのかを説明し，たろうさんとはなこさんの求め方を参考にして，自分の考えを書きましょう。

問題３ 自然教室に行くバスの中で，行われた漢字クイズをきっかけにして，ある鳥のことが話題になりました。会話文を読んで，あとの(1)～(3)の各問いに答えましょう。

（バスの中）

レ　ク　係：第３問「百舌鳥」これは，何という生き物でしょうか。

たろうさん：鳥って書いてあるから，鳥だよね。

はなこさん：百個の舌をもつ鳥ということになるけど，舌は話すときに動く部分だから，口数が多い，おしゃべりという意味かな。

たろうさん：わかった。３文字で，よくしゃべる。つまり鳴きまねをする「オウム」じゃないかな。レク係さん「オウム」でしょ。

レ　ク　係：確かに鳴きまねをよくしますが，「オウム」ではありません。ではヒントを出します。アルファベット４文字で，「エム」「オー」「ズィー（ゼット）」「ユー」と書きます。

はなこさん：わかった。「(　あ　)」だ。

レ　ク　係：はい，正解です。(　あ　)はホオジロやシジュウカラ，ヒバリ，メジロ，カワラヒワなどの様々な鳥の鳴きまねが上手なので，この名がついたそうです。

はなこさん：へえ。そうなんだ。でも何のために鳴きまねをするのかな。

たろうさん：八ヶ岳少年自然の家で野鳥の観察をするし，宿舎についてから調べてみよう。

（到着後）

はなこさん：パソコンで調べるとホームページ（以下HP）**〔資料１，２〕**にはこう書いてあるよ。このことから考えると鳴きまねをするのは，鳴きまねをすることで，きっと（　い　）からではないかな。

〔資料１〕(　あ　)の鳴きまね

秋のおだやかな日、木の上で高鳴きをした後、複雑な鳴き方をすることがよくある。文字にはあらわしにくい鳴き声が出るが、すぐに、(　あ　)特有の地声が出るので、しばらく聞いていると声の主がわかる。よく注意していると、その中に色々な小鳥の声が現われる。カケスという鳥にも似た習性があるが、ものまねの対象が（　あ　）とはちがう傾《けい》向を持っている。カケスの場合、自分の恐《おそ》れる天敵の声が多いが、(　あ　)は自分より弱い小鳥のまねが多い。

〔資料２〕カケス

食性は雑食。ドングリなど木の実、果実、こん虫、他種の鳥の卵やひな。ドングリを落ち葉の中や木のすきまなどに蓄《たくわ》える習性がある。

鳴き声　地鳴き：「ジェー」「ジィ」他の鳥の声をまねることもある。

たろうさん：なるほどね。俗《ぞく》説（注：世間に言い伝えられている根拠《きょ》のはっきりしない話）と書いてあるけど，考え方としては納得できるね。そう考えると，このHPに書いてある**〔資料３〕はやにえ**につながるしね。

はなこさん：この**〔資料３〕はやにえ**の図，この鳥にとっては生きていくために必要なことなのだろうけど，カエルからすると，なぜこんなことをされるのかなと思うね。野鳥観察の時に先生に聞いてみよう。

〔資料３〕はやにえ

(　あ　)はとらえた獲《え》物をその場で食べないで、木の刺《とげ》や有刺《ゆうし》鉄線《てっせん》に突きさしておく習性がある。(　あ　)がこのような干物を作ることは古くから人々の関心をひき、各地で色々な伝説をうんだ。

―――――――――――――――――――― （野鳥観察の時） ――――――――――――――――――――

たろうさん：先生，（　あ　）について調べたら「はやにえ」をするって書いてありましたが，なぜそんなことをするのですか？

先生：はっきりとしたことはわかっていません。しかし，いくつかの考え方が出されています。ぜひみなさんも考えて，考えることの楽しさを感じてほしいです。

１つ目の考え方は，食料を干物にしてたくわえておくという考え方【食料備蓄《びちく》説】です。

２つ目の考え方は，引っかけることで食べやすくしていて，その後の食べ残したものが残っているという考え方【食べやすくする説】です。

３つ目の考え方は，本能的に獲物がいると捕《と》ってしまうので，仕方なく捕ったものを刺《さ》してしまうという考え方【本能で仕方なく説】です。

４つ目の考え方は，自分のなわばりを仲間に指し示すという考え方【なわばり説】です。

どの考え方もなるほどと思う部分もありますが，本当かどうかあやしいなという部分もあります。どの説が正しいのかみなさんで話し合ってみてください。

話し合いの様子

〔図〕食物連さの関係

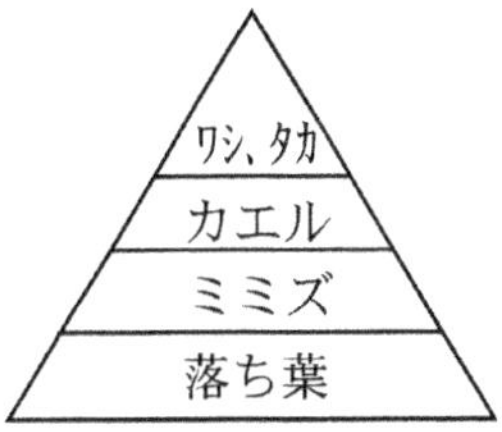

1、たろうさん：はやにえの作り方は，それぞれの鳥によって特ちょうがあって，自分のものと他を区別できるとしたら，どの説が正しくなるのかな。

2、はなこさん：自分の作ったはやにえの場所を覚えていないとしたらどうなるのかな。

3、たろうさん：「この鳥は，〔図〕では，大型のワシやタカと同じ位置にいながら，体が小さいつまり，物をつかむ足も小さく，力も弱い。」とHPに書いてあるよ。

4、はなこさん：「はやにえは冬の前である秋によく見られる。」とHPに書いてあるよ。

5、たろうさん：HP上にある写真を見るとカエルだけでなく，ミミズのはやにえもあるよ。

6、はなこさん：それにさ，ミミズもそうだけど，形がそのまま，きれいに残っているはやにえの写真がたくさんあるね。

7、たろうさん：「雪の降らない暖かい地域でも10月，11月にはやにえはよく見られる。」とHPに書いてあるよ。

8、はなこさん：「雪国では，秋に作ったはやにえを残したまま暖かい地域に移り住む。」とHPに書いてあるよ。

⑴　会話文中の（あ）にあてはまる鳥の名前をカタカナで答えましょう。

⑵　会話文中の（い）にあてはまる考えを25字以上30字以内で答えましょう。

⑶　**話し合いの様子** の１～８は，いずれかの説を正しい，あるいは，間違いであると補強（弱い部分や足りない部分を補って強くすること）します。そのことに気付いたたろうさんとはなこさんは次のページのような〔表〕を作り，番号を入れていきました。そして，あと一回ずつ１～８の番号が入ると表が完成すると考えました。どこに入るのが最もふさわしいかを考え，表に１～８の番号を加えましょう。その際，何も入っていないらんだけでなく，すでに番号が入っているらんに番号を入れても構いません。また，同じらんに複数個の番号が入っても構いませんし，番号が一つも入らないらんがあっても構いません。

〔表〕

		番号
【食料備蓄説】	正しいと補強	5、6
	間違いであると補強	2
【食べやすくする説】	正しいと補強	
	間違いであると補強	6
【本能で仕方なく説】	正しいと補強	5
	間違いであると補強	
【なわばり説】	正しいと補強	
	間違いであると補強	8

〔資料１～３〕「神戸の野鳥観察記」

http://www2.kobe-c.ed.jp/shizen/yacho/kansatu/06043.html を引用および修正

問題２　（※適性検査Ⅰ）　昼休みに，けいこ先生と小学校６年生のはなこさんとたろうさんは，はなこさんが夏休みに家族旅行で行ったフランスのことについて話をしています。下の会話文を読んで，あとの(1)～(6)の各問いに答えましょう。

はなこさん：今年の夏休みにフランスに行ったの。

たろうさん：いいね。フランスは，世界一の観光大国だって聞いたことがあるよ。つまり，フランスにはたくさんの人が訪れているということだね。

はなこさん：その通りよ。旅行に行く前に，インターネットで旅行客について調べていたら，興味深いグラフを見つけたの。まずはこれ〔資料１〕を見て。このグラフは１年間に各国や地域を訪れた人の数を上位から表したものよ。これを見れば，多くの人がどこに旅行しているのかがひと目でわかるでしょう。

たろうさん：なるほど。フランスへの訪問者数が一番だね。ところで，日本は世界で27位，①アジアで８位とこの資料には書かれているね。

けいこ先生：その通りですね。2012年までの日本は30位にも入らなかったそうよ。このグラフの結果を見ると，2011年の東日本大しん災の影響《えいきょう》も少なくなってきたようですね。

〔資料１〕

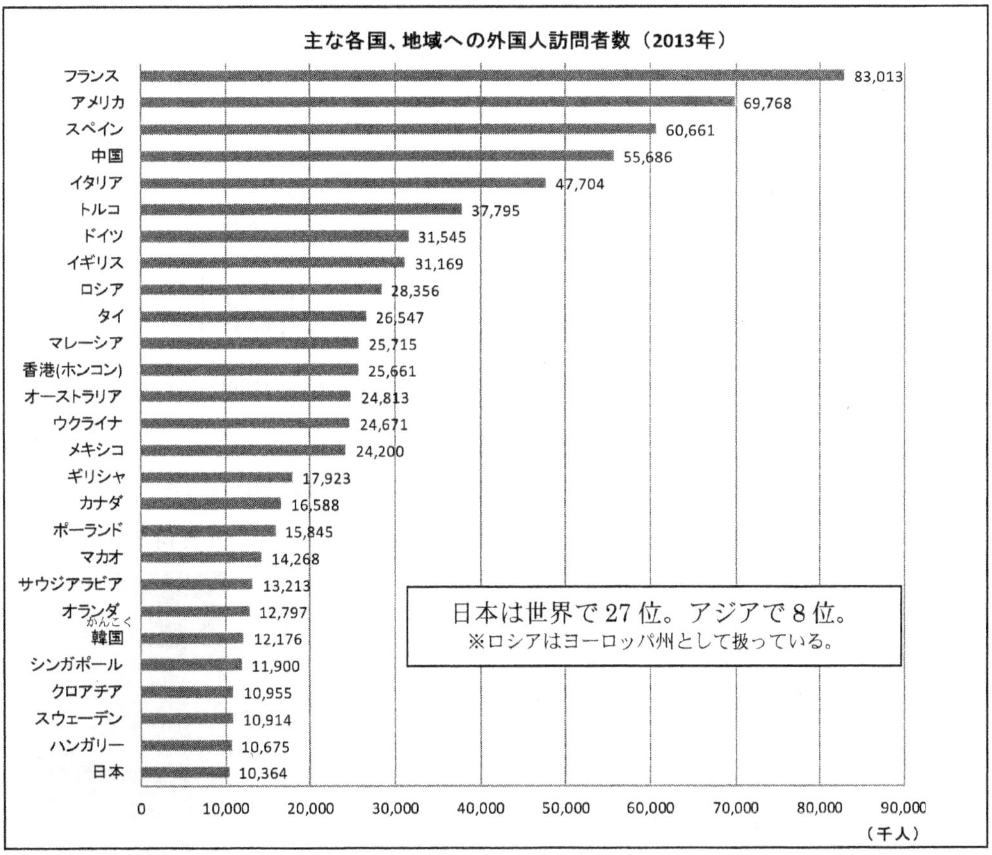

日本政府観光局（JNTO）「世界各国、地域への外国人訪問者数」より作成

たろうさん：そうですね。それじゃあ，フランスにはたくさんの人が訪れているから，国にたくさんの収入があるということになるのかなあ。

はなこさん：ちょっと待って。そうとも限らないのではないかしら。調べてみましょう。でも，どうすれば収入が多い，少ないということがわかるのですか。先生，教えてください。

けいこ先生：まずは「旅行収入」と「旅行支出」を調べましょう。「旅行収入」とは，例えば，フランスで考えると，外国の人たちがフランスに来て使うお金のことで，「旅行支出」はフランスの人たちが旅行先の国で使うお金のことです。だから「旅行収入」から「旅行支出」を引くとその国の「旅行収支」がわかります。つまり，「旅行収入」が「旅行支出」を上回っていれば収入の方が多いということになり，その状態を黒字といいます。下回っていれば収入の方が少ないということになり，その状態を赤字といいます。

はなこさん：先生，ありがとうございます。では，インターネットで調べましょう。

たろうさん：はなこさん，見つけたよ。そして主な９か国を〔資料２〕の表にまとめたよ。

〔資料２〕たろうさんがまとめた表

主な９か国の旅行収入・旅行支出　(百万米ドル)

国	旅行収入	旅行支出
フランス	53,578	39,084
アメリカ	160,733	91,918
スペイン	55,944	15,311
中国	50,028	102,000
イタリア	41,206	26,366
ドイツ	38,134	83,483
イギリス	36,613	51,473
オーストラリア	31,843	27,481
日本	14,577	27,883

UNCTAD (United Nations Conference on Trade and Development) 2012 年より作成

たろうさん：ところで，フランスのどこに行ったの。

はなこさん：フランスのパリよ。私は絵が好きだから，ルーブル美術館に行ったの。一日ではとてもまわりきれないほど広かったわ。有名なモナリザが展示されていて，すごく興味深かったわよ。

〔資料３〕

たろうさん：へえ。ぼくも実際に見たいな。ところで，フランスでいっぱん的に使われている言葉はフランス語だよね。

はなこさん：そうよ。でも，フランス語がわからなくても理解できることもあったのよ。この〔資料３〕の写真を見て。フランスの公園の入口にはこのような標示があって，その公園を利用するためのルールが文字だけでなく絵でかかれていたの。

たろうさん：なるほど。この写真の下の方の絵だね。どの絵も，ひと目でその公園内で注意すべき行動がわかるようになっているね。

はなこさん：そうよ。フランス旅行の最終日に②私が訪れた公園は，危険なことがなく，また犬の散歩が禁止されていたので，とても安心して静かにのんびり過ごすことができたの。

たろうさん：そうだ，はなこさん。ぼくたちの学校の正門前にも標示があるよね。③この標示は東日本大しん災を教訓に広まったそうだよ。

はなこさん：これは［　　（い）　　］という意味だよね。

たろうさん：その通り。ぼくたちの身近にも同じような標示がたくさんあるようだから，もっと調べてみようよ。

けいこ先生：はなこさん，たろうさん，このような表し方のことをピクトグラムといいます。ピクトグラムはヨーロッパで生まれて，1964年の東京オリンピックをきっかけに日本で広まったそうです。オリンピック開催《さい》前の1960年の日本への外国人訪問者数は，今の約1.4％で14万6881人でしたが，その後の訪問者の増加が考えられ，文化や風習の異なる人たちをどのようにもてなすか，大きな課題になったそうです。特に問題となったのが，言葉のかべです。**〔資料４〕**の「非常口」の標示を見比べてみましょう。

たろうさん：なるほど，これなら，外国から来た訪問者にも親切ですよね。

はなこさん：外国人だけでなくて，漢字が苦手な子どもたちにもわかりやすいですね。

けいこ先生：以前の標示は文字を中心にしたものでしたが，現在の標示は文字ではなく図や絵でデザインされていますね。ピクトグラムの特ちょうとして，意味するものの形が単純にデザインされていて，ひと目で正確な情報を伝えることが大切だということですね。

〔資料４〕

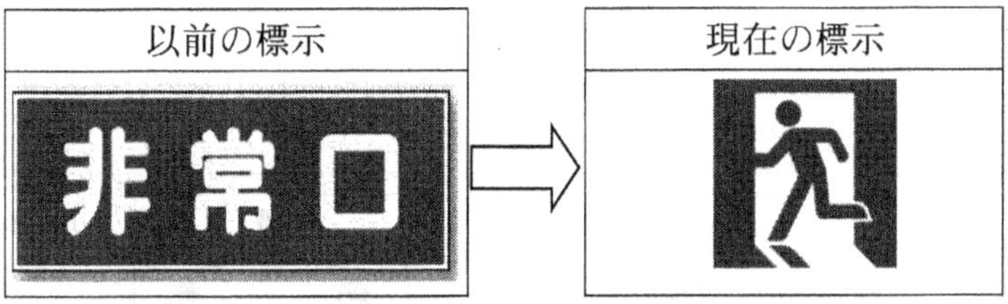

たろうさん：そうだ。④ぼくたちの学校にある文字ばかりのポスターを，このようなピクトグラムに作り直そうよ。

はなこさん：いい案ね。それなら，来年度に入学してくる小学校１年生でもすぐにわかるわね。私たちだけではなく，クラスのみんなに呼びかけましょうよ。

たろうさん：はなこさんは絵がじょうずだからね。うらやましいよ。

はなこさん：そんなことはないわよ。でも絵をかくことは好きよ。

けいこ先生：これは絵のうまさではなく，ピクトグラムの特ちょうを考えて作られているかどうかです。ところではなこさん，せっかくフランスで良い体験をしたのだから，フランスでの出来事をクラスのみんなに，⑤総合的な学習の時間に発表してもらえないかしら。

はなこさん：えっ，でも……。

けいこ先生：５分間くらいよ。きっとみんなは聞きたいはずよ。

はなこさん：はい，わかりました。がんばります。

⑴　下線部①に関連して，アジアの外国人訪問者数の順番を［表］にまとめました。下の［表］の （あ） にあてはまる国名または地域名を書き，［表］を完成させましょう。

［表］　訪問者数の多いアジアの国、地域

1位	中国
2位	タイ
3位	マレーシア
4位	香港（ホンコン）
5位	マカオ
6位	韓国《かんこく》
7位	（　あ　）
8位	日本

⑵　**〔資料1〕〔資料2〕**の中からわかることとして正しいものを，下のア～エの中から1つ選んで，記号で答えましょう。

ア　フランスへの訪問者数は世界1位であり，フランスの旅行収支は赤字である。

イ　アメリカへの訪問者数は世界2位であり，アメリカの旅行収支は2番目に多い。

ウ　日本への訪問者数はフランスへの訪問者数の約12.5％であり，その収支はイギリスやドイツと同じくらいの額で旅行収入よりも旅行支出が上回っている。

エ　日本への訪問者数はアメリカへの訪問者数の約14.9％であり，日本の旅行収支の額は赤字である。

⑶　下線部②の公園に標示されているピクトグラムとしてあてはまるものを，次の①～⑧の中からすべて選んで，その正しい組み合わせを，下のア～カの中から1つ選んで，記号で答えましょう。

ア　③－⑤－⑦－⑧　　　イ　④－⑤－⑥－⑦

ウ　①－③－⑤－⑥－⑦　エ　②－④－⑤－⑥－⑦

オ　①－④－⑤－⑥－⑦　カ　①－④－⑤－⑥－⑦－⑧

⑷　下線部③は下の**〔資料５〕**のことです。文中の［（い）］に入る言葉を10字以上15字以内で書きましょう。

〔資料５〕

⑸　下線部④のように，下のア～ウのポスターを作り直します。あなたが作り直すポスターを下のア～ウの中から１つ選んで，記号を書きましょう。また，そのポスターを作り直し，工夫した点を書きましょう。

ア	イ	ウ
右側通行	静かに	節水

⑹　下線部⑤を行うときに<u>**ふさわしくないこと**</u>はどれですか。下のア～エの中から１つ選んで，記号で答えましょう。

ア　言葉だけでなく，表や写真などの視覚的な資料を使うと効果的である。

イ　発表の時間をこえても，準備したことをすべて話すことが大事である。

ウ　大きな声での発表だけでなく，強弱をつけて話す工夫も必要である。

エ　原稿《こう》はできるだけ暗記をし，一人一人の顔を見ながら発表することが大切である。

の筆者である池上さんは疑問を感じている。

(8) たろうさんは、このA、Bの文章を読み、次のようにノートをまとめました。たろうさんのノートの空らんの、(①)(②)に当てはまることばを、本文中から抜《ぬ》き出して書きましょう。

・山本明氏の意見
←
「…と思います」という表現は（　①　）ならば多少は受け入れられる。

・Aの筆者外山さんの意見
←
「…と思います」という表現には好感を持っているが、これから気をつけよう。

・Bの筆者池上さんの意見
←
「○○したいと思います」という表現は、話が（　②　）にならず、まわりくどくなるから避《さ》けていきたい。

(9) Bの文章の最後に『○○したいと思います』は、余計だと**思います。**」とあります。Bの筆者は、なぜ「**思います。**」に線を引き、太字にしたと思いますか。あなたの考えを四十字以上五十字以内で書きましょう。（句読点〔。、〕やかっこなども一字に数えます）

(10) あなたが学校生活で相手に自分の気持ちを上手に伝えるためにどのような工夫をしますか。日ごろ気になる日本語の使用例を挙げ（本文中の例はのぞく）、自分の体験をふまえながら、後ろの［注意事項《こう》］に合うように考えや意見を書きましょう。

［注意事項］
○ **解答用紙2**に三百六十字以上四百字以内で書きましょう。
○ 原稿《こう》用紙の正しい用法で書きましょう。また漢字を適切に使いましょう。
○ 題名や自分の名前は書かずに、一行目、一マス下げたところから書きましょう。
○ 三段落以上の構成で書きましょう。
○ 句読点〔。、〕やかっこなども一字に数え、一マスに一字ずつ書きましょう。また、段落を変えたときの残りのマス目も字数として数えます。

(1) 本文中の〰〰線部①②のひらがなを、正しい漢字に直して書きましょう。

① へん集　② 印しょう

(2) 本文中の‖線部①②のカタカナを漢字にした場合、同じ漢字を使用するものを、それぞれア～オの中から一つ選んで、記号で答えましょう。

① 自カク

ア 人生の名言やカク言
イ 神社仏カクを見る
ウ 答えをカク認する
エ 電車のカク安乗車券を買う
オ 事件が発カクする

② 原ソク

ア 無病ソク災を願う
イ 規ソク正しい生活
ウ 天体を観ソクする
エ 友だちの意外なソク面を知る
オ この道はソク度が決まっている

(3) [あ]にあてはまる慣用句を、次のア～カの中から一つ選んで、記号で答えましょう。

ア ぬすむ　イ そむける　ウ とめる　エ かえる
オ そらす　カ つぶる

(4) [い]にあてはまる言葉を辞書で調べると、次のようにのっていました。辞書の前後の言葉や本文の文脈を手がかりにして、[い]にあてはまる漢字二字で書きましょう。

〔検印〕　検査・検定したしるしに印を押すこと。またその印。
〔 い 〕　ある物事を引き起こすこと。⟷結果
〔現員〕　現在の人員。

〔広辞苑《えん》より〕

(5) ――線部「そのあと」とありますが、「その」は本文中のどこを指しますか。「その」にあたる部分の、直後の五文字を書きましょう。

(6) [う]にあてはまる言葉を、次のア～カの中から一つ選んで記号で答えましょう。二カ所とも同じ言葉が入ります。

ア 断定　イ 危険　ウ 意味　エ 現実
オ 厳格　カ 乱用

(7) 次のア～エの文で、本文の内容を正しく述べているものには○、誤っているものには×を書きましょう。

ア 「…と思います」という表現が若い人によく使われるのは、自分の意見をはっきり言うことがよいことだと、ホームルームで先生に教えられているからである。

イ 「会が終わったあと、校庭の日だまり」で話された会話の中で、「ナマイキだ」と言われたのは、[A]の筆者である外山さんのことである。

ウ [A]の筆者である外山さんが山本さんの発言を「新鮮《せん》」だと思った理由は、「…と思います」ということばが若者の間ではやっていることを教えてくれたからである。

エ 本来なら打ち切ることのできる「○○したいと思います」という表現を、テレビのリポーターが何の気なしに使っていることに、[B]

していると、その上級生はことばをついだ。

「それはあいつの意見なんだろう。〝AはBだと思います〟としなくちゃいけない。いかにも自分の考えが真理みたいに〝AはBであります〟というのはケシカラン……」なるほど、そういうものか。それでその上級生がいっそうえらいように感じられた。

そういうことがあって、［　う　］をやわらげる「……と思います」には好感をもってきたから、山本さんの指摘はよけい新鮮であった。文章でも、わたくしは「思う」ということばをよく使う。ひょっとすると、その雑誌のへん集長のような文章を書かないとも限らない。それが「悪文であることはたしかだ」なら、これは気をつけないといけないと＊7自戒《かい》する。

いつか「すばらしいでした」という文章を見てびっくりした。「すばらしい」だけでいいのに、よけいなものをくっつけて妙《みょう》な日本語にした。「すばらしい」だけではすわりが悪い、なにかつけたいとなると「すばらしいと思います」になる。こういう言い方がほかにもかなりある。語呂《ろ》をよくするためにつける。ほとんど意味のない「思います」である。

【外山《とやま》滋比古《しげひこ》『ことばの教養』〈中公文庫〉】

B

テレビのリポーターが、「では、これから○○したいと思います」と、何かを始めるシーン、よく見かけますね。なぜ、「これから○○します」と言わないのでしょうか。

「○○したいと思います」という文章は、まわりくどいですね。「○○したい」という自分の思いを表明しているだけ。「ダメだよ」と言われたら、中断できるニュアンスです。実際にはやめるつもりがないのに、「思います」と表現する。違《い》和感をおぼえます。

これは、［　う　］を避《さ》ける表現です。「これから○○します」と言い切ると、特に女性リポーターの場合、「表現がキツイ」と視聴《ちょう》者に思われそうなので、それが恐《こわ》くて、「思います」という一歩下がった表現を使っているのですね。無意識の表現でしょう。肝《かん》心のリポーターには、そんな自①カクはないのでしょうが。

プレゼンテーションの冒《ぼう》頭で、「では、発表をしたいと思います」と発言すると、意地の悪い上司だったら、「思ってないで、始めろ」と突《つ》っ込《こ》みを入れてくるかもしれません（そんなに意地の悪いのは私だけ?）。

話は簡潔に。途《と》中で他人から突っ込みを入れられるような表現は避ける。この大原②ソクからいえば、「これから○○します」で、いいのです。「○○したいと思います」は、余計だと＊8思います。

【池上彰《あきら》『わかりやすく〈伝える〉技術』〈講談社現代新書〉】

【注】
＊1　常連…いつも来る客。
＊2　ホームルーム…学級活動。学活。
＊3　ニュアンス…言葉などの微妙《びみょう》な意味合い。
＊4　大学紛《ふん》争…大学のあり方について、大学と学生の主張が対立した争い。
＊5　寛《かん》容…心が寛大で、よく人を受け入れること。
＊6　弁論…大勢の前で、自分の意見を述べること。互いに論じ合うこと。
＊7　自戒《かい》…自分で自分をいましめること。
＊8　「**思います**」…太字にして線を引いているのはBの作者。

【適性検査Ⅰ】（四五分）〈満点：二〇〇点〉

【注意】字数の指定のある問題は、指定された条件を守り、**問題1**はたて書きで、**問題2**は横書きで書きましょう。最初のマスから書き始め、文字や数字は一マスに一字ずつ書き、文の終わりには句点〔。〕を書きます。句読点〔。、〕やかっこなども一字に数え、一マスに一字ずつ書きます。ただし、**問題1**の⑽は、その問題の［注意事項《こう》］の指示にしたがいましょう。

問題1 次のAとBの文章を読んで、あとの⑴～⑽の各問いに答えましょう。なおA、Bとも問題作成のため、一部文章を変更《こう》しています。

A

「ただし、『……と思います』が悪文であることはたしかだ」

山本明氏が新聞のコラムで、つよい調子で書いているから、これはこれは、と目を［ あ ］。

書き出しはこうなっている。

「ある雑誌の①へん集後記を読んでいたら、その雑誌の＊1常連執《しっ》筆者の急死をいたんで、へん集長が、『心から御冥《ごめい》福をお祈《いの》りしたいと思います』と書いていた。

なぜ、『心から御冥福をお祈りいたします』と書かないのだろう。

……」

この「……と思います」が若い人の間でよく使われるようになった［ い ］について、二つの説がある、と山本さんは言う。

ひとつは、戦後の中学校の＊2ホームルームで意見を言うとき、「自分は、こう思うが、みんなはどうですか。私は多数意見にしたがいますが」という＊3ニュアンスで使われた。その生徒が先生になって乱用が始まったというのである。

もうひとつの説は、＊4大学紛《ふん》争から発生したというもの。「参加者の主体性を重んじて、『リーダーは……したいと思うが、それに賛成の人は一緒《しょ》にやろう』としか言えないのだ」これが広まって一般《ぱん》に使われるようになったとする説である。

山本氏はそのどちらだともきめていない。そのあとへはじめの「ただし、『……と思います』が悪文であることはたしかだ」が来る。

山本さんも話しことばでの「……と思います」にはいくらか＊5寛《かん》容のようである。文章にあらわれたのを問題にしているが、話しことばがすこしずつ文章を変えようとしている一例かもしれない。とにかく、おもしろい指摘《てき》で、ちょっと考えさせられた。

そのうちとんでもない昔のことを思い出した。もう四十年近くも前のことになる。われわれの中学校で珍《めずら》しく生徒の＊6弁論大会が開かれた。だれが何をしゃべったか、すっかり忘れてしまったが、ひとつ鮮《せん》明に記憶《おく》に残っていることがある。

会が終わったあと、校庭の日だまりで数人の上級生が、私的な印②しょうをのべ合っているのをそばで聞いていた。その中のひとりを何となく尊敬していたらしい。その生徒の話し方を話題にすると、そばの人が、

「あいつは話し方を知らん。〝AはBである〟というように言い切っている。ナマイキだ」

こちらには、どうして、それがナマイキなのかわからない。びっくり

平成26年度

川崎市立川崎高等学校附属中学校入試問題

【適性検査Ⅰ】 (14ページから始まります。)
【適性検査Ⅱ】 (45分)　＜満点：200点＞

問題１ はなこさんとたろうさんが野菜について話しています。下の会話文を読んで，あとの(1)～(6)の各問いに答えましょう。

はなこさん：この前，お母さんといっしょにスーパーに買い物に行ったら，だいこんが高くなって困ったって言っていたよ。

たろうさん：そういえば，野菜の価格は１年を通じて同じではないよね。野菜は，たくさん収穫《かく》される時期には価格が (あ) くなるはずだよ。価格がどう変化するか実際に調べてみよう。

二人は，インターネットを使って，だいこんの価格について調べました。すると，月別の価格を表す**〔資料１〕**が見つかりました。

〔資料１〕　だいこんの月別価格

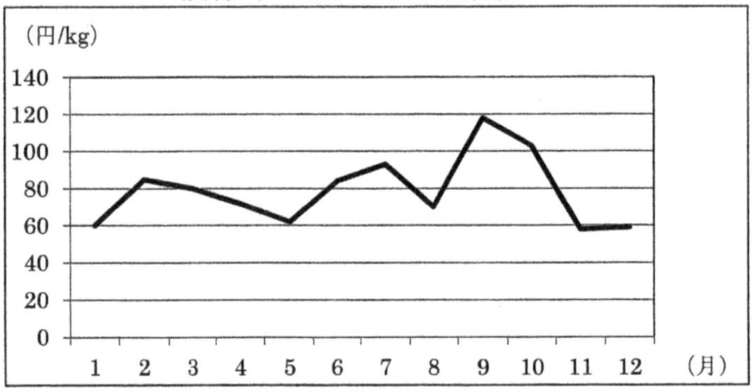

平成23年度
東京都中央卸売市場《おろしうりしじょう》統計

はなこさん：この資料から，高い月は，低い月の約 (い) 倍の価格になっていることがわかるね。

たろうさん：そうだね。価格は変化するけれど，１年中出荷《しゅっか》されているんだね。生産地は同じなのかな。それとも，季節によってちがうのかな。

はなこさん：うーん，この前スーパーで見たときは，神奈川県産って書いてあったけれど，どうなんだろう。

そこで二人は，生産地を調べることにしました。資料を探してみると，だいこんの都道府県別の収穫量がわかりました。二人はこれを，収穫量が多い順に並べかえて，**〔資料２〕〔資料３〕〔資料４〕**をつくりました。すると，だいこんは春・夏・秋冬で収穫される地域が少し異なることがわかりました。

はなこさん：だいこんは，秋冬にたくさん収穫されているんだね。

たろうさん：秋冬は，春・夏と比べても作付面積がかなり広いんだね。
10ａあたりは…　あ，いけない。インクがにじんで**〔資料２〕**の全国の部分が読めなくなっちゃった。よし，①<u>自分で計算してみよう。</u>

〔資料２〕だいこん（春）の都道府県別の収穫量、作付面積

都道府県別順位		収穫量(t)	作付面積(ha)	10aあたりの収量(kg)
	全　国	237,200	4,890	[redacted]
1	千《ち》葉《ば》	70,000	1,220	5,740
2	青《あお》森《もり》	26,800	510	5,260
3	長《なが》崎《さき》	22,700	274	8,300
4	茨《いばら》城《き》	14,000	300	4,670
5	鹿《か》児《ご》島《しま》	13,700	316	4,340

〔資料３〕だいこん（夏）の都道府県別の収穫量、作付面積

都道府県別順位		収穫量(t)	作付面積(ha)	10aあたりの収量(kg)
	全　国	249,200	6,840	3,640
1	北《ほっ》海《かい》道《どう》	124,100	2,860	4,340
2	青《あお》森《もり》	61,900	1,580	3,920
3	群《ぐん》馬《ま》	13,700	343	3,980
4	岩《いわ》手《て》	10,100	339	2,980
5	岐《ぎ》阜《ふ》	7,460	142	5,250

〔資料４〕だいこん（秋冬）の都道府県別の収穫量、作付面積

都道府県別順位		収穫量(t)	作付面積(ha)	10aあたりの収量(kg)
	全　国	1,006,000	23,200	4,340
1	宮《みや》崎《ざき》	97,600	2,050	4,760
2	千《ち》葉《ば》	92,400	1,760	5,250
3	鹿《か》児《ご》島《しま》	85,800	1,720	4,990
4	神《か》奈《な》川《がわ》	85,300	1,040	8,200
5	新《にい》潟《がた》	54,300	1,410	3,850

（注１）収量とは、収穫した農作物などの分量のこと

（注２）作付面積とは、田畑で作物を植え付けている面積のこと

平成23年度政府統計より作成

たろうさん：夏は10ａあたりの収量が少ないんだね。

はなこさん：季節によって収穫される都道府県が変わるね。どうしてばらつきがあるのかな。

たろうさん：何か特ちょうがありそうだね。

はなこさん：あ，夏（〔資料３〕）と秋冬（〔資料４〕）で，収穫される地域を比べてみると，夏は主に［　(う)　］で収穫され，秋冬は主に［　(え)　］で収穫されているよ。

これは，［　　(お)　　］からじゃないのかな。

たろうさん：他の作物の生産地はどうなんだろう。

はなこさん：ここに，ほうれんそうの資料（**〔資料５〕**）があるよ。１位から10位を見てみよう。ほうれんそうは地図帳で調べると，②この地方で生産がさかんだね。

〔資料５〕ほうれんそうの都道府県別の収穫量、作付面積

都道府県別順位		収穫量(t)	作付面積(ha)	10aあたりの収量(kg)
	全国	263,500	21,800	1,210
1	千《ち》葉《ば》	38,700	2,330	1,660
2	埼《さい》玉《たま》	31,200	2,230	1,400
3	群《ぐん》馬《ま》	20,900	1,820	1,150
4	宮《みや》崎《ざき》	15,800	905	1,750
5	茨《いばら》城《き》	13,800	1,110	1,240
6	岐《ぎ》阜《ふ》	12,600	1,320	955
7	神《か》奈《な》川《がわ》	9,590	716	1,340
8	福《ふく》岡《おか》	8,880	625	1,420
9	愛《あい》知《ち》	8,110	548	1,480
10	北《ほっ》海《かい》道《どう》	7,560	763	991

平成23年度政府統計より作成

はなこさん：私たちの住む神奈川県でも生産されているね。近くでさいばいされた新鮮《せん》な野菜が手に入りやすくなるね。

たろうさん：それに，近くで売買されるということは，③こんなメリットもあるね。

(1)　会話文中の(あ)に，ふさわしい漢字１字を答えましょう。また，それがふさわしいと思った理由を書きましょう。

(2)　会話文中の(い)に，あてはまる値を整数で答えましょう。

(3)　会話文中の下線部①について，たろうさんのおこなった計算をし，10ａあたりの収量を四捨五入して十の位までのがい数で表して答えましょう。

(4)　会話文中の(う)～(お)について，季節と収穫される地域には，どのような関係があると言えますか。(う)，(え)には，資料から読み取れること，(お)には理由を文章で書きましょう。

(5)　会話文中の下線部②の「この地方」の地図として適切なものを次のページのア～オの中から１つ選びましょう。（ただし，それぞれの地図の縮尺は同じとは限りません。）

(6)　会話文中の下線部③について，メリットとしてあげられることを理由もふくめて考え，「□ので，□というメリットがある。」の形で文章にして書きましょう。

ア

イ

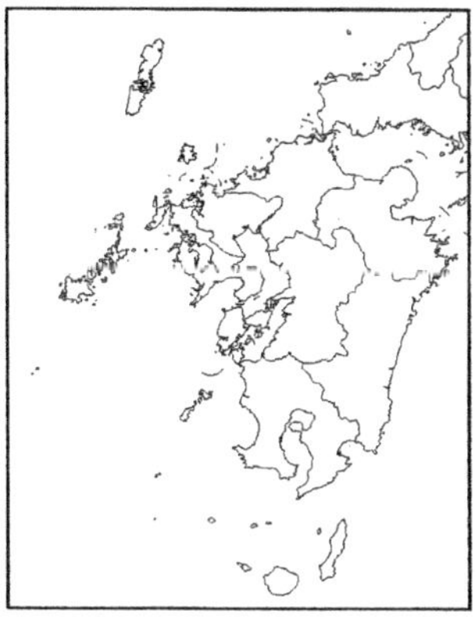

ウ

エ

オ

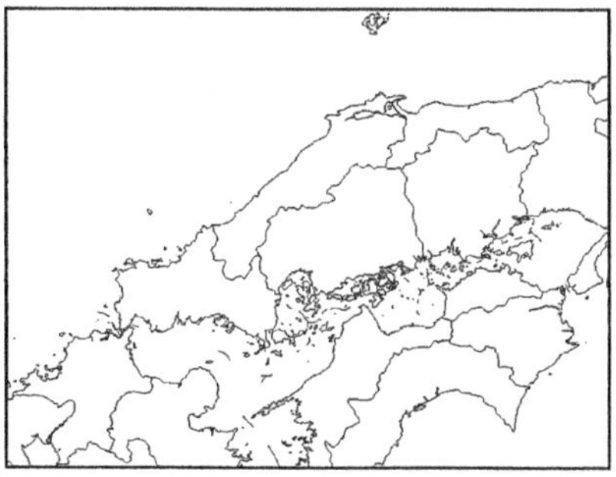

問題2 たろうさんとひろし先生が，陸上競技大会の新聞記事をきっかけにして，速さについて話しています。下の会話文を読んで，あとの(1)～(7)の各問いに答えましょう。

ひろし先生：高校３年生の選手が，100m走で日本歴代２位の記録を出したみたいだね。

たろうさん：高校生でそんな記録を出せるなんてすごいですね。どれぐらい速いんですか。

ひろし先生：10秒01だそうだ。

たろうさん：ところで，日本歴代１位の記録はどれぐらいのタイムなんですか。

ひろし先生：１位は10秒00。その差は［(あ)］分の１秒。

たろうさん：たったの0.01秒しか差がないんですね。

ひろし先生：そうだよ。この歴代１位の選手と２位の選手が，もし同じ速さで1000mの道のりを走ることができたと考えてみたらどうなると思うかな。

100mを10秒00で走れる人は，1000mを100秒で走れる

ということになるね。それに対して，

100mを10秒01で走る人は，1000mを［(い)］秒で走れるということになるね。

たろうさん：すごい。１km走っても，それだけしか差はつかないんですね。やっぱりほとんど同じ速さのように感じます。ところで，二人は，時速何km ぐらいで走っているんですか。

ひろし先生：時速は［　　(う)　　］で表した速さのことだから，1000mを100秒で走る人の速さを時速で表すには，1000mを36倍すれば求められるね。だから……時速36km。

たろうさん：なるほど。それじゃあ，100mを10秒01で走る人の速さを同じように時速で表すには，1000mを何倍すればよいかというと……あれっ，計算すると整数ではなくなっちゃうな。35.964035…，うーん，がい数で35.964倍しよう。そうすると……時速35.964kmだ。

ひろし先生：この速さで1時間走った場合，約［(え)］mの差がつくということだね。

たろうさん：ところで，どれぐらい速いかの表し方として，陸上の記録みたいにタイムで表したり，時速や分速や秒速で表すことがあったりするのはどうしてでしょう。

ひろし先生：いいことに気づいたね。どれぐらい速いかを表す方法には，大きく分けて2通りあるんだ。それぞれ場面によって使い分けられているんだよ。新幹線の速さなどは，場面によって両方使われていると思うよ。

たろうさん：たしかにそうですね。“最高時速320km　東京－新青森最速2時間59分”と書いてあるポスターを見たことがあります。時速320kmで約3時間走るということは，東京から新青森までは，960kmぐらいですか。

ひろし先生：いや，そうはならないよね。

［　　　　　　　　(お)　　　　　　　　］

たろうさん：なるほど。そうですね。

ひろし先生：東京から新青森までは674.9kmだそうだよ。

たろうさん：他にも，“東京一秋田最速3時間45分”と書かれたポスターも見たことがあります。

ひろし先生：秋田までかぁ。東京から秋田までは，662.6kmだそうだよ。

たろうさん：秋田までの方が時間はかかるけど，新青森までの方が遠いんですね。

ひろし先生：新青森までの新幹線と，秋田までの新幹線，それぞれどれぐらい速いと言えるのか，一定の速さで走っていたと考えて確かめてみてごらん。

(1)　会話文中の(あ)にあてはまる数を答えましょう。

(2)　会話文中の(い)にあてはまる数を答えましょう。

(3)　会話文中の(う)で，ひろし先生は，「時速」とは何を表しているか説明しています。適切な説明を書きましょう。

(4)　会話文中の下線部に「1000mを36倍すれば求められる」とありますが，その理由を説明しましょう。

(5)　会話文中の(え)にあてはまる数を答えましょう。

(6)　会話文中の(お)には，東京から新青森までの道のりが960kmにはならない理由を説明する文章が入ります。適切な説明を書きましょう。

(7)　たろうさんは，東京－新青森を走る新幹線と，東京－秋田を走る新幹線がどれぐらい速いのかを比べました。比べ方として正しいものを，下のア～オの中からすべて選びましょう。ただし，たろうさんは新幹線が一定の速さで走ったとして考えたものとします。

ア　674.9÷662.6 と 225÷179 を比べる。

イ　(120＋59)÷674.9 と (180＋45)÷662.6 を比べる。

ウ　$674.9\div\left(2+\frac{59}{60}\right)$ と $662.6\div\left(3+\frac{45}{60}\right)$ を比べる。

エ　$\left(3+\frac{45}{60}\right)\div 674.9$ と $\left(2+\frac{59}{60}\right)\div 662.6$ を比べる。

オ　$674.9\div(120+59)$ と $662.6\div(180+45)$ を比べる。

問題3　たろうさんは弟のじろうさんと庭で遊んでいました。じろうさんが石をひっくり返すと，下から１ぴきのダンゴムシが出てきました。このダンゴムシについて調べている二人の会話文を読んで，あとの(1)～(3)の各問いに答えましょう。

じろうさん：お兄ちゃん，ダンゴムシはどうして丸まるの。

たろうさん：じろうは食物れんさを知っているかな。落ち葉をミミズが食べ，ミミズをカエルが食べという関係のことで，図でかくとこうなるんだけど，ダンゴムシは [　あ　] と同じ位置の中で生きているんだよ。丸まることはダンゴムシにとって [　　(い)　　] 方法なんだよ。

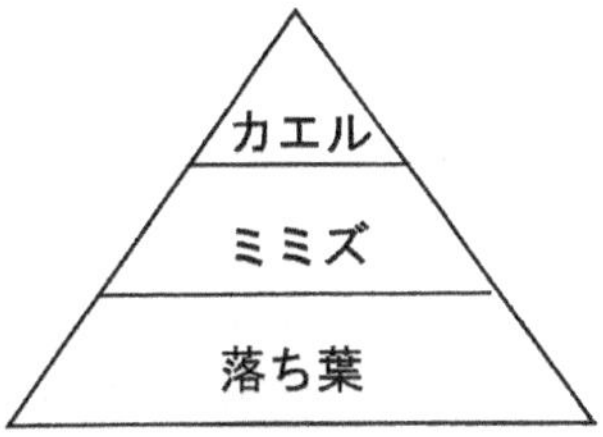

【たろうさんがかいた図】

じろうさん：へえ，そうなんだ。丸まった後，あわてて進んでいるように見えるけど，進み方に何か決まりがあるのかな。

たろうさん：画用紙で色々なコースをつくって実験してみよう。

―― **コース製作後** ――

たろうさん：コースに名前をつけると，一つ目が「**8の字コース**」，二つ目が「**ぐるぐるコース**」，三つ目が「**ジグザグコース**」。じゃあ実験してみよう。ダンゴムシをスタート（S）に置くよ。ゴール（G）から出られるかな。

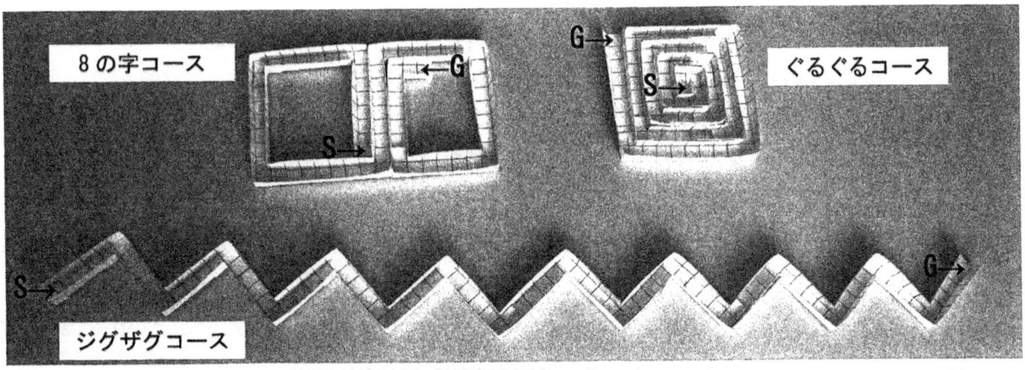

―― **実験後** ――

じろうさん：何回やってもスムーズにゴール（G）から出られるのは「**ジグザグコース**」だけだね。他のコースは行ったり来たりして，なかなか出てこないね。ジグザグに進む決まりがあ

　　　　　るのかな。
たろうさん：新しいコースをつくって確かめよう。

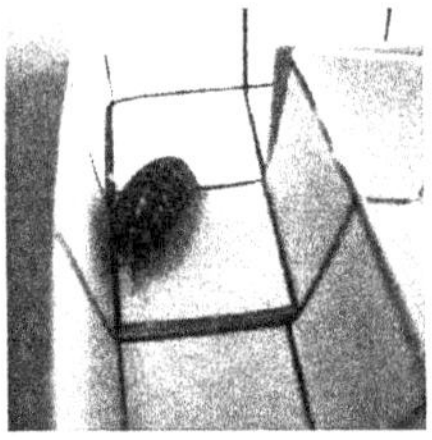

―― 製作後 ――

たろうさん：このコースだと，じろうは何番に行くと思うかな。

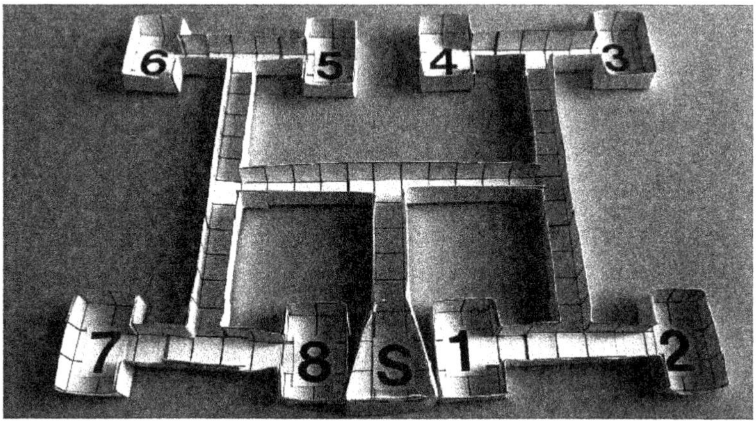

【新しく製作したコース】

じろうさん：えっと，スタート（S）から右・左・右って進むから３番。
たろうさん：そうかな。初めに右に曲がれば３番だけど，左に曲がれば６番だから，３番か６番のどちらかになると思うよ。
じろうさん：実際にやってみよう。

―― 実験後 ――

じろうさん：お兄ちゃんの予想通りになったね。でも，どうしてだろう。ジグザグに進むとダンゴムシにとって何かいいことがあるのかな。
たろうさん：じろうがダンゴムシをスタート地点においた時，ダンゴムシは敵におそわれたと思ったんじゃないかな。だから逃げるためにジグザグに進んだんだよ。
じろうさん：<u>ジグザグに進むことがどうして逃げることになるのかな。</u>

(1)　会話文中の(あ)にあてはまるものを**【たろうさんがかいた図】**から選び，書きましょう。さらに，(い)に入る適切な文を考え，書きましょう。

(2)　会話文中の下線部にあるじろうさんの疑問に，あなたならどのように答えますか。ジグザグに進む場合とジグザグに進まない場合の比かくを，その説明の中に必ず入れて答えましょう。

(3)　たろうさんは，これまでの実験を通して，次のような疑問がわき，調べたいことが出てきました。

条件が変わっても，ダンゴムシはジグザグに進むのだろうか。

あなたなら，この疑問を解決するために，どのように条件を変えて実験しますか。あなたが家庭や学校でできるはん囲で考え，**「実験カード」**を完成させましょう。

①　**条件**には「何をどのように変えるか」を書きましょう。

② **目的**には「条件を変えることで，これまでの実験ではわからなかった何を新たに調べることができるのか」を書きましょう。

③ **実験方法**には，必要に応じて図を使いながら「カードを見た人が実験できる手順」を書きましょう。

実験カード
①条件
②目的
③実験方法

問題２（※適性検査Ⅰ）　たろうさんは，川崎市に住む小学６年生です。川崎市の姉妹《しまい》都市であるウーロンゴン市に住む小学生が，たろうさんたちの小学校を訪問することになり，そのことについて会話をしています。会話文を読んで，あとの⑴～⑷の各問いに答えましょう。

たろうさん：来月，オーストラリアのウーロンゴン市の小学生が来るよ。

はなこさん：私たちのクラスにも来るのよね。オーストラリアの話をたくさん聞けるよ。楽しみだなあ。

じろうさん：そうだね。いろいろな国の人たちと話す機会がもっと増えればいいな。

よしこさん：そういえば，最近外国から日本に来る人が増えているって聞いたことがあるよ。

はなこさん：私も聞いたことがあるよ。

たろうさん：日本政府観光局のホームページにそのことがのっているよ。2003年に日本政府が始めたビジットジャパン事業では，日本を訪問する外国人数を将来的に3000万人にすることを目標にしているって書いてあるよ。

はなこさん：いろいろな国の話を聞けるのは楽しいよね。それ以外にも①日本を訪問する外国人の数が増えたらどんないいことがあるのかな。

じろうさん：いろいろなことがあると思うよ。ところで，実際に増えているのかな。

よしこさん：それもこのホームページにのっているよ。これ（**〔資料１〕**）を見て。
②2009年と2011年には一時的に日本を訪問する外国人数が減ったけれど，それ以外は順調に増えていると思うよ。

〔資料１〕日本を訪問する外国人数の移り変わり（2003年～2012年）

年	2003	2004	2005	2006	2007	2008	2009	2010	2011	2012
訪問した外国人数（人）	5,211,725	6,137,905	6,727,926	7,334,077	8,346,969	8,350,835	6,789,658	8,611,175	6,218,752	8,358,105
増減（%）	▼0.5	△17.8	△9.6	△9.0	△13.8	0.0	▼18.7	△26.8	▼27.8	△34.4

（注）△は前年と比べてどれだけ増加（%）したか、▼は前年と比べてどれだけ減少（%）したかを表します。

日本政府観光局の資料から作成

はなこさん：日本に来てくれる人が増えているのはうれしいな。

たろうさん：ところで，どこの国の人たちが多いのだろう。

じろうさん：それもホームページにのっているのかな。

はなこさん：のっているよ。こんな資料（次のページ**〔資料２〕**）があったよ。

たろうさん：アメリカが一番多いのかと思ったけど，そうでもないね。

よしこさん：多くの人たちは，観光で来ているって書いてあるよ。

じろうさん：富士山が世界遺産に登録されたし，他にも美しい所がたくさんあるよ。

はなこさん：そして，2020年には東京でオリンピックとパラリンピックがあるよ。世界中の人に日本のすばらしさを知ってもらうチャンスだよ。

〔資料２〕2013 年に日本を訪れた外国人数の増減（１月～６月）

国や地域	訪問した外国人数（人）	前年同時期と比べた増減（%）
総　　数	4,954,600	△22.8
韓《かん》　国《こく》	1,320,200	△38.4
中　　国	536,200	▼27.0
台《たい》　湾《わん》	1,029,700	△49.4
香《ほん》　港《こん》	336,100	△43.1
タ　イ	201,900	△52.7
シンガポール	83,200	△23.4
マレーシア	71,500	△16.5
インドネシア	65,200	△50.1
フィリピン	56,400	△28.2
ベトナム	40,100	△52.1
インド	38,900	△12.7
オーストラリア	131,700	△25.1
アメリカ	397,100	△9.9
カナダ	75,300	△10.5
イギリス	94,000	△9.2
フランス	73,000	△23.3
ドイツ	58,100	△14.6
ロシア	29,200	△34.1
その他	316,800	△22.0

（注）△は前年の同時期と比べてどれだけ増加（%）したか、▼は前年の同時期と比べてどれだけ減少（%）したかを表します。

日本政府観光局の資料から作成

(1)　下線部①にあるように，日本を訪問する外国人の数が増えることで日本にとってよいと思われることを1つとりあげ，40字以上50字以内で書きましょう。

(2)　下線部②にあるように，2009年と2011年には一時的に日本を訪問した外国人の数が減っています。よしこさんはその原因について調べ，下の表〔**資料３**〕のようにまとめました。［　　］に適切な言葉を書き，表を完成させましょう。

〔資料３〕

年	日本を訪問した外国人の数が減少した主な原因
2009 年	2008 年後半から、世界的に景気が悪くなり、外国旅行がひかえられた。さらに、*円高やアジア諸国で新型インフルエンザが流行したことなどが原因で、日本を訪問した外国人の数が減った。
2011 年	３月に起きた［　　　　　］の影響《えいきょう》で日本を訪問する外国人の数が大幅《おおはば》に減少した。しかし、６月ころから少しずつ増え始め、翌年の３月には、前年同月に比べて大幅に増加となった。

*円高…外国の通貨に対して、円の価値が上がること。外国人旅行者が日本でものを買う時に値段が高くなってしまう。

(3) インターネットで調べた資料（**〔資料１〕〔資料２〕**）の中からわかることとして正しいものを下のア～エの中から１つ選びましょう。

ア　2013年の１月から６月に台湾と韓国から日本を訪問した外国人の合計は，同時期に日本を訪問した全外国人数の50％以上である。

イ　2013年の１月から６月にオーストラリアから日本を訪問した外国人数は，前年度の同時期に比べて2,510人増えている。

ウ　2004年に比べて，2005年は日本を訪問した外国人の数が減っている。

エ　2012年は，ビジットジャパン事業が開始された2003年と比べて，日本を訪問した外国人の数が50％以上増えている。

(4) たろうさんたちのクラスでは，ウーロンゴン市から来る小学生との交流会を企《き》画《かく》しています。下の会話文は，学級での話し合いの様子の一部です。

たろうさん：楽しんでもらえるように，何か体験してもらうのがよいと思うよ。

はなこさん：どんな体験がいいかな。

じろうさん：せっかく日本に来るのだから日本文化を体験してもらったらいいと思う。

けんたさん：そうだね。ところで，場所や時間はどうなっているの。

たろうさん：先生が，教室を使って３時間目に開くっておっしゃっていたよ。調理室や体育館は使えないと思う。

よしこさん：何人ぐらい来るのだろう。

じろうさん：うちのクラスには20人来るよ。

こうじさん：お金もあまりかけられないし。難しいな。

はなこさん：でも，工夫すればきっといいものができるよ。

あなたがこの話し合いに参加していたら，この交流会でどのような体験をしてもらうのがよいと思いますか。あなたの考えた体験と，その体験で工夫することを35字以上45字以内で書きましょう。

(2) 「①それを言語化し」とはどのようなことでしょうか。「それ」とは何を意味するのか明らかにしながら、二十五字以上三十字以内で説明しましょう。

(3) 本文中の□にあてはまる文として最も適切なものを、次のア～オの中から一つ選んで、記号で答えましょう。

ア　さまざまな角度から問題を考えてしまう

イ　ひとつの正解だけを探し求めようとしてしまう

ウ　たくさんの答えを頭の中で考えずに、他人に伝えようとしてしまう

エ　「べつに」や「ビミョー」などのあいまいな受け答えをしてしまう

オ　監督や先生の目を見て、指示を待ってしまう

(4) 本文の内容を正しく述べているものとして最も適切なものを、次のア～オの中から一つ選んで、記号で答えましょう。

ア　サッカーは、自分のプレーに対して明確な考えを持ちながら、なぜそのプレーを行ったかをしっかりと他人に伝えることが重要なスポーツである。

イ　日本の子どもたちに、サッカーを好きな理由をたずねると、「僕はドリブルで抜くのが気持ちいいから好きです」、「私は友だちと一緒にプレーできるから好きです」などの答えが返ってくる。

ウ　ある課題を違う角度から論理的に考えていくことをしないと、子どもの学力が世界から取り残されていくのではないか、と筆者は考えている。

エ　判断力や自己決定力を育てるためには、両親は自分の子どもに厳しく接し、「べつに」や「ビミョー」などと言わせないようにするべきである。

オ　日本の子どもがサッカーを好きな理由に「友達がやっていたから」という理由があるので、論理的に考えようとする気持ちが見られる。

(5) 筆者は「②間違ったことを言うのを恐れ、恥ずかしがる気持ちがとても強い」と述べています。そのことについて、［注意事項《こう》］を守りながら、あなたの考えを書きましょう。

［注意事項］

○　**解答用紙2**に書きましょう。

○　三百六十字以上四百字以内、三段落の構成で書きましょう。

○　原稿《こう》用紙の正しい用法で書きましょう。漢字を適切に使いましょう。

○　題名や自分の名前は書かずに、一行目、一マス下げたところから書きましょう。なお、段落を変えたときの残りのマス目も字数として数えます。

語化し、表現するところから、論理的な思考は始まります。その中から、判断力や自己決定力も育っていきます。そうした判断を繰《く》り返しおこなっていくことで、選手自身のサッカーの能力も高まるのです。ところが日本人の場合には、ふたつの問題が壁《かべ》となって立ちはだかっているように思われます。

ひとつは、自分が考えていることをことばに出して明快に表現するということが身についていない、ということです。

「ただなんとなく」「あいまいなまま」行動し、それで納得《なっとく》している。日常生活では、それで済ませてしまっているケースもたくさんあることでしょう。しかし両親に対して、「べつに」とか「ビミョー」とかで受け答えしていること自体が問題なのです。何か「べつに」なのかということを家の中でも追求していかなければなりません。そこを＊質《ただ》していかなければ、子どもたちは自分の意志を他人に伝えることができなくなってしまうのです。いや、伝えることはおろか、意志を持つことさえできなくなり、やがてその状態で平気になってしまうのです。

ましてやサッカーにおいては、なおさら論理的な思考が求められます。なぜならサッカーは、スピーディーなゲームの最中に究極の判断を求められるチームスポーツであり、刻々《こっこく》と変化していく局面に対してその都度《つど》、自分の考えを明確にし、それを相手に伝えていく必要性が生じるからです。こうした姿勢や対応能力は、日本人がこれまで最も苦手にてきた領域だといえるでしょう。

もうひとつの問題は、「論理」を求められると、［　　　　　　］点です。

先はどの質問（サッカーが好きな理由）に対する、各人のいろいろな答えは、もちろんすべてが正解です。それぞれに違いがあって当然なのです。ところが、いまの学校教育は、基本的にひとつの正解を求めるようなシステムになっていて、質問が出されると、その問題に対する正解を探そうという態度になりがちです。こうした傾向《けいこう》は、理数系ばかりか、国語科や社会科にも広がっているようです。

つまり、評価されるのは「答えが合っていたかどうか」だけなのです。他人のいろいろな意見を聞いたり、別な考え方を知ったり、議論をしたりという機会がとても少ない。答えはひとつしかないと思いこんでいる。問いを発した人の答えと違う答えを言ってはいけないのではないか、と不安を持っている。②間違ったことを言うのを恐《おそ》れ、恥《は》ずかしがる気持ちがとても強い。現在の教育システムの中に、そんな雰《ふん》囲気を感じるのです。答えはひとつしか許されない、という空気は、問題をさまざまな角度から論理的に考えていく豊かなプロセスを否定することにつながりはしないでしょうか？

（田嶋幸三『「言語技術」が日本のサッカーを変える』光文社新書）

【注】＊質《ただ》して…不明な点を人に聞いて明らかにして

(1)【あ】にあてはまる言葉を辞書で調べると、以下のようにのっていました。辞書の前後の言葉を手がかりにして、【あ】にあてはまる言葉を漢字二字で答えましょう。

> ぜっきょう【絶叫】ありったけの声を出してさけぶこと。
>
> ［　　　］【あ】物事に対し、はっきりとした作用を及ぼし、進んで働きかける面を表すこと。
>
> せっきん【接近】触れるばかりに近づくこと。
>
> ［岩波国語辞典より］

【適性検査Ⅰ】（四五分）〈満点：二〇〇点〉

【注意】字数の指定のある問題は、指定された条件を守り、問題1はたて書きで、問題2は横書きで書きましょう。最初のマスから書き始め、文字や数字は一マスに一字ずつ書き、文の終わりには句点〔。〕を書きます。句読点〔。、〕やかっこなども一字に数え、一マスに一字ずつ書きます。ただし、問題1の(5)は、その問題の［注意事項《こう》］の指示にしたがいましょう。

問題1 次の文章は海外に留学した経験のある作者が感じた、日本の子どもについて述べたものです。文章を読んで、あとの(1)～(5)の各問いに答えましょう。

ドイツに留学していたときのことです。

私は、12～13歳《さい》の子どもたちにサッカーを教えていました。そこでは、こんな風に練習が進んでいきました。

「クラウス、どうしてそこにパスしたんだ？」

私が、ゲームを止めて問いかけます。すると、

「だってペーターは足が速いんだから、そこに走るべきだから」

そんな答えが即座《そくざ》に返ってくるのです。

一方、ペーターはペーターで、「いや、オレはこっちにパスしてくれと言っただろ。ボールがきたら、ドリブルで仕掛《か》けようと思っていたんだ」と主張します。

そうしたやりとりが、当然のようにおこなわれるのです。1人1人のプレーにそれぞれの狙《ねら》いや意図があり、自分の意図を他者に伝えようと努力する。【 あ 】的に相手とことばを交《か》わしていこうとする姿勢を、ドイツの子どもたちに強く感じたのでした。

それではなぜ、日本の子どもたちは黙《だま》ってしまうのでしょうか？ 監《かん》督《とく》の目を見て、指示を待っているのでしょうか？ ドイツの子どもたちと、どこが違《ちが》うのでしょう？

ミスはミスでいいのです。ミスは、必ず起こることだし、減らしていくために確認し練習するものだからです。その時は、「いやあ、僕《ぼく》は本当はそこにパスを出したかったんだけれど、名前を呼ばれたからこっちに出したんです、だからミスになってしまったんです」というふうに。

そのようにミスの理由や原因を、ハッキリとことばで言ってくれればいいわけです。ところが、日本の子どもたちはそうした表現が苦手です。

ドイツと日本の練習風景を比べてみたとき、まずはっきりとした違いとして私の目に映《うつ》ったのは、「自分の考えをことばにする表現力」でした。

たとえば日本の子どもたちに「きみがサッカーを好きな理由は？」という質問を投げかけたとしましょう。

「何となく」「友達がやっていたから」「テレビで見たから」といった断《だん》片的《ぺんてき》なことばを、ぽつりと答えて終わらせてしまう子どもが、多いのではないでしょうか。

「僕はドリブルで抜《ぬ》くのが気持ちいいから好きです」「私は友だちみんなと一緒《しょ》にプレーできるから好きです」「走るのが好きなのでサッカーが好きです」と、論理的に筋道をたてて、理由を明快に示し、自分なりの考えを話すことができる子どもが、いったいどれくらいいるでしょうか。

「私はこう思います。その理由は…」と、筋道を追って考え、①それを言

MEMO

大切なことはメモしておこうネ！

解答用紙集

○月×日　△曜日　天気（合格日和）

◆ご利用のみなさまへ
＊解答用紙の公表を行っていない学校につきましては、弊社の責任において、解答用紙を制作いたしました。
＊編集上の理由により一部縮小掲載した解答用紙がございます。
＊編集上の理由により一部実物と異なる形式の解答用紙がございます。

人間の最も偉大な力とは、その一番の弱点を克服したところから生まれてくるものである。　——カール・ヒルティ——

東京学参株式会社

◇適性検査Ⅰ◇

※ 106%に拡大していただくと，解答欄は実物大になります。

問題 1

（1）

（2）

（3）

（4）

（5）

（6）

（7）

（8）

（9）

問題２

（１）

（２）

（３）

（４）

（５）

（６）

（く）	（け）	（こ）

（７）

月　　日

（８）

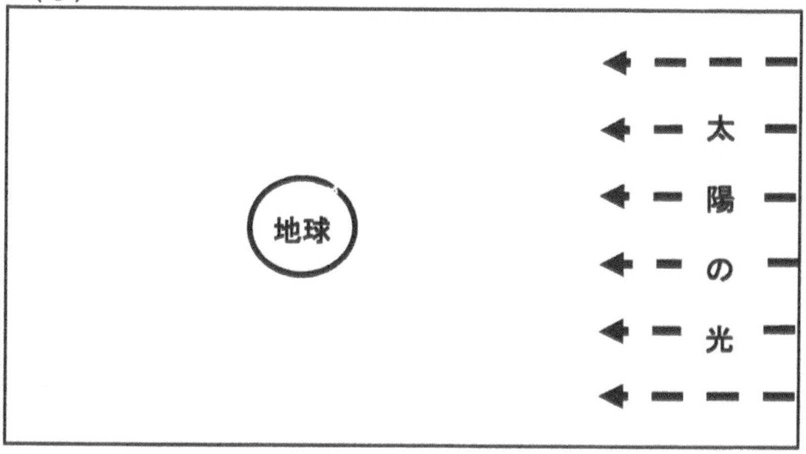

問題３

（１）

cm

（２）

（３）

cm

（４）

（え）	cm	（お）	cm		
（か）				（き）	cm^2

（５）

cm^2

（６）

（け）		（こ）		（さ）	

（７）

（し）		（す）	
（せ）		（そ）	

◇適性検査Ⅱ◇

川崎市立川崎高等学校附属中学校　２０２４年度

※１０５%に拡大していただくと、解答欄は実物大になります。

問題１

(1)

(2)

(3) 白

ピンク

(4)

(5)

(6)

(7)

(8) あ

い

う

(9)

(10)

問題2

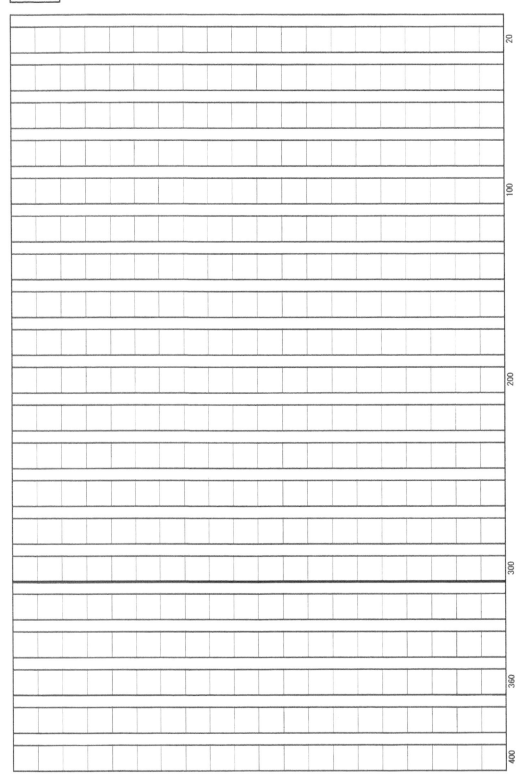

２０２３年度

川崎市立川崎高等学校附属中学校

※１２０％に拡大していただくと、解答欄は実物大になります。

◇適性検査Ⅰ◇

問題１

(1) あ

い

う

(2)

(3)

(4)

(5) あ

う

(6)−1 A

B

(6)−2 「鬼は外」「福は内」というかけ声が

ということ。

問題 1

(7)

問題２

（１）

（２）

（３）

（４）

（円）

（５）

（６）

（７）

※解答欄は実物大になります。

問題１

（１）

→　→　→　→

（２）

（３）

（４）

（５）

（６）

（７）

う									

え									

問題２

（１）

（２）

（３）

（４）

（５）

（６）

（か）	（き）	（く）

（７）

（８）

（こ）	（さ）	（し）

（９）

問題3

（1）

（あ）

（2）

①

（3）

（い）	（う）	（え）

（4）

（お）

（5）

（か）	（き）

（6）

②	

（7）

（く）

２０２２年度

川崎市立川崎高等学校附属中学校

※１２０％に拡大していただくと、解答欄は実物大になります。

◇適性検査Ⅰ◇

問題１

(1)

(2)

(3)

——線①い

——線①う

——線②い

——線②う

(4)

(ア)

A

B

C

D

(イ)

(ウ)

2

3

問題1

(5)

問題２

（１）

（あ）　　　（い）

（２）

市	
会社	
市民	

（３）

（４）

（県）	（県）

（５）

（６）

（７）

（８）

※ 103％に拡大していただくと，解答欄は実物大になります。

問題１

（１）

（２）

（３）

（４）

（５）

（６）

問題２

（１）

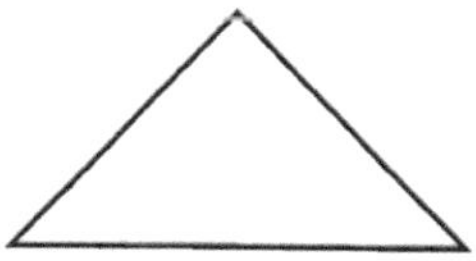

（２）

（３）

（４）

い

う

（５）

え

（６）

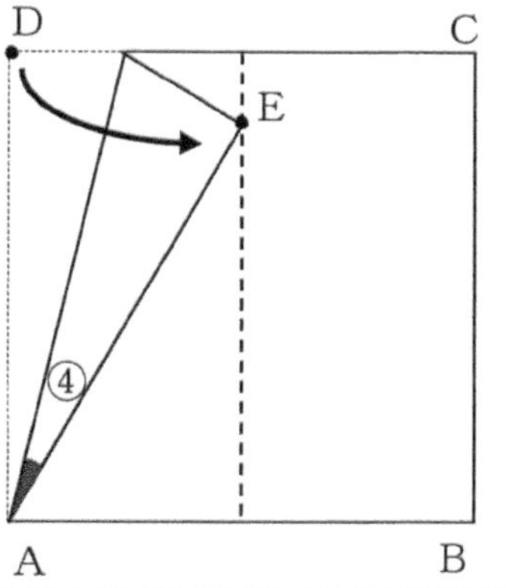

お

か

問題３

（１）

（あ）

（２）

①

（３）

（い）

（４）

○

（５）

（う）

（６）

（え）

（７）

（お）

◇適性検査Ⅰ◇

川崎市立川崎高等学校附属中学校　２０２１年度

※１２２％に拡大していただくと，解答欄は実物大になります。

問題１

(1) 画面の文字を、［　　］に［　　］こと。

(2) ［　　］

(3)－ⅰ ③［　　］ ④［　　］

(3)－ⅱ ［　　］

(4)－ⅰ ［　　］から。

(4)－ⅱ ［　　］

(4)－ⅲ ⑧ 富岳は、［　　］であることと、 ⑨［　　］可能性があること

(4)－ⅳ ［　　］

問題1

(5)

問題 2

（1）

（2）

（3）

（4）

（5）

（6）

（か）	（き）

◇適性検査Ⅱ◇

※ 106%に拡大していただくと，解答欄は実物大になります。

問題１

（１）

①

（２）

（あ）
（軽い）　→　→　→　→　→　（重い）

（３）

（い）

（４）

（う）	（え）

（５）

（お）	（か）

（６）

（き）	（く）

問題２

（１）

(あ) cm

（２）

(い)

（３）

【図７】

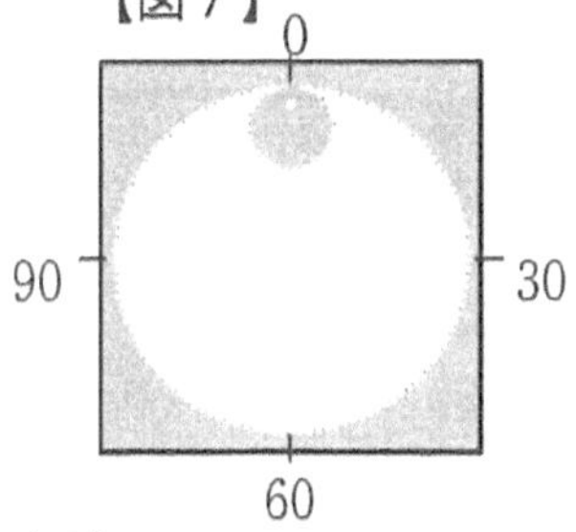

【図８】

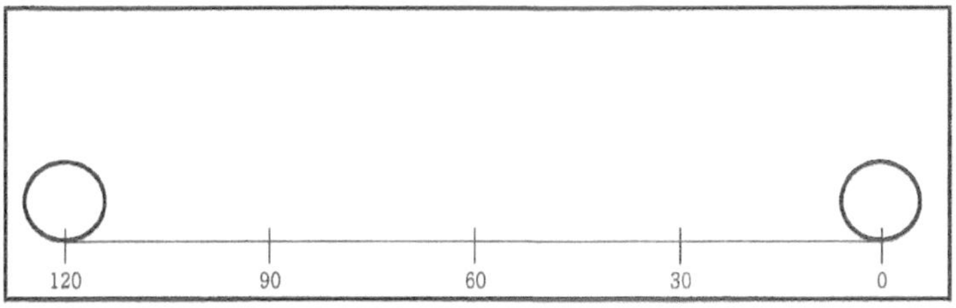

（４）

(う)

（５）

(え)

(お)

（６）

(か)

(き)

問題3

（1）

（2）

・
・

（3）

あ

（4）

（5）

・
・

（6）

選んだカード	その理由

◇適性検査Ⅰ◇

川崎市立川崎高等学校附属中学校　２０２０年度

※１２０％に拡大していただくと、解答欄は実物大になります。

問題1

(1)

(2)

(3)

(4)

石

鳥

(5)－i

(5)－ii

(5)－iii

記号

どうすればよいか。

問題1 (6)

※123%に拡大していただくと、解答欄は実物大になります。

※ 104％に拡大していただくと，解答欄は実物大になります。

問題２

（１）

（２）

（３）

（４）

（５）

（い）	（う）

（６）

◇適性検査Ⅱ◇

※この解答用紙は実物大です。

問題１

（1）

（2）

（3）

（4）

え	お

（5）

問題２

（1）

（あ）

時速約　　　　　ｋｍ

（2）

円

（3）

（4）

（5）

（い）

（6）

（う）

（7）

（え）

A ―　　　　　　　　　　　　― I

※ 106%に拡大していただくと，解答欄は実物大になります。

問題３

（１）

（あ）

（２）

（い）

（３）

（４）

（う）

（５）

（え）	（お）

（６）

（か）

◇適性検査Ⅰ◇

川崎市立川崎高等学校附属中学校　２０１９年度

※この解答用紙は119％に拡大していただくと，実物大になります。

問題1

(1)

(2)

(3)

(4)

(5)

(6)－ i

	記号	注意書き
例	サ	明るい声で、元気よく。

(6)－ ii

番号	注意書き

問題1 (7)

問題２

（１）

（２）

（３）

あ

（４）

い

う

（５）

（６）

／200

◇適性検査Ⅱ◇

問題１

（１）

（２）

1	2	3	4	5	6	7	8

（３）

（４）

（５）

（６）

問題2

（1）

（2）

（3）

度

（4）

分

（5）

【長針の長さと長針の先が1時間で動く距離の対応表】

長針の長さ(cm)	2	4	5		18
1時間で長針の先が動く距離(cm)	12.56		31.4	87.92	113.04

＜長針の長さと長針の先が動く速さの関係＞

問題３

（１）

（あ）

往復

（２）

（い）

（３）

（う）	（え）

（４）

（５）

（お）

（６）

／200

MEMO

大切なことはメモしておこうネ！

MEMO

大切なことはメモしておこうネ！

〈ダウンロードコンテンツについて〉

本問題集のダウンロードコンテンツ、弊社ホームページで配信しております。現在ご利用いただけるのは「2025年度受験用」に対応したもので、**2025年3月末日**までダウンロード可能です。弊社ホームページにアクセスの上、ご利用ください。

※配信期間が終了いたしますと、ご利用いただけませんのでご了承ください。

中学別入試過去問題シリーズ

川崎市立川崎高等学校附属中学校　2025年度

ISBN978-4-8141-3128-0

[発行所] 東京学参株式会社

〒153-0043　東京都目黒区東山2-6-4

書籍の内容についてのお問い合わせは右のQRコードから　⇒

※書籍の内容についてのお電話でのお問い合わせ、本書の内容を超えたご質問には対応できませんのでご了承ください。

2024年6月28日　初版